빈곤의 역사

역사도서관 008

빈곤의 역사

교수대인가 연민인가

브로니슬라프 게레멕 지음 · 이성재 옮김

도서출판 길

지은이 브로니슬라프 게레멕(Bronisław Geremek)은 1932년 폴란드 바르샤바에서 태어났다. 유대인계 가정에서 태어난 그는 어린 시절을 바르샤바 게토에 갇혀 지냈으며, 친아버지는 아우슈비츠에서 사망했다. 1943년 그는 스테판 게레멕의 도움으로 어머니와 함께 그곳을 탈출했으며, 스테판 게레멕은 그의 양부가 되었다.
1950년 바르샤바 대학에서 역사학을 공부하기 시작했으며, 곧 프랑스 파리로 유학하여 페르낭 브로델, 조르주 뒤비, 자크 르 고프 등 아날학파의 대가들과 만나 같이 학문 활동을 하면서 우정을 쌓았다. 1960년 「13~15세기 파리 수공업과 임노동자: 중세 노동시장에 대한 연구」로 박사학위를 받으며 빈곤사가(貧困史家)로서의 입지를 다졌다. 1960~65년 소르본 대학에서 강의했으며, 1962년에는 폴란드 문명 연구센터의 책임을 맡기도 했다. 폴란드에 돌아와서는 바르샤바 대학 교수가 되어 1980년까지 교수직을 맡았다. 그는 학자로서 뿐만 아니라 정치가로도 활발히 활동했다. 무엇보다 노동자와 지식인의 연대에 주목했으며, 폴란드 자유노조 투쟁 당시 레흐 바웬사의 최측근으로 활동하기도 했다. 1997~2000년까지 폴란드 외무장관을 지냈고, 1998년에는 유럽안보협력기구(OSCE) 의장직을 수행했으며, 2004년부터는 유럽의회 의원으로 활동했다. 2008년 불의의 교통사고로 세상을 떠났다.
저서로 『14~15세기 파리의 주변인』(Les Marginaux parisiens aux XIVᵉ et XVᵉ siècles, 1976), 『카인의 아들』(Les Fils de Caïn. L'image des pauvres et des vagabonds dans la littérature européenne, 1991), 공저로 『공동의 열정』(Passions communes, 1992), 『유럽의 비전』(Visions d'Europe, 2007) 등이 있다.

옮긴이 이성재(李成宰)는 1971년 서울에서 태어나 서울대 역사교육과를 졸업했다. 같은 대학교 대학원 서양사학과에서 「근대적 빈민부조정책의 탄생: 16세기 프랑스 도시의 부조 정책을 중심으로」라는 논문으로 석사학위를 받았고, 이후 중앙대 연극학과에서 「일본 여성가극 보총에 나타난 양성의 형상 연구」로 석사학위를 받았다. 2005년 4월에 프랑스 파리8대학에서 「무대에서의 양성의 형상」으로 연극학 박사학위를, 2006년 3월에 파리사회과학고등연구원에서 「16~17세기 프랑스 성직자들의 정신세계에 나타난 빈민의 형상과 구원의 추구」로 역사학 박사학위를 받았다. 현재 충북대 역사교육과 교수로 재직 중이며, 복지국가소사이어티 정책위원이다. 저서로 『아프리카의 가면』(연극발전연구소, 2005), 『68운동』(책세상, 2009), 『프랑스 구체제의 권력구조와 사회』(공저, 한성대학교 출판부, 2009)가 있으며, 역서로 『빈곤에 맞서다』(검둥소, 2009), 『악의 번영』(공역, 글항아리, 2009) 등이 있다.

역사도서관 008

빈곤의 역사 교수대인가 연민인가

2010년 12월 20일 제1판 제1쇄 인쇄
2010년 12월 31일 제1판 제1쇄 발행

지은이 | 브로니슬라프 게레멕
옮긴이 | 이성재
펴낸이 | 박우정

기획 | 이승우
편집 | 조율아트

펴낸곳 | 도서출판 길
주소 | 135-891 서울 강남구 신사동 564-12 우리빌딩 201호
전화 | 02)595-3153 팩스 | 02)595-3165

등록 | 1997년 6월 17일 제113호

ⓒ 이성재, 2010. Printed in Seoul, Korea

ISBN 978-89-6445-027-7 93900

• 차례 •

일러두기

* 빈곤의 상황과 사회부조의 역사에 관한 문헌들은 너무나 방대해서 따로 하나의 책을 쓸 수 있을 정도이다. 게레맥은 그가 특별히 빚을 지고 있다고 생각한 역사가들의 연구 결과만을 이 책에서 언급했다. 책의 후반부에는 각 장의 이해를 위해 읽어야 할 참고 도서들을 모아 놓았다. 각주는 단지 인용문인 경우에만 달았다.

* 전반적으로 'Charité'는 '자선'(慈善)으로 'Aumône'은 종교적 의미를 살려 '보시'(布施)로 번역했지만, 문맥에 따라 용어를 선택해 사용했다.

빈곤이라는 낙인과 빈궁에 대한 태도

　사회과학은 그 시초부터 항상 빈곤 문제의 중요성을 인식해왔다. 무엇이 빈곤을 야기하며 어떻게 하면 빈곤을 뿌리뽑을 것인가라는 빈곤에 관한 핵심적인 두 질문은 사회과학의 주된 관심이었으며, 실증적 연구와 이데올로기적 논쟁의 대상이었다. 근대 초에 '경제 사상의 선구자들'(les primitifs de la pensée économique)이라 불리는 사람들은 자신들의 논문과 저작을 통해 현실의 사회문제를 다루었는데, 그 내용은 구걸을 근절하기 위한 방법, 게으른 사람들에 대한 억압적 조치의 실행, 그리고 어떻게 하면 빈곤한 사람들에게 일자리를 찾아줄 것인가에 관한 것이었다.

　자본주의의 탄생과 발전, 그리고 이와 더불어 나타난 빈민의 증가와 사회적 갈등은 학자·사상가·정치가 들 모두에게 빈곤을 사회 전체의 매우 중대한 문제로 인식하게 만들었다. 논쟁의 전개 과정에서, 그들은 자신들의 주장과 근거를 역사 속에서 찾았다. '구빈법과 신구빈법'을 둘러싼 영국의 논쟁은 결국 역사적인 것이었다. 사람들은 빈곤의 원인에 대한 설명과 빈곤 문제의 해결을 위한 적절한 해답을 과거의 경험 속에서 찾고 있었다. 18세기와 19세기의 영국의 경제학자들, 특히 애덤 스미스(Adam Smith), 토머스 맬서스(Thomas Malthus), 데이비드 리카도(David Ricardo), 그리고 카를 마르크스(Karl Marx)와 그의 계승자들은 빈곤 현상을 당시의 경제체제와 결부해 연구했다. 그들은 빈곤을 사회의 진보를 위해 치러야 할 대가로 보거나 혹은 사회체제의 '비효율성'을 나타내는 증거로서 파악했다. 어떠한 입장을 취하든지, 이러한 사상들은 항상 핵심적인 근거를 역사 속에서 찾았다.

19세기 유럽의 사상과 논쟁에서 빈곤은 근대사회의 '부끄러운 질병'으로 취급되었으며, 이를 근절하기 위한 새로운 조치들은 끊임없이 나타났다. 그러나 19세기 말에 사회과학 특히 사회과학의 용어는 변화를 겪었다. 구호 정책의 위기, 대중의 사회적 인식 변화, 그리고 정치 구조의 변화로 인해 전통적인 사회경제적 용어였던 '빈곤'(pauvreté)과 '궁핍'(misère)은 거의 사라졌다. 빈곤이라는 개념은 동정심이라는 감정을 은연중에 암시하고 있었고, 이 용어를 사용하는 사람들에게 우월감을 부여했다. 또한 이 용어가 내포하고 있는 정서는 너무나 모호해 성찰의 도구가 될 수 없었으며, 그 결과 사회과학 연구에서 과학적 용어로 여겨지지 않았다. 그럼에도 빈곤은 중요한 역사적 문제였다. 즉 전통 사회의 사회-심리적 행동 방식의 변화를 파악할 때, 종교적 삶과 교회의 교리 혹은 제도에 관한 연구를 수행할 때, 그리고 자본주의 발전의 맥락 — 빈곤은 자본주의 과정에 내재적인 것으로 간주된다 — 연구에서 빈곤은 여전히 중요한 개념이었다. 근대사회에서 빈곤에 대한 연구는 주로 유럽 사회의 빈곤화와 빈곤에 대한 태도 변화에 초점을 맞추어왔다. 이는 곧 사회 불평등의 원인과 국민소득 분포에 대한 연구가 빈곤에 대한 전통적 질문들을 대체했음을 의미한다.

1950년대와 1960년대의 사회과학자들은 이 주제에 대해 새로운 관심을 가지기 시작했다. '빈곤'과 '궁핍'이라는 용어들이 경제학자와 사회학자 들의 언어에서 다시 나타나게 되었고, 빈곤에 관한 실증적 연구서와 개론서도 수

십여 종이 출간되었다. 현대 자본주의에 대한 낙관주의는 존 갤브레이스(John K. Galbraith)가 1958년에 출간한 『풍요한 사회』(*The Affluent Society*)에 잘 나타난다. 그는 미국이 빈곤 문제를 해결할 수 있다고 생각했다. 미국에서 빈곤은 더 이상 다수 대중의 문제가 아니라 특정 개인들에게만 관련된(cas d'espèce: case poverty), 혹은 특정 인구 집단과 특정 지역('빈곤의 섬 ilots de pauvreté')에서만 확산되는 문제였다.[1] 또한 빈곤은 스스로의 재생산 체계를 가지고 있지 않으므로 '풍요한 사회'(société d'abondance)가 이를 제거할 수 있다고 보았다. 그러나 이러한 낙관적 진단은 후속 연구와 사회정책의 경험을 거치면서 재검토의 대상이 되었다. 실제로 빈곤의 재생산 체계는 산업화된 국가들에서도 여전히 잘 굴러가고 있었다. 그리고 '풍요로운 국가' 내부에 새로운 '빈곤의 섬'을 만들고 있던 노동의 이동 현상은 빈곤이 전 지구적 차원의 문제라는 것을 보여주었다. 빈곤이 전 세계적으로 매우 심각한 문제라는 사실은 너무도 명백했다. 한편 연구자들의 논쟁은 주로 다른 문제에 집중하고 있었는데 그것은 '빈곤선'(seuil de la pauvreté)에 관한 것이었다. 이는 수량적·통계적 관점에서 빈곤의 명확한 특징을 정의할 수 있게 해주는 기준을 만들고 이를 선택한다는 것을 의미했다. 몇몇 미국의 학자들은 국가별 가계 소득 지수를 제시했는데, 이는 미국에서조차 사용하는 데 부적절하고 결함이 많은 것이었다. 왜냐하면 지수의 경직된 방식이 지역 간의 상이한 조건들, 즉 사회적·문화적·지리적인 여러 요소들을 적절히 고려하지 못했기 때문이다. 이 지수는 다른 발전된 국가들에서도 실용화할 수 없었다. 더욱이 상황이 완전히 다른 제3세계 국가들에 대해서는 언급할 가치도 없었다. 빈곤을 추정하는 여러 방법들은 출발점과 목표에 따라 다양하게 제시되었다. 절대적 기준, 즉 인간의 생존 자체가 위협받는 최저생계비 기준은 명확히 존재했지만, '상

---

1 J. K. Galbraith, *The Affluent Society*, Boston, 1958. Trad. franç: *L'Ère de l'opulence*, Paris, 1961, p. 302 sq.

대적'(relative) 빈곤의 독특한 성격을 정의하는 것은 그만큼 더 힘들었다. 이는 상대적 빈곤이 역사를 통해 변화하는 사회적 관습과 생활 방식에 의해 결정되기 때문이다. 요크(York)의 빈곤에 관한 연구서에서 벤저민 시봄 라운트리(Benjamin Seebohm Rowntree)는 다음과 같이 썼다. "나는 '일차적 빈곤선'으로 개인에게 신체적 효율성을 유지하게 해주는 최소한의 소득을 채택했다. 그것은 진정한 삶이라기보다 최소한의 생존 조건이다."[2] 생존을 겨우 보장하는 이 아슬아슬한 수입에서 조금이라도 벗어나는 것은 생명 그 자체를 위협할 수 있었다. 그러나 이러한 최저생계비의 정의 역시 단순하지 않았다. 왜냐하면 영양학적인 표준만이 적절한 기준인 것처럼 보이지만, 사실은 그것 역시 지리적 조건, 문화적 관습, 통용되고 있는 소비 방식에 따라 상대적인 특성을 띠기 때문이다. 또한 빈곤을 정의하는 데 수량적 지수만을 기준으로 삼는 것 역시 충분치 못했다. 즉 물질적 조건이 비물질적 조건에 미치는 영향도 고려할 필요가 있었다. 예를 들어, 빈민들은 가난으로 인해 교육 기회를 얻지 못하였고 이로 인해 좋은 직업을 구하기 어려웠다.

빈곤의 정도를 측정하기 위한 기준과 방법을 확립하고자 했던 이러한 연구들은 사회정책을 수립하는 데 큰 영향을 주지 못했다. 부조 정책을 위한 실질적이면서도 엄밀한 수단이 필요했던 정부 당국에 학문적 결론과 제안들이 그대로 적용될 수는 없다. 역설적이게도, 사회학적 조사에 따르면 일반 사람들의 집단 심성에는 이러한 종류의 주저함이 존재하지 않았다. 왜냐하면 빈곤의 특징들은 사회적 관점에서는 분명했기 때문이다. 빈곤의 지형도(topographie)는 사회계층과 공간 분포의 차원에서 명확히 드러났다. 이러한 역설의 발생은 현대사회의 빈곤이 단지 물질적 조건의 열악함이기보다는 어떤 특정한 사회적 신분의 표시였기 때문이다. 예를 들어, 어떤 가난한 가계가 생활수준을 현저하게 개선한다고 해도—아이들이 자라고 돈을 벌기 시작할

2 B. S. Rowntree, *Poverty and Progress. A Second Social Survey of York*, London, 1942, p. 102.

경우 나아질 수 있다—그 가계가 사회에서 맡은 역할과 지위가 이전과 마찬가지로 낮은 상태에 있다면, 그 가계는 사회적 향상을 이루었다고 말할 수 없다. 따라서 누가 가난한가를 결정하는 데에서 경제적 요인들은 그 자체로 충분한 기준일 수 없었다. 사회과학자들이 빈곤을 바라보는 상이한 관점은 빈곤이라는 공통된 연구 대상을 모호하게 만드는 결과를 가져왔다. 빈곤에 대한 학제 간 연구들은 경제적 문제, 복지 프로그램, 빈곤과 일탈 행위의 관계, 소수 종족의 낮은 생활수준, 그리고 빈곤의 사회윤리적 함의를 함께 다루고자 했다. 이러한 관점에서 보면 빈곤은 사회적·문화적·경제적·정치적·심리적·생리적·생태적 요인들이 복잡하게 상호작용하는 삶의 한 방식인 것처럼 보인다. 사회현상으로서의 빈곤을 정의하는 여러 측면 가운데 연구자들은 빈곤의 타락적 측면을 그 핵심으로 지적하고 있다. 이러한 접근 방법이 전혀 새로운 것은 아니다. 19세기의 박애주의자들은 기독교의 사회 교리와 마찬가지로 빈곤이 야기하는 윤리적 타락을 강조했다. 19세기 말과 20세기 초의 대표적인 경제사상가로 특히 경제 발전의 도덕적 측면에 관심을 가지고 있던 앨프리드 마셜(Alfred Marshall)도 이런 관점을 지니고 있었다. 그에 따르면 "빈곤의 원인을 연구하는 것은 인류의 타락 원인을 연구하는 것"이었다.[3] 빈곤에 관한 현대의 연구에서 타락은 도덕적 맥락에서만 고려할 것이 아니라 무엇보다도 경제체제를 포함한 전체 사회와의 관계 속에서 보아야 한다. 존 갤브레이스에게 빈곤을 연구하는 것은 '사고, 불행, 무능력으로 인해' 경제체제에서 제외된 사람들에 관한 연구이다.[4] 그러나 이는 더 나아가 적절한 사회정책을 통해 생산적 개인으로 변화할 수 있는 사람들에 관한 연구이기도 하다. 사회계층 구조를 문제 삼았던 1960년대의 비관적인 진단은 빈곤으로 인한 타락을 사회적 불평등의 표출로 보았다. 이는 선진국 인구의 10~20퍼센트를 차지하

---

3 A. Marshall, *Principles of Economics*, London, 1927 (8ᵉ éd.), p. 2. Trad. franç.: *Principes d'économie politique*, Paris, 1906, 1909.

4 J. K. Galbraith, *op. cit.*, trad. citée, p. 308.

는 최하 계층이 사회의 나머지 부분들과 괴리되거나 구별되고 있음을 말하는 것이다. 미국에서 발간된 마이클 해링턴(Michael Harrington)의 빈곤에 관한 저명한 연구*는 미국 대도시의 경제 체제 내에 존재하는 '하위 문명'(sous-civilisation)에 관해 이야기하고 있다. 그는 빈민들 ── '빈궁의 하위 문화'(sous-culture de la misère), '풍요로운 사회'에서 쫓겨난 사람들 ── 은 경제 발전 과정에 참여하지 못한 채 착취당하고 있다고 말했다.

빈민 계층의 행동 방식에 관한 연구들은 일반적으로 '빈민의 하위 문화'와 '빈곤의 게토화'라는 두 가지 이론을 발전시켜왔다. 문화 해석을 주장했던 연구자로는 오스카 루이스(Oscar Lewis)와 해링턴을 언급할 수 있는데, 이들은 특히 도시 빈민 계층의 독특한 행동 방식을 강조했다. 그들은 빈민이 표준적인 사회규범으로부터 일탈하는 이유를, 빈민들이 대다수 사람들이 받아들이는 것과는 다른 새로운 문화적 규범과 가치 체계를 고안해내었기 때문이라고 설명했다. 빈민 내부에서 한 세대에서 다음 세대로 전해지는 이러한 규범과 가치가 빈민들의 사회경제적 하위 문화를 결정한다는 것이다. 한편 '게토 이론(상황 이론)'은 어떤 내재적 요인들이 빈민들의 특이한 행동 방식을 결정한다는 사실을 거부하면서 그러한 행동 방식은 사회구조 속에서 빈민들이 차지하고 있는 사회적 지위에 기인한다고 주장한다. 빈민 계층에 만연해 있는 일탈적 행위는 현재의 사회조직 체계의 결과이다. 즉 현재의 사회조직은 궁핍자를 더욱 불리한 위치로 내몰고 빈민들을 사회에서 격리한다. 마찬가지로 빈민들이 일반적으로 받아들이고 있는 규범과 가치도 사회에서 배제한다. 이데올로기적인 함의가 너무 다르기 때문에 두 이론 사이에는 어떠한 합의도 도출할 수 없었지만 그럼에도 두 이론은 두 가지 유형의 요인, 즉 내적인 요인과 외적인 요인이 빈곤 계층의 고유한 행동 방식을 만드는 데 큰 역할을 하고 있음을 분명히 보여주었다. 그리고 가장 중요한 것으로는 이 두 이론이 빈곤의

---

* 마이클 해링턴이 1962년에 출간한 『또 다른 미국』(The Other America)을 말한다.

사회적 맥락, 사회 구성원들의 빈민에 대한 태도, 그리고 물질적 성공과 실패에 대한 사회적 인식을 고려하지 않고는 빈곤을 이해할 수 없다는 사실을 일깨워주었다는 점이다.

빈곤에 대한 경제적 접근이 경제체제, 생산 과정, 성장의 과실에서 배제된 빈민의 상황을 강조하고 있다는 것은 이미 언급했다. 동시에 우리는 빈곤 개념의 사회적·문화적 측면을 강조했던 사회학자들의 입장도 언급해야 할 것이다. 그들은 빈곤을 굴욕적인 삶의 조건과 일종의 타락으로 정의했다. 미국의 사회학자인 데이비드 마차(David Matza)는 빈곤을 동일한 중심에서 점점 커지는 동심원의 형태에 비유하면서 세 가지 수준으로 구별했다. 가장 큰 원은 소득이 낮은 모든 빈민들을 포괄한다. 두 번째 원은 더 작은 범주로서 사회부조를 받는 빈민들을 포괄한다. 세 번째 범주인 가장 작은 원은 비정기적 혹은 정기적으로 지원을 받는 빈민들로서 타락한 사람들을 포함한다. 세 번째 범주는 주로 실업자나 혹은 일시적 취업자들인데, 이들은 하나의 사회계층을 형성하며 그들만의 고유한 일탈적 행동 방식을 발달시킨다. 마차는 이 계층에 속하는 사람들을 다시 네 가지 범주로 구별한다. 첫째, 사회의 쓰레기들(dregs), 즉 대부분 이민으로 인해 완전히 뿌리가 잘린 개인 혹은 가족들, 둘째, 사회적으로 평판이 나쁘며 앞서 언급한 이민자들에 의해서도 경멸당하는 새로운 이주민들, 셋째, 부랑자들(skidders), 즉 술과 마약 혹은 일탈 행동으로 인해 사회적으로 타락한 사람들, 마지막은 만성적 병자들인데 이들의 지위는 '수용 가능한' 빈민과 경멸의 대상인 빈민 사이에 위치하며 그 사회적 지위는 매우 모호하다. 대중의 시각에서 보면 세 번째 그룹에 속하는 빈민들은 인간이라고 여겨질 가치조차 없는 타락한 사람들이다. 와스먼(Ch. L. Waxman)은 마차[5]가 묘사한 비열함 혹은 결함의 상징으로서의 빈곤 관념을 더욱 발전시

---

5 D. Matza, "Poverty and Disrepute", in *Contemporary Social Problem*, R. K. Merton, R. A. Nisbet, éd., New York, 1966 (2ᵉ éd.), p. 657.

켰다. 그는 빈곤이 상징하는 부정적인 이미지, 즉 '빈곤의 오명'이 빈민의 각 범주에서 어떻게 나타나는지를 분석했다. 새로운 이민자들의 빈곤은 인종적·민족적·종교적 차이와 관련이 있었다.[6] 두 미국인 사회학자들은 빈곤의 이러한 오명이야말로 빈곤을 도덕적 흠집 혹은 도덕적 결함으로 여기던 과거의 유산인 것으로 파악하고 있다. 마차는 두 가지 과정을 통하여 '평판이 나쁜' 빈민이 증가했다고 보았다. 첫번째는 광범위한 빈곤화를 통해서였다. 이에 대해 영국의 빈민법은 반은 자선적이고 반은 억압적인 방식으로 대응하려 했다. 두 번째는 새로 이주해 온 사람들 중 일부가 당면해야 했던 '선별적' 빈곤화를 통해서였다. 그들이 빈민의 대열에 합류하면서 평판이 나쁜 빈민은 자연스럽게 증가했다. 이 중 첫 번째 유형은 미국에서는 실제로 큰 중요성을 가지지 못했다. 그러나 두 번째 유형이었던 이민자에 대한 편견은 그것이 미치는 범위에는 한계가 있었지만 매우 집중적인 방식으로 나타났다. 두 번째 유형은 빈곤에 대해 "부정적인 낙인을 찍는" 힘이 관념적 차원과 문화적 차원에서 지속적이었음을 보여준다.

타락한 빈민을 연구하는 것은 빈곤의 여러 수준을 구별하는 것인데, 이 접근법은 용어의 비정확성으로 인해 한계를 노출하고 있다. 그럼에도 이 접근법은 몇 가지의 장점이 있으며, 여기에서는 두 가지 점만을 언급하고자 한다.

첫 번째는 접근 방법 자체가 가지는 의미이다. 이 접근법은 빈민들 가운데 특정한 집단을 선별하여 "빈곤이 불법적인 행위들과 결합하고 있음"[7]을 지적하고 있다. 평판이 나쁜 이 '위험한 집단'은 가끔씩 다른 빈민들에게까지 부정적인 영향을 끼치기 때문에 불신을 받는다. 종교적 교리는 빈곤과 빈민에 관한 태도에서 '부조를 받을 만한' 빈민들과 '그럴 가치가 없는 비열한' 빈민들로 구별하고 있는데 바로 이 점이 빈곤에 대한 특정한 태도가 오랫동안 지

6 Ch. L. Waxman, *The Stigma of Poverty. A Critique of Poverty, Theories and Policies*, New York, 1976, p. 71.
7 D. Matza, *op. cit.*, p. 668.

속적이라는 우리의 논의와 관련이 있다. 중세의 담론은 기관들과 개인들의 자선을 받을 자격이 있는 빈민들이 누구인지를 파악하는 데 주된 관심이 있었다. 근대적 사고는 빈곤에 대한 부정적 태도의 기원을 빈곤과 일탈 사이의 관계에 비추어 설명하고자 했다. 그러나 두 경우 모두 빈민에 대한 가치 판단을 도출하는 데에 같은 기준이 있었다. 여기에서는 중세 혹은 근대 작가들의 개인적 의견이나 의도가 아니라 그들이 사회 전반의 태도에 대한 관찰자이거나 해설자였다는 사실을 지적하고자 한다. 마차와 왁스먼도 명시적으로 빈곤에 대한 부정적인 가치 판단을 전혀 공유하지 않는다고 밝히고 있다.

두 번째는 빈곤 계층의 문화적 특수성이 사람들의 비난, 두려움, 그리고 낙인찍기를 빈민들 스스로가 내면화한 결과로 보고 있는 것이다. 그들은 무기력에 빠져 자신의 사회적 조건을 바꾸려는 노력을 하지 않는다. 근대의 집단심성은 빈곤을 오로지 부정적인 방식으로만 인식했다. 물질적 측면에서 빈곤이 야기하는 타락과 사회적 측면에서 빈곤에 가해지는 경멸과 무시 간에는 일종의 대응 관계가 있었다. 때때로 대중문화가 빈곤한 생활 방식에 대해 낭만적인 홍미를 자극하고 이로 인해 빈민에 대해 염려하고 지원을 모색하게 했지만 그 자체로서는 매우 주변적인 것이었다.

경제적·사회적·문화적인 관점에서 일종의 타락인 빈곤을 산업화 시대 이전의 사람들은 완전히 다른 방식과 맥락에서 파악했다. 유대교·기독교·불교·이슬람교 등 모든 위대한 종교들은 빈곤에 신성한 지위를 부여했다. 반면 부귀는 가장 오래된 사회문화적 원형에서도 고귀한 가치를 지니지 못했다. 그러나 역사적 발전 과정을 통해 이러한 이데올로기들이 사회적 현실에 맞게 적응하자 가치 체계는 역전되었다. 14세기에 유럽의 군주들과 공적 기구들은 빈곤의 확산과 이로 인한 사회의 해체를 막기 위해 구체적인 조치를 마련해야 할 필요성을 느꼈다. 16세기 초에는 빈곤에 대한 사회정책, 집단적 태도, 종교적 교리에서의 결정적인 쇄신(aggiornamento)이 나타났다. 이전 세기에는 빈곤에 관한 매우 다양한 태도—빈곤에 대한 찬양·수용·단죄—가 존재했지만 빈민에 대한 이데올로기적인 입장과 빈민의 지위를 결정했던 핵심적인 요인들은 대부분 신성한 영역에 속해 있었다. 중세와 근대가 빈곤 문제에 접근한 방법의 근본적인 차이는 바로 이 영역에서 발생했다.

오늘날 학자들은 연구 방법이나 방법론적 원칙에 상관없이 빈곤을 부정적인 현상으로만 인식한다. 빈곤의 타락적 측면에 대한 감정은 빈민들, 즉 '대지의 저주받은 자들'*에게 세상을 급진적으로 바꿀 혁명적 임무를 부여하는 극단주의자들마저도 공유하고 있는 실정이다. 빈곤의 타락적 측면에 대한 연구는 빈곤이 단지 사회적 현실과 그 현실의 발생 과정에 대한 연구에서 도출될 수 있는 인식론적 관찰의 문제가 아니라는 것을 보여준다. 빈곤을 파악하는 방식은 집단 심성에 존재하는 것이다. 이 방식은 현대 문명의 특징 가운데 하나로서 사회적 태도에 깊이 내재해 있다. 바로 이 측면이 이 연구의 문제의식이다. 즉 몇 세기가 흐르는 동안 빈곤에 대한 표상과, 빈궁에 대한 집단 반응이 어떤 변화를 겪었는지를 파악하고자 하는 것이다. 이는 태도와 감정의 변화와 관련이 있다. 태도와 감정은 사회심리학적 영역에 속하는데, 이 영역에서는 변화가 매우 느리게 나타나기 때문에 그 변화를 인지하는 것이 쉽지 않다. 변화는 인간 본성에 깊이 내재해 있으며, 생물학적 기초에 뿌리를 두고 있는 행동 방식과 관련이 있다. 식량을 획득하기 위한 기술의 변화, 교통수단의 변화, 전쟁과 정부 통치에서 발생하는 변화를 인지하는 것이 인간의 감정과 상상력에서 발생하는 변화를 인식하는 것보다 훨씬 쉽다. 이러한 어려움은 단지 이 분야의 연구가 가지는 특수성, 즉 문서 자료, 적절한 조사 수단 그리고 조사 기술이 부족하다는 것에만 기인하는 것은 아니다. 이 분야의 연구가 힘든 것은 발생하는 변화들이 매우 약하게 접합되어 있으면서 규칙적 혹은 단선적인 변화 추세를 보이지 않기 때문이다. 걸인에 대한 억압이 보시(布

---

* 이 말은 알제리 독립을 위해 프랑스와 싸웠던 프란츠 파농(Frantz Fanon)의 1961년 책 『대지의 저주받은 자들』(Les damnés de la terre)에서 인용한 것이다.

施)의 자비로운 행위를 대체했다고 믿는 것은 잘못된 것이다. 자선과 억압은 오랜 기간 함께 존재해왔고 시기에 따라 어느 한쪽이 다른 한쪽에 비해 우세했을 뿐이다. 두 태도는 근대 문명에 이르기까지 동시에 살아남았으며 서로 통합되면서 모호해졌다. 우리는 자주 그것들이 종교적·사회적·정치적 장벽에 의해 분리되고 있음을 보지만 때로는 공존하고 있음도 목격할 수 있다.

토지와 물질적 안락을 버리고 은둔자의 삶을 사는 것은 단지 중세의 자발적인 빈곤 추종자들의 이상이 아니라 현대의 청년 공동체 회원들의 이상이기도 하다. 피렌체 궁정의 안락한 삶을 거부하고 걸인의 삶에서 행복을 추구했던 18세기 무역상의 아들과 마찬가지로, 미국 백만장자의 아이들이 히말라야나 애팔래치아 기슭에서 세상을 등진 채 가난한 삶을 선택하고 있다. 이처럼 빈민에 대한 억압과 박애가 여러 형태를 띠고 있기는 하지만 중세사회와 현대 사회 간에는 여전히 비슷한 사고가 존재하고 있는 것이다.

그러나 근대의 태동기에 빈곤에 대한 이론적 성찰과 사회적 관습은 급진적 변화를 겪었다. 현재까지의 연구는 이 변화의 내용과 규모를 여러 방식으로 해석하고 있다. 우리가 '근대 혁명'을 이해하는 방식에 따르면 이런 변화는 당시 종교의 현대적 발전, 르네상스 문화, 또는 자본주의의 태동에 기인하는 것이다.

16세기에 자선 개혁 운동을 둘러싼 종교적 논쟁은 특별히 사회부조 기관에 관한 관심을 불러일으켰다. 이 논쟁은 프로테스탄티즘의 역할에 초점을 맞추었는데 — 어떤 사람들에 따르면 핵심적인 것이고, 어떤 사람들에 따르면 확실치 않은데 — 16세기에 시작된 이래 수 세기에 걸쳐 여러 차례 반복되었다(우리는 이 책의 제3장에서 이 논쟁을 상세하게 다룰 것이다).

19세기와 20세기의 역사학자들 역시 이러한 지난날의 논쟁을 반복했다. 자선 개혁의 출발점(terminus a quo)은 뜨거운 논쟁거리였다. 가톨릭 역사가들은 개혁 과정이 이미 프로테스탄트의 종교개혁 훨씬 이전에 시작되었고, 16세기 초의 빈민에 대한 사회적 태도와 자선기관에서의 변화는 가톨릭과 프로테스탄트 양쪽 모두에서 동시에 나타났음을 증명하려고 노력했다. 독일 예수회 소속으로 바티칸 도서관장과 추기경을 역임했던 프란츠 에를레(Franz Ehrle)는 문서고의 자료를 통해, 16세기의 자선과 부조 개혁의 태동이 프로테스탄트들의 업적이 아니라고 주장했다. 그의 주장은 당시 독일 역사학계에서 각자가 부조 제도 근대화의 수호자라고 자처했던 가톨릭과 프로테스탄트 간에 맹렬한 논쟁—40년 이상 지속된—을 불러일으켰다. 종교적 열정으로 인한 선입관과 과열된 어투에도 불구하고 문서고에서 자신들의 주장의 근거를 찾았던 이 논쟁은 독일뿐만 아니라 인접 국가에게도 풍부한 역사적 자료를 제공했다.

독일 역사가들의 논쟁은 곧 벨기에 연구자들의 관심을 끌었다. 벨기에 연구자들은 우선 가톨릭 지역인 이프르(Ypres)에서의 자선에 주목했는데(이프르 당국은 1525년에 자선사업을 시작했다), 이에 관해 독일에서는 이미 연구가 있었다. 이프르에서의 개혁이 남부 독일 도시들의 새로운 자선 방식에 영향을 받은 것이라는 독일 프로테스탄트 역사학자들의 주장에 반대해, 벨기에 역사학자인 장 놀프(Jean Nolf)는 독일 지역에서의 개혁과는 아무런 상관이 없다고 주장했다. 그는 이프르의 조치들을 이전에 에노 주(州)의 몽스(Mons-en-Hainaut) 당국에 의해 시행되었던 것과 유사한 사회정책인 것으로 파악했다. 앙리 피렌(Henri Pirenne)은 이러한 견해에 동의하면서 그의 기념비적인 저서 『벨기에 역사』(Histoire de Belgique)에서 자선 개혁을 '르네상스의 결과'로 제시했다.[8] 또한 독일 도시들과는 독립적으로 빈민들에 대한 새로운 정책이 등장했음을 강조했다. 그에 따르면, 1525년의 개혁은 에라스뮈스주의자(érasmiens)와 법률가, 자본가라는 세 계급의 정치적 기획과 이론적 고찰의 결과물이었다. 그리고 개혁은 1525년 이전부터 이미 전조를 보이기 시작했던 자선 기관의 세속화(laïcisation)와 사회정책의 근대화 경향을 반영하는 것이

---

8 H. Pirenne, *Histoire de Belgique*, Bruxelles, 1927, t. III, p. 290.

었다. 이러한 해석은 16세기의 자선 개혁이 프로테스탄티즘의 산물이라는 것에 의문을 제기하는 것이다. 폴 보낭팡(Paul Bonenfant)은 놀프와 피렌의 이러한 주장을 강하게 반박하고 나섰다. 벨기에의 병원 기구에 관한 역사가이자, 숙련된 고문서학자였던 보낭팡은 1531년 카를 5세(Charles Quint)의 칙령에 관한 논문—이는 빈민 부조에 관한 것이었는데—에서 네덜란드와 독일 도시들의 자선 개혁과 관련한 자료들을 다시 분석했다. 그는 특히 빙켈만(O. Winckelmann)의 연구 결과에 의지했다. 보낭팡은 한편으로는 몽스와 이프르에서의 사회부조 개혁 간에 놀라울 정도의 유사성이 존재했고 다른 한편으로는 거의 동시대에 나타났던 뉘른베르크(Nürnberg)와 스트라스부르(Strasbourg)의 개혁 간에도 유사성이 있음을 발견함에 따라 공통 모델이 존재한다고 결론을 내렸다. 그는 독일 중심 도시들이 혁신자적인 역할을 하고 그 예를 네덜란드 도시들이 따라 했을 것으로 보면서 개혁 운동에 관한 일종의 계보를 만들었는데 뉘른베르크-1522, 스트라스부르-1523, 몽스-1525, 이프르-1525, 릴-1527, 제국 칙령-1531이 바로 그것이다. 보낭팡은 중세 후기의 개혁 조치를 부정하지는 않았으나, 16세기의 사회정책에는 매우 중요한 혁신점 두 가지가 있었음을 강조했다. 즉 빈민들에 대한 부조 체제를 중앙 집중화한 것과 구걸을 무조건 금지한 것이다.

그러나 개혁이 진정으로 루터교적인 정신에서 비롯되었는가? 16세기에 가톨릭이 지배하던 대도시들이 사회정책을 변화시키고자 했을 때 루터교의 영향을 받았다는 비난이 있었다.[9] 그러나 프란츠 에를레는 뉘른베르크 칙령이 특별히 프로테스탄트적인 특징을 보이지 않았으며, 오히려 도시의 개혁 운동을 촉발시킨 것은 그 이전의 사회경제적 상황이었다고 강조했다. 뉘른베르크 칙령의 여러 판본 중 하나에는 성모마리아 삽화가 그려져 있다. 보낭팡은 일정 기간 동안 남부 독일 도시들의 사회부조 개혁에서 루터 교리의 역할은 비

---

9 *Forma subventionis pauperum que apud Hyperas Flandrorum urbem viget...*, Ypres, 1531.

·밀에 부쳐졌고, 이런 이유 때문에 뉘른베르크는 1525년이 되어서야 비로소 작센(Saxon) 도시들의 예를 공식적으로 따를 수 있었다고 반박했다. 따라서 이 시기 독일의 예를 따랐던 유럽 도시들은 무의식적으로 프로테스탄트적 프로그램들을 실행했던 것이다. 결국, 그가 보기에 16세기에 일어났던 자선 제도 개혁이 종교와 무관한 성격의 것이었다는 주장은 잘못된 것이었다. 그는 이 분야에서의 진정한 세속화는 개혁보다 훨씬 이전에 실행되었다고 주장했다.

역사적이며 동시에 종교적 성격을 띤 이런 논쟁은 최근의 저작들에서도 여전히 그 반향이 나타나고 있다. 그러나 이 논쟁은 트리엔트 공의회 전후 시기에 가톨릭 국가들에서 진행되었던 개혁에 대한 새로운 해석의 경향들에 점차 자리를 내주고 있다. 이 새로운 연구 경향이란 주로 자선 개혁에 인문주의가 얼마나 기여했는가를 중시하는 흐름이다.

마르셀 바타이옹(Marcel Bataillon)은 자선 제도의 개혁가인 후안 루이스 비베스(Juan Luis Vivés)*에 대한 1952년 논문에서 인문주의자들의 기여에 대해서 설명하고 있다. 즉 그는 비베스의 『빈민 부조에 관하여』(De subventione pauperum)와 16세기 철학 사상 특히 에라스뮈스 철학과의 유사성을 분석했다. 그것은 종교적 문제와는 별도로 도시의 지적 엘리트들과 정치가들이 했던 역할을 강조하는 것이었다. 1530년대 리옹(Lyon)의 자선 개혁 문제를 연구한 내털리 제먼 데이비스(Natalie Zemon Davis)의 뛰어난 연구에서도 동일한 관점이 나타나고 있다. 그녀의 연구에서도 개혁이 도시의 이데올로기와 정책에 있어 논쟁의 대상이었음을 알 수 있다. 그러나 중요한 것은 1530년대 리옹에서 발생한 개혁이 종교는 달랐지만 인문주의로부터 공통적인 영향을 받은 사람들의 작업이었다는 점이다. 성직자들 외에도 이 인문주의의 압력 집단에는 리옹의 사업가, 상인, 기업가 들이 참여했다. 이것이 바로

---

* 이 책 352쪽 보론 2의 옮긴이 주 70 참조. 빈민에 대한 그의 생각은 이 책 제3장 3절에서 자세하게 다룰 것이다.

새로 탄생하는 자본주의 시대가 빈곤과 걸인의 문제에 대해 접근하는 방식이었다.

고전으로 평가받는 막스 베버(Max Weber)와 리처드 토니(Richard Tawney)의 연구는 부와 빈궁에 대한 사회적 태도, 종교개혁에 관한 사회사상, 그리고 자본주의 발달 간의 관련성을 분석하고 있다. 우리가 도시와 국가 차원에서의 사회정책의 역사, 그리고 자선제도와 박애주의의 역사에 접근할 수 있는 것은 이 두 연구자들이 제기한 관점을 통해서이다. 웹 부부(S. and M. Webb)와 레너드(E. M. Leonard)의 연구는 근대 영국의 박애주의 역사를 연구했던 조던(W. K. Jordan)과 마찬가지로 빈민과 부조 제도에 관한 영국 법령의 역사를 기술했다. 그들은 근대 자선 정책의 틀 안에서 발달했던 여러 활동 유형을 당시의 사회적 현실과 비교하면서 많은 정보를 제공했다. 그러나 프랑스 역사학자 레옹 랄르망(Léon Lallemand)이 쓴 자선의 역사에 관한 기념비적인 연구*처럼, 앞의 두 역사학자들의 연구는 빈민들에 대한 부조를 자율적인 현상으로 제시하고 있고, 그 분석도 주요하다고 여기는 몇몇 영역, 즉 행정과 입법 또는 사회정치적 문헌의 역사에만 한정하고 있다는 점에서 한계가 있다. 지난 몇십 년 동안 진행된 연구들은 더욱 자세히 이 문제를 분석하고자 노력했는데, 특히 경제 및 사회구조의 맥락에 그 초점을 맞추었다. 중세 시대에 관해서는 미셸 몰라(Michel Mollat)의 저작**과 그가 영감을 주었던 연구들이 이런 접근법의 가장 좋은 예라고 할 수 있다. 그러나 중세 쇠퇴기 이전에는 진정한 사회적 빈곤이 발생하지 않았기 때문에 경제사학과 빈곤 사회학은 봉건사회로부터 자본주의사회로의 이행기, 농업사회로부터 산업사회로의 이

---

* 레옹 랄르망의 책 『자선의 역사』(*Histoire de la Charité*)는 총 4권으로 이루어져 있으며, 1902~12년에 걸쳐 파리에서 출간되었다. 이 책은 자선에 관한 매우 방대한 자료를 분석했다는 점에서 그 역사적 가치가 매우 높다.

** 미셸 몰라는 빈곤에 대한 중세의 두 가지 대응방식인 '찬양과 경멸'을 연구했고, 그 성과로 『중세의 빈민』(*Les Pauvres au Moyen Age*)을 1978년에 출간했다.

행기가 진정으로 조사해야 할 지형이라고 판단하고 있다.

이 문제는 이미 정치경제학 고전학파의 관심을 끈 바 있다. 『빈민의 실태』 (State of the Poor, 1793)의 저자 프레더릭 이든스(Frederick M. Edens)는 걸인과 유랑자들에 대한 영국법, 특히 구빈법의 역사를 사료로서 충분히 활용하고 있다. 이 사료들은 애덤 스미스가 자신의 체계에서 빈민에 대한 부조 원칙을 만들어내는데 크게 기여했을 것이다. 카를 마르크스(Karl Marx)는 이든스의 박애주의적 제안에 대해 회의와 경멸을 보냈지만, 이든스의 저작을 유랑과 빈곤 문제 분석을 위한 자료로 활용함으로서 빈곤을 자본주의의 탄생과 발전에 연결시켰다. 즉 자본의 축적을 다루고 있는 『자본』(Capital)의 여러 장에서, 빈곤과 빈곤화는 우선 자본주의 탄생 과정의 한 구성 요소로서 제시되고 있고, 다음으로는 자본주의 발전의 두드러진 경향으로서 나타나고 있다. 자본주의와 사회의 생활수준 간의 관계는 19세기 중반에 시작해 현재까지 지속되고 있는 논쟁 대상이다. 초기에 역사학자들은 거의 참여하지 않았지만, 논쟁자들은 대부분 역사가가 제공하는 예를 근거로 해서 자신의 주장을 전개했다. 역사학자이면서 경제학자인 브루노 힐데브란트(Bruno Hildebrand)는 프리드리히 엥겔스(Friedrich Engels)와의 논쟁에서 자본주의가 빈곤의 문제를 해결해줄 수 있다고 보았다. 한참 뒤인 1972년에 빌헬름 아벨(Wilhelm Abel) 역시 마르크스주의 역사경제학에 대한 반박의 글을 통해 같은 주장을 전개했다. 하지만 아벨은 이런 주장이 지난 100년간에 대해서만 타당하며 그 이전 시대 —중세와 19세기 중반까지—는 빈곤화라는 지속적인 경향에 의해 특징지어진다고 생각했다. 사회 상황에 대한 역사학자들의 연구는 여러 이데올로기적 굴레로부터 이러한 논쟁을 벗어나게 했다. 그러나 근대 초기의 빈곤에 대한 성격과 원인에 대해서는 여전히 큰 시각의 차가 있었다. 19세기 중엽에서 현재까지의 산업사회 발전에 대해서도 방법과 해석에 큰 차이가 있었다. 이 논의에서 학자들은 '빈곤 상태'(paupérisme)와 '궁핍화' (paupérisation)의 개념들이 서로 다른 역사적 맥락에서 가지는 의미에 주목해왔다. 문제는 개념들을 물질적 상황의 실질적 저하와 같은 절대적인 의미로 받아들여야 하는가, 아니면 사회 전체의 소득에서 비중이 줄어드는 것과 같은 상대적인 의미로 받아들여야 하는가에 있었다. 지배적인 관점은 절대적 빈곤화를 근대 초기, 즉 자본의 원시적 축적과 상업·산업자본주의의 초기 단계에 발생한 것이라고 간주하는 것이다. 벨기에 역사학자인 카테리나 리스(Catherina Lis)와 후고 솔리(Hugo Soly)는 이런 생각을 바탕으로 1979년 '빈곤과 자본주의'에 관한 책을 출간했다.* 그러나 19세기 중반부터 선진국에서의 사회적 변화는 점차 대중적 현상으로서의 물질적 빈곤을 제거해나가는 경향을 보였다. 따라서 빈곤이라는 상황은 그들의 주된 연구 주제의 바깥에 위치하게 되었다. 동시에 점점 더 밀접해지는 국제 관계와 하나의 세계라는 감정은 우리로 하여금 '저발전'이라는 비참함에 주목하게 했고 이 저발전의 확장에 대해 계속해서 큰 관심을 가지게 만들었다. 그것은 주로 제3세계에서 창궐했지만 노동의 이동과 사회적 주변인화를 통해 선진국 내에서도 '저발전의 섬'(ilots de sous-developpement)을 낳았다.

따라서 우리의 관심이 빈곤의 역사 자체는 아니지만 빈곤에 대한 사회적 태도의 변천을 해석하기 위해서는 빈곤의 사회적 실상을 자선 행위와 자선에 대한 사상에 지속적으로 대응시키는 작업이 필요하다. 그것이 바로 이 연구의 목적이다. 이러한 방식 때문에 각 시기를 다루는 데 다소 불균등함이 발생했다. 이 연구는 주로 중세 말과 근대 초에 관심을 집중시켰다. 이를 통해 사회경제적 구조와 집단적 태도의 변화 그리고 근대사회의 태동기와 그 변화의 초창기에 나타났던 사회정책과의 관련성을 살피고자 한다. 이러한 변화들이 현대 세계에서, 특히 저개발국과 발전도상국에서 어떻게 진행되는가를 관찰하고 해석하는 것이 중요하지만 우리가 분석에 초점을 두는 곳은 유럽이다.

---

* 이 책의 제목은 『전(前) 산업 시대 유럽의 빈곤과 자본주의』(Poverty and Capitalism in Pre-industrial Europe)이다.

왜냐하면 유럽 문명의 통일성과 기독교적 전통이 이 책에서 다룰 문제의 핵심이기 때문이다.

마지막으로 이 책은 고문서보관소의 자료를 이용한 나의 연구에 기초를 두고 있지만 선행 연구자들의 연구에도 큰 빚을 지고 있음을 강조하고 싶다. 이 책에서 제시된 주장 가운데 일부는 이전에 저서와 강연을 통하여 이미 발표한 것이다. 이 과정에서 토론과 비판을 해준 많은 분들에게 감사를 드린다. 덧붙여 고문서 연구를 지원해준 우드로 윌슨 국제센터(Woodrow Wilson International Center for Scholars)에도 고마움을 표한다.

제1장

중세 : 빈민은 어떤 역할을 했는가

근대 유럽 문화는 중세를 퇴보와 동일시해왔다. 중세는 부정적인 가치 체계를 제공하기 위해 존재하는 듯했다. 사람들 사이의 관계나 정신적 표상 체계에서 근대적 가치와 상반되는 태도와 생각들은 중세의 유산으로 취급되는 경향이 있다. 근대의 가치 체계와 사상들은 르네상스 문화에 뿌리를 내리고 있으며 고대 세계까지 거슬러 올라갈 수 있다. 그에 비해 유럽 역사의 천 년을 차지하고 있는 중세는 문화적 지속성에서 단절로 나타날 뿐만 아니라 일종의 거대한 암흑 덩어리, 그리고 변화를 거부한 시기로 여겨진다. 이러한 해석이 자유와 행복의 사상사, 노동과 자연에 대한 태도의 역사, 심지어 정치체제와 대의적 기구에 대한 역사 연구를 지배한다. 그 결과로 우리는 중세에 대해 획일적이라는 이미지, 그리고 10년 혹은 한두 세대라는 단기간에 발생할 수 있는 역동적인 변화와 비교해 사회문화적으로 정체해 있었다는 이미지를 갖게 되었다.

이런 이미지는 물론 왜곡된 것으로서 중세사회에 나타났던 역동적 변화를 무시하는 것이다. 그러나 중세 천 년 동안 역사학자들이 구분할 수 있는 다양한 인간 집단과 공동체들이 높은 수준의 일관성과 연속성으로 특징지을 수 있는 기독교 문명에 의해 결속해왔다는 점이 중세에 대한 이러한 이미지를 정당화하고 있다. 근대의 도래, 정치적이고 문화적인 차원에서 국가 의식의 발현, 그리고 종교개혁 운동은 이러한 기독교 문명의 단일성과 연속성을 파괴해버렸다. 새로운 질서 내에서 이 구(舊)문명이 차지할 자리는 없었다. '이교' 문화, 고대 유산, 기독교 유산의 혼합에 의해 발생한 구문명은 보편주의(universalisme)가 무너지고 근대 세계가 도래하게 되자 매우 느리고 고통스럽게 종말을 맞이했다. 구문명의 탄생과 죽음이라는 두 역사적 순간이 언제였는지 정확하게 지적할 수는 없지만 이 두 순간에 중세 문명의 특징들이 응축되어 있다. 탄생기에는 새로운 종교가 이 문명을 고대 문화와 사회로부터 분리시켰으며 쇠퇴기에는 기존 질서에 대한 비판이 이 문명의 핵심적 특징들을 부각시켰다. 이 극단적인 두 지점 사이에 시간이 오래 흘렀다는 점과 중세시대를 특징짓는 이데올로기들이 매우 다양했다는 점이 이 문명의 최초 이미지와 최후 이미지를 매우 다르게 만들어버렸다. 기독교는 중세 내내 문명의 일관성을 확보해주었다. 성경은 우주와 인간, 교회와 국가, 이승과 저승에 대한 이미지를 제공했다. 지켜야 할 계명과 구원의 약속은 인간이 따라야 할 삶의 모델을 제시했다. 그러나 이 가르침의 사회적 맥락은 변화했다. 박해받는 소수의 종교였던 기독교는 유럽의 지배 종교로 변모했다. 한때 빈민과 억압받는 자의 신앙이었던 기독교가 귀족 계층에 스며들었고, 도시 사회에서 농촌 사회로, 장원 경제에서 화폐 교환에 기초한 경제로 퍼져갔다. 각 변화들은 서로 다른 도덕적 문제들을 제기했으며 신자들을 위한 새로운 교육 체제, 그리고 가치, 태도, 행동 방식에서 새로운 위계 질서를 요구했다. 구약과 신약의 비유적 성격으로 인해 종교적 가르침은 매우 쉽게 새로운 상황에 맞추어 변화할 수 있었고, 새로운 사회적 현상은 이데올로기적 틀에 흡수될 수 있었다. 기독교의 지배와 교회의 보편적 프로그램에 의해 형성된 하나의 통일적인 틀 내에서, 다양한 삶의 자세, 가치 체계, 사회적 프로그램이 동일한 원천, 즉 성경에 의해 만들어지고 정당화되었다.

중세 시대의 빈곤과 빈민에 대한 사회적 태도를 연구할 때에 우리가 잊지 말아야 할 점이 바로 이것이다. 이러한 사회적 태도는 빈민의 종교였던 초기 기독교에 그 뿌리를 두고 있었다. 교부 문학, 특히 그리스 교부 문학은 빈곤을 자기희생이라는 종교적 측면에서 살폈을 뿐만 아니라 빈민 그 자체의 관점에서도 연구했다. 중세 초기에 비잔틴 도시의 상황은 빈민들에 대해 가져야 할 태도를 매우 복잡한 방식으로 제기했다. 한편으로는 자선을 행해야 한다는 의무도 있었지만 다른 한편으로는 강제적 조치를 취할 필요성도 있었다. 요하네스 크리소스토무스(Johannes Chrysostomus)의 저술과 황제 유스티니아누스(Justinianus)의 법령은 일할 수 있는 사람과 일할 수 없는 사람을 세밀하게 구분지었다. 이러한 구분은 사회적 문제에 대한 새로운 해답을 찾아야만 했던 근대의 사회·도덕적, 신학적 저작들 속에서 다시 찾아볼 수 있다. 그러나 중세 초기의 '농업' 사회에서는 보시를 통해 생존하는 사람들이 다른 사람들의 삶에 큰 걸림돌이 되지는 않았다. 빈민을 도와야 하는 의무는 교회가 지는 것으로서 교회는 수입의 3분의 1 혹은 4분의 1을 빈곤한 사람들에게 주어야 했다(샤를마뉴 대왕의 법령집capitularies에 따르면 십일조는 세 부분으로 나뉜다. 3분의 1은 성전의 유지에, 3분의 1은 성직자들의 생활에, 그리고 나머지 3분의 1은 빈민들을 돕는 데 사용해야 했다[1]). 그러나 빈곤 그 자체가 덕목이나 성스러운 것은 아니었다. 신의 은총으로 일부 사람들은 부와 권력을 소유했으나, 어떤 사람들은 무능력과 빈궁으로 고통을 당했다. 사람은 겸손하게 자신에게 주어진 삶의 조건을 받아들여야만 했다. 투르의 그레구아르(Grégoire de Tours)에 따르면 메로빙거 왕조 시대의 사회가 빈민들에 대해 악의적이고 경멸적인 태도를 보였다는 것을 확인할 수 있다. 11세기와 12세기에 들어서면서 그리스 교부들의

---

1 Monumenta Germaniae Historica, Legum sectio II, vol. Ⅰ, p. 106(a. 802).

메시지와 동방 수도회의 활동은 빈곤을 영적인 덕목으로 인식하게 만들었다. 이 시기에 사회구조의 전환과 더불어 빈곤이 꾸준히 증가하자, 부유한 사람들은 이에 대처해야 했고 자신들이 소유한 부를 정당화해야 했다. 이런 맥락에서 자선 기관과 탁발수도회(Ordres mendiants)의 활동이 활발해졌다. 자선 활동은 동정과 자비의 감정에 의해 동기 부여된 것이지만 특정한 의도 없이 이루어진 것은 아니었다. 자선은 구원을 얻는 가장 확실한 방법이었고, 기부자의 부와 기독교적 원리를 과시하게 해주는 수단이었다.

가톨릭과 프로테스탄트의 '자선 기구' 개혁에 참여한 사람들은 중세의 이러한 변화를 비판적으로 바라보았다. 중세의 자선 행위는 구걸을 매력적인 것으로 만들어버렸으며 그로 인해 사회질서를 위협했다는 것이다. 개혁가들은 중세 시대의 사회부조를 새로운 부조 프로그램과 대조하면서, 중세의 사회부조 체계가 개인과 기관에 의한 착복과 횡령이 많았을 뿐만 아니라 근본적 원칙의 결함으로 인해 실패할 수밖에 없었다고 판단했다. 근본적 원칙의 결함이란 첫째, 너무나 많은 보시를 제공했고, 둘째, 빈민들을 실제의 필요 기준에 따라 여러 집단으로 구분하지 않았으며, 셋째, 자선 기관의 운영을 교회에 맡겨 민간 기구가 빈민에 대한 부조를 조직화할 의무를 면제해주었다는 것이다. 체제의 기초가 되고 있는 빈곤과 보시에 대한 찬양은 서민 계층의 근본적 삶의 원칙이어야 할 노동 윤리라는 개념을 무력화하거나 거부하는 결과를 가져왔다.

중세 시기 전체를 통해 중세 문학과 교회 정책에서는 이러한 비난에 대한 대답을 쉽게 찾을 수 있다. 겸허하게 노동의 의무를 지는 것은 교회의 사회적 가르침에서 끊임없이 되풀이된 계명이었다. 빈민 집단을 구분하고 일할 수 있는 사람들을 보시에서 제외해야 할 필요성은 교회 교부들의 관심사였을 뿐만 아니라 중세의 많은 신학자들의 관심 대상이기도 했다. 교회 당국과 당시의 사회적·법률적 저작들은 유랑을 끊임없이 비판했다. 또한 교회는 걸인 문제를 해결하고 유랑민을 억압하고자 하는 시 당국의 조치에 찬성했다. 1311

년의 빈 공의회(concile de Vienne)는 교서 쿠이아 콘틴지트(Quia contingit)를 통해 보호소(asiles)와 병원 그리고 다른 자선 기관들을 개혁할 것을 명했다. 또한 이러한 자선 활동이 어떤 경우에도 성직자들을 위한 성직록이 되어서는 안 되며, 그 집행은 경험이 많은 사람이 맡아야 한다고 규정했다.

그러나 만약 우리가 교회의 정책과 가르침 그리고 교리적이고 법률적 영역을 떠나서 문서고의 문서와 연대기 그리고 문학 자료에서 발견할 수 있는 사회적 태도로 눈을 돌린다면, 우리는 빈곤에 대한 가치 부여가 자선 행위의 팽창과 함께 진행되었음을 발견할 수 있다. 빈민은 자선의 대상으로서 구원을 '얻을' 가능성을 제공해주는 사람들이었으며, 그들은 자신들이 사회에서 어떤 위치를 점하고 있는지 그리고 어떤 역할을 하고 있는지를 알고 있었다. 이러한 태도가 빈궁이라는 실제의 현실과 어떻게 마주하고 있는지 살펴보아야 할 것이다. 이 문제는 빈민에 대한 사회적 형상과 물질적 생활수준의 차원에서 동시에 연구해야만 한다.

1. 빈민에 대한 중세의 에토스와 사회적 현실

심성과 사회문화의 구조에 대한 역사에서, 시기(périodes) 혹은 시대(époques)를 구분하는 것은 역사적 주제들이 가지는 자연적 연속성에 임의적인 단절을 가하는 것 같아 보인다. 분명히 사상과 교리 그리고 이데올로기는 시대를 구분하는 것이 더욱 쉬울 것이다. 즉 이 분야에서의 역사적 분석은 각 개념들의 함의와 의미를 시대적으로 구별해주고 그 지속성과 의미론적 변천을 찾아낼 수 있게 해준다. 그러나 집단적 태도나 윤리적 모범 그리고 가치 체계는 변화가 쉽게 드러나지 않기 때문에 그 핵심을 알고자 하는 사람들은 한계가 불분명한 시간적 범위에 직면하게 된다. 우리의 준기 기준은 문명이라는 거대한 구조물이다. 그러나 급격한 위기가 닥쳐 문명이 해체되는 시기에도 이러한 집단적 태도는 뚜렷하지도 즉각적인 변화를 보이지도 않는다. 또한 어떤 문명도 명확하게 구별되는 가치 체계에 의해 쉽게 특징지을 수 없다. 왜냐하면 각 문명 내에는 다양한 가치 체계가 있으며 이들은 서로 공존하지만 동시에 계층에 따라 달라지기도 하기 때문이다. 또한 과거의 유산도 계속 영향을 끼친다. 이러한 어려움에도 역사가들이 집단적 태도가 어떻게 변화하는지를 연구하려고 하는 것은, 시대를 구분하려는 역사 연구의 관습 때문이 아니라 문화의 내적인 역동성 때문이다. 실제로 여러 문명에서 우리는 부(富)에 대한 찬양과 부에 대한 단죄, 전쟁과 평화에 대한 신격화 그리고 지적인 성찰과 물리적 노동에 대한 찬양과 비난이 나란히 존재하는 것을 볼 수 있다. 그러나 각각의 시기에 특정한 가치들을 장려하거나 거부하기 위해, 또는 해당 사회질서를 정당화하거나 비난하기 위해 고안되는 이데올로기적 프로그램에 의해 가치들의 위계 체계는 변화한다.

중세 기독교 문명에서는, 모든 이데올로기가 성경에 근거하고 있었다. 빈곤 개념에 대한 서로 다른 교리가 있었지만 기초를 제공한 것은 복음서의 가르침이었다. 만약 그 교리들이 서로 다르다면 그것은 가르침에 대한 다양한 방식의 해석 때문이다. 사실 가르침은 다양한 해석을 낳을 가능성이 크다. 왜냐하면 같은 개념 체계라 해도 사회적이며 영적인 여러 사실들을 동시에 묘사하는 데 사용될 수 있기 때문이다. 복음서들은 교부 문학과 함께 빈곤을 영적인 가치로서 찬양했다. 빈곤은 사람들이 물질적 부귀를 누리며 살 때 뿐만 아니라 매우 비참한 상황 속에서도 도달할 수 있는 영적 가치로 여겨졌다. '구원의 경제'의 근본적 덕목은 겸손과 자기 부인이다. 성경 용어와 교부 문학에서, 빈곤(pauperitas)은 겸손(humilitas)과 동일시되었다. 기독교의 여명기에 겸손과 연약함은 빈곤에 대한 찬양에서 핵심적 특징이었다. 이 이론을 따르면 빈곤은 무엇보다도 자유로운 선택의 결과일 때 덕목이 된다. 중세 전체에 걸쳐 이러한 믿음은 복음의 실천과 해석에서 중요한 역할을 했다. 왕과 신의 아들로서의 모든 권력을 버린 예수의 빈곤은 자발적인 빈곤이었다. 이러한 모범을 따라 권력과 부를 버린 사람들은 찬양받을 가치가 있는 것으로 여겨졌다. 또한 이 시대의 문학은 진정한 빈곤의 특징인 겸손과 자기 부정의 외적 상징들을 찬양했다. 빈민의 옷, 소득과 주거가 없는 금욕적 삶, 매우 낮은 사회적 지위(의미심장하게도, 때때로 외국인의 지위와 동일시되었다), 빈궁한 삶이 일상적으로 야기하는 고통과 고행이 바로 그것이다.

빈곤에 대한 이런 교리와 함께 보완적 이론이 동시에 발생했다. 그것은 보편적 의무로 여겨지던 자선을 찬양하는 이론이었다. 기부(don)는 인간과 집단을 서로 연결하는 보편적 수단인데, 이 개념은 제도적·영적 차원에서 기독교 내에 새로운 의미를 부여했다. 보시가 죄인들의 죄를 속죄해주는 수단으로 여겨지게 된 것이다. 결과적으로 기독교 사회에서 빈민의 존재는 매우 자연스럽게 신의 구원 사업의 한 부분으로 자리 매겨졌다. "신은 모든 사람들을 부유하게 하실 수 있지만 부자들의 죄를 용서하기 위해 이 세상에 빈민을 존재하게 하셨다."[2] 이것이 엘리야서(書)에서 우리가 읽는 구절이며, 이 이론의 핵심을 잘 요약한 고전적 서술이다. 자선의 교리가 자선 기관의 형태로 구체화하는 데에는 오랜 시간이 걸리지 않았다. 처음 형태는 고대에서 이어받은 전통을 따랐으나 점차 교회 구조의 변화에 따라 새로운 원칙에 근거해 새로운 형태들이 나타났다. 따라서 자선의 의무는 기독교인의 삶에서 개인적 행동 방식을 규정했으며, 동시에 교회에 빈민의 이해를 대변하고 사회적 자비를 책임지는 기관이 될 것을 요구했다.

기독교 초기와 중세의 빈곤에 대한 에토스는 양립할 수 없는 두 계명, 즉 자기 부정이라는 영웅적 삶을 살아야 할 의무와 빈민을 구제해야 할 의무를 동일하게 중시했기 때문에 두 의무 간의 충돌을 내포할 수밖에 없었다. 첫 번째 계명은 기독교적 완전성의 길로 사람들을 초대한다. 어떤 의미에서 이것은 소수의 엘리트들에게만 제공되는 길이었다. 두 번째는 부와 빈곤의 동시

---

2 Patrologia Latina, t. LXXXVII, col. 533.

적인 존재가 절대적으로 필요하다고 주장한다. 왜냐하면 앞에서 인용한 엘리야서의 구절을 뒤집어보면 신은 빈민들이 구제받도록 하기 위해 이 세상에 부자를 존재하게 했다고 볼 수도 있기 때문이다. 보시에 대한 찬양은 부자들에게 구원을 얻을 수 있는 가능성을 제공하는 동시에 부를 승인하고 이데올로기적으로 정당화한다. 빈곤에 대한 찬양은 매우 제한된 집단에게만 해당한다. 이들은 기독교인으로서의 완전함을 추구하기 위해 자기 부정적 삶을 택하고 그들에게 맡겨진 사회적 역할을 거부하는 사람들이다. 그러나 부유한 사람들에게 가장 정상적인 삶의 모델은 자선의 제공을 통해 구원을 추구하는 것이다. 교회에 주는 원조, 새로운 교회의 건설, 자선 기관을 위한 기부가 그것이다. 구원의 '경제'는 기독교 사회(societas Christiana)의 기능을 배분, 혹은 '임무를 배분'(répartition des tâches)한다. 교회와 금욕을 통해 기독교인의 이상을 실현하려고 애썼던 기독교 공동체의 사람들은 영혼의 구원에 관심이 있었다. 세 그룹, 즉 기도하는 집단, 전쟁하는 집단, 그리고 일하는 집단(농경을 중심으로 한 중세의 정신에 매우 잘 들어맞는 사회 현실에 대한 이미지)으로 구분된 기독교 사회는 빈민을 돌보는 것과 같은 여러 기능과 함께 구원의 관리자로서의 역할을 교회에 부여했다. 대중의 주된 임무는 노동하는 것이다. 그 자체로 하나의 덕목인 노동은 몇 세기를 거치는 동안 기독교 가치 체계(axiologie)에서 때로는 매우 높은 위치를, 때로는 매우 낮은 위치를 점했다. 그러나 여기에는 언제나 확고부동한 측면, 즉 신이 부여한 일종의 의무이기 때문에 기능이 배분된 사회에서는 당연히 그에 복종해야 한다는 측면이 있었다. 기독교적 윤리는 빈곤에 대해 겸손을 통한 완전성의 추구라고 찬양했지만 빈곤의 실천 형태는 사회계층에 따라 가변적이라고 보았다. 노동 대중에 대한 기독교인들의 메시지는 그들로 하여금 겸손하게 그들의 위치를 받아들이도록 강요하는 것이었다. 그들이 사회적 삶에서 자신의 위치를 저버리는 것, 즉 노동하기를 거부하는 것은 겸손의 행위가 아니라 오히려 거만한 행동이었다.

빈곤에 대한 기독교적 교리는 사회적 현실을 거의 고려하지 않은 것이었다. 빈곤은 온전히 영적인 덕목이었다. 따라서 기독교 교리는 빈곤을 찬양하기만 하였을 뿐 기독교 공동체에서 빈민이 주체가 아니라 대상으로 다루어진다는 현실을 전혀 변화시키지 못했다. 성인전(聖人傳)이 제시하는 금욕적 삶의 모델은 귀족 계층에게만 관련이 있었다. 금욕적 삶의 실현은 특권을 거부하고 엄격한 삶의 방식을 선택하는 것이었으며, 구원으로의 길은 이 세상의 사회적 현실에 대한 거부를 의미했다. 이러한 맥락에서 중세의 빈곤 개념이 내포한 의미론적 가치가 드러난다. 빈곤은 '권력-가난'(potens-pauper)이라는 대조적인 관계, 즉 물질적 부가 아니라 권력, 사회적 위신과 특권이라는 기준에 의해 결정된다. 역사가 카를 보슬(Karl Bosl)은 '권력-가난'이라는 대조어의 언어적·개념적 기원이 성경의 시편에 뿌리를 두고 있으며, 이것이 중세의 사회 심성에서 매우 중요한 위치를 차지하고 있다고 주장했다. 기원 후 천년의 기간이 흐르는 동안 기독교는 새로운 상황에 맞게 자신의 사회적 이데올로기를 완전히 바꾸었다. 즉 지배 구조를 인정해야 했고, 토지 소유에 기초한 의존 관계를 기반으로 해서 이데올로기를 수정해야 했다.

교부 문학과 성인 문학에서 발견되는 금욕적 삶의 모델은 복음서에서 끌어낸 것이다. 그 문학들은 예수와 그 제자들의 금욕적 삶과 빈곤의 외적 상징들을 제시하면서 빈곤의 영적 가치를 찬양했다. 이 주장을 위한 비유들은 빈궁한 삶의 현실과 관련된 것들이었다. 성경은 빈곤을 풍요로운 삶에 비해 훨씬 쉽게 구원을 얻을 수 있게 해주는 상태로 제시했다(마태복음 제19장 24절).* 테르툴리아누스(Tertullianus)**는 이를 다음과 같이 간결하게 설명했다. "신

---

* 마태복음 제19장 24절, "다시 너희에게 말하노니 약대가 바늘귀로 들어가는 것이 부자가 하나님의 나라에 들어가는 것보다 쉬우니라 하신대"를 말한다.
** 테르툴리아누스(Quintus Septimius Florens Tertullianus, 160~220)는 기독교 신자들의 순교를 보고 개종했다. 이후 그는 엄격한 성격 탓에 몬타누스파의 이단에 심취했다. 신학에 관한 저서로 『호교서(護教書)』(Apologeticum), 『헤르모게네스를 논박(論駁)한다』(Adversus Hermogenem), 『영혼의 증명에 대하여』(Detestimonio animae)를 썼다. 신학의 문제에 철학을 적용하는 것에 반대했으며 "불합리하기 때문에 나는 믿는다"라는 말을 남겼다.

은 언제나 빈민을 인정하고 부자를 정죄한다"(*Deus semper pauperes justificavit, divites praedamnat*).[3] 복음적 메시지와 함께 초대 공동체의 삶, 특히 예루살렘 공동체의 삶 역시 따라야 할 모델이었다. 복음서에 나오는 빈곤과 예루살렘 공동체의 구성원들이 살았던 방식, 동시에 혹은 독립적으로 제시되던 이 두 이미지들이 우선 동방에서는 은둔적 삶과 수도원(monachisme)의 모델이 되었고, 후에 서방에서도 수도원에서의 기본적인 삶의 원칙이 되었다. 그러나 '천상의 예루살렘'의 예표(préfiguration)였던 예루살렘의 초대 기독교 공동체의 이미지는 기독교 내에서 단순히 고행을 하고자 하는 사람들이 따라야 하는 모범이 아니라 그 이상의 역할을 했다. 그것은 물질적·영적 공동체를 찬양했던 사도행전에 인용된 바 있는 기독교 유토피아 — "모든 것들이 그들의 공동 소유이다"(*sed erant illis omnia communia*) — 의 실현이었고 자신의 재산을 팔아 모든 것을 사도들의 발 앞에 바쳤던 예루살렘 기독교인들의 빈곤한 삶의 실현이었다.

이러한 '초대 교회 형태'와 복음적 이상은 두 번째 천 년 시대 초부터 기독교 유럽의 영적인 삶에서 중대한 역할을 수행했으며 교회가 도입했던 새로운 형태의 종교 활동, 특히 수도원 활동과 저항과 개혁을 추구했던 비주류 교파들 내에서도 매우 중요했다. 11세기와 12세기 상업 경제의 발달은 새로운 사회적 환경을 창조했는데, 레스터 리틀(Lester K. Little)이 보여주었듯이, 이 새로운 환경은 빈곤의 에토스에 변화를 가져왔다. 이러한 새로운 상황에서 부는 이전에 가졌던 자신의 '사회적 가치'를 상실한 듯했다. 이제 부는 더 이상 토지나 권력, 전쟁의 승리가 부여해주는 지배나 특권의 결과가 아니었다. 부는 단지 돈으로만 드러났으며 돈에만 기초했다. 도시 문명의 탄생과 함께, 새로운 도덕적 문제가 발생했고, 또한 그에 따라 구원을 획득하기 위한 새로운 규칙을 마련해야 했다. 새로운 사회구조에 반대하는, 세상으로부터 물러남

---

3 Cf. F. Graus, "Au bas Moyen Âge, pauvres des villes et pauvres des campagnes", *Annales E. S. C.*, 16e année, p. 1055, n. 2.

(*fuga mundi*)은 개인적이고 충동적인 반응 유형이었다. 자발적 빈곤 지지자들의 이런 저항이 개별적으로 진행되는 한, 교회는 이에 대해 인내심을 유지할 수 있었다. 그러나 자발적인 빈곤이 집단적 운동의 형태를 띠고 사회 전체로 퍼져나가는 것은 사회에 큰 위협이었다. 탁발수도회의 창설은 이러한 자연발생적인 운동을 '길들이는' 동시에 윤리적·종교적 차원에서 세상의 부를 인정하게 하는 하나의 수단이었다.

새로운 빈곤의 에토스는 이전과 동일한 원칙에 기초한 것으로서, 부와 부에 대한 거부를 동시에 인정하고 그들의 대조로부터 의미를 이끌어냈다. 선과 악의 새로운 전형에서 탐욕은 빈곤과 대조를 이루면서 교만을 대체하기도 했다. 이 변화는 사회 상황의 변화를 반영하는 것이었다. 기독교적 삶의 모델을 현실에 끊임없이 적응시키는 과정에서, 빈곤의 에토스와 종교 지도자들에 의한 이러한 에토스의 실천은 부에 정당성을 부여했으며 사회구조에서 자신의 위치를 인정받게 해주었다.

교회에 대한 보시와 기부 형태의 자선은 이 세상에서의 죄를 없애기 위해서 끊임없이 전개되어야 했다. 그것은 권력을 행사하는 모든 사람들의 절대적 의무였다(사실 왕과 대영주의 뜰에서 일정한 수의 빈민에게 규칙적으로 음식을 제공하는 것과 여행 시에 보시를 하는 것은 당시의 관습이었다). 마찬가지로 그것은 수익이 높은 활동, 특히 도덕적으로 의심스러운 활동(예를 들면 고리대금이나 금융 투기 같은 것들)을 하는 사람들의 절대적 의무이기도 했다. 자선 행위는 의례화·제도화되었으며, 교회는 이 행위의 최대 수혜자였다. 이탈리아의 상업 장부와 은행 장부에서 '거룩한 하느님을 위해'(*per Messer Domeneddio*)라는 항목은 교회를 위한 기부를 의미했다. 즉 13세기와 14세기에 수도원과 병원, 종교 교단이 이 혜택을 누렸다. 정작 빈민은 민간 자선가와 수도원과 형제회가 배분하는 부조 수혜 목록에서 맨 끝으로 밀려나 있었다.

자선 행위는 서구 기독교 세계에서 12세기와 13세기에 만발했고(파리 지역의 병원은 대부분 1175년과 1300년 사이에 세워졌다), 주로 자선 기관을 통해 이루어졌다. 이 운동이 활성화된 것은 마리도미니크 셰뉘(Marie-Dominique Chenu)가 '복음주의적 각성'(éveil évangélique)이라고 명명했던 새로운 종교적 감성에 기인한 것이었다. 이런 영적 열정의 발현은 무엇보다 종교적 삶에 기여해야 했다. 따라서 민간 자선가가 세우고 대부분 교회가 운영했던 병원들은 순례자들에게 휴식처를 제공해주기 위해 중세의 유명한 순례 여정을 따라 분포했다. 당시의 자선 활동은 사회적 차원에서 신자와 종교 기관의 관계를 강화하는 데 기여했다. 우리는 12세기 앙주(Anjou)의 예를 통해 부르주아적 자선 운동들이 어떻게 발전했는지를 확인할 수 있다. 종교 기관은 자신들의 활동을 촌락으로까지 확장했으며, 병원과 호스피스를 세워 그 운영을 담당했다. 그들의 임무는 신자들의 자선 활동과 사회 활동을 지도하는 것이었다. 다른 기관도 있었다. 예를 들어 베네치아에서는 형제회가 속인 엘리트 조직을 보완함으로써 지역 정부의 위계 구조에서 아무런 지위를 갖지 못했던 사람들에게 위엄과 지위를 제공했다. 자선의 범위와 대상은 중세 말의 교리와 자선 행위가 내포하고 있던 계층적 특성을 뚜렷하게 보여주었다. 14세기와 15세기에 이탈리아의 자선은 공공연하게 '수치를 느끼는 빈민들'(라틴어로는 *pauperes verecundosi* 혹은 *verecundi*, 이탈리아어로는 poveri vergognosi)을 우선시했다. 그들은 구걸하는 데 '수치스러움'(그들이 수치를 느끼는 것은 고귀한 태생으로 남에게 머리를 숙일 수 없었기 때문이다)을 느꼈는데 바로 이 점이 그들에게 부조받을 권리를 주었다. 그리고 그들이 고귀하게 태어났다는 사실 역시 그들에게 특별한 도덕적 자질을 부여해주었다. 피렌체의 부오노미니 디 산 마르티노(Buonomini di San Martino) 형제회는 몬티 디 피에타(Monti di Pietà) 재단과 함께 우선 사회의 중상류층에서 발생한 빈민들을 부조하려고 했다. 기독교의 '형제애' 원칙은 같은 계층에 대한 연대감으로 특징지을 수 있었고, 리처드 트렉슬러(Richard Trexler)가 관찰했듯이 사회 상류층이었다가 빈민이 된 사람들을 더 우대하게 만들었다. 성인전(hagiographie)도 이런 유형의 빈곤에 더 민감했다. 성인전의 모범 사례——성 알렉시우스(Alexius)*와 같이 가장 오래된 예와 성 프란체스코(Francesco)**와 같이 가장 최근의 예— 는 부유한 사람들이 권력과 재물을 거부하면서 자발적 빈곤을 선택하는 행위에 찬사를 보냈다. 마찬가지로 부조를 받을 가치가 있는 빈민의 이미지를 표현할 때에는 사회 상류층이었다가 빈곤하게 된 사람들을 모범 사례로 선택하고 있다. 성 니콜라우스(Nicolaus)는 가난으로 인해 딸에게 매춘을 시켜야 할 상황에 처한 귀족에게 부조했다. 성 도미니쿠스(Dominicus)는 딸을 이교도에게 넘겨야만 했던 몰락한 귀족을 도와주었다.

12세기부터 자선에 관한 신학 교리는 빈곤을 두 가지 범주로 나누었다. 이 시기에 가장 주목할 만한 사상가로는 신학자 겸 사회 사상가였던 게르호흐 폰 라이허스베르크(Gerhoch von Reichersberg)를 들 수 있는데, 그는 '베드로와 함께하는 빈민'(*pauperes cum Petro*) 그리고 '나사로와 함께하는 빈민'(*paureres cum Lazaro*)이라는 두 범주로 빈민을 나누었다. '베드로와 함께하는 빈민'으로는 가장 먼저 성직자를 들 수 있다. 빈곤은 그들의 삶에 내적인 것으로서 그들을 다른 사람과 구별해주었다. 라이허스베르크가 종교적 수련과 수도원 생활을 통해 추구했던 이러한 자발적 빈곤은 교회의 권력을 정당화해주고 인간과 신 사이의 '완벽한' 중개자로서의 역할을 합법화해주는 영적인 가치였다. 반면 성 나사로는 빈곤에 대한 다른 상징을 나타냈다. 복음서에 언급된 빈민 나사로는 결핍(*paupertas quae est in penuria*) 때문에 고통받

---

* 성 알렉시우스(St. Alexius, 5세기)는 걸인들의 수호성인으로 4세기 말경 로마의 귀족 아들로 태어났다. 그는 결혼을 거부한 채 소아시아 지방의 에데사로 도피해서 덕행을 쌓았다. 그러나 풍랑을 만나 다시 로마로 돌아온 그를 부모는 알아보지 못했고 부모 집의 계단에서 머물렀다. 이곳에서도 청빈과 기도를 통해 생활하던 그는 건강 악화로 죽고 말았다. 서방 교회에서는 7월 17일을 성인의 축일로 지내며, 동방 교회에서는 3월 17일을 축일로 지내고 있다.

** 성 프란체스코(San Francesco d'Assisi, 1181~1226)는 가톨릭 성인으로 프란체스코회를 창립했다. 아시시의 부유한 상인 집안에서 태어난 그는 20세에 모든 것을 버리고 청빈하게 살면서 이웃을 도왔다. 1209년 11명의 제자들과 함께 로마 교황 인노켄티우스 3세를 만나 프란체스코회의 설립 인가를 받았다. 1224년에 성흔을 받았으며, 축일은 10월 4일이다.

는 대중을 표현했다.[4] 이 범주에 속하는 빈민들은 적극적 주체로서 나타나는 것이 아니라 남의 도움을 받기만 하는 사람들, 즉 교회와 신자들이 돌보아줘야 하는 존재로 묘사된다. 이런 맥락에서 신학 사상 내에 다시 나타난 빈민 나사로의 모델은 물질적 궁핍이라는 현실을 교회가 충분히 인식하고 있었음을 보여준다. 영적인 덕목으로서의 빈곤에 대한 인식이 빈민 그 자체에 대해서도 유사한 존엄성을 불러일으켰다고 추측할 수 있다. 우리는 이런 맥락에서 빈곤의 외적 모습이 매우 중요함을 이미 언급한 바 있다. 빈곤의 외적 모습과 빈곤에 대한 도덕적인 가치 부여 사이에 어떤 관계가 있다는 것은 분명하다. 그러나 우리는 이러한 가치 부여를 과도하게 강조해서는 안 될 것이다. 왜냐하면 이러한 태도는 빈민이 단지 굴욕적인 생활을 견디는 사람들이었으며, 박애주의자들의 자선 대상이었을 뿐이라는 사실을 간과하게 만들 수 있기 때문이다. 도덕적 차원에서 기독교 교리는 자선의 혜택을 받는 사람보다 자선을 베푸는 사람의 인격에 초점을 맞추고 있다. 중세의 자선 행위는 진정한 동정심에서 기인한 수많은 예로 가득 차 있다. 그러나 수도원에 대한 기부나 개인적인 자선은 과시적인 측면도 있다. 자선하는 사람은 자신의 사회적 위신을 표현하기 위해 신앙심이라는 장식을 드러내는 것이다.

빈곤에 관한 교리를 둘러싸고 벌어진 신학 논쟁은 빈민을 자선의 대상으로만 다루었다. 교리학자들의 사상이 물질적 빈곤의 현실을 보다 잘 이해하는 데 기여한 것은 분명하지만, 이데올로기적 혹은 도덕적 차원에서 빈곤에 가치를 부여해주지는 않았다. 평등적 자선 모델에 반대해서 빈민을 구별해야 한다는 관점은 근대적 사회부조 정책의 창작물이 아니었다. 브라이언 티어니(Brian Tierney)가 보여주었듯이, 이러한 관점은 그라티아누스 교령(Décret de Gratien)*과 12세기 교회법학자들의 저술에서 발견할 수 있다. 성 요하네

---

4 Patrologia Latina, t. CXVIII, col. 1625.

* 이탈리아의 가말돌리회(會) 수도사 그라티아누스(Franciscus Gratianus)가 1140년경에 편찬한 교회 법령집.

스 크리소스토무스와 성 암브로시우스(Ambrosius)와 같은 교부들의 가르침에 대한 이들의 해석은 볼로냐(Bologna)의 루핀(Ruffin)이 명명한 것처럼 걸인을 '정직한' 걸인과 '부정직한' 걸인이라는 두 종류로 구분하고 있다. '부정직한' 걸인들은 사지가 멀쩡해 일할 수 있지만 구걸과 도둑질을 더 선호하는 사람들이다. 개인이나 그의 가족이 생존 수단을 상실한 경우에 생리적 비참함이 발생하는데, 이 경우는 즉시 도와주어야 하는 빈곤으로 간주되었다. 당시 신학 논쟁에서 나타났던 한 주장에 따르면 '극단적 궁핍' 때문에 저지른 절도는 죄가 아니라 권리의 실현이었다. 기아로 고통당하고 있는 사람들은(기원후 처음 몇 세기의 사회사는 이러한 표현이 단지 수사학적인 것이 아니라 실제의 경험이었다는 것을 보여준다) 과부·고아·죄수·광인, 즉 부조를 받을 자격이 있는 자들과 비슷한 지위를 누릴 수 있었다. 부조에 대한 그들의 권리는 그들의 조건과 법률적 지위의 취약함에 비례했다.

당시의 사람들은 사회조직이 점차 분화하고 있다고 생각했다. 성직자·기사·농민이라는 전통적인 세 위계(schema tripartite)의 각 집단 내부에서 직업과 기능은 더욱 복잡하고 다양화된 모습으로 발전했다. 교회는 점차 인간과 신의 중재자라는 독점적 지위를 상실했으며, 세속(seculier) 성직자와 재속(regulier) 성직자 사이, 그리고 다양한 교단들 사이에서도 점점 더 분명한 역할 분배가 나타났다. 직업적 다변화 외에도 세속 사회의 구조적 변화는 지배계급과 피지배계급의 간극을 분명히 드러내는 세력 관계가 안착되었음을 잘 보여준다. 만일 빈곤에 의해 일상의 삶에 위협을 느끼고 있는 피지배 계급이 기독교적인 삶의 방식을 실천한다면, 그것은 그들이 법적·사회적 지위와 물질적 조건이 부과한 의무에 직면해 자신의 운명을 겸손히 받아들였기 때문이다.

이런 맥락에서 지배계급과 교회 제도의 박애주의 정책을 통해 실현된 자선의 교훈에 비추어 보면 물질적 빈곤은 사회적 열등함과 결합해 있었다. 그라티아누스는 호스피탈리다스(l'hospitalitas)와 리베랄리타스(la liberalitas)간의 차이에 대해 언급하였다. 이것은 현대적 용어로는 자선과 사회부조의 구별이다. 12세기의 법률학자 에티엔 드 투르네(Étienne de Tournai)에 따르면, 호스피탈리타스는 무조건적인 특징을 지닌다. 이 원칙을 따른다면 "우리는 우리가 대접할 수 있는 모든 사람을 대접한다."[5] 만일 리베랄리타스의 태도를 취한다면 '정직한' 사람과 '부정직한' 사람, '내부인'과 '외부인', 노인과 젊은이, 겸손한 사람과 오만한 사람들을 구별할 줄 알아야 하고 첫 번째 범주의 사람들에게만 부조를 해야 한다. 이 두 용어의 해석이 매우 미묘하지만(리베랄리타스는 병원 제도 내에서의 도움과 마찬가지로 '환대'로 이해할 수도 있다), 이러한 종류의 성찰은 중세 말에 발전한 자선 행위를 인정한 것이었다. 병원은 우선 몸이 아픈 사람들, 장애인들, 빈궁한 자를 위한 피난소 역할을 했지만 또한 순례자들을 위한 대피소이기도 했다. 부조 기관들은 대부분 사회적·물질적으로 상황이 악화된 사람들을 받아들였다. 상위 계층의 순례자들이 호스피스에 온다면 그들은 자발적으로 그들의 지위를 포기한 것이고 그들이 그렇게 행동하는 것은 진실로 곤궁한 사람들의 무리 가운데 있는 것이 신실한 겸손을 행하기에 적절한 조건임을 알고 있었기 때문이다. 자비는 이론적으로 모든 걸인에게 베풀어졌다. 즉 길거리의 걸인들과 이집 저집을 찾아 떠도는 걸인들에게도 해당하는 것이었다. 그러나 그들의 '정직성'과 도덕적 자질이 불확실하다는 점 때문에 그들이 자선을 베푼 사람을 위해 신에게 기도하는 것이 효과를 발휘할 것인가와 그들에게 동정심을 베푸는 것이 정당한가도 문제가 되었다. 따라서 중세의 교리학자들은 자선을 베푼 사람과 자선을 받은 사람에게 주는 보시의 효용에 대해 매우 미묘하고 섬세한 분석을 행하려고 노력했다. 이러한 노력은 당시 사람들의 심성에서 빈민들을 여러 집단으로 구별하는 것이 필요하다는 믿음이 강했다는 것을 확증한다. 이 문제에 관해 박식한 성경 주해학자인 구이도 데 바이시오(Guido de Baysio)는 자선 행위가 덕이 되기

---

5 Cf. B. Tierney, "The Decretists and the 'Deserving Poor'", *Comparative Studies in Society and History*, I, n° 4, 1959, p. 365.

위해서는 그것이 합리적으로 실현되어야 하고, 기부 행위가 자신과 기부를 받은 사람에게 어떠한 영향을 끼칠지 예측할 능력이 있어야 한다고 설명했다. 결과적으로 자신이 아는 사람들을 돕는 것, 즉 기부자와 같은 계층에 속하는 사람들을 돕는 것을 추천하고 있는 것이다. 이런 유형의 추론은 자선이 동일 계층에게 행해지는 것을 정당화했다. '사회부조'(이 분야에서는 병원 및 호스피스가 중요한 역할을 했다)와 자선 사이의 근본적 구별은 이미 중세에 나타났으며 사회부조 개혁에 관한 근대의 논쟁은 그것의 재연에 불과했다.

빈민에 대한 중세인들의 의식과 행동에서 빈곤의 에토스가 차지하는 중요성에 대해 분석하고자 할 때, 이 이데올로기의 실천적 차원의 한계만을 고려해서는 안 될 것이다. 이론적 차원에서도 기독교인의 영적 가치로서의 빈곤에 대한 찬양과 실제 빈민의 낮은 사회적 지위가 충돌한다는 사실을 고려해야 할 것이다.

10세기에 교부 문학의 권위적인 베네딕투스파 신학자였던 베로나의 라테리우스(Ratherius de Verona)는 자신의 책 『서문』(Preloquia)의 한 장 전체를 통해 걸인의 문제를 분석했다. 그는 빈곤 상황이 그 자체로서는 가치를 지니고 있지 않으며 저절로 구원을 보장하지도 않는다는 것을 입증하고자 했다. 죄를 저지르고 그것에 대해 속죄받지 못한 빈민은 다른 모든 사람들처럼 벌을 받는데 이는 성경의 수많은 예가 증명하고 있다는 것이다. 게다가 자선의 의무는 걸인과 불구자에게도 똑같이 부과되기 때문에 그들도 자신이 할 수 있는 의무를 이행해야 했다. 그들은 끊임없이 자신이 할 수 있는 만큼 "신에게 기부해야 했다." 만일 그들이 구원을 갈망한다면 그들의 죄를 속죄받기 위해 많은 노력을 기울여야 했다. 걸인에 대한 그의 엄격한 판단으로부터 그가 걸인에 대해 일종의 반감을 느끼고 있다는 것을 알 수 있다. 그는 빈민들에게 생존을 위해서는 최소한의 것에 만족해야 하며, '여분'(superaffluencia)을 피하라고 권고했디. 건강한 개인들은 구설할 권리를 갖지 못했다. 한편 일할 수 없는 사람들과 구걸하지 않으면 살아갈 수 없는 사람들도 자선을 베풂으로써 사회에 유용한 사람이 되도록 노력해야 했다. 죽은 자의 장례를 돕거나 병자를 돕는 것은 한 예이다. 그가 너무 엄격하다는 것은 많은 부양 가족이 빈곤의 원인이 된다는 점을 그가 무시하는 데서도 드러난다. 그에 따르면 빈민 스스로가 자신의 빈곤에 책임이 있으며 본인의 노동과 '금욕'에 의해 가족을 위한 생필품을 마련해야 했다.

빈민에 대한 이러한 가혹함은 중세 초기의 사회적 태도와 신학에서 예외적인 것이다. 그러나 12세기에 들어서자 빈곤에 대한 기독교인의 의식에 심대한 변화가 발생했으며 이 주제에 대한 기독교 저작들의 어조에서도 이를 확인할 수 있다. 라테리우스의 담론 방식은 12세기와 13세기에 서양 기독교에서 나타난 사회문제에 대한 점증하는 관심과 '빈민에 대한 새로운 시각'과 잘 맞지 않았다. 그러나 빈곤을 기독교 윤리의 핵심적 가치로 천명한 이단파에 대항해서 진행된 논쟁적 문헌에서는, 궁핍이 인간을 타락시키는 조건으로 간주되고 있음을 재발견할 수 있다.

빈곤의 이러한 측면 ― 인간을 타락시킨다는 것 ― 은 자발적 빈곤 운동과 탁발수도회를 이데올로기적으로 비판할 때 자주 강조되었다. 인노켄티우스 3세(Innocentius III)는 구걸 행위에 단호히 반대했다. 그는 구걸이 파렴치하고 수치스러운 행위로서 성직자들이 행하기에 적당치 않고 그것을 행하는 모든 사람들을 타락시킨다고 주장했다. 그는 이단 혐의로 고소된 느베르의 주교구장(doyen du chapitre de Nevers) 베르나르(Bernard)에 대한 소송을 심의할 때도 "수치스러운" 구걸 행위를 하지 않도록 베르나르에게 교회 수입을 받을 권리를 복권해주었다. 툴루즈(Toulouse)의 주교가 성직 매매 때문에 자리에서 쫓겨날 때에도, 그가 구걸함으로써 "그가 속한 계층에게 수치를 안겨주는" 것을 막기 위해 은대지(恩貸地, beneficium)를 부여했는데 그때에도 동일한 언급을 했다. 이런 관점에서 구걸 행위는 그것을 행하는 사람에게만 창피를 주는 것이 아니라 그가 속한 집단, 즉 '신분'의 연대라는 틀에서 그와 연결되어 있다고 느끼는 모든 사람에게 창피를 주는 것이었다. 13세기와 14세기의 걸인에 대한 공격적인 논쟁들과 특히 기욤 드 생타무르(Guillaume de Saint-Amour)*의 폭력적인 논설은 물질적 빈궁과 구걸 행위가 인간을 타락시킨다는 점을 증명하려고 했다. 이를 논증할 때에 그들은 한편으로는 성경의 해석과 스콜라적인 논증을 이용했으며, 다른 한편으로는 물질적 빈궁의 현실, 비참한 상황, 존엄성을 가지고 사는 것을 허락치 않는 현실을 언급했다.

도덕적 차원에서 빈궁은 특정한 범죄를 낳았다. 자신의 설교집에서 13세기 사람들의 일상적 범죄와 삶에 관심을 기울였던 윔베르 드 로망(Humbert de Romans)**은 열등한 계층에 대해 얘기할 때 비자발적인 빈궁은 절대로 은혜로운 상황이 아니라고 했다. 그는 "빈곤이 덕목인 것이 아니라 빈곤에 대한 취향이 덕목"이라고 생각했다. 실제로 대중은 빈곤을 좋아하지 않으며 항상 "그들이 행복한 사람(beatos)으로 여기는 사람들은 이 세상의 부자들"이었다.[6] 이 언급은 비자발적인 물질적 빈궁과 '빈곤에 대한 취향'을 구별함으로

---

* 기욤 드 생타무르(Guillaume de Saint-Amour, c. 1200~72)는 프랑스의 신학자로 탁발수도회의 활동을 저지하는 데 노력했다. 프란체스코 수도회의 보나벤투라와 도미니쿠스 수도회의 토마스 아퀴나스를 공격했으며, 파리 대학에 수도회 출신을 1명으로 제한하는 교령을 인노켄티우스 4세로부터 얻기도 했다. 또한 탁발수도회를 피오레의 조아키노의 묵시론과 관련지어 비판했으며 특히 그는 도미니쿠스 수도회가 적그리스도 시대의 선구자라고 주장했다. 1256년 9월에 기욤은 탁발수도회를 탄핵하는 『최근의 위험들에 관해서』(De periculis novissimorum temporum)를 출간했는데 오류를 범했다고 인정받은 후 프랑스에서 추방당했다. 이후 1266년 프랑스로 돌아와 생타무르에 거주했는데 이 기간에도 주장을 굽히지 않고 지속적으로 탁발수도회를 비난했다.

** 윔베르 드 로망(Humbert de Romans, c. 1200~77)은 1254년에서 1263년 사이에 도미니쿠스 수도회의 제5대 원장으로 『설교자의 가르침에 대하여』(De eruditione praedicatorum)라는 글을 통해 탁발수도사들이 신자들에게 다가가기 위해서는 시장, 마상경기장, 항구로 가야 한다고 주장했다. 그는 많은 사람들이 거의 교회에 출석하지 않고 있으며 출석하더라도 실제로 강론을 듣지 않기 때문에 구원을 모른다고 생각했다. 또한 사제들이 도박과 향락에 빠져 있는 점을 비판했다. 학문에 대한 수도회의 입장과 수도원 학교 교사의 역할을 정립하는데 기여했으며, 교회 분열의 원인과 결과, 아랍 세계와의 관계, 교회 통일을 위한 방법 등에 대한 글을 남겼다.

6 Cf. A. Murray, "Religion among the Poor in the Thirteenth Century. France: the Testimony of Humbert de Romans", Traditio, XXX, 1974, p. 307.

써 빈곤 정신의 핵심을 요약하였다는 점에서, 그리고 사람들이 일반적으로 부와 빈곤에 대해 갖는 태도를 명확히 진술하고 있다는 점에서 중요하다. 사람들이 좋아하는 것은 편안한 삶이었다. 빈궁은 다른 사람을 시기하게 하여 도덕적 죄를 유발했다. 바로 이러한 죄악이 탐욕, 질투 그리고 그들의 운명에 대한 저항으로 괴로워하는 빈민들 사이에 퍼져 있었다. 겸손하게 자신의 조건을 받아들이는 것을 거부함으로써 그들은 신의 의지에 반대하고 신에게 도전하고 있었다. 예를 들어 빈궁을 피하기 위해 도둑질을 하는 것은 이러한 도전을 의미한다. 윔베르가 언급한 저항의 행위들은 우리가 상상할 수 있는 죄악과 반란 중에서는 그래도 가벼운 쪽에 위치한다. 그러나 그들의 습성도 비난받을 만했다. 게으름, 방탕, 사기, 알코올중독은 빈민의 삶에서 빠질 수 없는 부분이었다.

13세기의 도덕주의자와 설교자가 빈곤에 대해 묘사할 때—농민, 도시의 노동자, 걸인과 호스피스의 나병 환자를 다룰 때—그들의 목적은 단지 빈민들에게 종교적 교육을 하려는 데 있었다. 그러나 여기에서 중요한 것은 그들에 의해 제시된 이미지와 현실이 어느 정도 일치하는가가 아니다. 중요한 것은 당시 종교 문헌의 묘사들을 통해 물질적 빈궁에 대한 부정적 태도가 드러나고 있다는 사실이다. 그것은 자연스럽게 사회적 의식에도 부정적 태도가 있었음을 드러낸다. 설교자의 비판과 빈정거림은 모든 범주의 성직자까지도 포함해서 세속화된 사회 전체에 가해졌지만 세속적 삶의 죄는 빈궁과 풍요 모두에서 발생할 수 있었다. 단지 그때마다 그러한 죄의 기원과 성격이 동일한 것은 아니었다. 부자들의 죄는 권력의 남용, 부와 위엄, 특권의 부정직한 사용에서 비롯되었다. 빈민들의 범죄는 그들에게 가해진 모욕과 박탈에 대한 저항에서 기원했다.

빈민에 대한 비판은 중세 문헌에서 자주 등장하는 주제였다. 특히 농민 계층의 문화적·사회적 열등함을 우스갯거리로 다룬 풍자적인 이미지가 널리 퍼져 있었다. 12, 13세기의 유랑 문학에는 이러한 종류의 작품이 많았다. 그

러나 빈곤은 여기에서 단지 부차적인 요소였다. 세속화된 사회 전체는 이른
바 프롤레타리아(혹은 어원학적인 혼동을 막기 위해 사용하자면 하층민plébéiens)를 빈
정거림의 대상으로 삼았다. 사람들은 이러한 문학을 향유하고 있던 사회 엘
리트 계층의 시각을 통해 모든 빈민 집단과 계층을 비판했다. 그러나 이러한
문헌보다는 서로 긴밀히 연결돼 있는 두 장르인 도덕 신학과 도덕주의 문학
에서 중세사회 삶의 한 방식으로서의 빈곤을 더 잘 평가할 수 있다.

중세 초기부터 12세기까지의 도덕주의 문학에서 빈민에 대한 비판은 '교
만한 빈민'이라는 이미지에 기초하고 있었다. 빈민은 절대로 그의 삶의 조건
을 겸허하게 받아들이지 않았다. 후에 사회 내의 다양한 직업 분화를 인식하
게 됨에 따라, 빈민에 대한 도덕적 비판은 여러 집단의 사회적·경제적 조건을
'재검토'하는 과정에서 행해졌다. 사실 오랫동안 빈곤에 대해서보다는 부에
대한 비판이 있어왔고, 빈민들은 세상 권력자들의 사악함의 희생자로서, 혹
은 그들이 베푸는 지원의 수혜자로서 언급되었다. 그러나 13세기부터는 빈민
들 역시 비난의 대상이 되었다. 프랑스의 풍자시인인 기욤 드 클레르
(Guillaume de Clerc)는 『신의 화폐』(Besant de Dieu)라는 책에서 빈민이 부
자들만큼이나 악을 행하고 있다고 단언했다. 왜냐하면 그들은 "배신자이고,
질투가 많으며, 거짓말쟁이이고, 거만하고, 욕심과 사치가 가득한" 사람들이
었다.[7] 그들은 일을 시키면 배신하고, 어떻게 해서든 노동하지 않으려 하며,
식탐을 하는 술꾼으로, 벌어들인 것을 곧 낭비해버렸다. 한 세기 후에, 장 르
페브르(Jean Le Fèvre)의 다음과 같은 탄식은 도덕주의 문학의 이러한 어조를
특징석으로 나타내고 있다.

　　　말하라,

7　Cf. J. Batany, "Les pauvres et la pauvreté dans les revues des 'estats du monde'", in *Études sur
　　l'histoire de la pauvreté*, sous la direction de M. Mollat, Paris, 1974, p. 478 sq.

아무리 필요한 것이 있다 해도

빈민처럼 행동해서는 안 된다고.[8]

여기서 그는 살아가는 데 최소한의 필요에 만족하라고 권고하고 있다. 이를 준수하는 사람을 빈민으로 여겨서는 안 된다. 이러한 주장의 근본에는 명확히 빈곤에 대한 경멸이 있었다. 다른 곳에서, 한 프랑스 시인은 보시 장소 주위로 몰려드는 탐욕으로 가득 찬 걸인 무리를 언급했다.

"종종 빈곤은 파멸로 이끈다"라고 14세기 이탈리아 시인인 프란체스코 다 바르베리노(Francesco da Barberino)는 말했다. 빈곤은 탐심과 어깨를 나란히 했으며, 자신이 가진 것에 만족할 줄 아는 사람은 빈민이 아니었다. 이런 시각에서, '빈민'은 경멸적인 개념이었다. 프란체스코 다 바르베리노는 부자가 되고 싶어 하는 개인의 욕망에 대해 ─ 그는 이런 욕망을 매우 자연스럽고, 인간 본성에 내재적인 것으로 보았다 ─ 연구했는데, 그것은 탐심을 버리는 영적인 길을 통해서만 실현될 수 있었다. 빈곤에 대한 사람들의 부정적인 태도는 또한 빈곤에서 유래하는 악이라는 주제로 14세기 이탈리아 문학에서 자주 나타났다. 당시 익명의 시는 빈곤을 분노와 질투, 다른 죄악들을 모두 숨기고 있는 망토로 제시하고 있다. "빈곤, 저주받을지어다!" 계속해서 빈곤이 가하는 모욕과 존엄성의 상실에 대한 묘사가 뒤따랐다. 이것들은 빈곤을 죽음보다도 더 나쁜 것으로 만드는 것이었다.[9]

죽음은 사람들에게서 삶을 빼앗지만

행복과 실제의 명성과 고귀한 덕을 빼앗지는 않는다.

명성과 고귀한 덕이야말로

이 세상에 영원히 존재하는 것이다.

---

8 ID., *ibid.*, p. 483.

9 Fazio Degli Uberti, *Liriche edite ed inedite*, R. Renier, éd. Florence, 1883, p. 178.

그러나 (빈곤은) 너를 극도의 비탄에 빠뜨리며,

네가 아무리 관대하고 고상하다 할지라도 너를 천하게 만든다.

죽음은 인간에게서 존엄이나 미덕을 빼앗지 않지만 빈곤은 빼앗아간다. 이것이 이 이탈리아 작가의 결론이다. 이 글은 반(反)걸인적인 논쟁의 맥락에서 작성된 텍스트로서 그의 문체와 주장은 빈곤을 도덕적 덕목으로 보기를 거부하는 흐름에 속한다. 이로 인해 증언의 진실성이 감소한다. 그러나 이러한 태도는 중세에 동시에 존재하고 진화했던 빈곤에 대한 다양한 행동 방식과 교리 중 하나였다는 점에서 중요하다. 교회의 프로그램과 이단에 대한 효과적인 투쟁의 필요성은 각 시기에 서로 다른 교리적 요소들을 발생시켰다. 그러나 이러한 이데올로기적 변동과는 상관없이 빈곤은 영적인 가치로서만 찬양되었고 실제적이고 물질적 빈곤은 교리적 차원과 사회의식의 차원에서 개인을 타락시키는 상황으로서 인식되었다. 즉 빈곤은 사람들을 사회의 변두리로 내몰고, 죄악의 언저리로 떠밀면서 그들의 존엄성을 손상시켰다. 빈곤에 대한 중세의 에토스는 물질적 빈곤을 찬양하지 않았다. 또한 빈민이 사회에 불필요한 존재라는 의견에도 반대하지 않았다. 탁발수도회를 향한 비판에 대해 성 보나벤투라(San Bonaventura)는 빈곤에 대한 중세의 교리를 논거로 사용했다. 그는 교회가 순결에 대해 찬양한다고 해서 사람들의 결혼을 적대시할 수는 없는 것처럼 은자들의 고독한 생활에 대해 찬양한다고 해서 공동체 생활을 단죄할 수는 없다고 말했다. 이런 논증은 빈곤의 에토스와 사회 현실 간에 어떤 관계가 존재하는지를 설명한다.

빈민은 자신의 생활 조건에 대해 저항하며 다른 사람들의 재산을 위협했기 때문에 경멸과 두려움을 불러일으켰다. 체코의 연대기 작가인 코스마(Cosma)는 유토피아적 시각에서 당연히 과거의 '황금시대'에는 걸인이 존재하지 않았다고 생각했다. 우리의 주제와 관련해서 중요한 것은 그가 말하는 방식이다. "외양간에는 빗장이 없다. 사람들은 문을 잠그지 않는다. 왜냐하면 도둑과 강도, 걸인이 없기 때문이다."[10]

마지막으로 기독교인으로서의 절제된 삶을 통해 구원을 추구했던 엘리트들은 빈곤 정신의 가치를 고양하고자 했는데 이것이 어떤 사회적 결과를 가져왔는지 확인해볼 필요가 있다. 예수와 그 제자들의 빈곤, 그리고 탁발수도회의 빈곤에 대한 신학적 논쟁을 제쳐두더라도, 확실히 중세에 자발적 빈민은 매우 큰 존경을 받았으며, 심지어 성인의 후광까지 입고 있었다. 자발적 가난으로 인한 주변인화에도 불구하고 그들은 최고의 명예를 누렸다. 진실로 빈곤한 사람들의 경우는 그들의 삶의 방식으로 인해 혐오·적대·거부감의 대상이었지만 자발적 빈민의 경우에는 반대의 현상이 발생했던 것처럼 보인다. 그들은 일부러 '반사회적' 상황을 택했지만 사회에서 거의 숭배에 가까운 존경을 받았다. 금욕적 삶은 진실로 '반사회적'인 태도라고 할 수 있는가?

우리는 이미 기독교적인 삶의 양식 —우리가 그것을 매우 엄격하게 따를 경우 사회·문화적 현실에서 유리된, 때로는 반사회적 존재 방식에 이를 수 있는— 의 실현이 의미하는 모호함을 지적한 바 있다. 현재 우리의 관심 대상은 이러한 기독교적 이상을 숭배하는 사람들이 금욕적 삶을 살게 되었을 때 나타나는 결과이다. 고행과 과거 습관의 포기와 같은 몇 가지 길을 통해 이상적 삶은 완성에 이를 수 있었다. 종종 금욕은 비밀스럽게 행해졌다. 예를 들어 공개적으로 금욕적 삶을 살기로 결정해 숲으로 칩거했던 로베르 다르브리셀(Robert d'Arbrissel)은 앙제(Angers)의 학생이던 시절 '매우 얇은' 웃옷 밑에 실리스(cilice, 고행자가 입는, 거친 천으로 만든 셔츠)를 입고 다니면서 비밀스럽게 금욕을 행하였다. 은자의 삶, 복음을 전파하기 위한 순회 설교, 칩거 등 기원후 최초 몇 세기 동안 기독교적 삶의 원초적 이상을 되살리려 했던 모든 종류의 운동들은 '그리스도의 헐벗음'(nudité du Christ)을 따라 하기 위해, 또 이러한 방식을 통해 이전의 세속적·종교적 삶과 결별하기 위해, 외적으로 빈

---

10 *Cosmae Pragensis Cronica Boemorum*, B. Bretholz, éd., Berlin, 1923, 1. I, chap. III.

곤을 표출했다.

세속적 삶과의 결별은 주로 사람들이 살고 있는 곳을 떠나려는 욕구와 문명에서 벗어나려는 욕구로 나타났다. 숲과 불모지로 들어간다는 것은 사회의 변두리 — 지리적인 공간까지를 포함하여 — 에서 산다는 것을 의미했다. 중세의 문학은 '세상 끝' — 숲의 경계가 촌락과 도시의 경계를 따라 이어진다 — 에서의 존재라는 두려운 이미지를 선호했다. 중세의 상상력에서 이러한 불모지는 사나운 맹수와 강도의 소굴로서 밤이 되어 어둠이 찾아오면 사악한 힘이 펼쳐지는 무대였다. 은자는 악의 활개를 물리치고 마귀를 쫓기 위해 이 음산한 나라에 도착한 용감한 영웅이었다. 그는 숲을 기독교화했으며 맹수와 짐승뿐만 아니라 강도, 추방당한 자, 또는 기독교적 삶의 규칙과 사회적 삶의 규범을 거부한 채 '야만적으로' 살고 있던 도망자들을 보호했다. 트리스탄(Tristan)과 이졸데(Isolde)가 모루아 숲을 헤매다가 만난 사람이 바로 이러한 은자(隱者)이다. 그는 그들에게 복음을 가르치고 그들의 죄를 없애주었다. 자크 드 비트리(Jacques de Vitry)는 그의 『예화』(exempla)에서 강도에 대한 은자들의 선교 활동을 언급했다. 그의 이야기에 따르면, 한 강도가 신앙을 고백한 후 회개하기 위해 길에서 만나는 모든 십자가 앞에서 주기도문을 암송하기로 약속했다. 첫 번째 십자가 앞에서 그가 암송하는 동안 그가 피해를 입힌 사람들의 부모가 나타나 그를 죽였다. 그러나 그의 영혼은 천사들과 함께 천국으로 올라갔다. 볼프람 폰 에셴바흐(Wolfram von Eschenbach)의 『파르치팔』(Parzival)에서, 은자 트레프리첸트(Trevrizent) 역시 설교자와 조언자로 나온다. 그는 '선한 사람'으로 불렸는데 자기 부정적 삶 때문에 성인의 반열에 올랐다. 그는 고기도 생선도 먹지 않았으며 넝마를 입고 다녔다.

사실 중세 은자들의 삶에 대한 묘사에서 강조되는 주된 특징은 보잘것없는 식사, 빈궁한 외양, 몸을 겨우 덮는 넝마, 비위생적 상태 등이다. 간단히 말하면 이것들은 이데올로기의 관점에서 자발적 빈곤의 완벽한 외적 표출인 동시에 은자를 단순한 유랑민과 동일하게 만드는 특징들이다. 따라서 은자주의

(érémitisme)에 대한 비판은 이러한 외적 유사성을 이데올로기 전체를 공격하는 근거로 사용했다. 은자들은 그들의 삶의 방식으로 인해 조직적인 삶의 규범을 따라 살지 않는 사람들의 범주에 속했다.

　마지막으로 고독의 의무가 은자들을 사회에서 분리시켰다. 특히 침묵의 약속을 동반할 때에 그들은 모든 사회적 접촉을 거부하는 삶을 살았다. 은자와 사회를 이어주는 유일한 끈은 그들의 성인성에 대한 경배라는 기능적 관계일 뿐이었다. 실제로 많은 경우에 그들은 신앙의 대상이 되었다. 그러나 그들의 외양, 고립과 삶의 방식은 공포와 거부감을 일으키기도 했다. 슈바벤의 성 하임라트(St. Heimrad von Schwaben)*는 모든 곳에서 추방당했다. 그의 외모와 말을 거는 방식이 사람들을 두렵게 하거나 화나게 만들었기 때문이다. 암자(hermitage)에서 피난처를 찾았을 때에 비로소 그는 지역 사람들의 신뢰와 동정을 얻었다.

　사회와의 단절과 사회생활로부터의 분리는 은자들만의 특징이 아니라 금욕과 수도원의 생활 방식을 채택한 사람들의 특징이기도 했다. 에티엔 뮈레(Etienne Muret)가 확립해 그랑몽(Grand-mont)에서 적용했던 은자들의 삶의 규칙은, 선택된 자들에게 "세상을 위해 죽을 것"을 명령한 바울의 가르침에서 영감을 받은 것이었다. 실행 규칙들은 사회, 가족, 세속적 제도와의 격리 혹은 제한적 참여 속에서 종교적 모범을 실현하기 위한 것이었다. 만약 선택해야 한다면 친지들에게 버림받은 병자를 구하는 것이 부모의 장례식에 참석하는 것보다 나은 것이었다. 은자적이며 금욕적인 삶의 이상을 실행하는 공동체에

---

* 성 하임라트(St. Heimrad von Schwaben, c. 970~1019)는 순회 설교자이자 바보스러운 성인으로 인기를 누렸다. 농노의 아들로 태어났지만 사제직 수업을 마친 뒤에 서품을 받고 자신이 태어난 영주에 속한 사제로 부임했다. 그 후 그는 로마와 예루살렘을 순례했는데, 가는 곳마다 빵을 구걸하고 자선을 베푼 이들에게 축복을 빌어주었다. 돌아오는 길에 그는 헤르스펠트(Hersfeld) 수도원에 잠시 머물다가 그곳에 아주 정착해버렸다. 그러나 얼마 후 그곳을 떠나 헤센 나사우(Hessen Nassau)의 볼프하겐(Wolfhagen) 숲에서 은신하며 엄격한 생활을 계속하여 성덕을 쌓았다. 그는 수많은 기적과 예언을 했다고 한다. 축일은 6월 28일이다.

는 모든 사회계층이 모였다. 새로운 종교성을 주장하는 사람들 주위로 사회 상류층으로서의 특권을 거부한 사람들과 진짜로 빈궁한 사회의 주변인들이 몰려들었다(예를 들어 로베르 다르브리셀 주위에는 유랑민과 도둑, 매춘부들이 몰려들었다). 교회가 ― 길들이기 차원에서 ― 이런 신앙심의 형태를 받아들여 제도화함에 따라 막스 베버가 '카리스마의 일상화'(routinisation du charisme)*라고 명명한 현상이 나타났다. 현실 사회체제의 주도 기관으로서 공존의 규칙을 명령하고 그 규칙의 실행을 통제하는 권력 기관인 교회가 사회적 규범을 거부하는 행동을 인정한 것이다.

외적 측면에서 보면 기독교적 이상을 숭배하는 사람들의 삶의 방식은 진실로 빈곤한 빈민들의 삶의 방식과 유사했다. 그러나 여기에서 빈곤은 단지 수단에 불과했다. 중요한 것은 영적인 삶이었다. 자발적으로 사회를 거부하는 행위는 그것이 개인적이든 집단적이든 혹은 무의식적이든 의식적이든 수단일 수밖에 없었다. 왜냐하면 그것은 일종의 보상을 전제로 하는 것으로서 상징적 차원에서 개인적 지위의 상승을 목적으로 하기 때문이다. 마찬가지로 세상으로부터 물러남(fuga mundi)은 단순히 사회로부터의 탈출을 의미하는 것은 아니었다. 세상에서 떨어져 나오기로 결심한 사람들은 기독교적인 이상과 모순되는 듯이 보이는 사회구조를 거부했으며 그러한 이상의 실현과 전파를 방해하는 삶의 방식을 버렸다. 은자들의 거처는 사람들이 쉽게 볼 수 있고 접근할 수 있는 큰 도로나 길이 교차하는 곳에 있었다. 은자들뿐만 아니라 은

---

* 막스 베버는 1921년에 그의 저서 『경제와 사회』(Wirtschaft und Gesellschaft)에서 지배를 합리적 지배, 전통적 지배, 카리스마적 지배의 세 유형으로 나누었는데, 이중 카리스마적 지배란 카리스마적 자질을 지닌 지도자에 대한 개인적 귀의에 기반을 둔 지배이다. 카리스마의 일상화는 6가지 형태로 분류할 수 있다. 1) 카리스마가 있는 지도자를 권위가 있는 직에 앉힐 것, 2) 신탁이나 신의 판결에 의해 선출할 것, 3) 원래의 카리스마 지도자가 후계자를 세우고 추종자가 이를 인정할 것, 4) 카리스마가 있는 행정 관료가 후계자를 지명하고 공동체가 이를 인정, 5) 세습에 의한 카리스마 승계, 6) 의식(ritual)에 의한 카리스마 승계. 이와 같은 카리스마의 일상화는 추종자들의 통제 권력 보유, 경제적 이익의 확보, 추종자 집단에의 충원이라는 세 가지 측면이 섞여 나타나며, 그 동기 중의 하나는 안전의 추구이다.

둔 생활자들도 종종 떠돌아다녔다. 그들은 설교를 위해 순회했으며 종교적 교훈을 줄 수 있는 곳이면 심지어 도시까지도 방문했다.

자발적 빈곤 운동이라는 사회현상을 일으킨 중요한 요인 가운데 하나는 도시의 성장이었다. 자발적 빈곤은 교회와 성직자들이 쌓은 부에 대한 저항 그리고 권력과 부, 지배 구조에서 강고한 위치를 점한 종교 기관들의 사회적 지위에 대한 저항을 의미했다. 그러나 동시에 새로운 형태의 부가 발생해 도시에 집중하게 되었다. 도시의 생활 방식뿐만 아니라 도시 경제활동의 특성은 도덕적 차원에서 우려를 낳았다. 중세의 반(反)도시적 교리는 도시를 카인의 작품으로 간주했다. 카인은 죄악으로 물든 사람들, 신의 뜻을 거역하고 인간 공존의 원칙을 무시한 사람들, 지은 죄를 속죄하지 않아 사회에서 떨어져 살도록 저주받은 무법자들의 대표였다. 수도원주의와 은자주의가 사치와 부의 축적 장소, 즉 오래된 도시 구조가 여전히 살아 있던 동방 기독교 세계에서 처음으로 발생했다는 것은 매우 의미심장하다. 따라서 기독교적 완성을 추구하기 위한 자발적 빈곤은 무엇보다 도시 문명에서 탈출하는 것을 의미했다.

빈곤에 대한 찬양은 종교적 가르침에서 빠지지 않는 요소였다. 그 역할은 설교를 듣는 사람들에 따라 달라졌다. 빈민들에게는 겸손하게 그들의 지위를 받아들이는 것이 구원의 관점에서 이득이 된다고 강조했다. 부자들에게는 자비로운 행위를 통해서 그들의 죄를 속죄해야 할 필요성을 상기시켰다. 설교자들은 이러한 이중적 메시지를 전달할 때 자연스럽게 빈곤에 관한 성인전의 예를 사용했다. 설교자들이 자주 사용했던 전형적인 우화로는 다음과 같은 것이 있다. 은자 성 마카리우스(Saint Macarius)는 메이앙스(Meyance)의 광장에 누워 있는 한 빈민을 보았다. 그는 외롭게 죽어가고 있었고, "빈곤했기 때문에 아무도 그에 대해 신경 쓰지 않았다."[11] 바로 그때 은자는 환영을 보았다. 한 무리의 천사들이 그 병자를 둘러싸고 있었다. 반면 평화롭고 기쁨으로

---

11 *Erzählungen des Mittelalters*, J. Klapper, éd., Breslau, 1914, p. 178.

가득한 부자의 집 주위에는 마귀들이 소란을 피우고 있었다. 이 사례(exemplum)의 핵심은 부를 저주하려는 것이 아니라 부자의 삶이 수많은 죄의 위험에 노출되어 있다는 것에 있었다. 부자의 처소를 공격하는 마귀들은 바로 죄의 위험을 상기시키고 있다. 풍요 속의 삶은 특별한 경계를 요구했다. 부자는 기독교적 삶의 이상을 지킴으로써 자신의 구원을 위해 노력해야 했다. 이 사례를 복음의 관점에서 보면 부자에게 주려는 다른 메시지가 들어 있다. 즉 신은 빈민들에게 축복을 준비해놓았다는 것이다. 마지막으로 이 우화는 빈민이 모든 사람에게 버림받은 채 공공장소에서 죽어가는 이미지를 제시함으로써 사회적 현실을 다소 상기시켜주고 있다.

중세 빈곤의 에토스는 물질적 빈곤을 사회적 현실로 혹은 초월적 관점으로 장려하지 않았다. 또한 빈곤이 사람을 타락시킨다는 측면을 축소하려고 하지도 않았다. 가장 널리 알려진 금욕자와 그들을 흉내 내는 사람들은 겸손과 자발적인 주변인화를 통해 빈곤 정신을 실현하려 했지만 그들은 두 가지 점에서 이미 특권을 누린 사람이었다. 첫째, 그들은 말세론적인 관점에서 선택된 사람들이었다. 둘째, 살아 있을 때 그들은 이미 성인으로서 후광을 누리며 사회적으로 큰 존경을 받았다. 도덕적 차원에서 자발적 빈곤의 숭배자들과 빈곤한 상황에 떨어진 빈민들 간에는 어떤 관련성도 없었다. 그러나 가끔은 물리적 측면, 의복, 삶의 방식 등에서의 외적인 유사성 때문에, 사람들은 성인성이라는 개념을 빈민들에게까지 확장하기도 했다. 마지막으로 금욕이라는 영웅적 행위는 기독교 교리에 의해 그 자체가 목적으로서 또한 구원에 이르는 수단으로서 제시되었으며, 이 외에 다른 역할도 했다. 즉 자비로운 태도를 자극하는 역할이었다. 그것은 직업적 걸인과 빈민, 자비의 수혜자들에게 이로운 것이었다.

2. 보시와 걸인들

지난 몇 년간의 연구들을 통해 중세와 근대의 선행과 자선 기관에 대한 수많은 저작이 발표되었다. 이 저작들이 밝혀낸 국가별 이미지는 매우 다르지만 일반적으로 모든 기독교 세계에서 교회의 정책과 활동에 긴밀히 연결되어 있는 자선 기관이나 병원은 동일한 과정을 겪었다. 여기에서 우리가 관심을 갖는 것은 이러한 자선 활동의 사회적 결과와 자선 기구와 보시에서 혜택을 얻었던 수혜자의 사회학적 특성이다.

중세 전 시기에 걸쳐 보시를 집단적으로 분배하는 관습은 유지되었고 널리 행해졌다. 이런 분배는 주로 수도원이 했으나 세속적인 삶의 일부분을 이루기도 했다. 예를 들어 영주나 부유한 부르주아의 장례식 때 일반적으로 보시가 분배되었다. 군주들은 축제 시에 전국을 두루 돌아다니며 보시하는 관습이 있었다. 프랑스 왕 로베르 2세(Robert II, 1031년 사망)의 삶을 기록한 연대기에 따르면 그는 자신이 머문 곳마다 300명에서 가끔은 1,000명에 이르는 빈민들에게 빵과 포도주를 나누어주었고 그의 생애 마지막에 이르러서는 사순절 동안에 매일 100~200명의 빈민을 구제하기도 했다. 수도원에서는 법에서 정한 규정대로 정기적으로 자선을 했고 특히 성축일에 보시를 했다. 사망자를 추도하는 예배 시에도 관습적으로 보시가 행해졌다. 때로는 교회에 남겨진 유증의 일부분이 유언자의 뜻에 따라 빈민을 위한 보시로 전환되기도 했다. 라이헤나우(Reichenau) 수도원 성직자 중 한 명은 자신이 죽은 후 30일 동안 의식을 치르고 각각 100명, 200명, 300명, 400명에 대한 네 차례의 보시를 행할 것을 유언했다. 클뤼니(Cluny) 수도원의 주기적인 보시는 그 규모가 매우 컸다. 금식재가 시작될 때에는 빈민 수백 명이 고기를 얻었고, 사망한 성직자를 기리기 위한 축전 때에는 식사에 초대를 받은 빈민의 수가 연간 최소한 1만 명에 달했다. 또한 축일에 보시가 행해지면 빈민 1,500~2,000명이 수도원에 모여들었다. 도시에서 식량이나 돈을 보시로 나누어주는 것을 기록한 이후의 문서들도 마찬가지로 많은 빈민이 보시를 받았음을 기록하고 있는데 때로는 그 수치가 놀라울 정도였다. 뤼베크(Lübeck)의 어느 부르주아가 1355년에 남긴 유언장에 따르면 이 시기 뤼베크의 인구가 2만 2,000명~2만 4,000명이었는데, 1만 9,000명의 빈민에게 보시를 분배할 것을 지시했다. 로데즈(Rodez)에서는 지역 주민이 5,000명이었는데 지역 형제회가 6,000명분의 빵을 분배했다. 가장 일반적인 유언장들은 부조를 받을 사람들의 수를 몇백 명에서 몇천 명까지 정하기도 했다.

물론 이런 통계 중의 일부, 특히 서사 문학과 성인 문학이 주는 통계는 신중하게 다루어야 한다. 그러나 수도원과 영주들의 보시에 관한 문서들은 믿을 만하며 회계장부로도 입증된다. 가끔 이런 문서가 기록한 수치들이 지원을 받은 빈민의 수인지 나누어준 보시의 수인지 정확하지 않지만, 하루 만에 이루어진 부정기적인 보시의 경우에는 그 수치가 대략 지원을 받은 빈민의 수라고 추정할 수 있을 것이다. 15세기 파리의 한 부르주아는 그의 유언장에서 도시의 여러 구역에 사는 빈민들에게 부조하라는 유언을 남겼는데 그 수는 약 4,000명에 달했다. 14세기에 피렌체의 오르 산미켈레 형제회(Or San Michele)의 회계장부에 따르면, 이 형제회는 일주일에 세 번 혹은 네 번의 부분적인 부조를 하였는데, 그 해당 빈민이 5,000명에서 7,000명에 이르기도 하였다. 또한 이 형제회는 거의 1,000명 가까운 빈민들을 정기적으로 구제하고 있었다. 한 곳에 집중된 빈민들을 구제하기 위해서는 일률적이고 단일한 통제 수단이 필요했는데 13세기에 나타나기 시작한 이런 통제 수단은 곧 도시의 범위를 벗어나 전파되었으며 중세의 자선에서 빼놓을 수 없는 필수적 요소가 되었다. 13세기에는 빈민들 중에 누가 부조를 받을 자격이 있는가를 결정하기 위한 방법이 나타나기 시작했다. 이 방법에 따르면 '증거물'(jetons)이나 '배지'(insigne)를 지닌 빈민들만이 부조의 혜택을 누릴 수 있었으며, 이러한 통제 수단은 한 빈민이 여러 번 부조를 받는 것도 방지해주었다. 이런 방식은 1240년 옥스퍼드의 도미니쿠스 수도사였던 리처드 피시에이커(Richard Fishacre)가 처음으로 언급했는데, 그는 페트루스 롬바르두스*의 『명제집』(Sentences)에 관해 논평하면서 다음의 예를 인용했다. 어떤 왕이 그의 신하에게 주석으로 된 '배지'를 빈민에게 나누어주라고 명령했다. 그것을 가진 자들은 정해진 날에 궁전에 와서 그와 식사를 할 수 있었다. 그런데 정해진 날에 다른 신하가 또 다른 빈민들에게 동일한 증표를 나누어주었다. 비록 그들은 서로 다른 시점에 증표를 받았지만 왕의 보시를 받을 수 있었다. 이것은 성찬식의 특성에 관한 신학적 추론을 예시해주는 우화이다. 그러나 여기에서 중요한 것은 당시 빈민들에게 증표를 나누어주는 것이 인상적인 관습이었다는 것이다. 증표를 사용했다는 것은 보시의 분배에서나 빈민 자체에 대해서나 더욱 엄격한 규칙을 세우려 했던 경향이 존재했음을 보여주는 것이지만, 다른 한편으로는 자선을 베푸는 자의 심리적 의도가 중요하다는 자선 행위에 관한 전통적 관념과는 배치되는 것이다. 피렌체의 연대기 작가인 조반니 빌라니(Giovanni Villani)에 따르면 1330년에 피렌체의 한 부르주아는 그의 모든 재산을 빈민에게 남기면서 각 빈민에게 6드니에(denier)를 주라고 유언했다. 그러나 사기 행각을 막기 위해서 마을의 모든 빈민들을 동일한 시각에 교회에 모이게 했고, 한 명씩 교회를 나가게 하면서 보시를 나누어주었다. 이러한 방식으로 빈민 1만 7,000명이 부조를 받을 수 있었다.

만약 도시에 존재하던 모든 빈민의 수를 알고 싶다면, 빈민 1만 7,000명에 호스피스에 있던 수용인들, 죄수들, 탁발수도사들의 수 약 4,000명을 더하면 된다. 그러나 이를 통해 우리가 정확하게 빈민의 수를 추정한다고 해도 마을

---

* 페트루스 롬바르두스(Petrus Lombardus, c. 1100~60)는 아벨라르두스의 제자로 중세 이탈리아의 스콜라 철학자이다. 그의 저서 『명제집』(Sententiarum libri quatuor)은 변증법적인 관점에서 신앙의 명제를 논한 신학 교과서로 신학자들의 말을 체계적으로 편집했으며 최초로 7개의 성사를 확정했다. 이후 많은 주해(註解)가 출간되었다. 『명제집』에 있는 인용문의 상당수는 아우구스티누스의 텍스트에서 인용한 것이다.

전체의 인구 중에서 빈민이 얼마인지를 판단하기는 어렵다. 왜냐하면 걸인들은 보시를 나누어주는 날짜를 기록한 특정한 달력에 맞추어 끊임없이 이동했기 때문이다. 이 달력은 주로 수도원에서의 보시를 중심으로 작성되었는데 대부분은 미리 알려져 있었기 때문에 매우 멀리 떨어진 지역의 빈민들까지 몰려들었다. 이로 인해 한 수도원에서 다른 수도원으로 이동하는 걸인들의 모습을 볼 수 있었다. 큰 축일 때의 대규모 보시 외에도 빈민들은 각 수도원에서 언제나 소량의 부조는 얻을 수 있었다. 유언에 따른 분배는 그 소식이 퍼지는 전 지역의 빈민들을 끌어 모을 정도로 매우 큰 힘을 발휘했다. 14세기 초 포레(Forez)에서의 유언장은 보시의 분배가 상속자들의 편의를 위해서 보통 수확이 끝난 이후에 행해졌으며, 그 소식이 반경 10~15킬로미터 안의 지역으로 퍼졌음을 보여준다. 도시의 자선 기관들도 대규모의 보시를 조직했는데 주로 그 지역의 형제회가 자신의 위신을 세우고 신앙심을 널리 드러내기 위해 해마다 연회를 베풀 때에 행해졌다. 피렌체의 오르산미켈레 형제회는 그보다는 빈민 계층을 엄격한 통제 체제에 복종시키는 데 더욱 노력을 기울였다. 증표를 받은 모든 빈민들―즉 부조받을 권리를 부여받은 빈민들―은 그들의 이름을 명부에 기입했는데, 여기에는 그들에 대한 유용한 정보도 같이 기입되었다. 또한 부조의 분배는 마을의 거주자뿐만 아니라 농민에게까지 행해졌고, 흉작 때는 더욱 강화되었다(1347년 3월 중순 이후 두 주 동안 대장에는 피렌체 주변 농촌 지역contado의 223개 마을의 농민들 이름이 기록되어 있다).

그러나 이 사람들은 누구인가? 중세에 보시를 받은 사람들의 사회적 지위와 기원이 무엇이었는지는 매우 불확실하다. 우리는 구걸하는 행위가 인간의 존엄성을 크게 해치는 것이어서 극단적으로 빈궁한 사람만이 구걸하는 것으로, 즉 걸인이 된다고 가정할 수 있다. 그러나 언제나 그런 것은 아니었다. 중세의 자선은 '수치 빈민'과 다른 빈민을 구별하고 있는데 이것은 '수치 빈민'의 용어가 중간 계층 혹은 상류 계층에서 빌생한 빈민들, 즉 사회적 지위를 상실하고 빈곤에 빠진 사람들에게만 적용되고, 도시와 농촌 지역의 빈민들, 즉 노동을 하면서 빈궁하게 사는 사람들에게는 적용되지 않는다는 점에서 중요하다. 일반 빈민의 눈에 공공 부조를 받는다는 것은 불명예스러운 것이 아니었다. 더욱이 축제 기간 대규모의 보시가 행해질 때 모였던 군중들은 부조를 얻기 위해서만 온 것은 아니었다. 이 경우 서민들은 유희적 분위기를 누리고 자신들과 같은 처지의 다른 사람들을 만나기 위해서 모였다. 따라서 보시를 받는다는 단순한 사실이 사회적인 범주로서의 걸인 계층을 정의하는 기준은 아니다.

그러나 보시의 분배는 그 자체가 매우 중요한 현상으로서 빈민과 걸인의 수에 관한 정보를 얻기 위한 수단에 불과한 것은 아니다. 세속적 자선 행위와 종교적 자선 행위 간의 관계가 변하는 것과 동시에 보시의 형태에도 변화가 발생했다. 그러나 핵심적인 것은 사람들이 행하는 보시의 양이 언제나 과다해서 결과적으로 빈민들이 부조를 받기가 매우 쉬웠다는 점이다. 물론 전염병과 기근이 도시와 농촌 지역의 노동자들에게 대규모로 영향을 끼칠 때에 보시는 충분하지 않았다. 그러나 보통의 경우 자선가들의 관대함은 구걸하는 삶에 매력을 느끼게 했다. 간단하게나마 중세 보시 체계의 주요 특징과 자선 심리 간의 관계를 언급하는 것이 유용할 것이다.

보시를 배푸는 것은 자비로움을 가장 명백하고 직접적인 방식으로 증명하는 것이다. 그러나 교회의 역할은 종종 이런 자비로움이 백일하에 드러나는 것을 가로막기도 했다. 교회가 부자와 빈자 사이를 중개하는 것은 중세 기독교 세계의 기초였다. 실제로 빈민을 직접 돕는 것은 교회였다. 우선 교회는 수입의 3분의 1 혹은 4분의 1을 빈민 부조에 사용했으며, 다음으로는 수도원이 받은 유증과 기부의 운영을 담당했다. 첫 번째 형태의 중개는 사회 전체가 교회에 기부한 것을 가지고 교회가 수행하는 것이었다. 그러나 마을 교구 자체의 지출이 늘어나 빈민에 대한 교구의 지원이 줄어들게 되자 주임 신부는 이 임무를 마을 교구 신자들에게 점차 떠넘기기 시작했다. 두 번째 형태의 교회 중개—수도원을 위한 기부와 유증의 관리—는 자선을 베푼 사람의 신앙심, 부, 그리고 권력을 드러내는 수단이었는데, 이것은 주로 교회에 대해 지배적 위치를 차지하려고 했던 영주들과 군주들을 만족시키는 방법이었다. 그들의 기부 행위(donations)의 심리적인 동기 중에서 빈민에 대한 동정심과 그들을 구제하고자 하는 바람은 아주 작은 자리를 차지하고 있었다. 빈민에 대한 수도원의 부조는 의례적 실천(pratique liturgique)과 교단의 법규에 의해 부과된 주요한 임무 중 하나였다. 그러나 이런 사명도 점점 더 작은 규모로 수행되었는데, 왜냐하면 수도원 자체를 위한 지출이 예산의 대부분을 차지할 정도로 증가했기 때문이다. 수도원의 예산이 매우 큰 경우에는 예산 중 적은 비중을 부조에 사용해도 큰 규모로 보시를 분배하는 것이 가능했다. 그러나 그렇지 못할 경우 자선 행위는 매우 미미했다. 파리 근처 생드니 수도원(Abbaye de Saint-Denis)은 그 수입이 13세기 말~14세기 초에 3만 3,000리브르 파리시스(livres parisis)에 이르렀는데 빈민을 위한 지출은 1,000리브르보다 조금 적은 수준이었다. 수도원 예산의 100분의 3이라는 보잘것없는 수준은, 자비로운 자선가와 빈민 사이의 중개 기관을 자처하는 수도원의 이미지를 손상시켰다. 그러나 종교 축일과 사순절에 큰 규모로 보시를 분배할 수준은 되었다.

12세기와 13세기에 개인적인 자선은 매우 활발했으며 부르주아 엘리트들이 이 운동에 참여하면서 자선을 행하는 사람들의 수는 크게 늘었다. 이 시기에 중개자 역할을 했던 교회의 자선이 다소 후퇴한 반면 개인적 자선은 활발하게 전개되었다. 종종 자선가들은 그들의 부조를 교회를 통하지 않고 직접 했다. 많은 경우에 이런 자선 행위—교회의 설립, 나병 환자 치료소 설립, 보호소 설립, 혹은 자선 행위를 위한 기부—는 빈민을 구제하고자 하는 신실한 소망을 나타낸다고 말할 수 있다. 마찬가지로 종교적 형제회의 역할이 점점 증가한 것도 자선 행위의 사회적 범위가 점차 커지고 있었음을 증명한다. 수도원에 대한 기부는 탁발수도회의 등장과 함께 그 성격이 변했다. 즉 걸인들의 요구에 대하여 직접적으로 보시를 주는 관습이 퍼지게 된 것이다. 이런 변화에 따라 자선 행위는 대중적 현상이 되었다. 빈민들이 이런 관대함의 혜택을 어느 정도 누렸는지는 말하기 어렵다. 그러나 자선가들이 탁발수도회에 사용하라고 맡긴 기금의 매우 적은 부분만이 빈민들에게 돌아갔던 것으로 보인다. 따라서 부당한 관습이 빈곤의 정신과 '종교적 각성'을 어느 정도 제도적인 수탈의 대상으로 만들어버렸다고 말할 수 있다.

중세의 자선 체계는 일정 수의 빈민들에게 상시적인 부조를 제공했다. 이들은 자선가들의 집과 안마당에 사는 빈민들이었다. 보시의 예전(liturgie) — 제공할 부조의 규모, 형태, 장소를 정의하는 — 은 지속적인 부조라는 원칙을 세웠는데 이것이 빈민들에게는 일종의 고정 수입이었다. 어떤 상황에서 어떤 방식으로 빈민들을 부조해야 하는지를 상세하게 규정해놓은 수도원 규정집(consuetudines)은 부조를 필요로 하는 자들 중에 수도원이 온전히 담당해야 할 집단을 구별하고 있다. 보시에 관한 예전이 발을 씻기고 잠자리를 마련해주고 수도사들과 같은 식탁에서 식사를 하도록 규정한 사람들이 이 집단에 속한다. 이 의식에 참여하는 빈민의 수가 엄격하게 제한되었다는 사실은 부조의 의례적 성격을 더욱 강화시켰다. 교회 자선의 의례화는 빈민에 관한 상징적인 숫자에 잘 드러난다. 의례적인 측면은 군주들의 자선 행위에서도 나타난다. 성 루이(Saint Louis)의 전기 작가는 빈민들을 향한 왕의 비상한 관대함을 언급했다. "왕은 자신의 왕국 어디를 방문하든지 대규모의 보시를 행했다. 그는 가난한 교회나 나병 환자 수용소, 신의 집(maisons-Dieu), 병원, 그리고 가난한 사람들에게 기부했다."[12] 이런 형태의 자선 — 걸인은 병원 조직의 수용자만이 이러한 형태의 자선을 누렸다는 점에서 자선의 혜택을 크게 입지는 못했다 — 외에 왕은 일상적으로 빈민들에게 양식을 나누어주었다. "사람들은 그의 방에서 식사했다. 그는 손수 (……) 그들에게 빵을 잘라주고 마실 것을 따라주었다." 왕궁과 수도원만이 빈민들에게 거처를 제공하고 그들을 식탁으로 초대한 것은 아니었다. 이 관습은 종교적 군주나 세속적 군주 모두

---

12 Jean, sire De Joinville, *Histoire de Saint Louis*, N. De Wailly, éd., Paris, 1868, p. 248.

가 따랐으며 점차 부르주아 계층에게 — 이에 대해서는 유언장이 증명하고 있다 — 까지 파고들었다. 권력과 부를 행사할 경우 죄를 지을 수밖에 없는데 이 죄를 속죄하기 위해 사람들은 의례적이고 제도적인 형태의 자선을 행했고 이 자선은 일정 수의 사람들에게 안정적인 수입을 보장해주었다. 도움을 받는 사람들에게 빈곤은 이런 삶의 방식을 하나의 직업으로 정당화해주었다.

또한 병원과 종교 기관이 일정한 사람들에게 정기적인 부조를 제공함에 따라 '수용 빈민'(pauvres pensionnés)이 생겨났다. 중세의 병원과 호스피스는 행려 빈민들, 특히 순례자들을 구제했을 뿐 아니라 그 지역의 빈민들에게도 상설 거처를 제공했다. 이 책에서 병원이 퍼진 범위와 밀도 — 의료적 치료를 제공하는 현대적 의미에서의 병원 활동은 거의 없었는데 — 에 대해 논하지는 않겠지만, 15세기에 피렌체의 안토닌(Antonin)이 묘사했듯이 여러 형태의 보호소가 존재했었다는 것만은 언급하도록 하자. 그는 빈민과 순례자가 머무는 보호소(*syndochium*), 식량을 제공하는 보호소(*procotrophium*), 노인 요양 기관(*gerontocomium*), 고아원(*orphanotrophium*), 어린이들을 돌보는 기관(brephotrophium), 그리고 다른 많은 기관들을 구별했다. 역사 연구들은 이 목록이 단지 이론적인 구분이 아니었다는 것을 보여주었다. 실제로 중세 말기에 이런 전문화가 자선의 실천에 반영되었다. 이 전문화된 보호소들은 상설 체제로서 수용된 많은 빈민들에게 지속적으로 양식을 제공했다. 빈민들 중에서 정기적인 부조의 대상을 선택할 때는 중세의 빈곤에 대한 정의 중 가장 대표적인 기준이 사용되었다. 이들은 무엇보다 불구자, 노인, 고아들로서 빈곤으로 인해 지극히 어려운 사회적 상황에 처한 사람들이었다.

다른 한편 형제회 같은 자선 기구에 '수용된 사람'과 시 정부와 직능단체가 지속적으로 도움을 주었던 빈민들 중에는 노약자와 불구자도 있었지만 지원은 주로 불행한 일을 당해 빈궁한 상태에 빠지게 된 사람들을 대상으로 했다. 다자녀 가족의 아이들, 가족의 생존을 책임졌던 가장의 병이나 사망으로 인해 먹고살 수 없게 된 사람들, 화재와 같은 자연 재앙의 희생자들이 이에 해당했다. 직능단체의 부조는 우선 그 직능단체에 속한 계층의 '수치 빈민들'을 대상으로 했다. 오르산미켈레 형제회의 수많은 '수용인'들의 경우가 그러했다. 그들의 빈곤이 병이나 어려운 가족적 상황, 즉 형제회가 인정했던 두 가지 이유로 발생했을 때 형제회는 지속적으로 부조를 제공했다. 빈민들에 대한 배지를 중세 후기의 여러 도시가 사용했는데, 정기적인 보조(subventions)를 원했던 수많은 빈민에게 '고정 수입'(prebende)의 특권을 주기 위한 노력으로 생각할 수 있다. 이 수단은 여러 범주의 빈민들을 구별하는 데 유용했고, 부조를 받을 만한 사람들, 즉 중세 말의 자선 교리에 따르면 더 이상 원래의 사회계층에 적합한 방식으로는 살 수 없는 사람들을 결정하는 데 중요했다. 15세기에 네덜란드에서는 이러한 배지를 살 수 있었고, 이를 통해 종신 연금을 보장받을 수 있었다.

'고정 수입'의 수혜자는—종교 기관이나 민간에서 지속적으로 도움을 주는 빈민들(그것이 언제나 완전한 것은 아니었지만)—균형 잡힌 삶을 살았고 사회에서 그들의 위치는 매우 안정적이었다. 그들은 스스로의 생존을 책임질 수 없었지만, 중세의 자선 교리와 부조 덕분에 안정된 삶을 유지할 수 있었다.

우리가 보았듯이 병원도 이런 종류의 안정성을 제공해주는 곳이었다. 걸인들을 강제로 가두는 장소가 되기 전에 병원은 일시적인 피난처를 제공하고 보시의 분배를 담당하는 기구였다. 1403년에 쾰른의 성심 병원은 매주 약 1,400명의 걸인들에게 부조를 베풀었다. 이 수치는 병원의 상시 수용자 수라기보다는 분배된 보시의 수이다. 동일한 방식으로 같은 병원에 관한 1475년의 자료를 분석하면 매일 700명의 빈민들이 이 병원의 부조를 받은 것을 알 수 있다. 중세의 병원은 두 가지 방식으로 빈민을 위한 보호소 구실을 했다. 즉 병원들은 그들에게 밤을 지낼 수 있는 거처를 제공했으며, 매일 혹은 정기적으로 먹을 것을 주었다. 병원 설립 문서에서 우리는 빈민의 증가에 대처해 도시의 상황을 청결하게 해야 한다는 규정을 자주 볼 수 있다. 빌헬름 폰 아른베르크(Wilhelm von Arnberg) 백작이 1419년에 루체른(Luzern)의 병원에 특권과 보조금을 제공할 때 언급했던 것도 바로 이런 것이다. 동시에 그가 덧붙인 언급들은 빈민들의 생존 형태에 관한 정보를 제공해준다. "나는 내 눈으로 수많은 불구자와 병자, 빈민, 그리고 도움이 필요한 사람들이 루체른 병원에서 살고 있는 것을 보았다. 그리고 매일같이 새로운 빈민들이 길거리에서 병원으로 인도되는 것도 보았다."[13] 실상을 직접 목격한 증인의 이러한 언급에서 충격적인 것은 무엇보다 빈민들의 생존이 병원-보호소와 도시의 길거리라는 두 공간 사이에서 출렁이고 있다는 것이다. 14세기에 와서 병원 조직을 중심으로 시 당국이 운영하는 부조의 집중화라는 개념이 생겨나게 된다. 그리고 15세기에 이 계획은 유럽의 몇몇 도시에서 실제 시행되었다. 그럼에도 불구하고, 이 기간 전체를 통해서 지속적으로 병원과 보호소는 도움을 제공하는 장소였고 걸인들이 거쳐 가는 장소였다. 중세 말기에는 걸인들이 대규모로 병원으로 몰려듦에 따라 병원은 걸인들, 특히 유랑 걸인들에 대해 문을 걸어 잠그는 추세를 보이기조차 했다. 걸인들의 수가 병원의 물리적 수용 능력을 한참 벗어났기 때문에 이런 조치가 필요하다는 주장은 설득력을 얻었다. 게다가 걸인들의 존재로 인해 수용 빈민들이 알코올중독과 방탕에 이끌릴 위험도 존재했다. 그러나 병원들이 보시를 분배했다고 해도 길거리와 교회에서 구걸은 사라지지 않았다. 민간이 운영하는 자선 정책의 집중화로 나아가는 첫 번째 단계는 병원이 사회적 부조의 관리를 책임지는 것이었다. 1458년에 안트베르펜(Antwerpen) 시는 세속적 자선 기관인 빈민국(la chambre des Pauvres)을 설립했다. 이 기관의 활동은 마을 교구의 자선 체계에서 영감을 얻었으며, 이른바 성심 식탁(Tables du Saint-Esprit)과 같은 교구 자선 체계의 일부를 계승하기도 했다. 안트베르펜의 빈민국은 부조를 받을 자격이 있는 빈민들에게 금속으로 된 배지를 나누어주고 사용케 했다.

---

13 Cf. G. Uhlhorn, "Vorstudien zu einer Geschichte der Liebestätigkeit im Mittelalter", *Zeitschrift für Kirchengeschichte*, IV, 1881, p. 71.

상시 부조를 받는 빈민들인 "구걸하는 귀족 계층"의 경우 걸인의 지위에 적합한 삶의 특징을 찾을 수 없다. 한편 병원과 수도원, 개인들이 제공하는 보시를 받기 위해 몰려드는 빈민들 가운데 많은 사람들은 직업적 걸인들이었다. 이 사람들은 대부분 유랑하며 살았다. 농촌 지역에 사는 걸인들은 끊임없이 이동하면서 도시 주민들에게 구걸했다. 왜냐하면 농촌은 그들에게 안정성을 제공해줄 수 없었기 때문이다. 한편 도시에서 — 근대도시든 중세도시든 — 그들은 안정적인 사회구조에 빠르게 통합되었다.

무엇보다 성당의 도상이 이런 현상을 잘 보여주고 있다. 사실 도시의 삶을 나타내는 이미지들에서는 걸인들이 도시 환경의 특수성을 결정했던 장인이나 상인들과 함께 사회적 풍경의 고유한 요소로서 등장한다. 교회의 풍경을 그린 성당 벽화에서도 그들을 볼 수 있는데 그 경우 빈민들은 교회의 안이나 바깥에 모인 군중들 가운데 섞여 있었다. 문학도 부르주아 자선가들의 관대함이나 자비를 칭송할 때에 그들의 존재를 묘사하고 있다. 이 경우에 인용하는 수치들은 그리 믿을 만하지 못하다. 예를 들어 15세기에 한 작가가 파리에 대해 묘사하면서 걸인 8만 명이 거주하고 있다고 주장했던 경우가 그렇다. 걸인들은 분명히 도시의 조세 대장에서 제외되었기 때문에 재정에 관한 통계를 작성할 때 하나의 범주로서 고려되지 않았다. 단지 아우크스부르크(Augsburg)의 1475년 조세 대장이 예외적으로 걸인들을 하나의 직업 집단으로 언급하고 있는데, 4,485명의 담세자 중에서 700명이 걸인이었다. 그들은 일용직 노동자들과 같은 세금을 냈다. 15세기 중엽의 바젤(Basel) 지역의 기록은 수입이 가장 낮은 사람들의 항목에 세 명의 걸인과 세 명의 맹인을 포함하고 있었지만 그들이 어떤 독립적인 집단으로 고려된 것은 아니었다. 일반적으로 걸인들은 조세 대장에는 올라 있지 않았다. 왜냐하면 재산과 소득의 평가는 조세 부과의 기초였는데 실제로 그들에 대해서는 이러한 평가를 할 수 없었기 때문이다. 또한 아우크스부르크의 조사가 도시의 모든 걸인들을 고려했는지도 알 수 없다. 그러나 거기에서 끌어낼 수 있는 것은 100명 정도인 걸인들이 상대적으로 안정적인 삶을 살았다는 사실이다. 물론 이들은 일용직 노동자들처럼 다른 범주의 사람들보다 이동성이 더 높았을 것이다. 또한 분명한 것은 그들의 활동을 당시 사람들이 일종의 직업으로 여겼다는 것이다. 왜냐하면 그들은 조세를 부과할 수 있는 집단이었기 때문이다. 걸인들이 세금을 납부했었다는 것은 그들이 도시에 정착했다는 것과 다른 주민과의 관계가 변화했다는 것을 의미한다. 또한 조세 체계가 그들의 활동을 통제할 수 있고 세금을 징수할 수 있을 만큼 그들의 거처와 '작업장'이 안정되었다는 것을 나타낸다.

14세기와 15세기에 시 당국은 빈민 부조에 관한 법을 제정하려고 노력했다. 이 시기 독일 남부 도시의 자선사업은 이후 16세기에 시행될 개혁을 예고하는 것으로 볼 수 있다. 14세기에 이미 뉘른베르크 시 당국에서는 배지를 착용하지 않은 사람들의 구걸 행위를 금지했다. 시 당국이 임명한 특정 담당자(Bettelherr)는 빈민을 관리하고, 부조가 필요한 사람들에게 배지를 나누어주었으며, 걸인 대장을 기록하고 6개월마다 실상을 조사했다. 행려 걸인들은 최대한 3일 동안 도시에 머무를 수 있었다. 이런 조치들이 큰 효과를 발휘할 가능성은 매우 낮았지만 이것들은 중세에 이미 구걸 행위를 줄이고 통제하며 중앙 집중화된 사회정책을 만들어내려는 시도가 있었음을 증명한다. 그러나 법과 현실 사이에는 간극이 있었다. 여러 시 당국은 무엇보다 걸인들이 도시로 몰려드는 것을 막기 위해 노력했다. 역병이 창궐하는 동안 걸인들의 모든 이동을 금지했던 조항이 주요한 위생 조치로 시행되었다. 유랑을 막기 위한 노력도 국가와 지역 차원에서 강력하게 펼쳐졌다. 유랑과 관련된 조치들은 걸인들에게도 적용되었다. 그 이유는 이 두 집단 간의 구별이 매우 어려웠으며, 부조 제공에 제한을 가하는 것만이 이 조치의 효율성을 어느 정도 담보할 수 있었기 때문이다. 그러나 오랫동안 도시에서 안정적으로 살아왔기 때문에 유랑자와 동일시할 수 없는 걸인들에게는 이 소지가 적용되지 않았다. 결국 이 조치의 역할은 주로 빈궁해진 농민들이 도시로 몰려드는 것을 막는 데에 있었다. 길거리와 교회에 우글우글한 '직업' 걸인을 대상으로 한 조치로서는 효과가 없었다.

'고정 수입'을 받는 빈민이든 길거리 걸인이든, 모든 걸인들은 자선가와 특별한 관계를 맺었다. 자선을 받는 사람들은 자선을 받는 대가로 기부자를 위해 하늘에 기도를 드렸다. 보시와 선한 행위의 정의, 그리고 그 핵심이 무엇인가라는 주제는 중세 신학에서 계속해서 중요한 위치를 차지했으며 그 중요성은 종교개혁의 시기에도 줄어들지 않았다. 그러나 여기에서 이 주제에 관한 교리적인 논쟁을 다루지는 않을 것이다. 다만 이 논쟁의 한 측면에 주목하도록 하자. 즉 부조를 받을 만한 걸인과 그렇지 못한 걸인을 구별해야 한다는 권고인데, 이 구별은 보시가 선행자와 걸인 간의 일종의 계약이라는 관념을 강화하고 있다. 남을 돕는다는 사실이 중요하다면, 자선은 단지 돕는 사람과만 관계가 있는 일방적인 사건이다. 이는 남을 돕는다고 하는 유일한 소망이 동기를 부여한 완전히 사심 없는 관대함을 의미한다. 만약 우리가 자선을 통해 죄를 속죄하기를 원하거나 자선을 받는 자가 자선을 베푼 자를 위해 기도할 것을 기대한다면 사심 없는 행위의 순수성은 매우 약해질 것이다. 그러나 자선과 관련해 빈민의 '자격'을 논하는 교리는 자선을 행하는 자와 받는 자 모두에게 새로운 해결책을 제안하고 있다. 토마스 아퀴나스(Saint Thomas Aquinas)는 극심한 빈곤에 처하지 않았으면서도 보시를 구걸하는 사람들을 정죄하고 있다. 15세기에 스트라스부르에서 활동했던 설교자인, 가일러 폰 카이저스베르크(Geiler von Kaysersberg)*는 더 나아가 부조를 받을 자격이 없는 '사악한' 빈민에게 주어진 보시는 그 빈민뿐 아니라 자선을 베푼 사람에게까지 해를 끼친다고 주장했다. 계약으로서의 보시에 관한 시각은 13세기

---

* 가일러 폰 카이저스베르크(Johann Geiler von Kaysersberg, 1445~1510)는 1478년 스트라스부르의 설교 자가 되었다. 1501년에는 막시밀리안 1세의 궁정 전속 설교자로 활동했으며, 교회와 수도원의 악습을 비판했다. 그의 민중적인 설교는 '독일의 사보나롤라'로 알려졌으며 16세기 초 독일의 종교개혁에 크게 영향을 끼쳤다.

이탈리아의 연대기 작가인 프라 살림베네(Fra Salimbene)가 교회 근처에 모여 아무 말 없이 손을 내미는 걸인들에 대해 혹독한 말을 했던 것에서도 명백하게 나타난다. 그는 그들은 어떠한 유용성도 없기 때문에 그곳에서 쫓아내야 한다고 말했다. 이탈리아 프란체스코 수도사가 이런 글을 쓴 데에는 특별한 의미가 있다. 즉 이 말은 탁발수도회가 보시를 받는 것이 바람직하다는 것을 은근히 암시하고 있는 것이다. 왜냐하면 그들은 신에게 자선을 베푼 사람을 위해 기도함으로써 이 무상의 '투자'가 열매를 맺을 수 있도록 노력할 것이기 때문이다.

피사의 도미니쿠스 수도사인 조르다노 디 리발토(Giordano di Rivalto, 1260~1311)는 보시가 자발적인 교환이면서 계약이라고 설교했다. 물질적인 도움을 받은 걸인은 자선을 베푼 사람을 위해 기도해야 했다. 자선에 대한 이런 관념이 12세기에 공식화하지는 않았지만 자선 행위의 기본적인 동기였음은 확실하다. 그리고 이것은 자신들의 유용성을 인식했던 걸인들의 행위에도 영향을 미쳤다. 보시의 물질적·정신적 측면은 사회 내의 '기능 배분' 차원에서 걸인의 위치를 결정했으며 그들의 외적인 존재 방식을 규정했다. 다른 직업과 비슷하게 걸인들은 이후에 자신들의 독특한 활동 방식을 고안했는데, 이것은 장인 길드의 조직 구조와 비슷했다.

걸인의 외모는 가난의 실상을 반영하는 동시에 직업 기술의 일부분이기도 했다. 가장 중요한 것은 그들이 어떻게 입는가였다. 중세의 성당 벽화는 걸인을 넝마 차림에 맨발인 모습으로 그리고 있다. 예를 들면 11세기 초 생베누아쉬르루아르(Saint-Benoît-sur-Loire) 성당의 기둥머리에 그려진 것과 같은, 자신의 옷을 어느 걸인에게 제공한 성 마르티누스와 관련된 그림을 보면 걸인은 대부분 발가벗은 모습이다. 궁핍한 자를 입히라는 종교적 명령에 관한 다른 성당 벽화를 보면 거지가 망토를 제공받거나 자신의 넝마를 더 좋은 옷으로 교환하는 것을 볼 수 있다. 당시의 풍자문학은 행인들의 동정을 사기 위해 제공된 옷을 되팔고 넝마를 고집하는 걸인의 이야기를 자주 사용했다. 당시 걸인들의 복장은 지역에 따라 달랐던 것 같다. 단지 누더기를 걸치는 특이한 방식에 지나지 않을지라도 보카치오(Boccaccio)는 일부 걸인들의 의복이 매우 프랑스적이라고 평가했다. 단장과 어깨끈 달린 가방과 같은 떠돌이 걸인들의 평범한 부속물은 기능적인 동시에 상징적 역할을 했다.

걸인의 외양에서 의복과 마찬가지로 중요한 것은 그의 신체였다. 불구이거나 병, 노쇠, 궁핍에 의해 망가진 채 대중의 눈에 노출된 신체는 직업 기술 중 하나였다. 당시의 법 조항과 문학작품들은 걸인들이 개발한 모든 종류의 잔꾀와 계략에 대한 예를 매우 신랄한 태도로 제공하고 있다. 그러나 이런 배경에서 신체적 훼손을 과시하는 것은 매우 자연스러운 것이었다. 구걸할 수 있는 권리가 우선 불구자에게 주어졌기 때문에 걸인들은 그들의 활동을 정당화하고 동정을 유발하기 위해 매우 과장스러운 방식으로 그들의 불구를 드러내야 했다. 히로니뮈스 보스(Hieronymus Bosch)의 작품은 동정심과 공포를 동시에 유발하는 신체 불구에 대한 잔인하고 역겨운 이미지들을 제시하고 있다. 걸인들은 매우 집요하게 자신들의 이러한 외양을 보여주면서 보시를 요구했다.

불구가 직업적 기술이라는 주제는 중세 문학에서 기적적으로 치유된 절름발이에 관한 우화에서 자주 나타난다. 이 주제와 관련이 있는 이야기들은 성인전의 전통과 민담의 전통을 흥미롭게 종합한 것이다. 11세기 말에서 12세기 초에 쓰여진 이른바 '사이비-오돈'(pseudo-Odon) 판을 보면 투르의 성 마르티누스의 삶 중에서 이러한 이야기를 발견할 수 있다. 이것은 오세르(Auxerre)의 성유물을 투르로 전해줄 때에 발생했던 기적으로 병을 고친 두 마비 환자(라틴 판에는 *paralitici*, 12세기경의 전기에는 *contrets*, 15세기 판에는 *contrefaicitz*)에 관한 것이다. 그들은 병이 나았다는 것을 매우 두려워했으며 그들 중 한 명은 다음과 같이 말했다. "내 형제여, 우리는 매우 안락한 게으름뱅이의 삶을 살고 있다. 어느 누구도 우리를 괴롭히지 않고 모두 우리를 불쌍히 여기며 우리는 하고 싶은 대로 마음껏 할 수 있다. 우리는 행복하게 살고 있다." 그러나 기적적인 치유가 일어난다면 "우리는 육체적 노동을 해야만 할 것이고, 더 이상 구걸 행위를 할 수 없을 것이다."[14] 다른 두 판본에서는—페앙 가티노(Péan Gatineau)가 운문으로 쓴 전기와 15세기 말의 산문에서는—걸인의 삶에 대한 찬양이 더욱 고조되어 있다. 걸인은 그가 원할 때 잠을 잘 수 있고 언제나 먹을 것과 마실 것이 있다. 기적적인 치유는 그의 생활을 힘들게 만들 것이다. 따라서 그 두 마비 환자는 도망치기로 결정했으며 서둘러 달리는 와중에 목발마저 어깨 위로 내던져버렸다. 결국 기적이 발생한 것이다. 『예화』(*Exempla*)의 선집에서는 이 에피소드에 맹인 한 명과 마비 환자 한 명이 등장하지만 이야기의 핵심은 그대로이다. 불구가 구걸 행위를 정당화해준다는 추론과 두 주인공이 일을 해야만 한다는 공포는 동일하다. 여기에서도 그들은 도망치려고 하지만 군중을 뚫고 지나갈 수 없었으며, 결국 그들의 뜻과 달리 병이 치유되고 말았다.

걸인이라는 직업을 수행하기 위해서 걸인들은 타인의 도움이 필요한 이유를 공개적으로 밝혀야만 한다. 바로 이것이 빈민들 중에서도 직업적 걸인들을 특정한 하나의 사회 범주로 구분한다. 부조를 받을 만한 빈민들이 가난해진 원인은 가족 해체, 불운 등으로 대부분 비슷하다. 그러나 개인적 관계를 통해 도움을 받는 이들과는 달리, 이방인들에게 도움을 요청해야 하는 걸인들은 그들의 불운을 공개적으로 드러내야만 한다. 따라서 빈궁한 자들은 거리로 나온다. 특히 어린 아이들은 구걸을 위한 효과적인 수단이다. 왜냐하면 그들은 동정심과 자비심을 가장 강렬하게 자극하기 때문이다. 아이를 대동한 여자들은 부조를 구걸해야 하는 다른 이유, 즉 육체적 손상이나 불구와 같은 이유를 설명하지 않아도 된다.

직업적 구걸 행위는 도시 길드의 조직 형태를 모방하기도 했다. 이에 대한

---

14 Cf. G. Cohen, "Le thème de l'aveugle et du paralytique dans la littérature française", in *Mélanges Émile Picot*, t. II, Paris, 1913, p. 393 sq.

매우 중요한 예로는 브르타뉴에서 15세기 말에 두 걸인이 맺은 계약을 들 수 있다. 고용주 위치에 있는 한 걸인은 다른 걸인에게 구걸로 벌어들인 소득에 대한 정기적인 임금을 지불하기로 약속했다. 또한 프랑코 사케티*는 그의 소설에서 다른 형태의 계약을 묘사했다. 피렌체에서 맹인 세 명이 '회사'를 설립하여 구걸해 벌어들인 이득을 공동 단지에 넣어두고 일주일에 한 번씩 회사 성원들에게 똑같이 나누어주기로 결정한 것이다. 그들은 맹인용 개를 앞세우고 도시와 농촌 지역에서 찬송가를 부르면서 구걸했다.

걸인들의 직업 기술 중 하나였던 노래는 '예술적 생산물'이라고 이름 붙일 수 있다. 장터의 유랑 극단 배우와 걸인들 사이에는 삶의 방식이나 생계를 확보하는 수단에서 많은 유사성이 존재했다. 걸인들은 여러 악기를 다룰 수 있었고 노래도 하고 이야기도 낭독했다. 그들은 특수한 언어를 사용했으며, 행인들의 관심을 끌고 그들의 동정심을 자극하기 위한 모든 기술을 보유하고 있었다. 이것과 관련해 1317년 스트라스부르의 추기경이 베긴회(Beguines)**에 "신의 이름으로 저에게 빵을!"이라는 말을 해서는 안 되며 걸인들이 일반적으로 사용하는 표현을 사용하라고 명령했다는 점은 의미심장하다.

걸인들은 단체를 조직할 정도로 도시 생활에 잘 통합되었으며 이것은 사회에서 그들의 위치를 확고하게 만들어주었다. 단체는 여러 형태를 띠었는

---

* 프랑코 사케티(Franco Sacchetti, c. 1332~1400)는 이탈리아의 시인이자 소설가로 독실한 가톨릭 신자였다. 그는 피렌체 시 정부 대표, 토스카나와 로마냐 지방의 행정관 등을 지냈다. 연애시와 단편소설을 주로 썼으며 『복음서 주석』과 『300 이야기』 등의 작품을 남겼다.

** 리에주(Liege)의 수도사 랑베르 베그(Lambert Begue)가 12세기에 설립했다. 그가 1180년에 세상을 떠나면서 십자군전쟁의 미망인과 고아들을 위해 전 재산을 수도원과 교회에 바친 것이 기원이다. 이 수녀회는 과부와 미혼 여성들이 주축이 되어 신비주의적 묵상과 장애인 병간호, 교육 활동 등에 종사했다. 사적 소유도 가능하고 세속 생활로 돌아가는 것도 자유였다. 이후 점차 세력이 커져 메헬렌, 브뤼셀, 루뱅으로 퍼져나갔다. 그러나 1311년 빈 공의회는 남자 수도회인 베가르드(Beghard)와 함께 이단 판정을 내렸다. 이후 17세기에 재건되었으며 현재 벨기에와 네덜란드에 약 1,000여 명이 남아 있다. 베긴회라는 명칭은 창립자 베그의 이름에서 따온 것이다.

데, 맹인 형제회가 가장 널리 퍼진 것으로 보인다. 14세기 바르셀로나와 발렌시아의 맹인 형제회 규정은 공동체 내부에서 연대와 상호부조를 어떻게 실행해야 하는지를 잘 보여준다. 규정에는 안내인(*lazarillo*)의 공동 이용, 병들었을 때의 상호 방문, 그리고 공동체가 모금한 보시를 나누는 방식이 상세히 적혀 있다. 마지막 조항은 우리가 언급한 사케티의 중편 소설을 상기시킨다. 그의 소설은 피렌체 맹인들에 대한 흥미로운 정보를 제공해주고 있다. 그들은 매일 정오에 성 로렌초(San Lorenzo) 성당의 종루 근처에 있는 선술집에 모였고 대부분 그 구역에 살고 있었다. 스트라스부르에서 1411년에 설립된 '가난한 맹인 형제회'는 20년 후에 '스트라스부르 걸인 형제회'가 되었다. 리보프(Lvov)에도 걸인 중 가장 연장자 한 명이 주도하는 걸인 형제회가 있었다. 그 형제회는 '걸인' 계층을 위한 직능단체로서의 역할을 수행했다. 1443년 쿠트나 호라(Kutna Hora)의 걸인들이 마을 교구 교회 주변에 설립한 조직도 일종의 형제회였던 것으로 보인다. 종교 형제회와 비슷하게 운영된 걸인들의 조직은 그들 간의 활발한 접촉을 위한 토대를 마련해주었다. 또한 이 조직들은 상호부조와 협동을 가능하게 해주었으며, 독점력 행사와 반(反)경쟁 정책을 추진했다. 따라서 그들의 목적은 중세 장인 길드의 목적과 동일하였다. 걸인 조직들이 사회에 끼친 영향도 적지 않아서 사회생활과 사회의 직업 구조에서 걸인들이 차지하는 위치를 정당화해주었다.

이 모든 것들에서 몇 가지 결론을 끌어낼 수 있다. 무엇보다 중세사회에서 걸인의 사회적 역할이 매우 잘 규정되어 있었다는 점이다. 그들은 사회의 노동 분업의 일부분을 구성하고 있었고 직능단체에 비유할 만한 조직화된 직업 활동에 참가했다. 물론 그들의 '직업적' 특성으로 인해 그들의 사회적 지위에는 어떤 모호함이 있었다.

우리가 관찰했던 것과 같이 걸인들의 직업 기술은 '연약함'의 표시들을 공공연하게 드러내는 것에 기초하고 있었다. 과시적으로 드러낸 불구나 빈곤은 그들이 부조를 요청하는 것을 정당화했다. 그러나 모두가 배우일 수밖에 없는 이 빈곤의 연극에서 진실로 부조가 필요한 사람과 능숙한 사기꾼을 구별하기는 매우 어려웠다. 그로 인해 모든 걸인들은 의혹의 눈길을 받을 수밖에 없었다.

걸인들이 만들어낸 술책과 사기에 관한 가장 오래된 이야기는 문학에서 찾을 수 있다. 주로 청중을 즐겁게 하기 위해 만들어진 이 이야기들은 당시 상황에 대한 증언이기도 하다. 또한 그것들이 전하는 정보는 법 조항과 법원 및 경찰 문서고를 통해서도 확인할 수 있다. 이 문서들이 알려주는 첫 번째 정보는 매우 다양한 직업적 전문화가 있었다는 것이다. 중세의 아랍 문학은 구걸 행위의 이런 측면을 처음으로 제시했다. 이후 유럽의 문학은 14세기와 15세기에 이런 주제를 발전시켰다. 걸인들의 부당한 행위를 비난한 이야기들은 빈민들에 대한 동시대인들의 자비로운 감정을 식게 만들었으며 가난한 삶의 기쁨을 훼손했다. 그러나 동시에 그것은 걸인들이 직업적으로 안정적이었음을 증명하는 것이다.

보시 행위의 의례화와 구걸 행위의 직업화는 중세의 '기능적' 빈곤에 일종의 균형을 보장했던 두 요인이었다. 이 균형적 체제를 교란했던 것은 대규모 현상으로서의 빈곤과 대규모의 보시 분배가 있을 때 모여들던 빈민 군중이었다. 그들은 노동과 빈곤 사이에서 매우 위태롭게 살고 있었다.

3. 농촌의 빈곤과 도시의 빈곤

중세의 빈곤 개념에는 다양한 사회학적 함의가 있었다. 그런데 다양한 함의가 있다는 점이 빈곤과 빈민에 관한 질문들에 비현실성을 주었고 결국 이 질문들은 아무런 토대나 답도 가지고 있지 않은 것처럼 보였다. 어떤 특정 시대의 단어와 용어에 대한 연구는 우리가 사회적 의식과 심성을 알고자 할 때는 중요하지만 사회적 현실을 알고자 할 때는 그다지 중요하지 않다. 중세 사람들의 의식에서 '빈민'이라는 관념은 여러 의미를 지녔다. 그러나 점차 의미의 범위는 줄어드는 추세를 보였다. 초기에 이 용어는 중세사회의 특권 엘리트 층에 속하지 않는 사람들을 모두 지칭했지만, 차츰 그 의미는 보시와 사회적 부조로 살아가는 사람들로 제한되었다. 의미의 범위가 매우 컸던 시대에 이 개념은 분명히 '권력자-빈민'이라는 이분법의 한 요소였다. 그러나 카롤링거 시대에는 가장 낮은 계층 내의 여러 범주의 사람들을 구분하는 데도 사용되었다. 즉 파우페레스(*pauperes*)라는 용어는 농노와는 다른 자유로운 사람들을 지시했다. 따라서 이 용어는 사회의 위계 구조에서 가장 낮은 위치를 점하고 있는 사람들만을 가리키기 위한 것은 아니었다. 빈곤이라는 용어의 의미 변화는 사회적 계층 하락이 점점 심각하게 발생하고 있었음을 반영한다. 이 용어는 사회적 지위에 합당한 삶을 영위할 수 없는 개인이나 가족들을 포괄하였다. 물질적 빈곤 — 보시와 사회 원조로 생존해야 하는 — 과 계층 하락이 중세 후기에 '빈곤'의 의미에서 중요성을 획득하자 빈곤이라는 단어의 사용도 빈곤화(pauperisation)라는 사회적 과정을 반영하기 시작했다.

빈곤화 과정이 대규모로 나타났던 것은 당시 사회적·역사적 조건의 결과 때문이었다. 인구적 차원에서 본다면 빈곤화는 상대적인 과잉 인구의 결과나 징후로 여겨질 수 있다. 경제적 차원에서 빈곤화는 장·단기적 위기의 결과로 혹은 경제 변동 과정에서 침체 국면의 결과로 해석할 수 있다. 이 영역에서 역사 연구의 어려움은 사료들의 특정한 성격에 기인하는 것이 아니라 현상의 상대적 성격에 기인한다. 왜냐하면 빈곤화는 시공간적 차원에서 잘 정의된 상황과의 관련 속에서만 그 의미를 파악할 수 있기 때문이다. 한편으로 빈곤화 과정은 집단과 개인들이 더 이상 자신들의 사회적 지위에 걸맞게 살지 못하는 사회적·물질적 악화를 의미한다. 다른 한편 우리는 생존 자체가 위협받는 사람들, 즉 극단적 상황에 직면한 집단과 개인들을 볼 수 있다. 에릭 홉스봄(Eric Hobsbawm)은 빈곤화라는 용이를 외부의 도움이 없으면 최소한의 생존을 위한 필수품도 조달하지 못하는 사람들의 범주에 적용한다. 우리의 홍미를 끄는 것은 바로 빈곤의 이런 측면이다. 어떤 경우에 빈곤화는 많은 사람들에게 영향을 미치지만 지속적인 사회학적 결과를 갖지 않는, 즉 특정 집단의 치명적인 하락을 야기하지 않는 현상으로 나타난다. 다른 경우에 빈곤화는 지속적으로 어떤 특별한 집단의 생활수준과 생활 방식을 결정한다. 농업시대에 농촌과 도시의 삶은 다양한 방식으로 이 두 유형의 상황을 반영하고 있다.

중세에는 농업의 수확률이 저조했기 때문에 농민들은 항상 굶주림의 공포속에서 살았다. 한편 이와 같은 비관적인 이미지를 수정하기 위한 노력들이 중세 초기의 농민적 삶에 대한 '검은 전설'(légende noire)을 물리치는 데 성공하기도 했다. 그러나 이런 노력은 위기의 시기들을 고려하지 않은 것이다. 소규모의 농장들은 수확이 나쁠 경우, 특히 이런 상황이 몇 년 지속될 때, 생존을 위한 충분한 양의 비축 양식을 갖추고 있지 못했다. 예를 들어 메로빙거왕조 시대와 비교해 카롤링거 왕조 시대가 농업 분야에서 이룩한 얼마간의 진보에도 불구하고 기근과 생존의 문제는 농민 대다수를 계속해서 괴롭혔다. 새로운 천 년이 시작된 이후 몇 세기 동안 인구 증가는 기술의 발전 속도를 앞서 나갔다. 봉건적 경작 체제와 낮은 농업 생산력은 빈곤을 농촌 삶에서 만성적인 것으로 만들었다.

그러나 농촌에서는 적어도 12세기 중반까지 '프롤레타리아화'했다고 말할수 있는 사람들의 범주는 나타나지 않았다. 조르주 뒤비(Georges Duby)가 지적했듯이, 이 시대의 사료들은 농촌을 "법(droit)이나 재산(fortune)에 의해 매우 위계화했지만 안정적이며 풍요로운 사회로 당시를 묘사하고 있다."[15] 이런 안정에 대한 감정은 특히 작황이 나쁜 시기에도 생존을 보장할 식량을 저장하고 있던 영주의 하인 계층 사이에 널리 퍼져 있었던 것으로 보인다. 농민들

---

15 G. Duby, "Les pauvres des campagnes dans l'Occident médiéval jusqu' au VIII siècle", *Revue d'histoire de l'Église de France*, LII, 1966, p. 25.

은 이러한 사회 보장의 감정을 덜 느꼈다. 그러나 농민들 간의 연대는 우리가 '정상적이라고' 여길 수 있는 시기 동안에는 매우 강력했기 때문에 몇몇 가구들의 극심한 빈곤을 막아주었다. 농민들은 법률적 지위나 소유하고 있는 재산(땅·노동력·가축)에서 보면 매우 분화되었지만 사회적 차원에서는 거의 그렇지 않았다. 당시에 사회를 덮쳤던 기근은 대부분 국지적인 것으로 전 지역에서 동시에 발생하지는 않았다. 분명히 기근의 정도는 심각했을 것이다. 중세의 연대기들이 언급하고 있는 끔찍한 이미지들—식인 풍습, 진열대 위에 널린 판매용 인육, 기아로 죽은 많은 사람들—은 다소 과장되어 있으나 이 재앙이 대규모였음을 말해주고 있다. 그러나 기근이 아무리 극적이라 해도 끝나기만 하면 상황은 이전으로 다시 돌아갔다.

농민들의 삶이 경제적으로 너무 어려운 경우 그들은 자발적으로 농노가 되었다. 농노가 되기 위해 기록해야 하는 공식적 문서에 그들은 극심한 빈곤을 그 이유로서 기입했다. 이 자발적 농노의 지위는 다양한 형태를 포괄하고 있었는데 8세기 중반에는 봉건 영주의 보호 아래 들어가는 것을 의미했다. 청원 내용은 다음과 같다. "내게 먹을 것과 입을 것이 없다는 것을 모든 사람이 알고 있기 때문에 당신이 자비를 베풀어 나를 받아들이고 나를 당신의 보호 아래 맡아주기를 청원합니다."[16] 그렇게 맺어진 계약 조건에 따라 보호를 요청했던 사람은 음식과 의복을 약속받는 대신 영주의 가족을 위해 일하고 영주를 섬기며 복종할 것을 약속했다. 일정한 관습에 따라 작성된 이런 계약의 상호 구속 원칙이 사회적 현실을 숨기고 있다는 것, 그리고 이런 결정이 언제나 자발적인 것은 아니었다는 점은 두말할 필요도 없다(계약서 조항 중의 하나는 청원자가 약속한 섬김과 복종이 그의 자유에 해를 가해서는 안 된다고 명기하고 있다). 11세기 앙주에서 한 농촌 가족은 자녀들을 부양할 수 없게 되자 소뮈르

---

16 M. G. A. H. Formulae, I, p. 258. Cf. M. Mollat, *Les Pauvres au Moyen Âge. Étude sociale*, Paris, 1978, p. 44.

(Saumur)의 생플로랑(Saint-Florent) 수도원에 두 명의 아이를 농노로 받아줄 것을 요청했다. 그러나 자유인의 신분에서 농노로의 변화가 농민의 물질적 상황을 개선하지 못했다는 것은 분명하다. 따라서 그 과정은 곧 역전되었다. 12세기와 13세기에 농촌의 수많은 가구와 더 나아가 마을 전체가 그들의 자유를 되사기 위해 노력하는 상황이 벌어졌다. 그러나 유일한 경제적 해결책으로서 자발적 농노화도 지속되었는데, 이것은 농민들이 계속해서 궁핍의 위협을 받으며 위태롭게 살고 있었음을 증명한다. 종종 빈민에 대한 교구의 도움과 농촌 공동체의 연대마저도 가장 어려운 사람들에게는 불충분했다. 그러나 농촌의 극심한 궁핍은 12세기 말까지는 매우 개별적인 사건들이었고, 농촌 생활에서는 주변적인 현상이었다. 물질적 상황이 너무 좋지 않아 생존 수단을 찾기 위해 마을을 떠나야만 하는 경우는 매우 드물었고 예외적이었다. 12세기 중반부터 화폐경제가 농촌에까지 스며들면서 농촌의 생활 구조는 급격하게 바뀌었는데, 그 변화의 정도는 서유럽 국가마다 차이가 있었다. 농민이 자유를 다시 샀다는 것은 화폐에 기초한 상업적 거래가 증가했음을 보여준다. 이 시기에 봉건 영주는 전통적인 봉건 지대보다는 자유 계약서(lettre de franchise)에서 나오는 돈에 더욱 관심이 있었다. 간혹 자유를 되사기 위해 과도한 액수를 지불해야 했으나 농민들이 쉽게 신용을 이용할 수 있었다는 사실에서 채권자들이 농민들의 수입을 안정적으로 생각하고 있음을 알 수 있다. 그러나 이런 변화로 인해 농민들 간 부의 격차는 심각하게 벌어졌다. 그리고 이런 계층화가 계속 진행됨에 따라 경제적으로 가장 어려운 상황에 처한 농민들은 농촌 프롤레타리아로 전락하고 말았다.

이 범주에 속하는 사람들은 13세기와 14세기에 더욱 증가했다. 그들의 삶은 생존을 위한 투쟁이었다. 대다수 농민들에게 생존 수단은 3~4헥타르의 토지, 농가 가축, 얼마 안 되는 비축 양식 등에 불과했다. 이런 경제적 어려움으로 인해 농민들은 미래 수확을 담보로 '단기' 신용 대출을 받았다. 북이탈리아 대부업자들이 프랑스 동부 농촌에 카사나에(Casanae)라는 신용기관을 세왔고 유태인 대부업자들도 활발하게 활동했는데 이는 경제적으로 가장 위태로운 상황에 놓여 있던 농민들 사이에 신용 체계가 어느 정도 침투했었는지를 잘 보여준다. 중간 농민 계층은 더 이상 자신의 땅을 경작하면서 살아갈 수 없어 '빈곤' 계층으로 전락하였다. 이러한 상황에서 농촌의 수공업은 남자들에게는 추가적 수입을 얻게 해주었고 여자들과 아동들에게는 일자리를 제공함으로써 부분적인 사태 해결의 역할을 했다. 13세기 문서에는 가축 사육으로 근근이 생존하는 '땅이 없는 사람들'과 가족의 해체로 돌보아줄 사람이 없어진 어린 아동들에 대한 내용이 점점 더 많아졌다. '정원사'(jardiniers)라고 불리는 사람들, 즉 땅이 없어 생존을 위해서는 자신의 노동력을 팔아야만 하는 사람들의 수도 끊임없이 늘어났다. 그들이 소유한 땅의 면적은 겨우 '정원' 하나를 만들 수 있을 정도로 작았는데 그 정도의 땅으로는 수확을 해봤자 생존에 필요한 최소한의 농작물도 생산하지 못했다. 남부 프랑스에서 '브라시에'(brassiers: 팔bras의 힘을 팔아 사는 사람들)라고 불리던 사람들도 생존을 위해서는 부유한 농민이나 영주의 장원에서 노동력을 팔 수밖에 없었다. 14세기 초부터 조세 대장은 '불쌍한 자', '빈민' 혹은 '거지'로 불리던 빈곤 농민의 수가 점점 증가하는 현상을 보여준다. 이 용어들은 조세를 부담할 능력이 없는 자들을 지칭하는 것이었는데 주로 농촌의 프롤레타리아·과부·고아와 같이 빈민의 범주에 속하는 특정 집단을 포함했다. 이런 변화는 농촌을 항시 '상대적 과잉인구'가 존재하는 장소로 만들었다. 그리고 그 사회적 결과는 매우 심각한 것이었다. 농촌 인구의 대부분이 자신의 노동력을 팔아 양식을 사야 했는데 과잉인구로 인해 일자리를 찾기가 어려웠으므로 농촌의 하루 품삯은 매우 낮은 수준으로 책정되었다. 반면 밀의 가격은 크게 올랐다. 다른 지역으로 이주하는 것은 인구 과잉의 문제를 해결하는 데 임시방편밖에 되지 못했다. 미개간지가 존재하는 나라나 지역은 식민화를 통해 과잉인구의 일부분을 흡수했다. 그러니 지원을 충분히 소유한 가속들만이 이렇게 이주할 수 있었다. 게다가 식민화의 가능성 자체가 일반적으로 매우 제한적이었다. 따라서 단기적인 이동은 농촌 프롤레타리아의 삶에서 만성적인 것이었다. 한편 이러한 이동은 계절노동의 기회보다는 주기적으로 발생하는 위기에 의해 그 흐름이 결정되었다. 즉 14세기 초에 지방 도시에서는 겨울이 되면 세 가족 중 한 가족이 일자리를 찾으러 집을 떠났다. 중세 말에 농촌 프롤레타리아의 삶은 생물학적 생존의 극한에서 유지되었다.

중세 시대의 농업에 관한 역사 연구들은 프롤레타리아화 과정이 대규모로 발생했을 뿐만 아니라 프롤레타리아의 처지에 놓일 농민들도 다수였음을 보여준다. 로베르 포시에(Robert Fossier)는 피카르디(Picardy)의 농촌에 관한 연구에서 13세기 말의 사회적 정황을 다음과 같이 제시했다.

  - 빈궁한 사람들과 걸인들이 인구의 13퍼센트,
  - 소규모 토지 소유주로서 경제적 상황이 매우 불안정해 수확이 적을 경우 생계에 위협을 느끼는 사람들이 33퍼센트,
  - 토지 수확에서는 좀 더 나은 상황에 있지만 가축을 소유하지 못한 농민들이 36퍼센트,
  - 부유한 농민들이 19퍼센트를 점하고 있다.

또한 이 연구는 농민들이 소유한 땅의 면적이 상대적인 중요성만을 가진다는 것을 보여준다. 사실 피카르디 지방은 토양이 좋아 2~3헥타르를 가진 소작 농민들도 독립적인 생활을 할 수 있었다. '부농' 중에서 단지 3퍼센트만이 3헥타르 이상의 땅을 소유했다. 피카르디 지방은 농민의 계층 분화를 생생히 보여준다. 농촌 프롤레타리아와 부농이라는 극단적인 두 집단 사이에 존재하던 수많은 농민들(3분의 2이상의 사람들)의 상황은 언제나 불안정했으며 경제 변동에 매우 취약했다. 바로 그들이 중세 후기의 빈민화 과정에서 가장 심한 타격을 입었다. 유럽의 다른 지역들도 농촌 사회구조에서 이와 비슷한 모습을 보였다. 영국 농민에 대한 통계에 따르면 1280년 무렵 3헥타르 이하의 소작농

들, 즉 자신의 생존을 책임지지 못하는 가구가 46퍼센트였다. 캉브레지(Cambrésis)에서는 14세기 초에 농민의 13퍼센트가 빈궁하게 살았고, 33퍼센트는 매우 작은 규모의 토지를 소유하고 있었다. 플랑드르(Flandre) 지방을 보면 바다와 가까운 지역에서 1,072명의 농민-토지 소유주가 1328년 봉기에 참여했다가 카셀 전투에서 사망했는데 그중 1퍼센트를 약간 넘는 사람들만이 부농이었던 데 반해 23퍼센트의 농민은 2.2~4.4헥타르를 소유했고, 59퍼센트가 2.2헥타르 이하의 토지를 소유했다.

농가 토지 소유의 규모 그 자체는 한 가구의 물질적 상황을 측정하는 데 충분한 기준이 될 수 없다. 토지 수확을 계산해 특정 가구를 '걸인'이라고 규정한 조세 대장도 신중하게 다루어야 한다. 사실 이 문서들은 어느 것 하나 신뢰할 만한 수준은 아니다. 왜냐하면 다른 가능한 소득, 예를 들면 도시의 일용직 혹은 가내수공업에서 얻는 수입이 별도로 존재하였을 가능성이 있기 때문이다. 그러나 그것이 무엇이든 이러한 문서들은 농촌에서 토지를 소유하지 못한 사람들이 어느 정도인지와, 농업 관련 활동만으로는 생계를 유지할 수 없는 사람들이 있었음을 보여주고 있다. 문서들은 농민 전체에 영향을 끼치기 시작한 빈곤화 과정을 어렴풋하게나마 알게 해준다.

농촌의 빈곤 규모에 관한 통계는 다소 신뢰하기 어렵다. 우선 그것이 근거하고 있는 문서 자체가 언제나 믿을 수 있는 것이 아니었고 수량적 역사 연구 방법을 적용하기에도 적절하지 않다. 그러나 중세의 빈곤에 대해 추정하는 것이 불가능하다는 극단적 회의론에 빠질 필요는 없다. 통계는 대략적인 규모에 관한 정보를 제공해준다는 점에서 의미가 있다. 그러나 그로부터 이끌어낸 일반화가 구체적인 지역 특성과 일치하지 않는 경우가 자주 발생한다. 실제로 중세의 경제적 삶은 지역적 특성에 따라 매우 상이했다. 원거리 무역은 운송 수단의 부족으로 방해를 받았다. 경제적 조건은 한 지역 내에서도 매우 달랐다. 모든 지역에서 같은 속도로 변화가 발생하는 경우는 단지 기후의 변화가 있을 때였다. 그러나 그때에도 전체적인 영향은 매우 긴 순환의 끝이

되어서야 감지할 수 있었다. 경제적·사회적 구조의 차이로 인해 노동의 국제 분업이 발생했다. 그리고 노동의 분업화로 인해 특정 지방에 대한 불리한 상황, 즉 대규모의 빈곤을 발생시키는 상황이 다른 곳에서는 경제적 기회로 작용하기도 했다. 이런 이유로 14세기에 대부분의 서유럽 국가들이 경험했던 대규모의 위기를 중유럽과 동유럽 국가들은 크게 영향을 받지 않았다. 따라서 이 국가들은 당시의 경제적 상황에서 이득을 취할 수 있었다. 또한 농민들 사이의 물질적 분화 과정도 지역적 조건에 따라 차이가 있었다. 자연적 재앙은 필연적으로 농민 대중의 빈궁만을 야기하지는 않았지만, 종종 부의 격차를 더욱 벌렸다. 제니코(L. Génicot)는 1289년의 나뮈르(Namur) 공작령의 세 마을에서 농민들의 경제 상황을 연구하면서 그들의 소작 규모에 관한 통계를 작성했다. 첫 번째 마을에서는 보유 토지가 거의 없어 경작으로는 먹고살 수 없는 사람들이 38퍼센트였고, 두 번째 마을에서는 54퍼센트, 세 번째 마을에서는 73퍼센트였다. 단지 한 지역에서 찾아낸 것이었는데도 매우 큰 차이가 있음을 알 수 있다. 빈민이 가장 많이 살고 있는 세 번째 마을은 4분의 1 이하의 농민들만이 농지에서 나오는 수익으로 겨우 생존을 유지할 수 있었고, 그 외에는 다른 수입을 찾아야만 했다. 그러나 이 마을에서는 일자리조차 구하기 어려웠다. 왜냐하면 영주 토지는 없었고 부유한 농민의 수도 극도로 적었기 때문이다. 다른 두 마을에서는 부유한 농민들이 각각 20퍼센트 이상, 26퍼센트 이상이었는데, 이 마을에서는 겨우 6.5퍼센트가 부유한 농민이었다. 이것은 빈곤화의 수준이 언제나 양극화의 결과는 아니라는 것을 보여준다.

이런 몇몇 예에서 농촌의 사회적 변화에 대한 일반적 경향을 끌어낼 수는 없다. 이 사례들은 단지 농촌의 특정한 상황을 보여주는 전형적인 사례들일 뿐이다. 점점 더 많은 농민들은 농지 경작만으로는 먹고살 수가 없어 프롤레타리아가 되거나 혹은 농지를 계속 경작하더라도 생계의 불안정함 때문에 언제 프롤레타리아의 대열에 합류해야 할지 모르는 위험에 처해 있었다. 이런 상황은 간헐적으로 발생했으나 중세 후기 유럽에서는 거의 모든 곳에서 나타났다.

중세 농촌의 빈곤은 점차 두 가지 형태로 나타났다. 첫 번째는, 사회적 국면의 변동과 자연 재해 그리고 무거운 봉납과 봉건 영주에 대한 농민들의 부역에도 불구하고 엄밀한 의미에서의 빈곤화 현상이 발생하지 않는 경우이다. 일시적이든 지속적이든 빈곤은 농촌공동체 전체에 영향을 끼쳤다. 즉 결핍은 모든 사람의 운명이었다. 몇몇 가구가 갑자기 빈곤해져서 이전의 삶의 방식을 버리고 다른 활동으로 생계를 유지해야 하는 경우도 발생했다. 그러나 이 경우에는 공동체가 이들을 구제하기 위해 개입했다. 즉 다양한 상부상조 제도 덕분에 불구자와 노약자, 생계 수단이 없는 사람들이 마을에 남을 수 있었으며 유랑민이 될 운명도 피할 수 있었다.

두 번째 형태는 화폐와 교환경제의 확장에 의해 발생했는데 이로 인해 농촌 인구는 물질적인 면에서 매우 심각한 분화를 겪었다. 경작 활동을 통해서 생계를 유지할 수 없게 된 사람들의 수는 인구의 큰 비중을 차지했다. 농촌 구조에서 중간 계층에 속하는 소작 농민들의 수는 언제나 가장 많았는데, 이들은 경제 상황의 악화에도 가장 취약해서 지속적으로 농촌 프롤레타리아로 전락했다. 13세기부터 농민들의 상부상조 조직은 가장 부유한 집단들이 지배했고, 그로 인해 조직의 활동은 사회적 양극화의 과정을 막지 못했다. 따라서 빈곤으로 인해 농민들은 대거 프롤레타리아 대열에 합류해야만 했다. 프롤레타리아의 삶이란 미래에 대한 두려움, 임금 노동이나 가내 수공업을 통해 항상 먹을 것을 구해야만 겨우 생존할 수 있는 삶을 의미했다.

이런 범주의 사람들은 분명히 빈곤화 과정의 희생자였다. 왜냐하면 여기에 속한 사람들은 더 이상 정상적인 농민 계층의 삶을 유지할 수 없었기 때문이다. 그러나 이 사람들과 중세 자선 기관의 수혜자들을 혼동해서는 안 된다. 이미 말했던 것처럼, 농촌 프롤레타리아는 대규모 보시의 혜택을 받았다. 이 중 어떤 이들은 걸인이나 유랑사가 되기도 했지만, 대부분의 경우 그들은 자신들의 마을에서 일을 하며 살아갔다. 중세 자선 기관, 특히 12세기 종교적 각성에 의해 널리 퍼졌던 자선 기관의 관심 대상이었던 것은 이러한 빈민들이 아니었다. 그들의 빈곤은 그들의 사회적 조건과 모순되지 않았으며, 따라서 수치스러운 것이 아니었다. 그들은 자발적 빈민이 아니었고 병이나 불구와 같은 이유로 "도움을 요청할 정당한 권리를 가진" 사람도 아니었다. 게다가 그들의 삶을 전체적으로 어둡게만 보는 것도 잘못이다. 일시적 노동이 때로는 인간다운 삶을 살게 해주었기 때문이다. 농촌에서는 임금노동이든 가내수공업이든 일에 대한 보수가 매우 낮았지만 마찬가지로 생활비 또한 그만큼 낮았다. 그들 중에는 극심한 빈곤 상태보다 다소 나은 삶을 사는 사람들도 존재했다. 그러나 그들은 직업을 구할 가능성이 매우 제한되었고 일이 주로 계절적이거나 일시적인 것이었기 때문에 언제나 불안과 두려움을 느끼며 살고 있었다.

이 두 번째 형태의 빈곤은 농촌 사회의 구조 내에 남아 있던 사회체제가 점차 해체되고 있음을 반영한다. 농촌 프롤레타리아가 마을 전체의 삶, 즉 가족·이웃·공동체 그리고 마을 교구의 삶에 통합되어 있는 동안에는 그들은 농촌의 조직화된 틀 내에 계속 머물러 있었다.

농촌 사회의 빈곤화 과정은 긴밀하게 화폐와 상업경제의 확장과 관련이 있었다. 이 두 요인은 중세 빈곤의 다른 측면인 도시의 빈곤에서 중요한 역할을 했다.

첫 번째 지적할 것은 도시의 빈곤에서 문제인 것은 농촌 빈민들이 도시로 이동하는 것, 즉 동일한 현상이 도시라는 다른 사회적·지형적 맥락에서 되풀이했던 것이 아니라는 점이다. 전통적 농업 구조가 유지되는 동안 농촌의 빈민들은 그들이 사는 곳을 떠나지 않았다. 사실 프롤레타리아화한 농민들은 그들의 생활공간에서 뿌리가 뽑혔다고 느껴도 물질적 상황의 개선을 위해 생소한 곳으로 떠나기보다는 마을에 머물러 있기를 원했다. 그것은 그들에게 안정감을 주었다. 게다가 이동은 물질적인 능력이 있을 때에만 성공적이었다. 그렇지 않으면 이동을 하더라도 곧 사회적 주변인으로 밀려나고 말았다.

14세기와 15세기에 피렌체의 주변 농촌 지역에서 볼 수 있는 대규모의 이동은 이미 농촌의 전통적 사회구조가 해체되었음을 말해준다. 또한 당시 가장 부유한 이민자들은 도시를 향해 떠났지만 가장 빈곤한 사람들은 그 지역의 다른 마을에 정착할 뿐이었다. 중세 도시의 발전 과정에서 프롤레타리아의 역할은 거의 중요하지 않았다. 앙리 피렌(Henri Pirenne)은 '절망한 사람들' (desperados), 유랑민들과 '거지들'(gueux)이 도시로 몰려온 덕택에(대표적인 예는 유랑민에서 부르주아가 된 밀라노의 파노수스pannosus이다) 유럽 도시들이 부흥했다고 주장했으나 이것은 확실치 않다. 도시는 농촌 빈곤의 탈출구가 아니었다. 도시는 어느 정도 물질적 자원을 보유하고 있고 사회적 위세를 누리던 사람들의 생활수준 개선, 부의 증대, 사회적 지위의 고양을 보장해주는 곳이었다. 이탈리아 북부와 중부 도시들로 이주한 농민에 대한 연구는 도시들이 부유한 사람들에게 더욱 열려 있었다는 것을 증명하고 있다. 도시 발전의 처음 단계에서 제일 중요한 것은 바로 원래 살던 곳에서 뿌리가 뽑힌 개인들이 대규모로 유입해 들어오는 것이다. 그들 중에는 가난한 귀족들도 있었겠지만 도망친 농노들도 있었다. 발전하는 도시는 이전 사회에서 주변인으로 살던 사람들에게 분명히 성공과 사회적 안정의 기회를 제공하는 장소였다. 그러나 도시는 주로 가장 활발한 사람들만, 즉 정체된 농촌 사회에서 벗어나고 싶은 사람들만 끌어당겼다. 카를로 치폴라(Carlo Cipolla)는 중세의 도시와 19세기 유럽인들의 아메리카 이민을 비교하면서 이주자들의 집단적 희망이 비슷하다는 점을 지적했다. 만약 비교 연구를 더욱 발전시켰다면 두 경우 모두 가장 활동적이나 물질적 자원이 없는 사람들이 이주자들이었으며, 단지 빈궁하고 모든 것을 잃어버린 사람들은 이주자가 아니었다는 사실을 발견할 것이다. 도시 발전의 이후 단계에서 이런 추세가 강화되면서 농촌 인구의 도시 이주는 농촌의 부가 도시로 이동하는 것을 의미했다. "도시의 공기가 자유롭게 한다"라는 독일 속담은 중세도시가 제공했던 매력을 잘 표현하고 있다. 비록 인신적 예속은 경제적 · 집단적 구속의 망으로 대체되었지만 도시는 노예 상황과 인신적 복종에서 해방되는 기회를 제공했다.

도시는 농촌의 빈곤과는 다른 새로운 유형의 빈곤을 낳았다. 도시의 빈곤은 도시라는 특정한 사회경제적 구조와 도시만의 특수한 환경에 의해 결정되었다. 중세 유럽 도시의 특징을 자세히 연구하는 것이 우리의 목적은 아니다. 그러나 그 특징을 매우 간단히 살펴보면 도시에는 부와 빈곤 간의 매우 다양한 관계가 존재하고 있음을 알 수 있다. 그리고 도시의 인구 규모와 직업 구조에서 생산적 분야가 차지하는 위치가 그 관계를 결정했다. 작은 도시는 대부분 농촌에서 유래한 사회구조를 계속 유지했다. 농업 활동은 이곳에서 무시할 수 없는 요소였다. 도시의 성내에서 혹은 성 근처에서 거주자들은 토지를 경작하고 가축을 키웠으며 이를 통해 생계의 일부를 해결했다. 이런 작은 도시들에서는 촌락의 연대와 비슷한 사회적 연대가 존재했으며 전통적 관습과 생활 방식이 유지되었다. 농업 활동과 촌락적 생활 방식은 대도시를 포함한 모든 도시들에서 중세 전 시기에 걸쳐 존재했다. 물론 그것의 영향력은 모든 곳에서 동일하지 않았으며 시간의 흐름에 따라 변했다. 5만 명을 넘는 거대 도시는 많지 않았다. 거대 도시로는 매우 도시화된 이탈리아에서 피렌체·베네치아·제노바와 밀라노를 들 수 있고 알프스 북쪽에서는 중세 유럽에서 가장 큰 도시였던 파리, 그리고 플랑드르 지방에서는 헨트(Gent)와 브뤼헤(Brugge)를 들 수 있다. 또한 아랍 세계에서는 콘스탄티노플과 이베리아 반도의 몇몇 대도시를 들 수 있다. 이 대도시들에서는 도시적 생활 방식이 자연 발생적으로 생겨났다. 그리고 도시적 생활 방식은 계속 진화해 현재까지 이어져 오고 있다. 인간관계의 익명성, 역할의 분배에 기초한 경제적 상호 의존 체제, 인간관계에서 단체가 갖는 중요성(미국의 사회학자들은 이를 2차 집단 관계라고 불렀다), 또한 심각한 사회적 해체(déorganisation)를 도시 생활의 주요 특징으로 들 수 있다. 분명히 몇몇 거대 도시들에 관한 결론을 일반화할 수는 없을 것이다. 그러나 대도시에서 볼 수 있었던 이런 현상들은 이후 어느 정도 발전을 이룬 중세 유럽의 모든 도시들에서 나타났다. 역사가들이 채택한 통계적 기준에 의하면, 2,000명이 넘어야 '중간 도시'라고 할 수 있는데(이 분야에서의 통계적 기준이 자의적이기는 하지만), 도시의 인구가 이 정도 혹은 5,000~6,000명 정도 되면 사회생활에서의 전통적인 메커니즘은 붕괴한다고 말할 수 있다. 인간과 인간의 직접적 접촉과 공동체 구성원 간의 개인적 관계는 사라진다. 계층 간의 차이와 위계는 더욱더 노동관계를 규정짓기 시작하고, 직업적 차원에서 동업조합의 연대는 약화된다. 공동체 전체 수준에서는 연대감과 책임감이 매우 약해져 도시를 위협하는 외부적 위험이 있는 경우에만 나타난다. 도시의 사회생활을 지배하는 새로운 연대 형태—종교 형제회나 직업적 조직—는 일종의 집단 형태를 띠는데, 이것은 도시 공동체를 통합하기도 하지만 동시에 해체하기도 한다. 그들의 정책은 자신들의 이해를 보호하기 위해 새로운 회원 가입을 방해하고, 물질적이거나 법적인 장벽을 세운다는 점에서 수동적이다. 장인과 상인의 동업조합은 회원들 사이의 경쟁에 제동을 걸고자 노력한다. 그럼에도 불구하고 도시의 생활은 경쟁심에 의해 지배된다. 농촌 사회를 변화시켰던 화폐와 시장의 발전은 도시에 더욱 강도 높고 극적인 방식으로 영향을 미친다.

　도시의 경제활동과 직업 구조가 언제나 도시 크기나 인구 규모와 상관이 있는 것은 아니었다. 소규모 도시들에서는 장인과 상인들이 인근 지역 시장을 대상으로 물품을 제공했는데 이곳에서는 물질적·사회적 격차가 뚜렷하지 않았다. 그곳에서의 사회적 관계는 대부분 소규모 생산 원칙이 결정했다. 일반적으로 장인들은 가족 구성원을 중심으로 생산 활동을 했고 임시 견습공과 미숙련 노동자들이 있는 경우 그들은 가족과 같은 대우를 받았다. 전(前) 산업적 사회 조직에 관한 연구들은 이러한 가족 고용인의 수가 특별히 많다고 보고하고 있다. 영국에 대한 조사는 16~18세기 동안 그 비율이 13퍼센트를 넘었다는 것을 밝혀냈다. 런던에서는 17세기 말에 이 비율이 20퍼센트를 넘었다. 이 인구 범주는 도시 수공업의 생산 구조에서 매우 다양한 역할과 기능을 수행했다. 이렇게 지역 시장을 대상으로 생산할 때에는 장인의 가족적 틀 내에서 개인적 의존관계가 유지되었다. 대신에 원거리 시장을 지향하는 생산의 경우에는 물품을 대량생산해야 하고 고도의 솜씨와 복잡한 제조 기술이 필요하기 때문에 장인들은 임금노동자를 고용하기 시작했다. 임금노동자들은 직인과 도제뿐 아니라 경제적 독립을 포기한 장인들로 구성되었다. 원재료 비용, 시장의 불안정성, 특별한 숙련과 광범위한 분업을 요구하는 더욱더 복잡해진 기술로 인해 장인들 스스로도 생산 체제를 조직했던 기업가-상인을 위해 일하기 시작했다. 어떤 분야에서는 기술적 특수성 때문에 임금노동자 고용이 유일한 고용 형태였다. 예를 들면 건축과 광산업이 그러했다. 다른 분야에서 임금노동자 고용은 경제적·사회적 변화의 결과였다. 생산 구조에서 그들의 역할은 중세도시가 발전할수록 계속해서 증가했고 조금씩 사회 균형의 기초를 무너뜨렸다.

초기 중세도시를 발전시키는 데 중요한 역할을 했던 이러한 사회 요인들에 더하여, 사회의 양극화를 약화시키고 소생산자들을 보호하기 위한 제도적 메커니즘도 점차 형성되었다. 중세도시 구조에 관한 연구들은 프랑크푸르트 암 마인(Frankfurt am Main)과 이프르, 즉 당시 전형적이면서도 서로 매우 달랐던 두 중심 도시의 특징을 밝히고 있다. 독일에서 가장 큰 도시 중의 하나인 프랑크푸르트는 어떤 특화된 산업의 중심지는 아니었지만 국제 무역에서 중요한 역할을 하고 있었다. 이 도시의 장인들은 지역 시장을 위해서 생산했는데 거의 모든 산업 분야를 포괄하고 있었다. 이프르는 주민 수가 프랑크푸르트보다 적었고 프랑크푸르트만큼 유명한 상업 중심지도 아니었지만 플랑드르의 주 산업인 직물업으로 명성을 얻었다. 15세기 이프르의 사회경제적 구조는 전형적인 산업 중심지의 특징을 띠고 있었다. 그곳의 임금노동자는 프랑크푸르트보다 더 많았지만, 장인과 소생산업자의 비율은 눈에 띌 정도로 낮았다. 이프르에만 이런 특징이 있던 것은 아니었다. 플랑드르 지방이나 북이탈리아의 도시와 같이 산업의 발전 속도가 빨랐던 중세 유럽 지역에서는 소도시에서도 비슷한 구조들이 자주 나타났다. 예를 들어 디낭(Dinant)은

6,000명 정도밖에 살지 않았으나 전문화된 산업 생산지—금속 도구와 유기 (鍮器) 생산—로 유명했다. 그러나 이 시기 대부분의 유럽 도시들은 프랑크 푸르트의 구조를 따랐다. 즉 상대적으로 임금노동자는 적었고 사회조직은 직접 생산자에게 독립적인 직업 활동을 보장했다.

시 기구와 동업조합은 직업 관계를 규율하는 정책을 고안하고 경제 외적 조치들을 통해 노동력을 지배하는 시장 메커니즘의 활동을 제한했다. 그러나 중세 말에 두 가지 변화가 발생하여 이런 정책이 효과를 발휘하는 데 장애가 되었다. 첫 번째 변화는 전문화된 산업과 노동 분업의 발전으로, 그 결과 상업 자본의 역할이 중요해졌으며, 기업가-상인에 대한 직접 생산자들의 의존성 도 증가했다. 두 번째 변화는 미숙련 노동자들의 전례 없는 증가였다. 이 두 가지 변화가 프롤레타리아화로 가는 길을 열었는데 여러 지점에서 서로 접근했다. 소생산자가 조직적인 생산 체계에 들어가는 순간부터 그는 독립성을 상실했으며 제조 과정의 한 단계만을 담당하게 되었다. 그 결과 그의 직업 기술은 더 이상 중요하지 않게 되었고 그가 자신의 생산수단 혹은 장비가 갖추어진 작업장의 소유주라는 사실도 중요성을 상실했다. 점점 소생산자들의 상황은 프롤레타리아와 비슷해지기 시작했다. 그들이 팔 수 있는 것은 단지 일할 수 있는 육체적 능력뿐이었다.

미숙련 노동자들은 중세사회에서 특히 불리한 상황에 처해 있었다. 결코 어떤 동업조합도 그들의 이익을 보호해주지 않았다. 노동이 사회적으로 높이 평가되지 않았고 그들이 어느 조직에도 소속되지 않았기 때문에 그들에게는 방어 수단이 없었다. 그들은 경멸당했고 사회의 주변으로 밀려났다. 이 집단 은 매우 다양한 사람들과 다양한 직업을 포괄했다. 이 범주의 노동자들 중에 서도 가장 고통 받았던 사람은 여성 노동자들이었다. 중세 도시에는 여성 직업의 동업조합이 거의 없었다. 장인이었던 남편이 죽은 후 '남성' 동업조합의 구성원이 된 여성은 다른 차원의 일이다. 여성들은 대부분 부수적인 작업이나 가사 노동에 고용되었다. 여성들의 상황은 역사적 문서에 따르면 프롤레타리아의 처지와 비슷했다. 『이뱅, 사자를 이끄는 기사』(*Yvain ou le Chevalier au Lion*)*에 나오는 견직물 노동자들의 노래는 이에 대해 놀랄 만큼 날카로운 증언을 하고 있다.

> 언제나 비단 천을 짜네
> 우리는 결코 그것을 입지 못할 운명이네
> 언제나 빈곤하며 발가벗었네
> 그리고 언제나 배고프며 목마르네[17]

시의 뒷부분에서 그녀들은 계속해서 배고픔을 한탄하고 있다. 그녀들은 거의 빵을 구하지 못했으며 만일 구할 수 있었더라도 그 양은 겨우 입에 풀칠할 정도였다. 아침에도 적은 양밖에 구할 수 없었지만 저녁에는 그보다 더 적었다. 13세기 말 플랑드르 지방의 기업가였던 장 부아느브로크(Jehan Boinebroke)는 여성 노동자들을 매우 폭력적으로 대했으며 자주 속이고 임금도 지불하지 않았다. 이탈리아와 프랑스에서는 대출이나 조기 지불, 또는 임금 선물을 통하여 여성 방적공(filandrières)이 경제적으로 종속되는 일이 자주 발생했다. 여성들에 대한 보수는 정기적으로 지급되었지만 매우 적었고,

---

* 프랑스의 궁정 소설과 기사도 소설의 정점을 이룬다고 평가받는 크레티앵 드 트루아(Chrétien de Troyes, c. 1135~c. 1190)의 작품이다. 이 작품은 크레티앵의 작품 중 가장 완벽한 구성미를 갖춘 것으로 평가받고 있다. 줄거리를 간략히 살펴보면, 주인공 이뱅은 자신의 용기를 시험해보기 위해 사촌 칼로그르낭의 행적을 따라 여행을 떠난다. 이뱅은 칼로그르낭을 이겼던 호수의 기사 에스클라도를 물리치고 그의 부인이자 호수의 여왕인 로딘과 결혼한다. 그러나 거웨인은 그에게 기사의 모험을 상기시키고 로딘은 1년 안에 돌아온다는 조건으로 여행을 허락한다. 그러나 이뱅은 기사의 무용에 빠져 이를 잊어버린다. 그가 돌아왔을 때 로딘은 그를 내쫓는다. 이뱅은 슬픔에 빠졌지만 다시 사랑을 찾기로 결심한다. 그가 뱀으로부터 구해준 사자는 충성스러운 동료이자 기사의 덕을 상징한다. 사자는 그의 이타적인 모험을 돕는다. 마침내 로딘은 그와 사자를 받아들인다.

17 Chrestien De Troyes, *Yvain ou le Chevalier au Lion*, Foerster, éd., Halle, 1891, v. 5300 sq.

아동에게 주는 임금 수준으로 책정되었다.

미숙련 남성 노동자들은 임시적인 일을 하거나 수공업이나 상업 분야에서 일자리를 찾았다. 하역 인부 동업조합이 일자리를 독점하기 위해 이들을 견제했지만 이 분야에서(물품의 적재나 운송과 같은) 임시적인 일은 부족하지 않았다. 또한 도시에서도 농업과 관련된 일을 찾을 수 있었는데 특히 경작과 수확의 시기에 그러했다. 비정기적인 일에는 도시 청소와 보수 관리도 포함된다. 미숙련 노동자들이 가장 손쉽게 일거리를 찾을 수 있는 곳은 바로 건설 공사장과 단순 수공업장에서였다. 이 모든 일은 공통적으로 일시적이라는 특징이 있다. 그리고 여기에는 노동자들의 권익을 지켜주는 공식적 조직이 없었기 때문에 그들의 임금은 매우 낮은 수준에 머물렀다.

따라서 그들의 사회적 지위는 매우 낮았다. 게다가 여성들이 임금노동을 해야 할 처지에 처했다는 사실은 수입 규모에 상관없이 그들의 사회적 지위를 하락시켰다. 시청 법률 문서와 문학작품에서는 여성 노동자를 창녀에 비유했다. 상투적인 비유였지만 때로는 심각한 영향을 끼쳤다. 동업조합과 형제회 활동이 근본적인 원칙이 되는 사회에서 미숙련 노동자들을 모든 직능 단체에서 소외시켰다는 것은 그들을 사회에서 소외시켰다는 것을 의미한다. 뿐만 아니라 미숙련 노동자들을 잠재적 경쟁자로 여기던 장인들은 동업조합이 없다는 이유로 그들을 혐오의 대상, 심지어 적대의 대상으로 만들었다. 사회 주변인으로서 공동체의 삶에 참여하지 못한다는 것은 교육이나 직업적 자질이 부족하다는 것 이상으로 그들이 도시 사회에 통합되는 것을 가로막았다. 하인으로 고용되는 것(미숙련 노동자들이 택할 수 있는 대안적 해결책)은 특별한 기술을 요구하지 않았다. 그들의 삶은 종속적이었을지는 몰라도 안정적이었으며 사회적으로 인정을 받았다.

임금노동자가 된 장인(salariés artisanaux)의 상황은 완전히 달랐다. 이들은 끊임없이 증가했는데 특히 산업이 빠르게 발전하고 생산 활동이 전문화한 곳에서 더욱 그러했다. 도제들은 숙련 장인이 될 가능성을 점점 상실했고 마침내 부차적인 작업만을 하는 노동자에 머물렀다. 한편 장인들은 점점 더 기업가-상인에게 종속되었다. 그러나 단순한 육체노동자와는 달리 장인 노동자들은 조직화된 사회구조에 잘 통합되었다. 그들은 직능 조합에 가입해 법적으로 보장된 지위를 누렸으며, 조합을 통해 집단적으로 그들의 권리를 요구할 수 있었다. 그러나 이런 가능성은 간혹 제한되기도 했다. 특히 금융가-상인들과 그들을 위해 일하는 장인들이 함께 가입한 동업조합에서 그러했다. 기업가들에게 완전히 종속된 장인들, 즉 단순한 임금노동자로 전락한 사람들을 규합한 동업조합도 있었다. 직업 연대 조직 중에서 매우 동질적인 집단은 직인 형제회였다. 그러나 이 모든 경우에 장인 임금노동자가 도시의 사회구조와 조직적인 삶에 잘 통합되었다는 것은 의심의 여지가 없다. 이들에게는 지위 하락과 심각한 빈곤이 빈곤화의 유일한 원인이었다.

도시에서도 여분의 수입을 얻기 위한 농업 활동이 있었지만 장인 임금노동자들은 대부분 양식을 구입해야만 했다. 엘리트 부르주아만이 주택 가까운 곳에 채소밭을 두거나 성 밖에 소규모의 농지를 소유할 수 있었다. 경제 상황의 악화와 흉작, 높은 물가는 도시 빈민에게 즉각적인 영향을 미쳤다. 1475년에 베로나(Verona) 주변의 농민들이 무거운 세금 부담을 불평했을 때 그들은 다음과 같은 답변을 들었다. 농촌에서는 가장 빈곤한 사람이더라도 양식을 구입해야 할 필요가 없지만, 모든 양식을 구입해야만 하는 도시 빈민에게 강제로 세금을 부과하면 도시는 곧 텅 비어버릴 것이다. 대부분의 도시에서 노동자들의 임금은 매우 낮았고 대부분 식량 구입에 사용되었다. 동시에 임금은 일정한 수준으로 고정되어 있어서 식량 가격의 상승을 따라잡지 못했다. 도시 장인들의 경제 사정도 소농이나 무토지 농민과 마찬가지로 매우 불안정했다.

플랑드르와 토스카나(Toscana) 지방의 임금노동자 가구의 수입에 대한 연구에 따르면(이에 대해서는 다음 장에서 더욱 상세히 다룰 것이지만) 자본주의 태동기에 중세도시에 살았던 사람들은 대부분 경제적 불안정 상태에 처해 있었다.

동업조합이든 시 당국의 기구이든 전통적인 중세 기관들은 무엇보다 노동시장을 통제하고 외부 인구의 유입을 제한함으로써 경제적 재앙을 막고자 했는데, 이는 상당히 성공적이었다. 그러나 인구 증가 압력, 새로 유입되는 인구로 인한 도시 변두리의 확장, 가내수공업에 종사하거나 동업조합에 가입하지 않았던 장인들의 활동은 이런 정책의 효과를 매우 약화시켰다.

농촌이나 도시의 빈곤 대중들에 대해 사회적·문화적 지도층들은 매우 무관심했다. 빈곤은 그들 삶의 일상적인 부분이었다. 물론 빈곤 가구들을 도와주었던 자선기관도 있었다. 예를 들어 피렌체에서는 남편이 일을 하더라도 여성들이 보시를 받았다. 도미니쿠스 수도회의 설교는 가끔 신도들에게 노동 대중의 빈곤에 동정심을 가지라고 주문했다. 그러나 사람들은 일반적으로 빈민들에 대한 부조는 그들이 극도로 빈곤해져서 사회적 의무, 즉 노동을 하는 것이 완전히 불가능할 때에만 정당화된다고 생각했다. 분명히 도시와 농촌 어느 곳에서도 빈곤 그 자체가 동정을 유발하지는 않았다. 문제는 빈곤이 순수하게 하나의 오명으로 간주되었는가, 그리고 경멸을 유발하였는가에 있었다.

이 질문에 대한 답은 다양한 사회 집단들 간의 실제 관계보다는 문학적 이미지와 종교적 글에서 더욱 쉽게 찾을 수 있다. 물론 문학이든 현실이든 유일하고 완전한 답을 제공해주지는 않는다. 그럼에도 도시에서 빈곤이라는 오명은 분명히 구별되는 두 가지 경향을 낳는 것으로 보인다. 첫 번째는 빈민을 완전한 자격을 갖춘 시민으로 보기를 거부하고 직업적 형제회나 동업조합에서 쫓아내는 것이고, 두 번째는 도시 내에 빈민 거주 지역을 따로 두는 것이다.

빈곤에 빠진 장인은 이런 방식으로 배제당하지 않았다. 더 이상 일할 수 없었던 사람들은 동업조합이 제공하는 특권을 누리지는 못할지라도 여전히 동업조합의 구성원으로 남았고 법률적 지위를 유지했다. 반면에 이런 직업 조직에 가입하지 못했던 사람들의 사정은 완전히 달랐다. 바젤의 1429년 조세대장은 동업조합의 구성원들 중 경제적으로 가난한 사람들, 혹은 완전히 빈민이 된 사람들에 대해 기록하고 있다. 이 대장은 동시에 다른 집단, 즉 484명의 '동업조합에 속하지 않은 사람들'을 따로 기록하고 있다. 이들은 대부분 여성이었다. 가장 적은 세금(0~10플로린 사이)을 내는 하위 집단은 보통의 동업조합에서는 일반적으로 20퍼센트에 머물렀다(예외로 한 직능단체는 36퍼센트였다). 그러나 '동업조합에 속하지 않은 사람들'은 위와 같은 하위 집단이 전체의 60퍼센트에 이르렀다. '동업조합에 속하지 않은 사람들'은 경제적 빈궁만을 겪었던 것이 아니라 대부분 도시 공동체에 참여할 수 있는 권리를 제한당하는 등, 사회적·법률적 관점에서도 차별을 받았다. 미숙련 일용직 노동자나 잡역부도 마찬가지였다. 그들도 사회의 조직적 구조 바깥에서 살았는데 고용은 불안정했고 수입은 항상 불규칙했다. '동업조합에 속하지 않은' 이런 노동자들은 완전한 시민의 권리를 누리지 못했다. 그들은 착취당했으며 반감과 무시의 대상이었다. 왜냐하면 그들의 존재는 직능단체, 즉 도시 공동체의 근본 작동 원리를 위협했기 때문이다. 그들 중에는 도시 문명을 전혀 경험하지 못했고 도시의 생활 방식을 몰랐던 농민들이 존재했는데 이러한 '시골 촌놈들'에 대해 부르주아들은 악의와 경멸의 태도를 보였다.

빈곤이 사회적 지위를 하락시키는 것은 도시의 공간 구조에서도 나타난다. 도시에서 특정 가구들의 분포는 우선 그들의 직업적 유형에 의해 결정되었다. 실제로 직업이 같은 사람들은 언제나 한곳에 모이는 경향이 있었다. 때때로 생산 활동의 특성이 이를 결정하기도 했다. 예를 들어 물이 필요하거나 '더러움'을 야기하는 작업인 경우 시 당국이 작업 장소를 지정했다. 그러나 사회적 관점에서 볼 때 도시 지형에서 가장 특징적인 점은 부와 권위가 구심의 형태로 배치해 있었다는 것이다. 어떤 가구가 경제적·종교적 중심에서 가까운 곳에 살수록 그 가구의 사회적 지위는 높았다. 도시의 토지 가격은 이런 공간 구조의 상징적 기능과 비례했는데 이 현상은 당시 '체제'가 잘 유지되고 있었음을 의미한다. 중세 말 툴루즈와 파리의 사회적 지형학에 대한 연구들은 빈민들의 집단 밀집지가 도시 발전으로 인해 점점 도시 외곽으로 밀려나기도 하고 때로는 동심원적 지형에 교란을 가져오기도 했으나 매우 오랫동안 동일한 위치에 있었다는 것을 보여준다. 도시의 빈곤 지역 중 일부는 점차 창녀와 범죄자같이 사회에서 가장 '천한' 계층이 사는 구역과 뒤섞였다.

성벽도 빈곤 구역을 결정하는 데에 중요 요인이었다. 중세 말 도시의 팽창은 성 바깥에 '도시 변두리'(faubourgs)를 만들었다. '도시 변두리'의 사회조직에서 눈에 띄는 것은 상위 계층이 전혀 존재하지 않았다는 점이다. 일반적으로 도시 변두리 주민들의 삶은 분명히 성 내부 주민들의 삶보다 덜 화려했으며 그들의 시민적 권리도 제한받았다. 변두리의 빈민 거주지는 더욱 광범위했고, 유랑민, 집 없는 사람들, 최하층의 임금노동자들을 받아들였다. 1404년 이에나(Iéna)에서 도시민과 변두리 주민 간의 충돌이 발생했을 때, 시 위원회는 '변두리 주민'에게 맥주 양조권을 주지 않기로 결정했다. 시 위원회는 그 근거로 변두리 주민은 너무 가난해 필요한 조건을 충족시키지 못할 것이라고 했다. 그 조건이란 세금을 내거나 무기와 갑옷을 갖추는 것이었다. 그러나 도시 변두리가 도시 공동체의 경계선에서 발전했다고 해서 이곳을 사회의 주변인이 사는 장소로 생각해서는 안 될 것이다. 점점 그들은 스스로의 독자적인 사회구조를 만들어 도시와 경쟁하기 시작했다. 그럼에도 도시인들이 그 지역을 보는 부정적 인상을 바꾸지는 못했다. 즉 그 지역에 사는 사람들의 낮은 사회적 지위는 여전히 큰 오점이었다.

어떻게 사는가는 부와 위신의 위계구조에서 개인의 위치를 결정하는 중요한 요인이었다. 주택을 소유하는 것은 분명히 안정적인 삶을 살고 있으며 어느 정도 사회적 지위가 높다는 것을 상징했다. 그러나 그러지 못한 경우가 사회적으로 주변인의 위치에 있음을 의미하는 것은 아니었다. 중세 말의 도시에서는 주택 임대 제도가 널리 퍼져 있었다. 대부분의 경우 매우 빈곤한 가구나 때로는 중간 계층의 가구가 주택을 빌려 사용했다. 따라서 도시 빈곤의 지형학은 두 가지 차원에서 그려질 수 있었다. 빈민들은 수평적으로는 도시 내에서 특정 지역에 기주했으며, 수직적으로는 건물 숭에서 지하실과 다락방에 거주했다. 인구가 많은 도시에서는 다층 주택이 지어졌는데, 가난한 세입자의 사회적 조건에 맞추어 건축하는 경향이 강했다. 이미 15세기에 매우 작고 시설이 열악한 노동자용 거처가 등장했다. 각 층에 한 가구만 사는 고급 주택은 도시 변두리에서는 드물었다. 그곳에는 볼품없고 임시 막사의 분위기를 풍기는 건물이 지어졌다. 이런 건물은 14, 15세기에 파리 탕플 구역(quartier du Temple)에도 존재했다. 지하실에 사는 가구는 매우 많아 인구의 10퍼센트에 이르기도 했는데, 이에 대해서는 14세기와 15세기 독일 북부 도시의 구조에 대한 연구들이 잘 보여주고 있다. 중세 말의 몇몇 도시에서 빈민들의 거처는 엥겔스가 설명했던 19세기 맨체스터 지역 노동자들의 거처와 비슷했다. 빈민 계층의 삶을 특징짓는 '슬럼가'(bidonvilles)는 중세에 처음으로 등장했으며, 도시 발전의 각 단계를 거치는 동안에도 계속해서 존재했다. 결과적으로 사회의 지형학을 결정하는 구획선은 가장 빈곤한 사람들을 도시 공동체와 분리시키도록 그어졌다.

이런 다양한 관찰에서 우리는 빈곤이 중세 말에 이르러 도시뿐만 아니라 농촌에서도 대규모로 증가했지만 여전히 당시 사회구조의 틀 내에 있었다고 결론내릴 수 있다. 빈곤은 노동 계층의 삶에서 뗄 수 없는 부분이었다. 그러나 계속되는 빈곤은 그들의 삶을 불안정하게 만들었고 극심한 빈곤 상황으로 떨어질지도 모른다는 두려움은 그들을 괴롭혔다. 경기 악화는 더욱더 많은 사람들을 일자리에서 쫓겨나게 만들었고 기아의 위험에 처하게 했다. 임금이 물가 상승을 따라잡지 못했기 때문에 가족을 부양하기에는 충분치 않았다. 도시에서의 삶은 더욱 힘들었다. 우선 식량을 구입해야 했다. 게다가 도시에서는 사치와 기아 사이의 명백한 대조로 인해 빈곤은 더욱 두드러져 보였다. 또한 거리와 공공장소(시장·교회·주점)의 '혼잡함'도 빈곤을 눈에 띄게 만들었다. 마지막으로 도시에서 물질적 빈곤은 사회-법률적인 차별, 공동체에서의 축출, 거주 구역의 제한, 그리고 사회적 경멸에 의해 더욱 두드러져 보였다.

노동자들의 실제 빈곤 상황에 대해서 중세의 빈곤 정신, 자선과 병원 부조(assistance hospitalière)는 무관심하거나 비효율적이었다. 빈곤한 사람들은 무엇보다도 자발적 연대감에서 나온 도움에 의존해야 했다. 마을 차원에서는 이웃들이, 가족 차원에서는 친척들이 도움을 주었다. 그러나 그러한 노력들은 개별적인 빈곤 현상인 경우에만 효과가 있었으며 빈곤이 대규모일 때는 역부족이었다. 몇몇 사회적 부조 형태는 관습법적 전통이 되었다. 영국에서는 상속인이 없고 땅을 경작하기에 너무 나이가 많은 농민을 위해 새로운 임차인이 그의 토지를 경작할 때 이득의 일부를 분배해주는 '장원적'(manoriale) 관습이 있었다. 과부들은 결혼을 하지 않는 한 소작지 사용권 획득 비용을 지불하지 않고도 농토를 물려받아 경작할 수 있었다. 동업조합들은 사고를 당했거나 불운으로 인해 빈곤해진 회원에게 도움을 주었다. 도시 형제회에서는 이런 관행이 공식적인 규정이었다. 그러나 그들의 도움은 거의 효과가 없었다. 왜냐하면 그 부조액은 필수 양식의 극히 일부분만을 확보해주는 것이었기 때문이다. 예를 들면 헨트의 자선 기관인 성심 식탁회는 빈민들에게 연간 고작 2.5킬로그램의 빵을 주었다. 시 당국, 자선 협회, 개별 시민들도 빈곤을 해결하기 위해 노력했다. 13세기에 이프르의 병원에 모였던 기부액이 경제적 상황이 매우 악화되었던 시기에 가장 많았다는 것은 우연이 아니다. 1423년에 브뤼셀 시 당국은 10~60세까지의 모든 사람은 일을 해야 한다는 명령을 내렸고 원하는 경우 작업 도구를 빌려준다고 제안했다. 이런 의무를 수행하지 않으려는 사람들은 실업자로 분류되었고 당시 법에 따라 마을에서 추방당했다. 10년 후에는 공공질서를 파괴하고, 방화하고, 소요를 일으킨다는 이유로 '건장한 걸인'(mendiants valides)들을 체포하고 감금하라는 명령이 내려졌다. 고대와 중세 초기에 기원을 둔 '건장한 걸인'에 대한 이러한 태도는 '노동 빈민'을 빈곤의 에토스가 정의하는 범위에서 배제하고, 그들을 경멸과 적대, 억압의 대상으로 만들기 위한 것이었다.

제2장
근대사회와 빈곤

프랑스 역사가 앙리 오제(Henri Hauser)는 16세기의 특별한 '근대성'에 대해 언급한 바 있다. 그에 따르면 16세기의 근대성은 당시의 문화가 아니라 사회-경제적 기제와 관련되는 것이었다.[1] 노동계급의 등장, 고용주와 노동자들 간의 대립, 파업, 경제적 위기, 인플레이션과 빈곤의 문제 등 근대사회의 삶을 특징짓게 될 문제들이 대부분 16세기에 발생했다. 또한 16세기에는 향후 500년 동안 교회를 분열시킬 거대한 종교적 논쟁이 발생했으며 근대 사회사상의 모태가 될 이데올로기적 이론들이 배태되었다.

거시사 연구들이 과거를 연속적인 상으로 제시하기 때문에 역사 서술가들과 역사철학자들은 과거를 일련의 시기들로 나눠야 했는데 이러한 시기 구분은 언제나 자의적일 수밖에 없다. 반면에 미시사 연구에서는 연대기적으로

---

1 H. Hauser, *Les Origines historiques des problèmes historiques actuels*, Paris, 1930; ID., *La Modernité du XVIe siècle*, Paris, 1930.

시기를 구분하는 것이 매우 '자연스럽다.' 한 개인의 출생이나 죽음, 혹은 연구하고자 하는 기관의 설립과 해체의 날짜로 시기가 구분될 수 있기 때문이다. 그러나 한 인물의 활동을 연구할 때에도 그 인물의 '젊음'이나 '원숙'이라는 개념이 지역적·사회적 맥락에서 상대적이고, 한 기관의 변천을 '번성'(essor)과 '쇠퇴'(déclin)라는 용어로 묘사할 때에도 주관적인 가치판단이 작용하기 때문에 자의성이 개입될 수밖에 없다. 사회계층이나 국가 혹은 사회와 같은 대규모의 공동체를 연구할 때 '자연적'이라고 여길 수 있는 시기 구분의 기준을 발견하는 것은 불가능해 보인다. 우리가 역사를 연대기적으로 구분하는 것은 살아 있는 조직체에 외과용 메스를 들이대는 것과 같다. 집단 현상의 요인들은 연속적으로 발생하며, 극적인 사건들은 역사에서 부수 현상(épiphénomènes)에 불과하다. 극적인 사건들 중 어느 것도 그 자체로 공동체 변화의 결정적인 지표로 여겨질 수 없다. 단지 사건의 기원과 결과를 전체적 맥락에서 파악할 때에만 그 사건의 진정한 중요성을 알 수 있다.

집단적 변화가 연속적이라는 것이 변화가 일어나지 않는다는 것을 의미하는 것은 아니다. 그와는 반대로 바로 이 부분에서 우리는 분명하고 현저한 변화를 관찰할 수 있다. 개인들은 언제나 특수한 역사적 상황이 만들어내는 가능성으로 인해 매우 다양한 길을 걷지만 동시에 인류의 '자연사'라고 하는 구조 안으로 섞여 들어간다. 그런데 그곳에서 변화는 매우 느린 속도로 발생하기 때문에 만약 역사가 일반적으로 사용되는 조사 방법을 동원한다면 변화의 핵심을 분별하는 것은 거의 불가능하다. 그러나 집단적 감성, 표현과 의사소통의 방식에서 변화는 분명하게 발생하고 있다. 단지 이 변화는 우리가 연대기적으로 규정할 만큼 어떤 정해진 순간에 발생하지 않는다. 그것들은 매우 긴 시간에 걸쳐 발생하기 때문에 시기 구분은 각 단계에서 사회생활이 보이는 특징들을 비교하고 각 특징의 양적 우위성을 따져보는 과정에 기초해 '확률적'으로 수행될 수밖에 없다.

20세기 역사는 극적인 단절의 사건들이 풍부했다. 그러나 우리는 이러한 단절이 집단 심성과 삶의 방식에 크게 영향을 끼치지 않았다는 것을 알고 있다. 대신 특정한 역사적 조건에서의 놀라운 '시간상의 가속'(accélération dans le temps)이 한 국가나 지역의 빠른 발전을 용이하게 했는데, 이는 삶의 질, 기술 발전, 전반적 생산량 수준에서뿐만 아니라 사회 내부 구조 차원에서도 여러 사회들 간의 큰 차이를 낳게 했다. 20세기는 우리에게 두 가지 사실을 알게 해주었다. 첫째는 체계 내의 지배적 특정 요소가 그 체계의 특징을 결정하고 그 체계를 일종의 '모델'로 만든다는 것이다. '모델'이라고 하는 것은 단순한 방식으로 사회적 현실의 모든 복잡성을 보여주는 지적 구성체일 뿐만 아니라 현실에 대한 진정한 반영이기도 하다. 왜냐하면 '모델'이라는 개념은 한 체계의 특수성을 드러내 줄 뿐 아니라(예를 들어 비경제적인 강제 조치들보다는 자유로운 노동시장에 대한 선호) 이 개념을 통하여 우리는 사회라는 것이 그러한 특징들을 쇄신, 확장, 공고히 하는 진정한 구조라는 것을 알 수 있게 된다. 둘째는 사회구조 내에는 완전히 다른 체계들이 같은 시기에 공존할 수 있다는 것이다. 결과적으로, 시기를 구분할 때는 절대적인 방식이 아니라 상대적인 방식으로, 즉 '역사적 시간'의 기준에 따라 해야 한다. 유목 사회나 중세의 군사 구조가 근대 경제체제와 구별되는 것은 달력의 햇수가 아니라 변화의 단계들에 의해서이다.

이 두 가지 사실은 사회사에서 매우 중요하며 연구의 방법론적 원칙을 결정한다. 과거 사회의 변화를 고찰할 때는 하나의 사회적 공존 방식이 어떤 다른 방식으로 전환하는지, 즉 지배적 구조의 변화에 특별히 주의를 기울여야 한다. 초기에 각 지역의 발전 속도는 지금과 같이 크게 차이가 난 것은 아니었지만 그 속도가 모든 곳에서 동일한 것도 아니었다. 스위스 경제사가인 폴 베어록(Paul Bairoch)은 전(前) 산업 시대와 산업 시대에 각국의 발전 과정이 불평등했음을 밝혀내었다. 전 산업 시대에는 발전의 차이가 국가에 따라 1 대 3 정도였으나 산업 시대에는 1 대 25 정도로 나타났다. 그러나 중요한 것은 이러한 불평등의 규모(저발전 지역이 지구의 넓은 부분을 차지하는 것은 근대적인 현상이다)가 아니라 이런 불평등이 근본적인 사회-경제적 변화가 발생하는 순간에 나타나 강화된다는 것이다. 사회조직 간의 차이들은 단지 통시적 차원에서만이 아니라 동시대적으로 같은 지리적 공간에서도 나타난다.

이런 이유로 유럽 사회사에서 16세기가 특별히 '근대적'인 시기였다는 주장을 무조건 받아들일 수는 없다. 만약 관찰 범위를 사회의식의 분야에 한정한다면, 특히 경제학설과 사회사상으로 표현되는 방식에 한정한다면, 이 주장을 용인할 수는 있을 것이다. 왜냐하면 16세기에 들어와서 사람들은 사회문제의 새로운 차원을 인식하게 되었기 때문이다. 즉 신학적 논쟁에서, 가톨릭과 프로테스탄트의 개혁 운동에서, 그리고 인본주의자들 사상에서, 걸인과 사회적 빈곤에 관한 태도는 사회 변화의 방향에 대한 사람들의 집단적 염려를 반영하고 있었다. 그러나 이러한 지적 운동과 그에 따른 부조 제도 개혁의 원인이 된 변화들은 16세기보다 훨씬 이전에 일어났다. 봉건사회가 첫 번째 '대규모 위기'를 겪었던 1320년과 1420년 사이 100년 동안에 근대사회, 정확히 말해 '첫 번째 근대사회'를 탄생시킨 변화의 과정이 나타났다. 그리고 17세기에 발생한 봉건사회의 '두 번째 대규모 위기'는 이전 체제의 불완전성과 새로 형성되는 자본주의가 만들어내는 사회적 문제를 적나라하게 드러냈다.

중세사회의 빈곤과 빈민의 지위에 대한 분석은 1년 혹은 10년과 같이 매우 짧은 기간 동안에 발생한 변화에는 거의 신경을 쓰지 않았다. 물론 중세시대에 개인적·집단적인 부에 대한 단기간의 태도 변화가 발생하지 않았다는 것은 아니다. 흉작에 대한 연대기는 사회적 국면의 특별한 측면, 즉 극심한 빈곤에 대한 정보를 제공해준다. 그러나 이런 자연 재앙은 일시적이라는 특징을 갖는다. 그것은 개인들의 사회적 지위에 영향을 미치지 않았으며 전체 집단을 파국적인 빈곤화로 몰고 가지도 않았다. 그보다는 화폐경제와 도시화의 확장이 더욱 심각한 결과를 낳았다. 이 요인들이 중세사회의 특별 집단 내에서 부의 양극화를 야기하고 가속화시켜 대량 빈곤화의 원인이 되었던 것이다. 사회적 국면은 이 요인들이 시간과 공간을 통하여 어떤 역할을 했는지를 파악할 수 있게 해준다.

1. 사회적 국면

중세 말과 근대 초는 유럽 역사에서 매우 현저한 사회경제적 변화가 발생한 시기였다. 그러나 이런 변화는 시차를 두고 발생하였고 공간적으로 널리 분포되어 있었기 때문에 이 시대의 일반적인 모습을 재구성하는 것은 쉽지 않다. 게다가 당시 사회경제적 삶이 지역적으로 한정되었기 때문에 전체적인 모습을 그리는 것은 더욱 어렵다. 산업혁명 때까지 사람과 상품의 이동, 통신과 교역은 극단적으로 제한되어 있었다. 대다수 사람들에게 경제적·문화적 시야는 마을의 경계선으로 한정되어 있었다. 이런 고립된 세계의 사람들은 브뤼헤·안트베르펜·베네치아 혹은 암스테르담과 같은 중요 상업 중심지에서 활발히 행해졌던 국제 교역과 금융 활동에 대해서 무지했다. 원거리 항해와 지리적 대발견의 위업들은 당시 사람들의 심성이 수용하기 어려운 것이었으며, 사회경제적으로 한 지역에 고립된 채 살아가는 사람들에게는 아무런 영향도 미치지 못했다. 이런 이유로 변화의 속도는 특정 국가 내에서도 서로 달랐을 뿐만 아니라(각국은 내부 자본주의 시장이 확장된 이후에야 경제적으로 통합되었다), 유럽 전체 차원에서는 국가 사이에서 혹은 지역 사이에서도 지역적·역사적 조건에 따라 격차가 발생하였다. 그럼에도 단순화의 위험을 무릅쓰고 유럽 사회의 일반적인 변화 추세를 도출해볼 수 있을 것이다.

구체적 상황이 매우 다양했기 때문에 이 시기 유럽의 변화에서 어떤 통일성을 발견한다는 것은 어려운 일이다. 그러나 당시의 경제사에 관한 연구의 어려움에도 불구하고 전 산업화 시대의 '원시적 통계' 자료에서 끌어낸 추론은 변화의 규모와 방향을 대강 추정할 수 있게 해준다. 그리고 가격과 임금의 움직임은 일반적으로 노동시장뿐 아니라 교역과 생산에 관한 정보를 제공한다. 또한 역사적 인구통계학은 인구 집중 정도와 노동 이동에 대한 정보를 제공해주며, 마지막으로 화폐의 흐름과 화폐시장 규모의 관계에 대한 정보는 사회경제적 상황을 판단하게 해주는 일반적 기준이 된다. 이런 정보는 마르크 블로크(Marc Bloch)의 표현에 따르면, 경제적 속도에 대한 일종의 지진측정계인 것이다. 그러나 우리들의 주된 관심 대상은 경제적 발전의 사회적 결과, 사회구조의 변화, 그리고 부와 빈곤 간의 관계이다. 즉 우리가 사회적 국면이라 부르는 것이다. 전 산업화 시대에 대해서 우리가 가지고 있는 지표들은 각 국면의 장기적 추세나 단기적 변동을 파악할 수 있게 해줄 만큼 일률적이거나 정확하지 않다. 그러나 우리는 '대규모의 빈곤'이라는 문제를 전반적인 경제적 추세와 근대사회를 특징짓는 간헐적인 식량 위기의 맥락에서 분석해볼 수 있다.

경제 변화의 추세를 파악하기 위해 가격의 움직임을 살펴보는 과정에서, 역사가들은 이미 가격에 대한 풍부한 정보를 구할 수 있는 12세기부터 14세기의 이사분기까지 가격이 상승했으며 이런 가격 상승이 경제의 확장을 반영하고 있음을 밝혀냈다. 그러나 14세기 전반기에 발생하였던 가격의 하락은 유럽 경제에 심각한 위기가 발생했음을 증언한다. 따라서 가격의 움직임만 가지고 끌어낸 위의 결론은 많은 비판을 낳았다. 우선 역사적·경제적 연구뿐 아니라 우리 자신의 일상적 경험도 가격 상승이 필연적으로 경제 확장의 반영이 아니라는 것을 가르쳐주고 있다. 또한 이른바 자연 경제가 여전히 지배적이고 물품 교환이 부수적 역할을 했던 농업사회에서 가격 변동이 어느 정도의 영향력을 미쳤는지에 대해 의문을 제기할 수 있다. 그러나 이런 비판에도 불구하고 경제 발전에 대한 다른 모든 지표들이 가격 변동에 기반한 이런 추정을 지지하고 있다. 우리가 '14세기의 위기'라고 이름 붙인 이 현상은 농촌과 도시에서 광범위하게 장기에 걸쳐 경제적 삶을 규정하였기 때문에, 우리는 이를 구조적인 것으로 다루어야 할 것이다.

14세기의 위기에 대한 여러 해석들 가운데 특별히 주목받았던 것은 인구 이론이다. 이 학설에 따르면 인구 증가는 이전 세기의 경제적 확장의 요인 중하나였는데 어떤 시점부터는 농업 기술의 한계를 넘어서기 시작했다. 토질은점점 나빠져 거름을 충분히 사용하지 않고서는 경작할 수 없을 정도로 불모화되었기 때문에 농업의 수익성은 줄어들고 말았다. 수확은 언제나 같은 수준에 머물렀던 반면 인구는 계속해서 증가했다. 13세기 후반기에는 서유럽에서 가장 발전한 지역의 인구 증가율이 10퍼센트를 넘었으며, 이것은 한계에다다른 농촌 경제가 책임지기 어려운 추가 부담이 되었다. 13세기 말의 농산품의 가격 상승은(예를 들면, 파리 지역에서 밀 가격이 1287년과 1303년 사이에 두 배가되었다) 인구 증가로 인한 경제 메커니즘의 '과열' 결과로 볼 수 있다. 1315~17년의 식량 위기와 일련의 치명적인 전염병과 기근은 주로 북유럽과 서유럽의불리한 기후 조건에 의해서 촉발되었지만, 그것들은 한편으로는 인구 규모,다른 한편으로는 저조한 농업 생산력과 불충분한 비축 식량 간의 격차를 명확히 보여주는 것이었다.

그러나 이러한 주장에 대한 비판이 보여주듯이 인구 이론은 해석이라기보다는 묘사에 불과하다. 사실 인구 증가가 14세기 위기의 발생 메커니즘을 설명할 수는 없다. 왜냐하면 서양 인구의 거의 3분의 1을 앗아갔던 흑사병이 발생했음에도 상황이 회복되지 못했기 때문이다. 반대로, 1348~51년의 대규모전염병과 이후 발생한 일련의 '흑사병'들은 경제체제에 결함이 있음을 매우적나라하게 보여주었다. 즉 인구 문제는 당시의 사회적 상황과 인구 증가의내적 구조 속에서 연구되어야 한다.

1000~1500년 사이의 인구 증가로 유럽의 도시화는 비약적으로 진전했다.파리나 북이탈리아의 거대 도시들에서 인구 증가는 식량 보유량의 한계를 넘어섰다. 이런 인구 과잉 문제는 소규모 지방 도시에서 더욱 심각하였다. 지역시장에 필요한 수준을 훨씬 넘는 인구가 집중되었으나 지방 도시는 주민들에게 일자리를 제공해줄 수 있는 산업을 발전시키지 못했다. 프랑스 남부의 루에르그(Rouergue) 지역에 대한 연구들은 밀로(Millau), 로데즈 혹은 카스트르

(Castres)와 같은 작은 도시들이 농촌의 잉여 인구를 대규모로 흡수하였음을 보여준다. 그러나 이런 흡수는 그 지역의 경제적 번영이 아니라 과잉인구와 그 빈곤을 증언하는 것이다. 자신의 영토 내에서의 농업 활동 덕택에 이 도시들은 대부분 식량을 자급자족할 수 있었다. 그러나 식량 공급만이 해결해야할 유일한 문제는 아니었다. 노동력에 대한 수요 부족과 동업조합의 경직된 규칙으로 인해 도시에는 삶이 불안정한 사람들, 즉 정기적인 일자리가 없어서 생계가 경기의 부침에 좌우되는 사람들이 점점 증가하였다. 식량이 도시인들의 필수품이라는 특수성으로 인해 도시 주민들은 식량을 저장해놓는 습관이 있었다. 따라서 흉작에도 도시는 크든 작든 상관없이 농촌보다는 식량 결핍에 오래 버틸 수 있었다. 물론 경제적 상황의 악화가 생산과 농산물 교환 혹은 교역에 악영향을 미칠 때 도시 주민들 역시 고통을 겪었다. 중세 후기 유럽의 인구 과잉은 상대적인 현상으로 인식되어야 한다. 즉 인구의 증가와 경제적 발전 간의 격차가 벌어지게 된 것이다. 인구 증가는 빠른데 경제 발전은 정체되어 노동생산성의 증가를 통해 생산량과 인구 증가 간의 균형을 이루기는 어려웠다. 도시로 사람들이 몰려들어 생기는 인구 압력은 이 문제가 중세 농업 경제의 전반적인 변화와 긴밀히 연결되어 있다는 것을 알려주고 있다.

인구 증가의 결과로 소작농들은 점점 더 파편화되었다. 14세기에 봉건 경제의 사회조직은 발전에 장애물이었다. 경작자들은 그들의 농토에 투자하거나 토지를 비옥하게 할 능력이 없었다. 영주에 대한 부담이 때로는 너무 무거웠기 때문에 그들의 생활수준도 최저로 떨어졌다. 시장경제의 침투는 농촌 인구 간에 물질적 격차를 야기하여 안락한 생활을 하는 집단들은 어려운 상황에 처하게 된 대중에게서 점점 더 멀어지게 되었다. 그러나 가장 주목할 만한 사실은 경제적 효율성을 높일 능력이 없을 뿐 아니라 상황의 악화에 대처할 능력이 전혀 없는 소작농들이 급증하였다는 것이다. 봉건적 부담과 조세는 늘어만 갔기 때문에 소작농의 경제적 쇠락은 가속화했다. 농민과 그의 가족들의 영양 상태는 이러한 몰락을 가장 직접적으로 증언하고 있다. 파운즈

(N. J. G. Pounds)는 13세기 말과 14세기 초의 영양 부족은 유럽이 예전에는 경험하지 못했을 정도로 매우 심각했다고 말했다. 이 위기의 원인은 봉건 체제의 열악한 사회 현실과 생산 잉여를 사용하는 방식에 있었다. 이것이 바로 위기의 원천이었다. 농민들은 그들의 토지에서 수확을 늘릴 수 없었다. 왜냐하면 투자 수단(즉 자본)을 축적할 수 있는 농민들은 매우 적었고, 생산 잉여의 대부분을 차지했던 봉건 영주는 농업에 투자하려고 하지 않았기 때문이다.

14세기의 처음 25년간 인구 증가의 속도는 두드러지게 느려졌다. 사망률이 높았던 것이 주된 원인인 것으로 보인다. 윈체스터(Winchester) 수도원의 농민에 관한 연구는 1292~1347년 사이의 사망률이 40~50퍼센트로 매우 높았음을 밝혀냈다. 따라서 인구 증가와 인구에 비해 뒤처지는 경제적 상황 간의 격차는 일시적인 현상일 뿐이었다. 토지 수확의 정체는 인구 증가에 제동을 걸었다. 영양 부족 상태를 겪은 농민들이 높은 사망률을 보인 것은 이러한 사회·경제 구조의 결과였다.

1315~17년의 식량 위기 이후에 밀 가격은 처음에는 안정적이었다가 갑자기 하락했다. 경제 전체의 관점에서 보면 이것은 전환점을 의미했다. 동시에 공산품의 가격이 올라가는 경향을 보였다. 그 결과 '가위 효과'라 불리는 현상이 발생했다. 매우 복잡한 현상인 이런 가격 격차 문제를 자세히 다루지는 않겠지만 빌헬름 아벨은 인구 감소에 따라 농산품에 대한 수요가 줄어들었기 때문인 것으로 설명했고, 기 부아(Guy Bois)는 농촌보다 도시에서 생산 비용이 더 높았기 때문이라고 해석했다. 이 문제가 봉건사회의 구조적 위기와 14세기 '농업 침체'(depression)의 원인 중 하나가 되었던 것으로 추정할 수 있다.

대흑사병은 사회적 위기를 더욱 악화시켰지만 이 시대의 모순 중 어느 것도 해결하지 못했다. 대흑사병이 인구를 감소시킴으로써 인구 과잉의 문제를 완화했고 그로 인해 사람 수와 식량 공급 능력 간의 균형을 다시 회복시켰을 것이라고 생각해볼 수 있다. 그런데 실제로는 그렇지 못했으며 기아와 전염병이라는 두 가지 재앙이 14세기 후반기에 사람들을 괴롭혔을 뿐이다. 루지에로 로마노(Ruggiero Romano)는 이탈리아 연대기 작가 마테오 빌라니(Matteo Villani)의 기록에서 놀랄 만한 언급을 발견했다. "우리는 인구가 적으면 인간이 만들어내는 물품은 충분하리라 생각했다. 그러나 그렇지 않았다. 인간의 욕심으로 인하여 모든 것은 계속해서 부족했고 이런 상황은 오래 지속되었다. 어떤 지방에서는—무슨 일이 일어났는지에 대해서는 적당한 때에 다시 이야기 하겠지만—무시무시한 기아가 발생했다. 그러자 사람들은 이제 식료품과 의복뿐만 아니라 인간이 필요로 하는 다른 모든 것들이 풍부하게 될 것이라고 기대했다. 그러나 상황은 그렇게 전개되지 않았고 물품들은 계속해서 부족했다. 반면에 노동 임금과 장인들이 생산해내는 모든 공산품 가격은 정상적인 경우보다 두 배나 비싸졌다."[2] 이 언급은 통찰력이 있을 뿐 아니라 증언으로서의 가치도 매우 크다. 이를 통해 우리는 당시 사람들이 어떤 변화가 발생하고 있는지에 대해 잘 인식하고 있었으며, 이 시대를 연구하는 근대 연구자들과 비슷한 질문을 하고 있었음을 확인할 수 있다.

14세기 후반기에 발생한 사회 변화는 매우 다차원적인 모습을 하고 있었다. 특히 지역 간에 나타났던 심각한 발전상의 격차가 당시의 변화 모습을 더욱 복잡하게 만들고 있었다. 서유럽에서 농촌의 변화는 소규모 가족농의 역할이 계속해서 증가했다는 특징을 갖는다. 낮은 농산물 가격과 높은 노동 임금으로 인해 대토지 소유주는 토지에 대해 투자할 유인을 가지지 못했다. 대지주가 경작하는 땅의 면적이 줄자 농민들은 이 틈을 이용해 그들의 경작지를 확장했다. 농노제는 실제로 거의 사라졌고 농민들의 사회−법률적 지위도 개선되었다. 영주에 대한 농민의 봉건적 부과조는 대부분 화폐 형태로 전환되었고, 그 액수가 고정되었기 때문에—단지 프랑스와 이탈리아의 경우에만 '반타작 소작'(métayage) 제도, 말하자면 수확의 반이 토지 소유주에게 가는

---

2 Giovanni, Matteo et Filippo Villani, *Croniche*, t. II, Trieste, 1858, pp. 9~10.

소작 제도가 존재했다 ─ 화폐가치의 하락과 함께 이 부과조의 실질적 가치도 점점 줄어들게 되었다. 그 결과 농촌공동체에서 부자와 빈민 간의 격차가 더욱 커졌다. 그 이유는 누구보다도 부유한 농민들이 이러한 상황에서 가장 큰 이득을 누렸기 때문이다. 그들만이 토지와 자본을 축적할 수 있었다. 즉 그들만이 임대나 구매를 통해 농지를 확장하였다. 또한 그들은 사육 가축을 늘리고 기술 투자를 하였을 뿐 아니라 새로운 작물의 재배에 도전하고 이윤이 발생할 때는 일용직 노동자들을 고용하거나 많은 노동을 요구하지 않는 가축 사육을 시도하기도 했다. 대다수 농민들은 새로운 상황이 제공해주는 기회를 누릴 수 없었다. 혜택을 누리는 대신, 그들은 시장 메커니즘의 희생자가 되었다. 예를 들어 부르고뉴와 네덜란드의 조세 대장은 자급자족할 수 없는 농민들이 현기증이 날 정도의 속도로 증가하였음을 보여준다.

노동시장의 여건도 마찬가지로 복잡했다. 출생률의 하락과 14세기의 전염병에 의한 대규모 피해로 노동력 공급은 줄었고 결과적으로 임금은 크게 올랐다. 고용주들은 이에 대해 불평했다. 그들은 국가와 지방 당국에 사태를 수습하기 위한 강력한 조치를 취해줄 것을 요구했고 국가와 지방 당국은 그들 요구를 들어줄 수밖에 없었다.

프랑스에서 선량왕 장(Jean le Bon)은 1351년에 예전의 일자리로 돌아가기를 거부하거나 예전 수준의 보수를 거부하는 유랑민을 처벌하도록 명령했다. 몇 년 후인 1354년 11월에 수공업 분야에서 높은 생산 비용과 관련하여 노동자와 임금 문제를 해결하기 위해 새로운 명령이 공포되었다. 수공업 장인들은 "노동자들이 높은 보수를 요구하고 있는데 요구하는 보수를 주지 않으면 일하지 않기 때문에 가격을 올릴 수밖에 없다"는 논리로 높은 상품 가격을 정당화하였다. 그들에 따르면 만일 하루 최대 임금을 법으로 규제할 경우 노동자들은 법 규정을 피하기 위해 날짜 수가 아닌 완성 작업량을 기준으로 보수를 결정하려고 할 것이니, 아니면 가속과 집을 떠나 이런 법이 시행되지 않는 지방으로 일하러 갈 것이었다. 또한 노동자들은 임금에 더하여 포도주나 고기, 그리고 "그들의 지위에 어울리지 않는 다른 물품들"을 추가로 요구하였다. 마지막으로, 수공업 장인들이 제기한 불만은 많은 노동자들이 매우 게을렀으며, 일주일에 이틀만 일해도 높은 임금을 받는다는 것을 자랑하면서 선술집에서 시간을 보낸다는 것이었다. 이런 상황에서 분명해진 것은 고용주들이 자신들의 이익을 지키고자 노력했으며 국가는 그들의 주장을 적극 반영하여 법령을 만들었다는 것이다. 그 결과 시행된 법들은 노골적인 것이었다. 예전에 노동력을 팔아서 살았던 사람들은 불구가 아닌 경우에는 모두 예전의 임금을 받으면서 일해야 했고 이를 어길 경우에는 칼(pilori)에 묶이거나 뜨거운 쇠로 낙인찍히거나 혹은 추방당했다. 따라서 이 법은 고용주들이 원하는 조건에 따라 노동자들이 무조건 일해야 한다는 것으로, 경제 외적인 조치가 노동시장에 폭력적으로 개입한 것이었다. 1360년대, 1380년대, 1390년대에 중앙정부와 지방정부는 '과도한 임금'과 유랑을 금지하는 조치들을 계속해서 공포했다.

1349년 에드워드 3세 치세의 영국에서는 모든 건장한 사람들에게 노동을 해야 할 의무를 부과한 노동조례(Ordinance of Labourers)가 공포되었다. 2년 후에 의회는 같은 성격의 법령을 공포했다. 영국의 '노동조례'는 대흑사병 이후 나타난 사회정책의 원칙을 충실하고 완전하게 반영하는 것이었다. 모든 건장한 사람들은 노동의 의무를 60세까지 져야 했는데, 이외에도 1325년의 임금 수준을 받아야 한다는 의무도 더해졌다. 고용주들도 이 '법령'이 규정한 것보다 더 많은 임금을 제공할 수 없었다. 마지막으로 이 법은 자유로운 경쟁과 노동시장의 메커니즘에 제약을 가하고 있었다. 고용된 사람들은 계약이 끝나기 전에는 그 일을 그만둘 수 없었으며 토지 소유주들은 '도망친' 노동자들을 고용할 수 없었다. 대신 소유주에게는 마을의 주민들을 제일 먼저 고용할 수 있는 우선권이 있었다.

이베리아 반도의 왕국들 역시 일련의 조치를 통해 대흑사병 이후의 노동시장 불균형에 대처했다. 1349년에 아라곤의 페드로 2세는 특별위원회를 설치하고 노동자들의 임금 문제에 대해 연구할 것을 명령했다. 1349년과 1350년에 아라곤 의회는 재단사, 대장장이, 무두장이, 목수, 석수, 농업 일용자, 목동, 하인들의 임금에 대해 과도하다는 평가를 내린 후 이를 막기 위해 임금 최대치를 결정했다. 그들이 요구한 임금은 대흑사병 이전에 그들이 받던 임금의 네 배 혹은 다섯 배였다. 1351년에 바야돌리드(Valladolid)의 카스티야(Castille) 의회도 이 같은 조치들을 채택하여 임금 최대치에 대한 제한을 가했고, 12세 이상의 모든 건장한 사람들은 즉각 일하도록 명령했다. 반항자의 경우 두 명의 증인이 증언하고 고소인이 선서하여 제출한 고소장을 통해 유랑죄로 처벌했다. 포르투갈에서의 새로운 법령은 더욱 가혹했다. 1349년의 알폰스 4세의 칙령을 시작으로 일련의 법이 통과되어 노동자들은 전염병 발생 이전의 보수를 받아야만 했다. 또한 임금의 상한은 엄격하게 제한되었고, 노동자들은 예전의 직장으로 돌아가야 했다. 임금노동자들의 이동은 유랑과 동일시되었다. 그들은 사는 곳을 바꿀 수도 없었고 특별한 허가를 받지 않고는 구걸도 할 수 없었다. 1375년의 법령은 유랑민들에게 강제 노동을 부과하였다. 한편 카스티야의 1381년 조치는 유랑민을 체포한 사람들에게 처음 한 달 동안은 보수를 주지 않고도 일을 시킬 수 있는 권리를 주었다.

이런 법들은 나라마다 상이하게 시행되었고 효과도 매우 제한적일 수밖에 없었다. 왜냐하면 대흑사병의 확산을 막는 것이 불가능했던 것처럼 위기 이전의 사회 현실로 되돌아가는 것 역시 가능하지 않았기 때문이다. 그러나 이 조치들은 임금 상승에 제동을 걸었고 그럼으로써 노동시장의 공급과 수요 메커니즘을 방해했던 것으로 보인다. 노동임금의 상한선을 정하고 노동자들에게 여러 제한과 압박을 가하는 데만 관심을 가졌던 데에서 분명히 드러나듯이, 중세 후기 법령의 기본 경향은 노동하기를 거부하는 사람들을 죄인으로 규정하는 것이었다. 이런 조치들은 매우 응축된 형태로 근대 사회정책의 근본 원칙을 담고 있었다고 말할 수 있다.

대흑사병 이후의 사회경제적 삶은 노동력의 급격한 감소로 특징지을 수 있다. 14세기 내내 창궐했던 전염병은 이런 사태를 더욱 악화시켰다. 대흑사병이 농촌 인구의 30퍼센트를 사라지게 했다면, 1357~74년의 전염병은 20퍼센트 이상의 상실을 가져왔던 것으로 추산된다. 이 시기 동안 노르망디 지방은 전체적으로 농촌 인구의 절반 이상을 잃었다. 도시의 인구도 심각하게 감소했다. 매우 파편적이지만 다양한 인구 집단의 사망률 자료에 따르면, 전염병은 부유한 계층보다 빈곤 계층에 더욱 큰 피해를 입혔음이 분명하다. 이 계층에서 인구가 더욱 크게 감소해 노동력의 공급과 수요는 노동을 공급하는 사람들에게 유리한 방향으로 조정되었다.

19세기 후반 영국의 경제학자인 소롤드 로저스(Thorold Rogers)와 현대 독일의 역사학자 빌헬름 아벨과 같은 연구자들에 따르면, 이런 변화는 임금노동자들의 '황금시대'를 열었다. 실제로 15세기 중반까지 노동자들의 임금은 계속해서 증가했으며, 15세기 후반기에도 높은 수준에서 유지되었다. 실질임금의 추세, 즉 구매력으로 측정한 임금 추세를 살펴보면 15세기 중반의 수준은 19세기가 되어서야 추월할 수 있을 정도로 매우 높았던 것으로 나타나고 있다. 그러나 최근의 연구들은 '임금노동자들의 황금시대'라는 명제에 의문을 제기하고 있다.

첫 번째 의문은 농촌 임금노동자들의 구매력에 주목할 때 제기된다. 그들의 기본적인 생필품은 시장을 통해서 공급되지 않았다. 그들은 모든 가족 구성원이 경작하는 작은 농토가 있어서 주로 그곳에서 양식을 얻었다. 만일 우리가 이 시기에 계속해서 하락하고 있던 곡물 가격으로 실질임금을 계산하면 그들의 실질임금은 증가하는 것처럼 보인다. 그러나 그들이 구입해야 하는 다른 식료품들, 즉 고기, 생선, 포도주 등의 가격은 떨어지지 않았고, 공산품의 가격도 여전히 높았다.

'황금시대' 이론은 주로 수공업 임금노동자에 관한 자료에 근거하고 있다. 빌헬름 아벨은 그들의 임금이 실질 기준과 명목 기준 모두에서 특별히 높았다고 주장했다. 그러나 더욱 심화된 연구들은 상반된 내용을 보여주고 있다. 브뤼헤와 피렌체의 예를 살펴보도록 하자.

　페르낭 브로델(Fernand Braudel)은 노동자 가구의 예산을 재구성하였다. 한 해 일할 수 있는 일수를 매일 10~12시간씩 250일 혹은 300일 사이로 가정할 경우, 가구주인 노동자는 1년에 3,000시간 노동할 수 있다. 그는 또한 평균 노동 가구(4인 가족)가 1년에 대략 12퀸틀*의 밀을 소비한다고 계산했다. 실질소득에 관한 연구에서, 1퀸틀의 밀을 구입하기 위해 100시간 이상 일해야 한다면 가구의 예산이 매우 부족하다는 것을 의미한다. 만약 같은 양의 밀을 얻기 위해 200시간 이상 일해야 한다면 가구의 생존이 크게 위협받는 상태임을 의미한다. 만약 300시간 이상 일해야 한다면 이 가구는 기아 상태에 빠졌다고 보아야 한다. 벨기에 연구자인 장피에르 소송(Jean-Pierre Sosson)은 이런 기준을 사용하여 브뤼헤의 건축 노동자들의 실질소득을 계산해보았다. 이 계산을 수행할 때 그는 노동자들을 목공 장인, 목공 직인, 미숙련 도제의 세 범주로 나누어 계산했다. 이 세 범주의 임금 구조는 매우 중요하다. 직인의 임금은 장인이 받는 임금의 반이고, 미숙련 도제, 즉 동업조합을 세울 권리가 없었던 노동자의 임금은 일반적으로 직인의 임금보다 20퍼센트 더 적었다. 1360~1490년의 기간을 바탕으로 작성된 표는 장인들의 소득이 보통의 경우에는 첫 번째 기준에 이를 정도는 아니었음(100시간 이상 일하지 않았음)을 보여주고 있다. 그러나 1437~39년과 1481~83년의 식량 위기 시에 장인들은 1퀸틀의 밀을 얻기 위해 100시간 이상 일해야 했다. 한편 직인과 도제는 보통 100시간 넘게 일해야 했으며 식량 위기 시에는 200시간의 한계도 넘었다. 이 자료가 포괄하는 101년의 기간 중 46년은 매우 힘든 시기였으므로, 1퀸틀의 밀을 얻기 위해 이 두 범주의 노동자들은 100시간 이상 일해야 했다. 그리고 간혹 200시간 가까이 일하기도 했다.

---

* 퀸틀(Quintal)은 주로 곡물의 무게를 잴 때 쓴다. 1퀸틀은 100리브르(livres) 정도로 프랑스의 구체제에서는 대략 48.951킬로그램에 해당했다.

자본주의 초기 유형이 일찍부터 발전했던 14세기 피렌체의 사회관계에 대한 연구는 그 당시 장인 계층에 빈곤이 널리 퍼져 있었음을 보여준다. 수많은 독립적 생산자들의 점진적 빈곤화와 14세기 후반 수공업 생산에 대한 투자의 위축 현상은 이 시대의 피렌체 장인들이 큰 위기에 처해 있었음을 짐작하게 한다. 그러나 위기는 누구보다도 임금노동자들에게 심각한 영향을 끼쳤다. 샤를 드 라 롱시에르(Charles de La Roncière)는 임금노동자들의 실질소득의 가치를 칼로리를 기준으로 계산했다. 그는 노동자들의 임금으로 살 수 있는 식료품의 칼로리 양을 계산하였는데(4인 가족 기준), 이 방식과 산타 마리아 누오바(Santa Maria Nuova) 병원의 회계장부를 바탕으로 정원사(jardinier), 보조 석공(aide-maçon), 석공(maçon) 가구의 생활비를 재구성하였다. 생존을 위해 필수불가결한 가족 구성원 1인당 평균 칼로리는 2,200이었다(육체노동자의 필요량은 3,500칼로리였다). 이 정도의 칼로리 양을 살 수 있는 임금으로는 생물학적 생존은 가능하지만 다양한 음식물을 섭취할 수는 없었다. 이 경우 살 수 있는 식료품은 일반적으로 가장 싸고 칼로리가 높은 식료품, 즉 빵이 된다(실제로 롱시에르는 전체 임금이 빵을 사는 데 쓰인다고 가정하고 빵 가격과 칼로리양에 근거해 계산했다). 위에서 제시한 기준 이하의 임금을 받는다면 영양 부족과 기근이라는 암울한 상황에 직면하게 된다. 그러나 만일 가족 예산에 집세와 의복과 같은 다른 불가피한 지출과 조금 더 비싼 식료품을 포함한다면, 생존을 보장하는 최소한의 칼로리는 일인당 3,500칼로리가 될 것이다. 세 직업군의 하루 평균 임금을 비교한 결과 장인 가구는 생존을 위협하는 결핍에 덜 노출되어 있었다는 것을 알 수 있다. 그들의 임금은 1340~47년에만 최소 수준으로 떨어졌을 뿐 대흑사병 이후 20년 동안 그들은 안락한 삶을 누릴 수 있었다. 다른 두 범주의 노동자 상황은 더욱 어려워서 그들은 기본적 생필품을 확보하기 위해서 항상 고군분투해야 했다. 단지 1360~69년의 10년간만 그들의 생활 수준은 최소 생존선 이상에서 유지되었다. 또한 평균임금의 개념이 매우 다양한 경우를 감추고 있다는 사실을 잊어서는 안 된다. 위에서 언급한 병원 회계장부가 기록하고 있는 하루 최저 임금을 보면 상황은 훨씬 더 불안정했음을 알 수 있다. 대흑사병 이후의 10년 동안, 즉 임금노동자들에게는 번영의 시기라고 알려진 시기 동안에도 하급 노동자들의 보수는 최소한의 생존만을 유지할 수 있을 정도로 매우 낮았었다.

이로부터 우리는 14세기 피렌체의 임금노동자들의 삶이 매우 불안정했음을 알 수 있다. 배고픔과 극심한 빈곤, 구걸을 해야 할지도 모른다는 두려움은 그들을 늘 위협하였다. 대출을 받는 것은 임시적인 해결책일 뿐이었고 빚을 지는 것 자체는 대개 채무자의 상황을 더욱 악화시켰다. 피렌체의 아르테 디 라나*가 심문했던 재판들은 빚을 진 임금노동자들의 상황이 어느 정도까지 절망적이었는지를 증명하고 있다. 1378년에 26리라의 빚을 지고 있던 면직공은 어느 직물 상인의 고소에 따라, 모든 작업 도구와 낡은 가구들을 몰수당했다. 1389년에는 다른 직물 상인이 자신에게 30리라의 빚을 진 면직공을 고소했는데, 그는 채무자가 '의심스러운 사람이고 도망자이며 유랑자'라고 주장했다.[3]

그러나 위의 계산에서 한 노동자의 임금이 가구 전체의 생존 비용을 감당한다는 전제는 문제가 있다. 수많은 임금노동자들이 독신이었던 것은 사실이다(롱시에르는 독신인 사람들에 대해서도 비슷한 계산을 수행한 바 있다). 하지만 우리는 한 가구의 예산에서 여성과 아이들의 노동 소득도 고려해야 할 것이다. 물론 이 소득은 부정기적이고 규모도 적었다. 또한 낮은 수준의 임금이 특별히 미숙련 노동자들의 결혼을 늦추게 만들었다는 점도 고려해야 한다.

동시에 앞에서 묘사한 상황은 장기적 경제 변화 추세의 한 단면을 보여주

---

* 아르테 디 라나(Arte di Lana)는 중세 말과 르네상스 시기 피렌체의 모직물 공업 길드로 조반니 디 비치 데 메디치(Giovanni di Bicci de Medici, 1360~1429) 역시 여기에 속해 있었다. 독점권을 유지하기 위한 수단으로 길드를 이용하는 소수의 상인들이 은행과 연합하여 이 길드를 지배했다. 전성기에는 노동자 300명을 직접 고용했으며 피렌체 전체 인구의 3분의 1이 직간접적으로 관련을 맺고 있었다.

3 *The Society of Renaissance Florence. A Documentary Study*, G. Brucker, éd., New York, 1971, p. 102.

고 있을 뿐 단기적 변동을 고려하지 않았기 때문에 현실 왜곡의 소지가 있다. 실제로 수십 년간의 평균을 분석하고 있지만 그보다 더 짧은 시기에 발생하는 심각한 식료품 가격의 상승도 매우 중요하다. 예를 들어 1326~39년의 자료에 근거해서 1335년 피렌체의 임금 칼로리 양을 계산하면 평균 1,755칼로리로 그 양이 매우 적었다는 것을 알 수 있다. 그러나 1329년 수확 직전에 밀 가격이 올랐을 때 정원사의 하루 임금 칼로리 양은 가족 1인당 500~600칼로리로 급격히 낮아졌는데, 이것은 그들이 거의 아사 상태에 놓여 있었다는 것을 의미한다! 더욱 중요한 것은 이런 전반적 묘사가 특정 시기, 특정 범주의 임금노동자에 널리 퍼져 있던 실업 문제를 고려하지 않고 있다는 점이다. 브뤼헤에서는 건축 노동자의 반 이상이 동일한 건설 현장에 길어야 4주 정도로 단기간 고용되었다. 상시 고용된 장인과 노동자는 매우 적었다. 그 이외의 사람들은 모두 '예비군'을 형성하였고 비정기적으로 고용되었는데, 이것은 그들이 계속해서 일자리를 옮겨 다녔다는 것과 오랜 기간 동안 직장 없이 지냈다는 것을 의미한다. 장피에르 소송에 따르면, 도시 빈곤층의 대부분을 차지하면서 농촌 이주민의 유입에 의해 끊임없이 채워지는 집단이었던 이들 미숙련 노동자들은 대량의 '만성적 실업자들'이었다. 마지막으로, 중세 말에 산업 생산이 발전하면서 생겨난 내부 구조 역시 사회 양극화를 야기하고 프롤레타리아 계급을 확산시켰다. 상인과 기업가의 감독 아래 조직되고 통제되던 농촌 수공업 생산은 임금을 떨어뜨리는 결과를 가져왔고, 이는 도시 동업조합의 장인 수공업에 큰 위협이 되었다. 서유럽 도시에서 전통적 수공업의 위기는 폴란드 역사가인 마리안 말로비스트(Marian Malowist)가 보여주듯이 많은 장인들이 자립적인 경제생활을 영위하지 못하도록 만들었고 그들을 프롤레타리아로 전환시켰다. 동업조합은 무엇보다도 소수의 사람들, 즉 직업적 자질, 투자 가능성, 부와 기술 설비로 인해 특권을 누리고 있던 엘리트층의 물질적 번영과 이익을 보호하는 데 목적을 두고 있었다. 반면 장인들 대부분은 매우 불안정한 삶을 살고 있었다. 그들은 시장 상황의 급변에 잘 적응하지 못하였고 유리한 상황을 이용할 수 있는 수단도 갖고 있지 못하였다.

우리의 관심은 빈곤을 야기한 사회적 변화에 있기 때문에 위기나 불운과 같은 부정적인 측면에 주로 초점을 맞추었다. 그러나 역사는 단지 위기만으로 이루어진 것은 아니다. 위기 이후에는 보통 번영과 재건, 균형의 시기가 뒤따른다. 14세기에 회복의 시기는 인구 감소와 농업 수익의 증대(이는 비옥하지 않은 땅의 경작을 그만두었기 때문이다)에 기인한다. 그러나 이 균형과 번영의 시기는 매우 짧았다. 장기적으로는 1460년대까지도 농산물 가격의 정체 혹은 하락 추세가 지속되고 있었다.

14세기와 15세기의 경제 발전은 농촌과 도시에서 모두 극심한 사회적 양극화를 낳았다. 가장 주목할 만한 사실은 대부분의 공산품 제조업자들의 경제 상황이 매우 열악했다는 것이다. 이들은 항상 생존의 위협을 받으며 살았다. 그러나 임금노동자들의 상황은 그다지 나쁘지 않았다. 특히 이후 시기와 비교해보면 상대적으로 양호했다고 할 수 있다. 14세기 초부터 1520년대까지 기본 양식이었던 밀의 가격이 하락하는 추세를 보였는데, 이것은 당시의 사회적 추세를 규정하였다.

이러한 상황은 역사가들이 '가격 혁명'이라 불렀던 현상으로 인해 급격히 변하였다. 심각한 가격 변동이 전체 물가의 차원에서 발생하였을 뿐만 아니라 노동 비용을 포함해 물품들의 상대 가격도 큰 변동을 겪었다. 16세기 초부터 모든 가격은 상승하기 시작했는데 1520년대부터는 급등 현상을 보였다. 가격이 가장 빠르게 상승한 품목은 밀, 향료, 축산물이었다. 수공업 생산품과 공산품의 가격 상승은 이보다 심하지 않았고 결과적으로 농산품은 유리한 가격 구조를 형성했다. 임금의 변화는 물가의 상승 속도를 따라잡지 못했다. 오랫동안 임금은 오르지 않았으며 오르기 시작했을 때에도 상승 속도가 너무 느렸기 때문에 생활비 상승 속도에는 미치지 못했다. 도시의 임금노동자들이 두 배로 피해를 빈었다는 것은 확실하다. 왜냐하면 공산품은 농산물의 가격에 비해 느리게 상승하여 보수가 그만큼 감소하는 결과를 낳았기 때문이다.

경제사 분야에서 전(前) 산업 시기의 실질임금에 대한 가장 믿을 만한 지표라고 간주되는 건축 노동자들의 임금은 물가의 상승 추세와 실질 임금의 하락추세라는 대조적 현상을 잘 보여준다. 이러한 현상은 16세기에 노동자들의상황이 계속해서 악화되었다는 것을 의미한다. 사회적 관점에서 보면 이런변화는 페르낭 브로델이 관찰하였듯이 부자를 더욱 부유하게, 빈민을 더욱빈곤하게 만들었다.

16세기 '가격 혁명'의 발생과 전개에 대한 해석 문제는 14세기의 위기만큼이나 첨예하고 활발한 논쟁을 불러일으켰다. 그러나 임금/가격의 관계가 사회에 미친 영향에 대해서는 의견이 거의 일치하고 있다. 실제로 가격이 급등한 이후 대중의 생활수준 특히 임금노동자의 생활수준이 하락했다는 것은 의심의 여지가 없다. 이런 갑작스러운 가격 상승은 충격적이었다. 근대 역사 연구에서 '계량 경제사'(cliométrie)의 첫 장을 이루는 임금과 가격의 역사에 대한 연구들은 이 시대가 겪었던 모든 극적인 사건들을 보여주고 있다. 그러나누구보다도 당시 역사가들은 물가 급등으로 인해 그 시대 사람들이 겪었던두려움에서 영향을 받지 않을 수 없었다. 16세기의 연대기 작가, 역사가, 정치평론가들은 이 현상을 기록하는 것을 잊지 않았다. 이들의 서술 가운데에는최초로 근대적 경제 분석을 시도한 것도 있다. 그러나 가격 급등이 매우 충격적으로 받아들여졌던 것은 주로 이전 시기에 가격이 매우 안정적이었던 데기인한다. 16세기 전 기간에 걸쳐 밀의 가격은 프랑스에서는 여섯 배, 폴란드에서는 네 배, 네덜란드에서는 세 배 증가하였는데, 이것은 단순 기준으로 보면 매해 4.3퍼센트, 누적 기준으로는 매해 1.5퍼센트 상승했던 것을 의미한다. 16세기 사람들에게 가격 상승 추세가 계속된다는 것은 놀라운 현상이었고, 사람들은 생활수준이 급격하게 혹은 이해할 수 없는 방식으로 악화되고있다고 생각했다. 귀족과 농민, 부르주아와 노동자가 모두 이에 대해 불평했다. 사람들은 16세기의 처음 시기를 그리워했으며, "그때는 매일 고기를 먹었고, 먹을 것은 풍부했으며, 포도주를 물처럼 마셨다"라고 회상했다. 그러나

"현재(1513년)는 1리브르의 양고기 가격이 예전의 양 한 마리 가격에 해당한 다"라고 불평했다.[4]

이러한 가격 상승에 대한 가장 단순한 해석은 아메리카 대륙의 은이 대량 으로 유입되어 화폐의 유통과 가치에 교란을 가져왔다고 보는 것이다. 이를 통해 당시 사람들은 가격의 상승을 설명하였으며, 근대사가도 대체로 이를 받아들인다. 그러나 연대기 기록에 비추어 보면, 이 해석은 문제가 있다. 명목 가격의 변화에 관한 연구에 따르면, 가격 상승 추세는 이미 1460~70년, 즉 아 메리카에서 귀금속이 유입되기 이전에 시작했다. 그리고 중부 유럽의 광산에 서 이 시기에 은의 채굴이 증가하였다는 사실도 가격 상승 현상을 설명하기 에는 충분치 않다. 실제로 16세기의 인플레이션은 내적 구조의 모순에 그 기 원을 두고 있다. 농업 생산은 정체되고 있었다. 동유럽과 서유럽의 여러 지역 에서 지주 소유 토지의 농업이 크게 발전한 것은 농산물 가격의 상승에 기인 했지만, 이것이 농민들의 쇠락을 막지는 못했다. 중세 후기 노르망디 지방의 농촌 변화에 관한 연구에 따르면, 1460년 이후 토지 수확과 노동생산성은 급 격하게 감소했다. 가축 사육에서의 이윤도 비슷하게 하락했으며 이로 인해 토지의 비옥도는 떨어지고 농경용 가축은 부족하게 되었다. 농업 쇠퇴와 인 구 증가 현상은 동시에 발생해, 인구와 당시의 사회·기술적인 조건에서 생산 될 수 있었던 가용 자원 사이에 위험스런 불균형을 야기했다. 귀금속의 양과 화폐량 간의 관계는 농촌과 도시 간의 불균등한 발전 속도, 지주 계급의 소비 지출 증가, 상업 이윤의 축적 등과 같은 매우 다양한 인플레이션의 원인 중 한 가지였다.

16세기의 인플레이션은 내적 메커니즘의 작동 결과였다. 사회적 관점에서 보면 인플레이션은 농촌 내부에서 부의 불평등을 더욱 강화시켰다. 농민층의

---

4 Cf. F. Braudel, *La Méditerranée et le monde méditerranéen à l'époque de Philippe II*, Paris, 1966, t. I , p. 471.

분화는 이후 더욱 빠른 속도로 진행되었다. 게다가 농민들의 토지는 대토지 소유주, 도시민, 부유한 농민들의 수중으로 넘어갔다. 농촌 인구 중에서는 부유한 농민들만이 유일하게 새로운 시장 조건에서 이득을 얻었다. 화폐로 납부되던 중세의 봉건 부과조는 액수가 고정되어 있었기 때문에 실질적으로는 줄어들었다. 대신 조세 부담은 크게 증가하여 농민 빈곤화의 또 다른 요인이 되었다. 마지막으로, 소농은 임금노동을 해서 여분의 수입을 올려야 했는데, 16세기 인플레이션의 주된 특징인 실질임금의 하락으로 인해 사정은 악화되었다.

노동자들의 임금은 생계비보다 느리게 상승했기 때문에 구매력은 점점 하락했다. 스페인에서 실질임금은 1571~80년을 100으로 보았을 때 1510년에 127.8, 1530년에 91.35, 1550년에 97.6, 1570년에 105.66, 1600년에는 91.31이었다. 비슷한 시기 동안 함부르크에서는 석공의 임금이 150퍼센트 증가했으며, 목수의 임금과 직조공의 임금은 두 배가 되었다. 한편 곡물 가격은 16세기 동안 380퍼센트 정도 상승했으며 여성의 임금은 평균적으로 40퍼센트 정도 증가했다. 실질 임금의 하락은 미숙련 노동자뿐만 아니라 동업조합의 장인에 이르기까지 모든 범주의 노동자들에게 영향을 끼쳤다. 단지 영향을 받는 정도가 달랐을 뿐이다. 가끔 식사 제공과 같은 현물 보수가 임금의 일부일 경우에는 실질 임금의 하락이 다소 상쇄되었다.

빌헬름 아벨은 1501~1620년 시기에 아우크스부르크의 보조 석공을 대상으로 실질임금이 어떻게 변화했는지를 연구했다. 그가 채택한 지표는 우리가 14세기 임금노동자의 상황을 묘사할 때 사용했던 지표와는 조금 다른 것이다. 그는 5인 가구를 기준으로 계산했다. 그는 필수불가결한 칼로리 양으로 남자 1인에 대해 3,500칼로리를, 여성 1인에 대해 2,400칼로리를, 세 아이들에 대해서는 1,200~2,400칼로리를 가정했는데, 이 경우 한 가족의 하루 최소 필요량은 1만 1,200칼로리에 이른다(즉 가족 일인당 2,240칼로리 정도이며, 이것은 샤를 드 라 롱시에르가 14세기 피렌체의 영양 상태에 대한 연구에서 제안했던 것과 거의 비슷한 수치이다). 아벨의 연구는, 노동자의 임금이 최소 칼로리 필요량 이하로 자주 하락했으며, 1540년대부터 16세기 말까지 항상 그 이하에 머물러 있었다는 것을 보여주었다.

농촌 노동자의 임금은 더욱 복잡한 모습을 보여준다. 왜냐하면 농촌에는 화폐, 현물, 이 둘의 혼합이라는 세 가지의 임금 지급 방식이 모두 퍼져 있었기 때문이다. 그러나 그동안 진행된 연구에 따르면 실질임금의 하락은 세 가지 경우에서 모두 관찰되었다. 엠마뉘엘 르 루아 라뒤리(Emmanuel Le Roy Ladurie)는 16세기 랑그도크(Languedoc) 지방의 예를 들어 이를 증명했다. 현물 방식일 경우 전체 수확에서 경작자가 가져갈 수 있는 비중이 1500년과 1600년 사이에 10퍼센트에서 6퍼센트로 줄어들었다. 화폐 방식일 경우 100에서 54로 감소했고, 혼합 방식의 경우 등가의 곡식 양으로 측정하였을 때 3,100리터에서 1,600리터로 줄어들었다. 여성들의 상황은 더욱 고통스러웠다. 왜냐하면 동일한 종류의 노동에 대해서 여성들은 일반적으로 남성들이 받는 임금의 반 정도를 받았기 때문이다. 랑그도크의 회계장부에 따르면 이 원칙은 14세기와 15세기 내내 유지되었다. 16세기에 상황은 더욱 악화되어서 동일한 종류의 노동에 대해서 여성들은 남성보다 네 배 정도 더 낮은 임금을 받았다. 일반적으로 여성의 임금은 가장 많아야 보조 석공이나 임시 농업 노동자 임금의 37퍼센트에 해당했다. 1480년과 1562년에 곡식의 가격이 150퍼센트나 증가했는데도, 보모들의 임금은 전혀 오르지 않았다. 1562년부터 어느 정도 오르기 시작했지만 물가의 상승 속도를 따라잡기에는 너무 느렸다. 여성 노동자의 임금 수준이 남성 노동자보다 훨씬 낮고 임금의 상승 속도도 느린 것이 관례였기 때문에 물가와 임금 간의 격차가 여성 노동자들에게는 더욱 크게 벌어졌다. 르 루아 라뒤리는 "여성이 빈곤화의 가장 큰 희생자다"라고 결론 내렸으며[5] 특히 16세기 후반에 여성들의 상황은 매우 심각했다고 강조했다.

---

5 E. Le Roy Ladurie, *Les Paysans de Languedoc*, Paris, 1966, p. 278.

따라서 16세기는 경제적 팽창의 시기였으나 대중들의 생활수준이 점진적으로 하락한 시기이기도 했다. 바로 그들이 경제 상황의 급격한 변동으로 인해 가장 크게 고통 받았으며 사회체제의 근대화 비용을 감당했던 것이다.

17세기는 장기적 경제 상황의 추세에서 전환점이었다. 이전 시기에 급등하기만 했던 물가는 비로소 안정되었다. 그러나 농산물 가격은 여전히 임금에 비해 높았다. 근대사가들은 이 시기의 도시와 농촌에서 나타난 사회적 · 경제적 변화의 성격에 대해 연구했지만 결정적인 답을 얻지는 못했다. 1620년경 혹은 1650년경에 나타난 17세기 전반기의 위기는 15세기와 16세기의 경제 팽창의 한계를 극명히 드러냈다. 농업 사회의 근본적인 봉건 구조가 바뀌지 않은 상태에서 변화는 멈추었다. 상업, 금융, 항해, 화폐 유통, 국가와 도시의 재정에서 발생한 문제들은 바로 생산관계와 정부 체제의 보수성이 낳은 결과였다. 산업의 발전과 부르주아들에게 특권을 부여하는 정부 체제의 선택만이 이런 위기에서 벗어날 수 있는 유일한 길이었다. 이 길은 산업혁명의 첫 단계였는데, 영국과 네덜란드가 가장 먼저 걷기 시작했다. 다른 국가들은 뒤늦게야 그 뒤를 따를 수 있었다.

생활수준 그리고 임금과 물가의 관계에서 14세기 위기 이후의 상태가 지속되었으며 16세기 처음 25년 동안에 크게 악화되었다. 한편 일찍부터 '산업화'의 길에 접어들었던 지역에서는 임금과 물가의 관계가 뒤바뀌었다. 임금은 열 배 정도 올랐으나 곡물 가격은 단지 두 배 증가하였다. 그러나 물가 수준이 원래 워낙 높았기 때문에 영국이든 독일이든 임금과 물가 수준을 비교할 경우 전 산업화 시기 유럽의 일반적 추세는 매우 암울하였다. 18세기 전반기의 도시에서 임금이 조금 올랐다는 사실은 이러한 상황을 변화시키지 못했다. 게다가 18세기 후반기에 들어서면 상황은 다시 변화하여 결국 이 세기의 마지막 10년 동안에 실질임금은 급격하게 하락했다.

2. 경제 발전 지역과 빈곤화 기제

우리가 연구하고 있는 시대의 경제적·사회적 추세에 관한 이러한 일반적
내용은 취약한 기초 연구와 부족한 자료로 인해 부정확하며 도식적이다. 또
한 그 내용이 유럽의 모든 나라와 지역에 적용되는 것 같아 보이지도 않는다.
왜냐하면 봉건 농업사회는 국가와 지역에 따라 유형이 서로 달랐고, 따라서
'상업'적 지표의 사용은 적절하지 않기 때문이다. 대부분의 경우 봉건사회의
경제생활은 역사학자들이 매우 귀중한 사료로 생각하는 화폐 유통, 은행 거
래, 상업적 교환에 의해 규정되지 않았다. 그럼에도 이론가들이 '불완전한 통
제 체제(système de contrôle imparfait)'라고 부르는 이런 경제 체제 내에서
일종의 유사성을 발견할 수 있다는 것은 놀라운 일이다. 유사성은 런던에서
콘스탄티노플까지, 그리고 리스본에서 모스크바에 이르기까지 광범위하게
나타났다. 때때로 어느 특정 지역에서는 가격의 움직임이 매우 다른 방향으
로 전개되기도 했으며 발전 경로 역시 지역마다 달랐다. 그러나 지역 연구들
은 대체로 일반적인 발전 원칙을 입증하고 있다. 르 루아 라뒤리에 따르면 랑
그도크 지방은 15세기에 침체를 겪은 이후 16세기 말과 17세기 초에 경제적
으로 팽창하였다(그런데도 이 시기에 일용직 농업 노동자의 임금은 하락하였다).
1630~70년에는 '미해결의 긴장 시기'를 겪었으며, 이후 경제 침체는 1740년
까지 지속되었다. 네덜란드의 역사가 슬리허 반 바트(B. H. Slicher Van Bath)
도 서유럽의 농업 발전에서 동일한 변화 단계를 관찰했다. 우선 중세에 팽창
의 시기가 있고, '정체'(vacances: 경작 토지의 감소) 시기가 뒤를 이었다. 이후
16세기에 가격의 급등이 이어졌고 마지막으로 1650년과 1750년 사이에 경제
침체가 나타났다.

이와 같은 유럽의 경제 상황에 대한 전체적인 그림에서 특히 14세기와 17
세기에 연속적으로 발생했던 위기와 경제 침체는 특별한 의미를 갖는다. 영

국 역사가인 페리 앤더슨(Perry Anderson)은 이 기간에 발생했던 변화를 다룬 최근 연구들이 봉건 생산 방식의 역동성을 명백히 알게 해주었다고 지적했다. 역사 연구에서 활발한 논쟁을 야기했던 위기들의 수많은 측면 가운데 여기서는 단지 이 시기의 사회경제적 구조 변화에 주목하도록 하자.

16세기의 위기는 봉건 소득의 감소, 즉 봉건 지대의 가치 감소와 관련되어 있다. 그런데 이 현상의 원인과 결과와는 상관없이 현상 자체가 바로 봉건 체제의 문제점들을 해결하기 위한 노력을 유발했다. 당시 문제를 해결하기 위해서는 두 가지 서로 다른 경제적 변화의 길 중에서 선택을 해야 했다. 그 선택은 이후 유럽 농업 체제의 발전을 결정짓는 것이었으며, 사회 · 정치 체제의 변형에도 큰 영향을 끼쳤다. 봉건영주들에게 대안은 다음과 같았다. 즉 농민과의 관계를 상업화하고 그들의 토지 운영을 근대화하는 것, 혹은 농노의 노동력을 이용하는 토지 경작 방식을 확대하고 강화하는 것이었다. 첫 번째 대안을 선택한 경우에는 근대적 경작 방식의 채택, 새로운 산업에 부합해 고수익을 보장해주는 가축 사육과 곡물 생산의 출현을 목격할 수 있었다. 영국에서는 16세기에 목양(牧羊)을 확장하기 위해 경작지를 줄였는데 그로 인해 소규모 농업 생산자들이 몰락하게 되었다. 토머스 모어(Thomas More)가 "양이 사람을 잡아먹는다"라고 이야기한 것은 바로 이 현상을 의미한다. 두 번째 대안을 선택한 경우에는 농민의 무상 노동에 기초를 둔 전통적 경작 방식의 확장을 가져왔다. 그런데 농민들을 농노로 만들어야만 노역을 강제할 수 있었기 때문에 이 경우 노역의 의무를 재건하기 위한 '재판 농노제'(second servage)*

---

* 봉건제 위기 이후 엘베 강 동쪽의 동유럽에서 농민의 지위가 농노로 전락한 현상을 말한다. 서유럽은 이와 달리 귀족을 견제하려는 왕의 의도로 농민의 지위가 상승했다. 무역이라는 형태를 통하여 동유럽의 식량과 주요 원료를 공급받음으로써 서유럽은 더욱 발전할 수 있었다. 동유럽의 귀족들은 상업적 농업에 필요한 노동력을 농노제를 강화함으로써 동원할 수 있었다고 이매뉴얼 월러스틴은 주장했다. 이에 반해 로버트 브레너는 농민의 이주로 인해 조직력이 약해진 것을 재판 농노제의 원인으로 생각했으며, 페리 앤더슨은 도시 부르주아의 참여가 없었던 동유럽 절대주의 국가권력이 농노제를 강화시켰다고 판단했다.

가 나타났다.

　이런 방식으로 유럽 농업 체계는 두 유형으로 변화했고, 두 지역을 분리하는 구별선은 근대 경제사가들에 의해 엘베(Elbe) 강을 따라 그어졌다. 그러나 두 지역이 뚜렷이 구별되고 지리적으로 구분되는 데에는 매우 오랜 시간이 걸렸다. 15세기에 유럽이 위기에서 벗어나던 시기에 두 유형이 사회·경제 변화의 두 축으로 등장하였고 유럽의 특정 지역과 국가 차원에서 공존하였다. 그러나 두 유형 가운데 어느 것을 선택하느냐는 지주와 농민들 간의 관계에 기초한 개인적 결정에 의한 것이 아니었다. 그보다는 경제 발전의 단계, 시장 상황, 소생산자들 간의 상업적 관계, 지역의 봉건영주와 농민 간의 세력 관계, 도시와 부르주아지의 역할과 같은 매우 광범위한 요인들의 결과였다. 이 모든 요인들의 상호작용을 통해 각 국가와 지역은 특수한 구조들을 갖추게 되었다.

　두 모델 중 어떤 유형을 선택했는가와 그 모델이 정착하는 데 걸렸던 속도는 동유럽과 서유럽 사이에서뿐만 아니라 — 우리가 자주 간과했지만 — 북유럽과 남유럽 사이에서도, 즉 유럽의 모든 지역에서 차이를 보였다. 단순하게 말한다면 '북쪽'과 '서쪽'이 근대 유럽의 역사에서 경제적으로 가장 발전된 지역이었다고 말할 수 있을 것이다. 극단적 예로서 한편으로는 영국과 스웨덴, 다른 편으로는 포르투갈과 시칠리아 혹은 프랑스와 모스크바 대공국을 든다면 이 명제는 매우 타당해 보인다. 그러나 중간적인 사례, 즉 보헤미아나 독일의 국가들을 고려한다면 이 명제는 다소 의심스러워 보인다. 근대화인가 '재봉건화'인가라는 유형을 기준으로 한다면 우리는 유럽을 지리·경제적으로 네 지역으로 분류할 수 있다. 첫째는, 영국, 네덜란드, 프랑스의 대서양 연안과 북부 지역 그리고 남부 독일과 같은 근대화된 지역을 들 수 있다. 둘째는, 재봉건화된 지역으로 중부 유럽과 동유럽을 언급할 수 있다. 셋째는 이베리아 반도와 이탈리아 반도로서 앞서의 두 유형이 공존한 지역이다. 마지막으로 동남부 유럽은 그곳의 역사와 정치적 상황의 특수성에 맞는 유형을 만들었는데 이곳에서는 보수적인 농업 경작 체계가 유지되었다.

두 번째 '총체적 위기'의 시기인 17세기에는 15세기에 처음으로 모습을 나타냈던 이 두 유형 간의 차이가 확립되고 확대되었다. 또한 '경제적 집중'이라는 새로운 형태가 등장하여 선택된 유형을 더욱 정교하게 발전시켰다. 당시 영국과 네덜란드가 이룩했던 발전 수준이 유럽의 산업화 전망을 결정했다. 그러나 18세기 이전에 이 두 국가들의 사회경제적 영향력은 지엽적이었으므로 이를 과대평가해서는 안 될 것이다. 두 국가에서 진행됐던 원산업화(protoindustrialisation)는 일부 역사가들에 의해 '소규모 산업혁명'이라고 간주되지만 유럽의 핵심적인 사회·경제 구조에는 큰 영향을 끼치지 못했다. 17세기 사회 체계의 근간을 이룬 것은 토지 소유였고 그 지배적인 추세는 귀족 체계를 성립시킨 보수주의였다. 18세기에 와서야, 즉 부르주아 혁명의 전야 혹은 혁명 시기가 되어서야 사회·경제적 구조에서 급진적 변화가 발생해 산업 사회로 전환하게 되었다.

인구 밀도의 변화는 사회경제적 분위기를 규정하는 중요한 요소로서 특별히 주목해야 한다. 이미 당시의 대중과 근대 사회경제 사상의 선구자들에게 인구통계학은 각 상승 국면과 하강 국면의 해석을 위한 중요한 참고 기준이었다. 맬서스 이전에도 사람들은 기근과 빈곤이 과잉 인구의 결과임을 간파하고 있었다.

유럽의 인구 증가에 관한 정보는 너무나 파편적이기 때문에 유럽 전체 혹은 각 지역의 인구 곡선을 정확하게 그리는 것은 불가능하다. 그러나 현재까지의 정보에 따르면 인구 증가 추세는 일반적인 경제성장 추세와 비슷하게 그려지는 듯하다. 헬라이너(K. F. Helleiner)에 따르면 14세기 중반(대흑사병 시기)부터 15세기 중반에 이르는 100년 동안은 인구 감소 혹은 경기 침체로 특징지을 수 있다. 이후 유럽의 대부분 지역에서 인구가 증가했으나, 다시 100년 동안에 걸쳐 인구는 감소했다. 1340~1440년의 인구 감소에 대해서는 확실하게 말할 수 있지만, 17세기의 인구 감소에 대해서는 확실치 않은 면이 있다. 어떤 연구자들은 1650년과 1740년 사이에 인구 감소가 있었다고 주장한다. 한편 임금과 인구 증가를 비교해보면 이 두 현상 간에는 어떤 지속적인 관련이 없는 것 같아 보인다. 우리가 추론할 수 있는 것은 인구 증가 이후 임금의 정체, 혹은 감소가 나타난다는 것뿐이다.

전통적 구조가 근본적으로 변화하지 않은 농촌 사회에서는 초과 인구를 흡수할 능력이 없었기 때문에 식민화 외에는 인구 과잉의 문제를 해결할 방법이 없었다. 16세기의 식민화 운동은 특정 지역의 내부에서뿐만 아니라 인구가 적은 해외에서도 활발히 추진되었다. 또한 독일의 30년 전쟁 이후 한 차례 강력한 식민화가 전개되었으며 18세기에 다시 한 번 대규모로 행해졌다. 그러나 이 운동은 인구 증가 압력에 대한 임시방편일 뿐이었다. 봉건사회가 흡수할 수 없었던 인구 과잉이라는 문제를 해결하기 위한 다른 노력으로 16세기에는 군사적 원정과 탐험이 행해졌다. 스웨덴의 팽창, 동유럽 영토의 식민화(하나의 예로 폴란드가 모스크바 방향으로 식민화를 추진한 것을 들 수 있다), 신세계를 향한 진출이 그러한 시도들이다.

인구 증가는 노동력의 증가를 가져왔고, 결과적으로 실업자와 빈민의 증가로 이어졌다. 유럽의 인구 지도를 그려보면, 네덜란드, 영국, 프랑스, 북이탈리아, 남독일, 카스티야와 같이 인구가 급속도로 증가했던 곳에 빈민이 매우 많았다는 것을 알 수 있다. 그러나 이 두 현상 간의 관련성에 너무 큰 무게를 두어서는 안 될 것이다. 주르댕(Jourdain)* 씨가 산문에 접근했던 방식으로 인구 이론에 접근하고 있는 현대 맬서스주의자들의 주장, 즉 빈민의 증가가

---

* 몰리에르의 희곡 『서민 귀족』(Le Bourgeois Gentilhomme)에 나오는 주인공이다. 몰리에르는 주르댕을 통해 귀족이라는 신분의 허상과 이를 추구하려는 허영심을 비판했다. 주르댕은 이 작품에서 산문에 대한 정의를 철학 선생에게 듣고 난 후 놀라움에 다음과 같이 외친다. "생각해보니 내가 일생동안 산문이 뭔지도 모르면서도 산문을 이야기했도다." 그리고 나서 부인에게 자신이 안 것을 자랑하기 위해 다음과 같이 말한다. "산문, 이제 알겠소? 모든 산문은 운문이 아니며 운문이 아닌 것은 모두 산문이란 말요, 하, 이게 다 배움의 효과란 거야, 알겠소?"

새로 태어나는 사람이 너무 많기 때문이라는 생각을 그대로 받아들여서는 안된다. 16~17세기에 스페인에서 빈민의 비율이 가장 높았던 곳은 인구가 가장 빨리 증가하던 나바라(Navarra)와 카탈루냐(Cataluña) 지방이 아니라 인구가 감소하던 발렌시아(Valencia)와 아라곤(Aragon) 지방이었기 때문이다.

분명한 것은 인구 밀도와 인구 구조의 변천은 조만간 생산의 문제에 직면하게 되었고 그 결과 실업이 발생했다는 것이다. 실업은 노동자들의 노동 공급 증가 혹은 고용주들의 노동 수요 감소로 인해 발생할 수 있다. 전(前) 산업화 시대에 실업은 주로 노동 수요의 부족 때문이었다. 실업자들은 사회·문화적 장애로 인해 직장을 구하는 것에 제한을 받았다. 그들은 익숙하지 않은 사회·경제적 환경과 새로운 조건에 적응하도록 강제당할 것이 두려워 일자리를 찾으려 하지 않았고 찾을 능력도 없었다.

프랑스의 인구학자인 알프레드 소비(Alfred Sauvy)는 인구 증가율과 빈곤 사이의 복잡한 관계를 '한계 생산성'(marginaliste) 이론을 이용하여 분석했다. 그에 따르면 한계 생산이 매우 낮은 사회에서 새로운 일자리 창출은 생산 증가 면에서의 이득보다 노동 비용을 더욱 크게 증가시키기 때문에 일정 수의 개인은 일하지 않고 이윤 분배에만 참여하는 것이 오히려 이롭다는 것이다. 이는 그들이 일하지 않고 남의 도움을 받으며 살 때가 그들이 스스로 일하며 먹고살 때보다 더 적은 양을 소비하기 때문이다. 이런 상황에서 사회는 여성과 아이들 혹은 일부 남성까지도 노동을 하고 임금을 받게 하기보다는 생물학적으로 최소한의 생활수준을 보장해주면서 생산노동에서 멀어지게 하려고 노력한다. 노동자들도 임금을 받고 일하는 것이 생활수준을 크게 향상시키지 않는다면, 최소한의 생활수준을 보장받고 일을 하지 않는 것을 선호할 것이다. 소비의 이론은 사회 현상에 대해 그럴듯한 해석을 제공하고 있지만, '불완전한 통제 체제'에 이 '한계' 이론을 적용하는 것이 과연 합당한가라는 비판을 받고 있다. 이러한 체제에서는 도시, 즉 산업적 노동시장은 농촌의 과잉 인구 중 일부분만을 흡수한다. 이들은 도시에 적응하기 위해서 배워야 했다. 농촌과는 다른 시간의 흐름에 맞추어 생활하는 것을 배우고, 규제, 이윤, 돈 개념에 익숙해져야 했으며, 직업 기술의 기초를 몸에 익혀야만 했다. 그러나 노동을 하는 것이 단지 최소한의 생존만을 확보해준다면 일을 하고자하는 의지는 이내 사라졌다.

지금까지 우리는 근대 유럽이 겪었던 사회 변화의 주된 특징 중에서 흉작, 전염병, 기근 등 모든 재앙이 마치 '지옥의 저주'처럼 동시에 발생했던 극적인 위기의 순간에 대해 이야기했다. 이 중에서 전염병은 영양 부족의 결과로 볼 수 있으므로 고려하지 않아도 좋을 것이다. 영양 부족은 생리학적인 기력 소진과 유기체의 면역 기능 저하를 낳았다. 전통적인 농업 체제는 저조한 수확, 제한된 수의 작물 경작, 수송의 어려움, 비축 양식의 부족, 저장 기술의 미발달 등으로 인해 농촌공동체를 항상 기근의 위기에 노출시켰다. 인구 증가와 흉작은 바로 심각한 기근 현상을 낳았고 다른 지역에서 곡물이 유입되어도 가격이 크게 올랐기 때문에 대부분의 가계는 이를 감당할 수 없었다. 중세에는 이런 기근의 위협이 항상 존재했다. 농업이 번성하고 곡물 생산이 증가했던 시기에도 연대기들은 국지적으로 발생하는 재난 이야기, 가끔은 과장된 이야기들을 풍부하게 기록하고 있다. 14세기에 발생한 연속적인 위기들 중 첫 번째는 1315~17년에 발생한 기근으로서 지역적 차원을 넘어 전 유럽으로 확장했다.

당시 사람들은 풍작과 흉작의 주기적인 교체를 경험했는데 마치 살찐 암소 일곱 마리와 마른 암소 일곱 마리에 관한 성경 우화*의 예를 보는 것 같았다. 농업경제학자들은 여러 이론을 바탕으로 농업 생산의 주기적인 특징을 설명하려고 노력했다. 그러나 근대의 역사 연구는 이 이론들이 제시하는 주장을 입증하지 못했다. 기후에 의한 설명 방식도 사료에서 그 증거를 찾지 못했다. 대규모의 기근이 주기적이었든 아니었든 농촌 사회를 늘 불안하게 만들었다는 점은 사실이었다. 따라서 우리는 농산물의 장기적인 가격 추세와 흉작으로 인한 특정 시기의 단기적 가격 상승을 구별할 필요가 있다. 그러나 소규모 농민들은 경기가 개선되든 악화되든 언제나 고통을 받았다. 풍작의 시기에는 곡물 가격이 너무 내려가서 수지가 맞지 않았다. 흉작의 시기에는 가격이 상승했지만 생산량이 너무 적은 것이 문제였다. 재고량이 없었기 때문에 투기에 편승해 손해를 줄일 수도 없었다. 가격이 상승하는 경우에는 그러한 투기 현상이 만연했다. 폴란드 역사가 비톨트 쿨라(Witold Kula)는 전통적 농촌 경제에서 상품 교환 비율인 교역 조건의 중요성을 강조한 바 있다.

'과거 유형'의 위기는 구매력과 노동에 대한 수요를 동시에 제한하는 메커니즘을 작동시켰다. 따라서 위기 때에 빈민들은 먹을 것도 일자리도 찾지 못했다. 식량 위기와 함께 걸인, 유랑민, 방랑자들은 급격히 증가했다. 이런 유형의 위기가 처음으로 나타난 것은 바로 1520년대였다. 1528~29년의 저조한 수확으로 인해 기아에 허덕이던 수많은 농민들이 농촌을 떠나게 되었는데, 이들은 베네치아, 리옹 혹은 파리와 같은 대도시로 식량과 일자리를 찾아 몰려갔다. 이 위기는 빈곤 문제의 심각성을 일깨워주었고 빈민들을 위한 효과적인 부조 체계의 필요성을 인식하게 해주었다. 그러나 이 위기의 심각성은 그 이후의 16세기와 17세기에 발생했던 기근보다는 덜한 것이었다. 기근은 재발했으며 더욱 심각해져 갔다. 우리는 그 예로서 16세기의 마지막 25년의 위기나(1593~97년의 생활비 상승은 특히 견디기 어려운 것이었다), 진정한 기근의 시대로 특징지을 수 있는 1659년과 1662년의 기근, 또는 1771~74년의 궁핍을

---

* 구약성경 창세기 제41장에 나오는 바로 왕과 요셉의 이야기다. 어느 날 바로 왕은 꿈을 꾸었다. 살찐 암소 일곱 마리가 갈밭에서 풀을 뜯고 있는데, 갑자기 파리하고 흉악한 일곱 암소가 나타나 살찐 암소를 잡아먹었다. 바로 왕은 깜짝 놀라 잠에서 깨어났다. 그러다가 얼핏 다시 잠이 들었는데, 이번에는 한 줄기에서 나온 마른 일곱 이삭이 충실한 일곱 이삭을 삼켜버리는 것이었다. 다음 날 바로 왕은 현인들을 불러 꿈 얘기를 했지만 그 뜻을 정확히 아는 사람이 없었다. 이때 술잔 드리는 신하가 요셉을 추천했다. 요셉은 "살찐 암소 일곱 마리와 잘 여문 이삭 일곱은 일곱 해를 뜻하며, 여윈 암소 일곱 마리와 가냘픈 이삭 일곱은 일곱 해를 뜻한다"라고 말했다. 따라서 이집트에는 일곱 해 동안 풍년이 들 것이고 다음 일곱 해 동안은 흉년이 들어 양식을 거둘 수 없을 것이므로 닥쳐올 흉년에 대비하라고 충고했다. 바로 왕은 요셉에게 곡식을 저장하는 일을 맡겼고 8년 후에 흉년이 닥쳤을 때 나라를 위기에서 구할 수 있었다.

들 수 있다. 사회적 관점에서 볼 때 주로 일반 대중들이 가장 심각한 해를 입었다. 이탈리아의 전단지형 신문(avviso)은 1558년 2월의 로마에 대해 다음과 같이 이야기하고 있다. "사람들이 기아로 죽는다는 것을 빼면 이곳에 새로운 것은 하나도 없다."[6] 실제로 기아는 빈민들의 특징이었고 부자들과는 거의 상관이 없는 것이었다. 기근의 피해자는 평상시에도 영양 부족으로 고통 받고 있던 빈민들이었다. 제네바에서는 '정상적인' 시기에 임시 노동자의 하루 임금이 5리브르의 빵에 해당했는데 기근이 발생한 해에는 2리브르 반으로 떨어졌다. 그런데 당시 생존에 필요한 최소한의 식량이 1인당 하루 2리브르였다는 점을 감안하면 '정상적인' 시기에도 노동자의 임금은 한 가족의 기본적인 필요를 겨우 충족시키는 데 불과했고, 결핍의 시기에는 최저 수준에도 이르지 못했다는 것을 알 수 있다.

당시 사회에서 빈곤은 만성적이었는데 이는 물질적인 측면에서뿐만 아니라 사회적인 측면에서도 그러했다. 사람들의 생존은 최저생계비 수준에서 유지되었다. 특히 산업화가 진행되었던 지역에서는 더욱 심각했으며 '재판 농노제'가 진행된 지역에서는 오히려 덜하였다. 결과적으로 임금과 물가 간의 불안정한 균형 혹은 생명 유지에 필요한 식량의 양과 수확량 간의 불안정한 균형이 조금만 무너져도 빈민들은 집을 떠나 도시로 몰려가야만 했다. 이러한 사회에서 빈곤은 구조적인 것이었다. 즉 상시적으로 도움을 받고 살아가는 사람들이 매우 많은 상황이 정상적인 것이었다. 그리고 자선 기관의 활동, 유랑에 대한 억압적 조치, 당시 진행되고 있던 부조 개혁의 방향과는 상관없이, 사회정책과 부조 정책의 목적은 이러한 빈민들의 상황을 개선하는 데 있었다. 그러나 경제 위기와 식량 위기로 인한 빈곤은 사회 부조 정책의 영역을 벗어난 것이었고, 따라서 사람들은 빈곤에 대해 두려움, 위협, 냉대로 대응했다. 물론 이런 종류의 빈곤이 때로는 개인이나 집단의 자비심을 자극하기도

6 J. Delumeau, *Rome au XVIe siècle*, Paris, 1975, p. 107.

했고 새로운 부조 기구를 세우게도 했다.

중세의 빈곤은 사료에 비추어 보면 14세기 위기의 결과인 것 같아 보인다. 실제로 1350년경에 대부분의 유럽 국가에서 빈민과 실업자가 증가하고 유랑을 금지하는 법령들이 제정된 것을 알 수 있다. 그러나 사료를 볼 때는 신중해야 한다. 유랑에 관한 법이 많이 만들어졌다는 사실이 반드시 빈곤 증가가 경제 상황의 악화의 결과라는 것을 의미하지는 않는다. 또한 빈곤 증가 현상이 입법 행위와 동시에 일어났는지, 입법 행위와 인과관계를 갖는 것인지도 확실치 않다.

프랑스의 경제학자이자 사회학자인 프랑수아 시미앙(François Simiand)은 임금에 관한 연구에서 빈곤과 임금 변동 간에 긴밀한 관련이 있다고 주장했다. 그의 연구 결과에 따르면 임금이 정체하거나 감소했을 때 유랑민과 걸인의 수는 증가하거나 높은 수치에 머물러 있었으며, 반대로 임금이 높았을 때 유랑민과 걸인의 수는 감소했다. 14세기의 '반(反)유랑'법은 이런 인과관계와 합치하지 않았다. 이 법은 오히려 정반대의 원칙을 따르는 것으로서 임금이 높은 시기에 오히려 더 많아지고 엄격해졌다. 이것은 임금을 낮은 수준에서 유지하고 노동력 감소를 막음으로써 자신들의 이익을 지키려 했던 고용주들의 요구 때문이었다. 따라서 14세기 중엽에 빈곤 수준이 심각했던 것은 외부적 환경의 압력에 기인한 것이 아니었다. 그 원인은 순전히 구조적인 것이었다.

중세 말 도시의 인구 구조에 대한 연구에 따르면 빈민과 걸인은 전체 인구의 약 15~20퍼센트를 차지했으며 그 수치는 일정한 수준으로 유지되었다. 국가 전체 차원에서 빈민 인구의 비중을 계산하는 것이 가능해진 16세기와 17세기에 빈민, 즉 공적이거나 사적인 부조로 살아가는 사람들은 실제로 인구의 5분의 1을 차지하고 있었다. 그러나 이 두 통계를 가지고 전 산업 시대의 사회구조에서 빈곤 인구가 전체의 5분의 1에 해당한다고 결론을 내릴 수 있는 것은 아니다. 왜냐하면 중세 말의 인구 조사는 항상 도시의 자선 기관이나 개인들의 도움을 받았던 걸인, 즉 도시 걸인만을 고려한 것이기 때문이다. 농촌의 걸인은 수도원과 마을 교구의 보시를 쫓아 끊임없이 이곳저곳 떠돌아다녔다. 이러한 자선 행사들은 수천의 빈민들을 끌어들였으며, 이들은 보시를 받기 위해 유랑 생활을 할 수밖에 없었다. 단지 도시에서만 이 범주의 사람들은 정착할 수 있었다. 반면에 농촌에서 빈민들은 한곳에 오래 머무를 수 없었다. 또한 농촌에는 다른 유형의 빈곤이 존재했다. 즉 일을 하지만 생계를 거의 유지할 수 없는 빈민들로서 이들은 가족과 공동체의 구조 속에 통합되어 있었기 때문에 그 존재를 파악하는 것이 더욱 힘들다. 이 부류의 빈민들은 농업, 농촌 수공업, 산업 등 온갖 분야에서 가장 값싼 노동력을 제공했다. 예를 들어 직물업은 농촌 빈민들 중에서 미숙련 노동자를 충원했다.

14세기 위기 말의 선택 가운데 하나였던 농업 구조를 근대화하고 이를 자본주의적 모델로 발전시키려는 시도는 농촌에 다른 차원의 빈곤을 낳게 했다. 즉 토지 분배 구조의 변화와 농민 계층의 사회적·경제적 분화로 인해 경제적 독립성을 상실한 많은 소규모 농민이 이 시기에 나타났다.

이미 15세기에 부르고뉴, 노르망디, 토스카나 지방의 조세 대장은 세금 부담 능력이 없어 이를 면제받는 농민 수가 증가하고 있음을 보여준다. 그들은 '빈민' 혹은 '극빈자'라고 불렸는데 종종 조사 가구의 반 이상을 차지하기도 했다. 서유럽 대부분의 국가에서 농촌 빈민은 16세기에 현저하게 증가했다. 빈민 증가 속도는 매우 규칙적이었으나 식량의 위기 시에는 매우 빨라졌다. 농민들은 때때로 토지를 빼앗겼으며 소농들은 생산수단에서 차단되었다. 이러한 현상은 인클로저 법이 시행된 영국에서만이 아니라 노르망디나 부르고뉴 지방에서도 나타났다. 결국 경제적으로 가장 취약한 소규모 경작자들은 프롤레타리아의 길을 걸어야만 했다.

따라서 16세기와 17세기에 나타난 빈곤화는 농촌의 농업 체계와 그 사회 구조가 변하면서 나타난 것이었다. 전통적인 봉건 구조가 유지되었거나 회복된 지역, 그리고 비(非)경제적 제약에 의해 농민들이 도시 혹은 그 소유주에게 구속당했던 지역에서는 빈곤보다 유랑이 더 큰 문제였다. 유랑자는 도망자와 동일시되었으므로, 인신의 자유가 아닌 복종에 의존하고 있던 체제에서 이들을 용납할 수는 없었다. 그리고 이러한 사회에서 빈곤은 구조적인 역할을 수행했다. 비록 농촌은 만성적인 빈곤을 겪었지만 농민들은 다양한 종류의 일시적 노동을 통해 생계를 유지할 수 있었다. 같은 시기에 도시는 구걸을 직업으로 하는 사람들을 받아들였는데, 이들은 종종 형제회나 '걸인' 동업조합과 같은 조직을 만들었다.

3. 빈곤의 규모

빈곤화 과정은 풍요의 과정과 마찬가지로 어떤 하나의 사회체제나 특정한 '생산양식'에서 배타적으로 나타나는 현상이 아니다. 그러나 중세 후기와 '근대 초기'의 사회체제를 특징짓는 것은 단순한 빈곤이 아니라 빈곤 증가 추세가 너무 뚜렷했다는 것에 있다. 당시의 빈곤화가 특별한 중요성을 가지는 것은 빈민의 수가 많았다거나 빈곤 문제가 널리 퍼져 있었기 때문이 아니다. 그보다는 자본주의라는 새로운 체제의 형성에서 빈곤화가 담당했던 중요한 역할 때문이다. 우리가 이미 언급했던 것처럼 중세사회의 시대정신과 이데올로기는 빈곤에 대해 특수한 기능을 부여했다. 그런데 근대의 벽두에 빈곤에 대한 관념은 급진적으로 변했다. 걸인이나 게으른 사람들의 존재는 공공복지에 해로운 것으로 여겨졌고 빈곤이 과거에 담당했던 기능도 사라졌다. 동시에 소규모 생산자의 빈곤화는 자본주의 발전을 위한 중요한 조건, 즉 본원적 축적 과정을 위한 필수불가결한 요소였다. 특히 변화를 목전에 두고 있는 농업체계는 더욱 그러했다. 빈곤은 여전히 사회에서 중요한 역할을 맡고 있었지만 그 역할의 성격은 변하고 말았다.

그러나 축적 과정은 이미 중세의 농촌 사회에서 발견할 수 있다. 게다가 이 축적 과정은 거대한 영주 소유지에서가 아니라 기 부아(Guy Bois)가 최근 보여준 것처럼 농민 경작 수준에서 발생했다. 생산수단의 집중, 특히 토지의 집중은 경제적 성장을 가져왔다. 수확량과 소작료 간의 비율이 소농들에게 유리하게 변화한 덕분에 그들은 풍요로움을 누릴 수 있었다. 실질임금을 하락시켰던 농산물 가격의 주기적인 상승은 생산수단에 대한 투자를 부추겼다. 이런 부의 집중은 일정한 속도가 아닌 불규칙적이고 급격한 방식으로 이루어졌다. 경기의 급등 이후에 찾아온 불황은 이러한 축적 과정을 중단시키곤 했다. 또한 중세사회의 정신과 구조에 새겨진 경제적·사회적·심리적인 장애물도 이 과정을 방해했다. 당시의 농업 생산 기술은 가족적 경작 방식에 적합했다. 토지 소유주들은 농민들의 소작료에 대해 만족해했으므로 그들을 희생시키면서까지 자신의 토지를 확장하려고 하지 않았다. 이윤이라는 관념은 매우 천천히 이 시대의 경제적 사고방식에 스며들고 있었다.

16세기에 농촌의 축적 과정은 그 성격이 변하고 있었다. 이것은 한편으로는 소유하고 있는 토지 면적, 가축 수, 경작 기술과 방식에서 농민 간에 차이가 발생했기 때문이었으며, 다른 한편으로는 지주들이 농민들의 경제적 독립성 유지에 더 이상 관심이 없었기 때문이었다. 이 두 현상은 정치와 경제를 포함한 모든 측면에서 유럽 사회의 향후 변화에 영향을 끼쳤다. 자본주의로의 길을 열었던 본원적 축적 과정에 대해 설명했던 마르크스는 바로 이 과정의 비경제적 측면, 즉 정치적·사회적 제약의 메커니즘을 강조했다. 그러나 14세기와 15세기의 위기로부터 태동했던 변화의 추세는 16세기에 들어서야 비로소 명확한 모습을 띠었다. 그리고 바로 이 지점에서 동유럽과 서유럽이 선택한 길도 갈라졌다. 지주들은 봉건 지대의 소득 하락과 유리한 농업 조건에 직면해서 더 이상 소작제를 유지하려고 하지 않았다. 그들은 서로 반대되는 두 가지 해결책 중 하나를 선택했다. 그중 하나는 농민들을 자신의 토지에 속박시키는 '재판 농노제'를 추진하는 것이었고, 다른 하나는 농민들을 자신들의 토지에서 쫓아내는 것이었다. 이러한 두 가지 해결책 중 어느 쪽이 지배적이었는가는 지역에 따라 달랐지만 동유럽과 서유럽에서 모두 나란히 나타났다.

폴란드 역사가인 에르지 토폴스키(Jerzy Topolski)는 경제정책을 합리화하려는 귀족들의 의도가 두 해결책의 공통분모였으며, 이후 이 두 해결책은 유럽의 서로 다른 지역에서 오랫동안 평행을 유지했다고 주장했다.

유럽에서 가장 발전한 지역에서는 농민들이 토지에서 추방되고 그들 간에 부의 격차가 더욱 커짐에 따라 일부 사람들의 자본 축적과 대다수 사람들의 극심한 빈곤화가 발생했다. 마달레나(A. de Maddalena)가 지적했듯이 '농민세계의 쇠퇴'가 진행되는 과정에서, 농민들은 그때까지 공동체에 속하는 것으로 여겨졌던 방목지와 산림, 그리고 경작 가능한 토지의 3분의 1을 지주에게 빼앗겼다. 지주들은 "긴급하고 바로 필요하다"(urgens et improvisa necessitas)라는 명분을 내세우며 농민들을 무자비하게 쫓아냈다. 토지는 상업화를 적극 추진했던 부르주아의 손으로 흘러들어 갔으며, 경작을 통해 가족들의 생계를 유지할 수 없게 된 사람들의 수는 계속해서 늘어났다.

중세 말에 이미 농민들의 삶에 특징적으로 나타났던 토지의 세분화 과정은 16세기에 더욱 심각해졌으며 농촌 인구의 빈곤화를 야기했다. 조세 대장과 경지 면적에 관한 자료들은 이 과정을 잘 보여주고 있다. 노르망디 동부의 생니콜라 달리에르몽(Saint-Nicolas d'Aliermont) 교구에서는 6헥타르 이하의 땅을 경작하는 농민이 14세기 말에는 인구의 48퍼센트를 차지했는데, 1477년에는 41퍼센트로 줄었다가, 1527년에는 51퍼센트로 다시 증가했다. 만약 이 수치를 마을 교구의 인구 변화와 대비해 본다면 그 의미를 더 잘 이해할 수 있다. 처음 인구조사에서, 마을 인구는 135명이었는데 1477년에는 겨우 72명으로 줄었고, 1527년에 다시 151명이 되었다. 여기서 우리는 가장 작은 규모의 농가, 즉 경제적으로 가장 어려운 농가가 경기 상황이 나쁜 경우 먼저 타격을 받았다는 것과 이러한 농가의 수가 인구 증가와 함께 증가했다는 것을 알 수 있다. 토지가 비옥하지 않은 이 지역에서 6헥타르의 면적은 한 가구의 생계를 겨우 유지시켜줄 뿐이었다. 그런데 마을 교구에는 2헥타르 이하의 토지를 경작하는 농가도 있었다. 14세기 말에는 22가구가, 1477년에는 8가구가, 1527

년에는 30가구가 이 범주에 속했다. 이들은 임금노동으로 생계를 유지해야 했고, 일자리를 찾지 못한 경우에는 구걸을 해야만 했다.

16세기에 프랑스 대부분 지역에서는 이런 소규모 가족농이 지배적이었다. 16세기 말에 캉브레지에서는 소규모 농가가 농업 경작의 86퍼센트를 차지하고 있었는데, 이 비율은 당시 프랑스 농촌에서 흔한 것이었다. 토지 경작만으로 생계를 유지하기 위해서는 최소한 5~6헥타르의 토지가 있어야 했고 이보다 경작지가 작은 농가는 생존을 위해서 끊임없이 노력해야 했다. 그들은 파산할 위험을 안은 채 극도로 불안정한 상황에서 자신의 독립적인 삶을 지속하든지 아니면 가족의 생계를 겨우 보장해줄 뿐인 경작 이외의 다른 수입을 찾아야만 했다. 이 시대 영국에서는 경작지가 2헥타르 이하인 농가가 약 37퍼센트를 점하고 있었다. 즉 이것은 농가의 37퍼센트가 농업 이외의 다른 생계 수단을 찾아야만 했다는 것을 의미한다.

15세기와 16세기의 조세 대장을 통해 우리는 유럽 전체 차원에서 농민의 빈곤화 수준이 어느 정도였는가를 알 수 있다. 이 대장에서 '극빈자'(indigents)는 세금이 면제되는 하나의 독립적인 범주로 다루어진다. 그리고 이를 기초로 유럽 여러 지역의 빈민 수를 계산하는 것이 가능해 보인다. 그러나 불행히도 비교 분석을 위해 이 자료를 사용하는 것은 불가능하다. 왜냐하면 면세자를 결정하기 위해서는 빈곤의 기준을 정해야 했는데 '조세 제도상의 빈곤'(pauvereté fiscale) 기준은 국가와 시기마다 달랐기 때문이다. 세금 면제 원칙은 해마다 달라져서 같은 사람이라도 시기에 따라 세금을 내기도 했고 내지 않기도 했다. 용어도 지역마다 달라서 그 뜻을 명확히 파악하는 것이 쉽지 않다. 부르고뉴 지방의 조세 대장은 '세금을 낼 수 있는 가구'(feux solvable), '불쌍한 사람'(miséreux), '걸인'(mendiants)으로 구별했으며, 도피네(Dauphiné) 지방은 '빈민 가구'(feux pauvres), '아무것도 없는 자'(n'ayant rien), '걸인'(mcndiants)으로 구별했다. 네덜란드의 세무 관청은 낮은 세율로 세금을 부과할 수 있는 가난한 가구와 세금을 면제받는 가난한 가구로 구분하고 있다. 따라서 세금을 기준으로 빈곤을 정의하는 것은 다소 모호하다. 미셸 몰라가 이야기했듯이 '조세 빈민'들이 언제나 진정한 빈민은 아니었다. 게다가 인구조사 방법뿐만 아니라 용어에 대한 지역적 관습으로 인해 이 문서들의 신뢰도 역시 매우 낮다. 그럼에도 불구하고 이 문서들은 통계와 사회·심리적 관점에서 매우 중요한 사실들을 밝혀주고 있다. 통계적으로 보면 이 문서들은 상이한 공동체 내에서의 부자와 빈민 간의 비율을 보여준다. 사회·심리적 관점에서 보면 이 문서들은 빈민에 대한 그 당시 사람들의 태도, 즉 빈민을 '극빈자'와 '완전히 무일푼인 사람들' 혹은 걸인으로 구별하고 있었다는 것을 알려준다.

1480~1506년에 노르망디의 45개 농촌 마을 교구에서 '호별 부과세' (fouages)를 위해 수행된 조사는, '가구'(feux)의 15퍼센트를 '빈민과 걸인' (pauvres et mendiants)으로 규정했다. 동일한 수의 마을 교구에서 수집된 16세기 중반의 자료에 따르면(문서에 차이가 있어 같은 마을 교구는 아니다), 이 범주의 인구는 전체의 24퍼센트를 차지한다. 이와 같이 빈곤 가구가 증가하는 추세는 16세기 내내 지속되었지만 일부 지역에서는 매우 극적인 모습을 띠기도 했다. 브레트빌로르케이외즈(Bretheville-l'Orgueilleuse)의 마을 교구에서는 '빈민 가구'가 1500년에 6퍼센트를, 1539년에는 60퍼센트를, 1566년에는 81퍼센트를 차지했다. 바이이라리비에르(Bailly-la-Rivière)에서는 거의 비슷한 시기에 각각 11퍼센트, 46퍼센트, 36퍼센트였다. 오뷔송(Aubusson)에서도 동일한 시기에 각각 0퍼센트, 19퍼센트, 22퍼센트였다.

네덜란드의 문서도 유사한 빈곤화 과정을 보여주고 있다. 예를 들어 1494년과 1514년의 조세 대장은 빈민에 관해 매우 유익한 정보를 제공해준다. 이 기록에 따르면 1494년에 헤일로(Heyloo) 마을에서는 115명의 주민 중 15명이 구걸을 하면서 살고 있었다. 주테르메이르(Zoetermeer) 마을에서는 31명 가운데 8~10명이 지속적인 부조를 받으면서 생계를 유지하고 있었다. 1514년에 하위서(Huysse) 마을에서는 120명 중 40명이 조세를 부담할 수 없다고 여겨졌으며 알블라서담(Alblasserdam) 마을에서는 72명 중 40명 혹은 50명이 빈민이었다. 레인스뷔르흐(Rijnsburch) 마을에서는 110명의 주민들 중에서 단지 20명이 부조를 받지 않고 살 수 있었으며 나머지 90명은 성심 식탁 (Tables du Saint-Esprit)과 같은 자선 기관의 부조 혹은 마을의 수도원에서 분배하는 보시에 의존해서 살았다. 이것을 못 받게 될 경우 그들은 이집 저집에서 구걸해야만 했다. 1514년의 조사 대장은 빈민이 10퍼센트를 차지하는 구역과 34퍼센트에 달하는 구역 등 지역 간에 큰 차이가 있었음을 보여준다. 일반적으로 지역 행정기관이 가난하다고 판단한 마을 주민의 수는 네덜란드 전체 인구의 4분의 1에서 3분의 1 정도였다. 1526년에 빈민 수가 27퍼센트였던 브라반트(Brabant) 지역에서도 상황은 비슷했다. 루뱅(Louvain)의 농촌 지역에서 이 비율은 41퍼센트였다. 플랑드르의 왈론 지방에서 세무 관청은 15세기 중반에 27퍼센트의 빈민이 있다고 보고했는데, 이 수치는 15세기 말에는 30퍼센트, 16세기 중반에는 40퍼센트로 증가했다. 플랑드르 지방의 경우 장기간에 걸쳐 조사한 문서이므로 빈민 수의 변화와 빈곤화 과정에서의 단절 현상을 잘 알 수 있다. 예를 들어 1485년과 1498년 사이에 세금을 면제받았던 빈민 비율은 37퍼센트에서 30퍼센트로 감소했다. 인구 구조에서 빈민의 증가를 강조하는 것은 이 시대에 나타난 빈곤화 추세를 명확히 하기 위해서이다. 그러나 빈곤이 증가했다는 사실 자체가 빈곤이 모든 곳에서 동일한 형태와 강도로 증가했다는 것을 의미하지는 않는다.

소규모 농가에 대한 정보와 조세 대장에서 가난하다고 분류된 농민 가구의 목록만으로 16세기의 농촌에 빈곤이 어느 정도 만연했는지를 정확히 알 수는 없다. 하지만 이것으로 빈곤화 과정의 잠재적 위험에 대해 유추해볼 수 있다. 왜냐하면 이 문서들은 빈곤화의 위험에 가장 크게 노출되어 있던 가구의 상황을 보여주기 때문이다. 이들은 아무리 가난하다고 해도 마을을 떠나지 않고 어떻게 해서든 원래의 디진에서 살고자 노력했다. 그러나 경제적 메커니즘이 이들의 경작 활동을 포기하도록 강제함에 따라 이들은 점차 토지를 상실하게 되었다. 이런 과정은 유럽의 전 지역에서 나타났지만 지역이나 국가에 따라 정도의 차이는 있다. 즉 농민들에게 부여된 토지에 대한 권리(프랑스에서 이 권리는 잘 보호되었고 영국에서는 그렇지 못했다), 국가의 정책(독일의 어떤 국가에서는 군주와 공작들이 재정적 혹은 군사적 이유 때문에 많은 수의 농민을 원했다), 그리고 농민들의 저항이 어느 정도였는가에 따라 차이가 있었다.

　마르크스는 영국의 사례를 기초로 농업 체계의 근대화에서 강압의 메커니즘이 어떤 역할을 담당했는지를 이론화했다. 인클로저(enclosure)는 영국 농촌에서만 발생했던 현상이 아니다. 왜냐하면 그 예는 대륙에서도 찾을 수 있기 때문이다. 그러나 영국의 인클로저는 매우 폭력적인 특성을 띠었다. 지주와 부농이 목초지와 경작 가능한 토지에 울타리를 치고 공동체의 토지를 부당하게 사용하면서 소규모 경작자들을 몰아낸 것은 15세기부터였다. 동시에 가축 사육으로 이득을 얻은 토지 소유주들은 이제까지 경작지로 사용했던 토지를 목초지로 바꾸기 시작했다. 이에 그들은 토지의 확장을 필요로 했고, 농민이 경작하던 토지를 그 대상으로 삼았다. 결과적으로 관습적 권리에 의해 땅을 보유했던 영국 농민 대다수는 점차적으로 토지를 수탈당했다. 토지 소유주들은 농민들이 소작지 경작을 시작하고자 할 때(예를 들어 부모가 죽어 소작지를 상속받을 때) 내야 하는 부담을 계속해서 증가시켰다. 농민들은 이런 부당함에 대해 불평했다. "그들은 우리의 터전을 빼앗아간다. 그들은 강제로 우리의 땅을 매입하고 임대료를 올린다. 그들은 우리에게 터무니없는 부담을 요구한다." 16세기의 청원서와 보고서들*은 대지주의 수중으로 토지가 흡수되어가면서 소농들이 쓸모없는 존재로 전락하는 과정을 잘 보여주고 있다. 『자본』에서 인클로저의 사회적 결과를 분석할 때 마르크스는 16세기 연대기 작가인 라파엘 홀린즈헤드(Raphael Holinshed)의 이야기를 인용했는데 이 작가

---

* 1517~1618년의 청원서와 보고서들은 아이작 손더스 리덤(Isaac Saunders Leadam)이 1897년에 출간한 『인클로저 둠즈데이』(*The Domesday on Inclosures*)에 실려 있다.

는 국가의 인구 감소, 농가의 몰락, 수많은 소농들의 소멸, 또는 마을 전체의 토지가 목초지로 변하는 현상을 구체적으로 묘사했다. 16세기 사람들은 빈곤화와 농촌의 일자리 감소, 그리고 농업의 근대화가 야기한 모든 부정적인 사회적 결과를 토지의 인클로저 탓으로 돌리고 있었다. 인클로저의 확대는 영국 정부의 근심거리였다. 1517년에 처음으로 이 문제를 해결하기 위한 위원회가 만들어졌고 이후에도 계속해서 동일한 위원회들이 구성되었다. 또한 이 문제는 의회에서 여러 차례 논의되기도 했다. 여러 국왕들은 인클로저를 금지하는 칙령을 공포했다. 헨리 7세의 재위 기간 중 공포된 1489년의 칙령은 경작지의 목초지 전환을 금지했다. 1533년 법은 인클로저와 토지 집중의 관계에 주목하여, 한 사람이 서로 다른 두 농장을 보유하는 것을 금지했고(보다 정확하게는 자신이 사는 마을 교구 밖에서 두 번째 농장을 보유하는 것을 금지), 보유할 수 있는 양의 수도 2,400두로 제한했다. 이 법은 토지의 확대가 양 사육을 통해 얻은 이윤의 결과라고 가정하고 있다는 점에서 의미가 있다. 1595년에는 과거 12년 이상 경작지로 사용되었던 목초지는 다시 경작지로 전환할 의무가 지주들에게 부과되었다. 조앤 서스크(Joan Thirsk)는 인클로저가 토지 집중, 농지 집적과 연결되어 있으며 법령 문서뿐만 아니라 영국 농촌의 현실에서 실제로 나타났던 현상임을 강조했다. 특정한 작물의 경작과 가축 사육을 위한 토지 인클로저는 생산의 효율성을 높여주었고, 인구 증가 압력에 대응하기 위한 하나의 방안이었다. 게다가 대토지 소유주들뿐만 아니라 농민들 역시 토지 인클로저를 행하였다. 인클로저의 사회적 영향은 인구 구조와 경작지 면적 간의 관계에 따라 지역마다 차이가 있었다. 그러나 토지의 부족과 빈곤 농민의 수가 증가함에 따라 인클로저 체제는 점점 더 암울한 상황을 가져왔다. 이후 경작지에 울타리를 쳐 이를 목초지로 전환시키려 했던 농민들은 공동체의 이익을 해치는 배신자로 여겨졌다. 당시 사람들은 밀 가격의 상승, 농업 노동력 수요의 감소 그리고 생계 수단을 상실한 사람들의 증가 원인을 인클로저에서 찾았다. 즉 인클로저는 모든 악의 원천이었다. 실상은 이보다 더욱 복잡했지만 농촌 경제를 근대화하고 인구 압력을 해결하기 위한 모든 방법들이 수많은 농민들을 추방하고 그들을 쓸모없는 존재로 만들었다는 것은 명확한 사실이다.

이 과정의 규모가 실제로 어느 정도였는지는 현재까지도 정확히 추정하지 못하고 있다. 당시 사람들의 묘사는 다소 과장스러워 보인다. 인클로저로 인해 생계 수단을 빼앗긴 농민의 수가 50만 명으로 기록된 것은 지나친 것이 분명하다. 인클로저는 영국의 농업 체제를 전환시킨 여러 요소들 중 하나에 불과하며 농민 다수의 경제적 악화에 부분적으로만 책임이 있다. 17세기 말에 토지의 약 4분의 3은 가축과 노동력 고용을 통해 토지를 경작하던 지주에게 돌아갔고 때때로 이들은 중세의 봉건적 부과금을 받지 않는 새로운 방식으로 토지를 임대했다. 이 새로운 체제는 토지에 투자 유인을 제공했으며 기술의 발달을 촉진시켰다. 농촌의 자본주의적 발전으로 인해 수익은 대폭 올랐고 이는 프랑스와 달리 근대 초기에 나타났던 대규모 식량 위기에서 영국을 보호해주었다. 그러나 이러한 발전을 위해서는 농촌 인구 대부분의 생활수준이 하락하고 많은 사람들이 농촌에서 추방되어야 하는 과정을 거쳐야만 했다. 즉 빈곤화는 자본주의 발전의 일부분을 차지했다. 빈곤화는 자본주의 체제 형성의 부산물이자 사회적 비용이었으며, 프롤레타리아화한 대중이 임금노동자로 고용되어야만 한다는 점에서 자본주의 내적 체제의 구성 요소 중 하나였다. 농촌이 배출하는 임금노동자 예비군을 리처드 토니는 '잉여 인구' (residual population)라고 불렀는데, 이들 중 일부 사람들은 일자리를 찾기도 했지만 그러지 못한 사람들은 구걸을 하거나 범죄를 저지르면서 사회의 주변인이 되었다.

그러나 영국의 사례가 이러한 새로운 경제 모델을 충실히 설명한다고 볼 수는 없다. 영국은 유럽 대부분의 국가들과 다르게 농촌의 자본주의적 근대화를 매우 짧은 시간에 완성했고 이러한 변혁을 통해 권력을 잡은 새로운 정부의 지지를 받았기 때문에 결국 농촌 체제 변화의 고전적 예라고 할 수 있다.

그러나 다른 국가들에서는 전환 과정이 시간적으로 매우 서서히 나타났고 일관적이지도 않았다. 또한 영국에서 발생한 것과 같은 토지 집중의 과정은 과거의 권력 구조에 의해 수시로 제동이 걸렸다. 결과적으로, 농촌 사람들은 기술의 진보를 가로막고 투자를 저해하는 무거운 봉건 부과금과 절대왕정 국가가 부과하는 높은 세금을 동시에 감당해야만 했다.

토지를 거의 소유하지 못한 농민과 빈민의 증가는 두 가지 측면을 반영한다. 우선 경제적으로 가장 취약한 농민들로부터 농업을 통한 독립적인 생존 가능성을 빼앗아버린 체제의 구조적 변형을 들 수 있다. 둘째로는 소득 증가를 위해 지주들이 실행한 정책의 결과를 들 수 있는데, 이는 인구 증가와 농업 생산 간의 새로운 관계를 반영하고 있다.

영국에서 체제의 근본적인 전환을 가져온 원인은 바로 소득을 늘리고자 했던 지주들의 욕망에 있었다. 비록 다른 서유럽의 국가들은 훨씬 느린 자본주의적 변화의 길을 걸었지만 농민 토지의 몰수 면에서는 비슷한 경향을 보였다. 임금으로만 살아야 했던 사람들의 수는 크게 증가했다. 취리히에서는 일용직 노동자가 농촌 인구의 반을 차지했다. 1575년경 카스티야 라 누에바(Castilla la Nueva)에서도 사정은 비슷했다. 16세기에 푸아투(Poitou)에서는 지주에 의한 새로운 생산 방식의 채택과 부르주아 자본의 농촌 침투로 인해 대다수 농민들이 토지를 상실했다. 게다가 반타작 소작제는 소작인들을 임금 노동자의 지위로 전락시켰다. 16세기와 17세기에 유럽 대륙에서는 농업의 기술적·구조적 발전이 느렸고, 이는 경제적으로 가장 취약한 집단을 극도의 빈곤 상태로 떨어지게 만들었다.

전(前) 산업 사회에서 농촌은 사람들이 가장 많이 거주하고 있던 지역이었다. 실제로 인구를 비교해보면 강력한 도시화의 과정에도 불구하고 도시는 농촌의 경쟁 상대가 되지 못했다. 도시 인구는 인구 전체에서 상대적으로 낮은 비중을 차지하고 있었고, 그 규모는 지역과 국가의 발전 정도에 따라 달랐다. 러시아의 도시 인구는 전체 인구의 2.5~3퍼센트 정도를 차지하고 있었고, 독일에서는 10퍼센트, 프랑스에서는 16퍼센트, 영국에서는 30∼40퍼센트에 달했다. 한편 네덜란드에서는 전체 인구의 50퍼센트가 도시에 거주했다. 18세기 말에 서유럽과 중부 유럽의 도시 인구는 평균적으로 전체 주민의 20∼25퍼센트를 차지한 것으로 추정되고 있다. 그러나 16세기 말까지 도시 인구는 전체 유럽 인구의 10퍼센트를 넘지 못한 것으로 보인다. 물론 실제 현실은 이보다 더욱 복잡하다. 몇몇 도시는 직업 구조와 주민들의 생활 방식에서 큰 농촌 마을과 거의 차이가 없었다. 반면 수만 혹은 수십만 명이 사는 대도시들도 있었다. 이 대도시들은 무엇보다 정부와 관료의 행정 중심지라는 역할을 수행하면서 성장했다. 1530년에 암스테르담에는 3만 명의 주민이 살았는데 1630년에는 11만 5,000명, 17세기 말에는 20만 명으로 그 수가 증가했다. 런던은 유럽에서 가장 큰 도시로 성장했다. 16세기를 거치면서 런던의 인구는 8만 명에서 25만 명으로 증가했다. 17세기 중반에는 이미 40만 명에 육박했으며 이러한 성장은 18세기 말까지 지속되었다. 이 대도시들은 고도로 전문화된 산업, 국제 교역, 거래, 은행업, 그리고 무엇보다도 사치품 생산의 중심지였다. 사치품은 주로 대지주들을 대상으로 하면서 그들 소득의 주요 지출 항목이 되었으며 동시에 3차 산업의 발전을 위한 기반을 제공했다. 따라서 도시에서는 모든 종류의 서비스가 번성했다. 도시의 생산 구조는 수요가 가장 컸던 사치품 산업에 의해 주로 결정되었다. 이러한 관점이 도시의 규모와 그대로 일치하는 것은 아니다. 즉 대도시와 다른 도시들을 구별해주는 것은 단지 면적이나 인구 밀도가 아니라 도시의 역할과 내적 구조에 달려 있었다. 실제로 수도의 기능을 담당하지 않았던 도시들은 토지 자본과 국가 재정에서 발생하는 소득의 혜택을 누리지 못했다.

그러나 사회적 차원에서 보면 모든 도시들은 빈곤과 빈민의 문제 해결에 매우 중요한 역할을 했다. 고정된 '일자리'라는 경직된 원칙이 유지되던 농촌과 달리, 도시는 불안하고 일시적이라 해도 매우 다양한 일자리를 제공했다. 농촌에서 쫓겨난 사람들의 관점에서 보면 도시에는 너무나도 많은 일자리가 있었다. 도시에서 사람들은 언제나 일자리를 찾거나 보시를 받을 수 있었다. 도시에는 농촌과 달리 한가한 시기가 없었다. 게다가 도시는 새로운 이민자들을 기다리고 있었다. 끊임없이 유입되는 새로운 인구에 의해 도시는 동력을 얻었다. 농촌에서 도시로 그리고 도시들 간의 인구 이동은 계속해서 전개되었다. 인구의 도시 집중으로 인해 익명성이라는 특수한 관계가 생겨났다. 즉 집단적 연대는 이제 이전부터 내려온 것이든 새로 만들어진 것이든 동업조합과 같은 제도적 틀 내에서만 나타났다. 이것은 도시 빈곤의 실상을 적나라하게 보여주고 있다. 안정된 직업과 일정한 소득이 없는 사람들은 항상 생계에 위협을 받았는데, 특히 도시에 이런 사람들이 많았다.

농촌과 마찬가지로 도시의 빈곤 역시 중세 구조의 해체에 그 기원을 두고 있다. 시 정부와 중세 동업조합의 정책은 자유로운 시장 메커니즘에 제한을 가하거나 이를 제거함으로써 경쟁을 줄이려고 노력했다. 노동시장에서도 이러한 정책은 나타났다. 수요와 공급 간의 너무 큰 차이는 경제 메커니즘의 과열을 낳을 수 있었으므로 이를 막기 위해서 관련 당국은 통제를 가했다. 이러한 정책은 국지적 생산과 교환의 중심지였던 소도시에서는 큰 효과가 있었지만 경제활동이 너무 다양해 효과적인 통제가 불가능했던 대도시에서는 실패하고 말았다. 통제 불가능의 영역은 갈수록 확대되었고, 상인들의 이해와 장인 동업조합의 전통적 정책 간의 괴리는 더욱 커졌다. 상업자본이 산업에 침투하고 기업가가 생산 체제를 조직하자, 수공업과 산업 분야에서의 사회적 관계는 크게 변했다. 생산량이 증가하고, 전문화된 산업 분야가 발전함에 따라 소규모에 머무르고 있던 공장들은 상호 의존적인 체계에 통합되었으며 그 결과로 생산 과정은 하나의 연결고리를 이루었다. 이것은 특히 중세의 주요 산업 중 하나였던 모직물 산업에서 뚜렷이 나타났다. 임금노동자들의 역할은 증가했고, 장인들의 자율성은 점차 사라졌다. 직업적 독립의 희망을 상실한 식인들뿐만 아니라 장인들도 프롤레타리아로 전락했다. 또한 날로 증가하던 미숙련 노동자들도 프롤레타리아가 될 수밖에 없었다. 부의 양극화 과정이 끊임없이 진행되었던 중세 말의 도시에서 빈민의 수는 크게 증가하기 시작했다.

우리는 사회 변화의 여러 측면 중에서 특히 임금노동자들의 상황이 매우 불안정했다는 것을 강조했다. 14세기의 피렌체 노동자들의 임금을 칼로리로 계산해보면 이는 명백해 보인다. 특히 이 계산은 인구의 대다수를 표본으로 했기 때문에 그 의의가 더욱 크다. 그러나 조세 대장이 제공하는 자료들에는 항상 주의를 기울여야 한다. 왜냐하면 농민들의 경제 상황에 대한 묘사와 마찬가지로 대장에 기록된 용어는 실제로 애매모호하며, 도시 가구의 경제 상황에 대한 평가 기준 역시 순간순간 바뀌기 때문이다. 따라서 믿을 만한 결과를 제공해줄 공통분모를 찾는 것은 쉽지 않다. 그럼에도 불구하고 이 자료들이 제공하는 부의 위계 구조에 대한 전반적인 이미지는 신뢰할 만하다. '빈민들'이 조세 대장에서 특별한 범주로 분류된다는 것은 당시 사람들이 이들을 다른 집단과는 근본적으로 다른 취약한 존재로 여기고 있었다는 것을 의미한다.

구스타프 슈몰러(Gustav Schmoller)와 그의 제자들은 중세 후기 독일 도시들의 조세 대장을 연구했다. 이 연구는 도시의 부(富)가 극단적으로 양극화되었음을 보여주고 있다. 대부분의 도시에서 전체 인구의 반 이상이 100플로린의 소득에도 미치지 못했다. 뤼베크에서는 이러한 사람들이 인구의 52퍼센트를 차지하고 있었고, 아우크스부르크에서는 87퍼센트, 바젤에서는 68퍼센트에 달했다. 이 범주를 가장 가난한 사람들로 분류할 수는 없을 것이다. 그러나 이들은 늘 빈곤화의 위협을 받는 사람들이었다. 프랑스 도시와 북이탈리아 도시의 사회구조 역시 거의 동일한 이미지를 제공하고 있다. '아무것도 소유하지 못한 사람'이나 '빈민들'이라고 정의된 범주는 인구의 3분의 1에서 2분의 1정도를 차지하고 있었다. 동시에 부의 대부분이 상대적으로 소수의 집단에게 몰려 있었으며, 빈부 격차는 계속해서 커지고 있었다. 소수의 특권 계급은 점점 더 많은 재산을 모았으며, 차별받으면서 아무것도 갖고 있지 못한 사람들의 수는 늘어나기만 했다. 1427~29년의 피렌체 토지대장에 따르면 도시의 물질적 부 68퍼센트가 10퍼센트의 사람들 수중에 있었으며, 인구의 70퍼센트를 차지하는 가장 가난한 범주의 사람들은 도시 부의 겨우 10퍼센트만을 차지했다. 당시 토스카나 지방의 다른 도시에서도 부의 분배율은 이와 비슷했다. 세금을 낼 수 없을 정도로 가난한 사람들의 수는 이곳에서도 빠르게 증가하고 있었다.

14세기와 15세기의 조세 대장에서 나타난 사회적 불균형은 16세기에 더욱 심해졌다. 사회 위계의 가장 낮은 단계에 있던 사람들이 겪었던 변화는 한 방향으로만 진행했다. 즉 가장 빈곤한 계층은 바로 위 단계의 범주에서 발생한 새로운 빈민들을 받아들이면서 그 수가 늘어만 갔다. 동시에 위계 구조의 위쪽에서는 부가 계속해서 축적되었다. 이러한 과정은 특히 생산과 상업이 급격하게 발전했던 도시에서 두드러지게 나타났다. 도시의 규모는 이 경우에 그다지 중요하지 않았다. 작지만 활발한 모습을 보였던 도시들은 사회적 관점에서 보면 큰 도시들과 비슷한 방식으로 변화했다. 1437년에 브뤼셀에는 빈민으로 분류된 '가구'(feux)가 전체의 10퍼센트를 차지했다. 1496년에 그들은 17퍼센트를 점했고, 1527년에는 21퍼센트로 증가했다. 브뤼셀 지방의 작은 도시들에서 이런 변화는 더욱 두드러졌다. 1437년에는 9퍼센트의 가구가 빈민이었는데, 15세기 말에는 이들의 비중이 이미 30퍼센트를 차지했으며, 1526년에는 34퍼센트를 넘어섰다. 여기서 한 번 더 이 자료들이 당시 도시의 사회적 현실을 정확하게 보여주고 있지 않다는 사실을 기억하도록 하자. 왜냐하면 조세 대장이 모든 인구를 다루지는 않았기 때문이다. 특히 대장은 도시 변두리에 살았던 가장 가난한 범주에 속하는 사람들을 전혀 고려하지 않았다.

시 정부가 빈민들에게 제공한 부조에 근거해서 추정해도 일반적으로 이러한 관찰과 일치한다. 이 추정 결과를 더욱 상세히 살펴보기 전에 우선 하나의 예를 보도록 하자. 16세기 초에 4만 5,000명 이상의 주민이 살던 뉘른베르크에서, 1522년에 정기적인 부조를 받던 사람의 수는 약 500명이었다. 그러나 비정기적으로 부조를 받던 사람들의 수까지 포함하면 이 수치는 5,000명으로 늘어난다. 또한 흉작 때는 1만 3,000명에서 1만 5,000명의 빈민에게 빵을 나누어주었다. 루돌프 엔드레스(Rudolf Endres)는 이 수치를 추가해 당시 번영을 구가하던 도시에서도 빈민과 빈민이 될 가능성이 있는 사람의 수가 인구의 3분의 1에 이른다는 것을 밝혀냈다.

근대 시기에 나타난 사회적 변화를 총체적으로 이해하기 위해서는 도시와 농촌의 대조적인 상황을 끊임없이 비교하는 것이 필요하다. 농촌은 빈곤 발생의 근원지였다. 문서 자료로 추적해보면 도시의 성곽 내에 거주하는 빈민들도 대부분 최근에 농촌에서 이주해 온 사람들이라는 것을 알 수 있다. 그러나 이와 동시에 도시는 자체의 고유한 발전 방식을 통해 빈곤을 양산했다. 장인들은 점차 자신의 독립성을 상실했다. 그들은 상업 자본이 도시와 농촌에서 생산한 물품과 경쟁할 수 없었으며, 심지어 원재료 확보와 상품의 판로 개척에서도 큰 어려움을 겪었다. 그들은 임금노동자의 지위로 떨어졌고, 이후 조세 대장에는 빈민으로 기록되었다. 농촌과 도시의 빈민에 관한 통계 자료에서는 빈민의 비율이 양쪽 모두 비슷한 것으로 나타나지만 이 두 유형의 빈곤 사이에는 근본적인 차이가 있다. 농촌의 빈곤은 이전의 생산관계가 해체된 결과이다. 농촌에서 자신의 사회적 위치를 상실한 사람들('잉여인구')은 잠재적 노동 예비군을 형성하면서 도시로 몰려들었다. 반면 도시의 빈곤은 새로 형성된 사회적 관계의 결과였다. 도시의 빈민은 적어도 조세 대장에 기록된 사람들로서 '노동하는 빈민' 대중이었다.

실제로 '빈곤'이라는 용어의 사용은 이러한 맥락에서 보면 다소 과장일 수 있다. 이들은 노동시장의 상황에 따라 생계가 좌우되었기 때문에 안정적인 삶을 보장받지는 못했지만 생존을 위협받지 않을 정도로는 충분히 일자리를 찾을 수 있었다. 그러나 도시가 농촌에서 버림받은 대중을 흡수할 만큼의 사회적 조건을 마련할 수 있었는지는 다시 살펴봐야 한다.

16세기에 발생했던 도시의 급격한 변화와 산업 생산의 발전 양상을 보면 실제로 근대 초기의 도시는 잉여 노동력을 흡수할 만큼의 능력을 갖추고 있었다고 말할 수 있다. 이것은 도시 인구의 증가 현상뿐만 아니라 새로운 생산 체제의 성장, 새로운 산업의 발달, 고용의 증가에 의해서도 확인할 수 있다. 산업의 발전은 도시 성장의 유일한 요인은 아닐지라도 주요한 요인이었다. 에밀 코나에르트(Émile Coornaert)는 플랑드르 지방의 중심지였던 혼쇼트(Hondshoote)의 예를 통해 이를 잘 설명했다. 이 도시는 새로운 옷감 교역의 증가와 하급품이지만 유럽에서 높은 수요가 있었던 모직물 생산 덕분에 주민 수가 1469년에 2,000명에서 1560년에는 1만 5,000명으로 증가했다. 더 오래된 도시들도 급격한 산업 발전의 효과를 경험했다. 어떤 도시들에서는 단 하나의 선두 산업의 발전 덕분이었고, 어떤 도시들에서는 다양한 산업의 발전 덕분이었다. 베네치아에서는 선박 건조 작업장에 3,300명, 모직물 산업에 5,000명, 그리고 견직물 산업에 5,000명이 일하고 있었다. 유럽의 첫 번째 근대 산업으로 베네치아가 선두에 서 있던 인쇄업도 많은 노동자를 고용했지만 이에 대한 통계 자료는 부족하다. 그러나 위에서 언급한 세 산업에 종사하던 1만 3,000명의 피고용자들은 거대한 집단을 형성했다. 그들과 그들의 가족들은 전체 14만 명이었던 이 도시 인구의 약 3분의 1을 차지했다. 15세기 말부터 인구가 크게 증가했던 리옹(1531년에 6만 명이 살았고, 16세기 중반에는 7만 명에 달했다)은 1530년대부터 수출 지향 대규모 산업을 발전시켰다. 15세기 말과 16세기 초에 리옹의 번영은 무엇보다도 상업과 금융의 중심지 역할 덕분이었다. 앙리 오제가 100년 전에 지적했듯이 인쇄업 역시 자본주의적 생산 양식을 도입하면서 크게 발전했다. 그러나 이 산업은 매우 제한된 수의 사람들을 고용했으며 높은 수준의 기술을 요구했다. 1536년부터 견직물 산업이 도입되었는데 이것은 도시의 경제구조와 사회구조를 급격하게 변화시켰다. 소수의 기업가들은 공장제 수공업에 기초를 둔 견직물을 생산하면서 많은 사람들을 고용했다. 16세기 중반에 리옹에는 1만 2,000명의 노동자가 견직물 산업에 종사하고 있었던 것으로 추정되는데, 이것은 전체 도시 인구의 약 5분의 1에 해당한다.

　그러나 이렇게 인상적인 통계 수치 뒤에 감추어진 중세 말과 근대 초의 도시와 농촌 관계는 더 암울한 것이었다. 16세기의 도시와 산업의 변화는 매우 역동적이었지만 농촌 인구의 잠재적·실제적 프롤레타리아화의 속도에는 미치지 못했다. 이런 상황은 농촌 산업의 발전에 유리한 조건을 제공했다. 상업 자본은 풍부하고 값싼 노동력이 있으며 시 당국과 동업조합의 제재가 없는 농촌으로 방향을 틀기 시작했다. 이런 조건에서 농촌의 가내수공업이 매우 큰 규모로 발전했다. 당시의 가내수공업은 주로 기업가들이 원료를 제공하고 그 생산품의 판매를 독점하는 방식으로 이루어졌다. 브로델은 16세기 농촌 산업이 제품의 질과 이윤의 규모에서 도시 산업보다 뒤처졌다 해도 고용 수에서는 도시 산업에 필적했다고 추정했다. 일정 기간 동안 이 생산 체계는 잉여 노동력을 구성하는 사람들의 생계를 확보해주었으나 실업을 해결하기 위한 방책으로서의 효과는 일시적이었다.

　실제로 농촌 산업의 성장 기간은 매우 짧았다. 성장 기간이 짧은 것은 산업 혁명 이전에는 거의 모든 산업의 특징이었는데, 이것은 고정자본의 양이 상대적으로 적었던 투자의 내적 구조와 관련이 있다. 상업자본주의에서 내구적 생산수단에 대한 투자는 가능한 한 최소한의 수준에 그쳤는데, 이는 자본이 하나의 중심 도시에서 다른 도시로, 한 지역에서 다른 지역으로, 또는 한 산업에서 다른 산업으로 쉽게 이동하게 해주었다. 그 결과, 특정 지역의 산업 성장은 일시적이었다. 이미 언급했던 플랑드르 지방의 혼쇼트는 1560~69년 사이에 8만 장의 모직물을 생산했는데, 이는 1528년 생산량의 세 배에 해당하는 수량이었다. 그러나 100년 후에는 8,000장으로 줄어들었다. 베네치아에서 견직물의 생산은 17세기 동안 3분의 2가 줄었고, 제노바에서는 1565년과 1675년 사이에 4분의 3이 감소했다. 밀라노에서는 1620년에 견직물 노동자의 3분의 1이 실업 상태에 빠졌다. 그러나 이 시기에 영국과 네덜란드에서는 직물 산업이 발전하기 시작했다. 1582년에 1만 2,000명이었던 라이덴(Leiden) 시의 인구는 17세기 중반에는 7만 명에 달했으며 1671년의 직물 생산은 1만 4,000장에 이르렀다. 원산업이 급격하게 성장하는 시기에는 농촌에서 노동 예비군이 대량 흡수되었으나, 위기 시에는 많은 노동자들이 생계 수단을 잃고 말았다.

농촌 사람들이 도시로 몰려간 것은 단지 빈곤 때문이 아니라 도시에서 더 높은 임금을 받겠다는 희망 때문이었다. 이런 유형의 동기를 무시해서는 안 된다. 저임금과 물질적 빈곤은 자본주의 발전의 초기 단계에서 주요한 요소였지만 동시에 몇몇 중심 도시의 발전을 가로막기도 했다. 16세기에 번성했던 안트베르펜은 급격하게 쇠퇴하고 말았다. 16세기 중반부터 17세기 중반 사이에 주민 수는 3분의 2가 줄었으며 상업과 생산의 중심지로서의 역할은 감소했다. 경제적 국면을 연구한 역사학자 피에르 쇼뉘(Pierre Chaunu)는 안트베르펜의 발전이 두 단계에 걸쳐 이루어졌다고 주장했다. 첫 번째는 1470~90년으로서 대중들의 낮은 생활수준을 바탕으로 한 것이었고, 두 번째는 1520~50년의 '프롤레타리아의 대규모 금식'(carême)에 기초한 것이었다. 즉 산업 발전의 초기 단계는 노동 대중의 빈곤으로 특징지을 수 있다. 농촌에서 온 이주자들은 그들의 상황이 도시에서 획기적으로 개선될 것이라고 생각했다. 그들이 일자리를 찾았을 때 이러한 소망은 실현되었지만 그것이 오래 가지는 못했다. 임금노동자들 대부분은 불안정한 삶을 살았으며, 그들의 소득은 최저 생계비 수준을 겨우 넘는 것이었다. 불행과 경기 변동으로 인해 그들은 자주 '빈곤선' 이하의 삶을 살아야만 했다.

리샤르 가스콩(Richard Gascon)은 '빈곤선'을 정의한 후, 이 개념을 사용해 16세기 리옹의 사회 변화를 설명하고자 했다. 그는 계산의 근거로서 하루 임금 가운데 빵을 구입하기 위해 지출하는 부분이 얼마인지 계산했다. 노동자들은 1년에 260일, 평균적으로 일주일에 다섯 번 일하고 임금을 받았는데, 임금의 30퍼센트는 집세, 난방, 조명, 의복, 그리고 빵 이외의 다른 식료품(고기, 기름, 포도주)을 구입하는 데 사용했기 때문에, 통계적으로 '빈곤선'은 빵 구입을 위해 사용하는 부분이 하루 임금의 반 정도를 차지할 때로 정의할 수 있다 (가스콩은 4인 가족의 빵 소비를 하루 2.5킬로그램으로 추정했다). 이 연구 결과는 리옹 인구 대부분이 '빈곤선' 이하 혹은 그 수준에서 살고 있었다는 것을 말해준다. 16세기에 이러한 '빈곤선'에 직면했던 사람들의 수는 점점 더 많아졌다. 임금노동자들의 위계에서 가장 낮은 범주인 '날품팔이꾼'(gagne-dernier)은 15세기 마지막 25년 동안에 5년간 빈곤선 이하에서 생활했다. 또한 16세기 처음 25년 동안에는 12년간, 두 번째 25년 동안에는 12년간 이 선 이하에서 살았으며, 세 번째 25년 동안에는 이런 상황이 20년간 이어졌고, 마지막 25년 동안에는 단 한 해도 이 선 위에서 살지 못했다. 16세기의 마지막 25년간에는 직인들 역시 적어도 한 해는 이 선 이하에서 살았고 미숙련 도제들은 17년이나 이런 삶을 살았다.

우리가 인용했던 계산과는 다르게 가스콩의 통계는 실제로 불가피한 다른 지출, 즉 집세, 의복, 빵 이외의 다른 식료품에 드는 지출을 예산에 포함시켰다. '빈곤선' 이하로 떨어질 위험한 순간에는 기아나 영양 부족을 피하기 위해 이런 지출을 줄여야만 했다. 그러나 이런 계산도 통계 자료가 존재하지 않는 실업까지 고려하지는 못했다. '빈곤선' 주위를 벗어나지 못했던 사람들은 주로 실업자들이었다. 수확 상황도 리옹의 노동시장과 산업에 영향을 끼쳤으므로 고려해야 할 주요 요소이다. 수확이 저조할 때 노동자들은 몇 주 혹은 몇 달 동안 일거리를 찾지 못했으며, 이전에 모아둔 돈으로 살아가야만 했다. 병이나 예측하지 못했던 사고 역시 일을 하기 어렵게 만들거나 아예 불가능하게 만들었다. 도시에서 사람들을 '빈곤선' 밑으로 떨어뜨린 주 요인은 정확히 말하면 실업이었다.

그러나 주기적인 위기로 인해 노동자들이 자신의 지위나 숙련 수준과 상관없이 대규모로 일자리를 상실하는 경우에만 실업이 나타난 것은 아니었다. 농촌에서 식량 위기가 발생해 농촌 인구가 대규모로 도시로 유입될 때에도 실업 문제는 나타났다. 이 경우 노동시장에는 노동력의 과잉 공급이 이루어졌는데, 특히 미숙련 노동 시장에서 그랬다. 이러한 실업의 증가는 언제나 극적이고 불시에 나타났으며, 그 이유가 무엇이든 시 당국과 유산계급의 눈에는 사회질서를 위협하는 것으로 보였다. '불완전 고용'으로 정의할 수 있는 만성적이지만 부분적으로 발생하는 실업은 사정이 달랐다. 그것은 특별히 고용주들에게 유리했다. 왜냐하면 노동력의 공급이 수요보다 다소 많아 저임금 수준을 유지할 수 있게 해주었기 때문이다. 실업과 노동 사이를 오가는 생활은 도시 임금노동자 대다수의 운명이었고, 특히 미숙련 노동자들이 그러했다. 이는 영국이나 네덜란드처럼 발전한 국가에서뿐만 아니라 자본주의 경제가 매우 더디게 발전한 국가들에서도 마찬가지였다.

유럽에서 통계 분석을 처음으로 시작할 때 했던 것은 바로 빈민 수의 추정이었다. 이런 관심은 이미 14세기의 피렌체 연대기 작가가 작성한 도시 생활에 대한 분석에서도 나타난다. 그러나 특히 주목해야 할 것은 17세기 말 '정치적 계산'의 맥락에서 영국과 프랑스가 작성했던 인구 통계였다. 그레고리킹[*]은 서로 다른 직업별·계층별 사람들의 소득과 지출에 대해 연구하면서 1688년경 영국에는 전체 인구 550만 명(135만 가구) 중 130만 명(40만 가구)이 빈농과 빈민(cottagers and paupers)이며 3,000명이 유랑민이라고 추산했다. 이것은 국가 전체 인구의 24퍼센트에 해당하는 것이었다. 그는 또한 노동인구와 하인(labouring people and out servants) 범주에 속하는 대규모의 임금노동자(127만 5,000명, 즉 36만 4,000가구)가 그들의 임금만으로는 생필품을 구입할 수 없는 상황에 처했음을 밝혔다.[7] 프랑스의 주요 정치인이면서 국왕 행정의

---

[*] 그레고리 킹(Gregory King, 1648~1712)은 영국의 경제학자로 『1696년 영국에 관한 자연적·정치적 고찰과 결론』(Natural and Political Observations and Conclusions upon the State and Condition of England)을 출간했다. 이 책은 잉글랜드와 웨일스의 남녀별·직업별·연령별 인구, 계층별 인구와 그 소득의 추계, 경지 면적과 수확 조사, 이들의 국제 비교 등을 분석하고 있는 귀중한 자료이다. 그가 제시한 곡물 수확고의 산술급수적 변동과 곡물 가격의 기하급수적 변동은 '킹의 법칙'으로 알려져 있다.

[7] G. King, Natural and Political Observations, 1696, London, 1801; cf. P. Laslett, The World We Have Lost, London, s.d., p. 36 sq.; trad. franç., Un monde que nous avons perdu, Paris, 1969.

고위 관리였던 보방(Vauban) 후작은 킹과 같은 상세한 통계 조사에 착수하지는 않았지만, 재정 개혁과 세금의 공평한 배분 방안을 고안하기 위해 프랑스 사회의 경제표를 작성했다. 이 표에 따르면 걸인은 인구의 10분의 1을 차지했고, 인구의 3분의 1은 구걸의 경계에서 살고 있었다.[8] 킹에 따르면 영국에서 빈민은 전체 인구의 47퍼센트를 차지했고, 보방에 따르면 프랑스에서는 40퍼센트를 차지했다. 이러한 수치는 빈곤의 규모를 개략적으로 알려준다는 것 이상의 의미를 갖는다. 이 수치는 인구 전체에 대한 통계 정보가 부족했음에도 당시 사람들이 빈곤의 광범위함과 심각성을 인식하고 있었다는 것을 잘 보여준다.

---

8 Vauban, *Projet d'une Dixme royale*, 1707, É. Coornaert, éd., Paris, 1933, pp. 77~81.

제3장
새로운 사회정책

16세기의 경제 변화를 통해 나타난 생활 방식은 이후 500년 동안 유럽 문명의 전개 방향을 결정지을 것이었다. 농업 구조와 도시 생활의 변화는(당시에 이러한 변화는 비록 지역적 상황에 따라 그 강도와 리듬이 달랐지만 도처에서 발견된다) 빈궁의 원인으로 여겨졌으며 그 성격과 사회적 규모는 이전에는 찾아볼 수 없는 것이었다. 이러한 '시대의 도전'에 맞서 새로운 해결책을 찾으려는 노력이 제도적 차원과 사회적 심성에서 동시에 나타났다.

자본주의 팽창의 초기 국면에 대한 연구들은 이 체제의 다양한 모습들을 밝혀주었다. 크게 보아 '농업', '상업' 그리고 '산업'자본주의의 출현이 바로 그러한 예이다. 그러나 이러한 형용어는 일종의 암묵적인 약속일 뿐이다. 왜냐하면 이는 변화의 활력과 자본의 축적이 가장 활발한 활동 영역이 어느 부분인가에 따라 덧붙여진 것이기 때문이다. 다양한 모습에도 불구하고 대중의 비참한 삶의 원인이 되었던 값싼 임금은 자본수의 발전에서 가장 중요한 요소였다. 이를 통해 유산계급은 이윤율을 최대한 증가시킴으로서 자신들의 열망을 실현할 수 있었다. 그러나 이러한 방식이 절대적인 것은 아니었다. 예를 들면 네덜란드에서는, 우리가 알고 있는 바로는 식량 위기 시기를 제외하면 실질임금이 다른 나라에서 만큼 확연하게 낮아지지 않았던 것으로 보인다. 그럼에도 얼 해밀턴(Earl Hamilton)의 연구에 따르면 실질임금의 감소는 16세기의 일반적 경향이었다. 실질임금의 감소로 인한 '수익의 팽창'(inflation des gains)은 발전하기 시작한 자본주의의 원동력이 되었다. 이와 더불어 자유로운 노동시장의 존재는 초기부터 "빈곤은 자본주의의 진화에 고유한 것"이라는 주장을 충분히 뒷받침했다. 이는 16세기 유럽의 빈곤 양상을 잘 보여준다. 따라서 사회부조를 개혁하기 위한 도시의 움직임은 도시에서 나타난 이러한 변화에 대한 일종의 대응이었다. 개혁의 목적은 경제적 변화에 유리한 환경을 조성하고 '부작용'으로 나타난 사회적 긴장을 완화하려는 것이었다.

1. 1520년대 — 대변화의 시기

16세기의 고문서를 보면, 빈곤은 도시에 깊게 뿌리내리고 있었다. 역설적인 것은 이러한 현상이 농업 구조의 변화에 기원을 두고 있지만 오히려 광범위하게 나타난 곳이 도시라는 점이다. 15세기와 16세기 초의 도시는 새로 이주한 사람들, 즉 직업적 능력도 없고 도시의 생활 방식에 익숙하지 않은 사람들의 대규모 유입에 대처할 만한 '적응 구조'(structures d'adaptations)를 갖추지 못했다. 이전 동업조합의 전통적 체계 내에서 이민자는 장인의 작업장이나 상인의 매장 같은 곳에서 일할 수 있었고 이를 통해 느리게나마 도시 생활과 새로운 직업에 적응할 수 있었다. 동시에 그들은 가족적 틀 내에서 부르주아적 생활 방식에 참여하였다. 그러나 이 시기에 도시 생산 방식의 변화와 인구 압력, 그리고 농촌의 빈곤에 따른 대규모의 이민에 직면해서, 이러한 점진적 동화의 전통적 메커니즘은 실제로 제구실을 하지 못했다.

서유럽에서 빈곤화의 속도는 이미 우리가 보았던 것처럼 식량 위기에 의해 결정되었다. 근대가 겪은 위기 중 최초의 위기는 15세기의 마지막 25년 동안에 발생했지만 그 전개 과정과 결과는 충분히 알려져 있지 않다. 아마도 가일러 폰 카이저스베르크, 요하네스 파울리(Johannes Pauli) 혹은 스페인의 인문주의자로서 르네상스 시대의 빈곤 문제에 대한 대이론가인 후안 루이스 비베스와 같은 사람들의 사상을 고무시키고, 그들에게 사회문제의 중요성과 빈곤과 고용 사이의 상관관계를 인식하게 만든 것은 바로 이러한 경험과 관찰 때문일 것이다. 또한 이 시기의 현실은 도시의 부조 개혁 운동을 고무하고 근대 사회정책의 기초를 닦도록 했다. 정책과 이데올로기, 그리고 실천과 이론적 논쟁이 섞여 있던 당시의 빈곤 문제는 1520년대에 절정에 도달했다. 1522년에 뉘른베르크 시는 빈민 부조에 대한 중앙집권 정책을 확립했다. 1년 후에는 스트라스부르 시가 이 예를 따랐다. 1525년에는 이프르 시가 유사한 조치를 채택했고 이후 몇몇 다른 도시가 이를 모방했다. 1526년에 비베스의 저서 『빈민 부조에 관하여』(De subventione pauperum)가 출간되었고, 1531년에는 부조에 관한 도시의 주도권을 인정하면서 사회정책과 빈민 부조의 재조직에 대한 원칙을 규정한 제국 칙령이 나왔다. 이 분야의 혁신에 기여한 것이 가톨릭이냐 신교냐를 놓고 전개된 연대기 작가들 사이의 맹렬한 논쟁은 바로 이러한 일련의 사건들로 인해 촉발된 것이다. 확실히 몇몇 사건이 동시에 발생했다는 것은 우연이 아니다. 그러나 누가 선구자 역할을 했고 누가 모방자 역할을 했는가는 그다지 중요치 않다. 오히려 중요한 것은 이러한 모든 행위가 경제적·사회적 위기라는 매우 어려운 순간에 전개되었다는 점이다.

1521~22년의 흉작은 유럽 전체로 확산되었다. 이전 10년 동안 매우 저조했던 수확은 혹독한 결과를 낳았다. 프랑스의 랑그도크에서는 1495~97년, 1504~08년, 1513~15년에 주기적으로 흉작이 발생하였고, 한 해 걸러 발생하는 흉삭으로 인해 급기야 당국은 이 지역의 밀 수출을 금지했다. 이러한 조치는 1522년과 1524년에 갱신되었으며 1526~35년의 10년 동안에도 계속해서

유지되었다. 이러한 일련의 위기 속에서 빈민에 대한 조치가 법령화되었다. 조치들은 다양한 형태를 취했다. 15세기 말, 흉작 기간에 빈민수용소가 만들어졌고 빵의 배급이 조직화되었다. 1504~08년의 위기 동안에 마을 교구는 일할 수 있는 빈민에 대한 부조를 중단했고 결국 이들은 마을을 떠나야만 했다. 1513~15년의 흉작 기간에 도시는 걸인을 추방하고 유랑민을 잡아 채찍질을 하는 등 극빈자에 대한 가혹한 태도를 보였다. 마침내 1526년에서 1535년에 걸친 흉작 기간에 증가하는 인구와 불충분한 식량 간의 격차는 더욱 벌어졌다. 유랑은 대규모적인 현상이 되었고 빈민에 대한 억압적 조치는 증가했다. 르 루아 라뒤리가 결론지었듯이 이는 '근원적 위기'(crise en profondeur) 였다. 위기의 기원은 사회의 내적인 모순에 있었고, 인간 존재의 생물학적 기반과 — 예를 들면 1530년의 치명적 전염병이 영양 부족과 기근에 결부된 것처럼 — 심리학적 구조 차원에서 사회는 위험에 빠졌다. 이제 예전과 같은 방식으로 살거나 통치하는 것은 가능하지 않았다.

위기는 전 유럽적 차원에서 나타났다. 농업은 더 이상 인구 증가를 감당할 수 없었고 농업 재구조화의 사회적 비용은 너무도 컸다. 경제 침체는 상업과 재정 분야로 확대되었으며 공산품 판매 시장은 크게 위축되었다. 도시는 노동자 수의 증가가 멈추지 않음에 따라 더 이상 고용을 보장할 수 없었다. 엄격하게 분리되어 매우 자립적 성격을 띠고 있었던 숙련 노동자와 미숙련 노동자 시장 모두에서 실업과 공급 과잉이 나타났다.

근대 초 영국은 대륙과 달리 파국적 식량 위기에서 벗어나 있었는데 이는 농업 구조의 급진적 개혁 덕분이었다. 16세기와 17세기에 발생한 위기는 흉작, 식량 가격의 급등 시기에 나타났는데 이는 내외 시장에서 영국 공산품의 수요 감소를 수반했던 국제무역의 변동 주기와도 일치한다. 그러나 영국에서도 빈곤 문제는 대륙처럼 흉작, 전염병과 관련되었다. 1527~28년에 빈민 부조의 조직화는 매우 시급했다. 1527년의 흉작이 밀 가격의 상승과 식량 투기를 불러일으켰으며 이 때문에 특별위원회가 비축 식량의 조사와 투기 근절을 위해 창설되었다. 당시의 상황은 매우 우려할 만한 것이었다. 월트셔(Wiltshire)의 몇몇 마을 교구에서 주민의 겨우 3~5퍼센트만이 밀을 비축하고 있는 상황이었다. 빈민 부조를 위해 에식스(Essex)와 서펙(Suffolk)의 특별위원회는 부자들에게 밀의 구입과 저장을 요구했다. 그러나 이러한 조치는 만족할 만한 결과를 가져오지 못했다. 이와 동시에 유랑민에 대한 억압은 더욱 강화되었고 체포된 자들은 심하게 처벌받았다. 다행스럽게도 1528년의 수확은 상황을 빠르게 수습해주었다. 그러나 노동시장의 혼란이 당시의 위기를 가중시켰다. 1528년 초 영국은 프랑스와 동맹을 맺어 황제에 대항했고, 네덜란드는 영국 직물 생산품의 수입을 금지했다. 봉쇄는 짧은 기간이었지만 일시적 실업을 가져왔다. 추밀원은 유통의 어려움에도 불구하고 주요 산업 부문에서의 실업을 줄이기 위해 직물 상인들에게 재고품을 사라고 명령했다. 식량 위기 혹은 직물 노동자의 실업에 대한 당국의 강력한 개입은 질서를 유지함으로써 사회적 혼란을 막기 위한 것이었다. 이러한 조치는 실제 고용 부족과 생활비의 증가 — 1527년에 화폐의 가치 절하가 단행되었기 때문에 그만큼 사람들은 이를 심각하게 느끼고 있었다 — 가 일련의 민중 봉기를 야기했기 때문에 당연한 것이었다.

스페인 역시 주목할 만하다. 16세기에 스페인은 구걸 금지를 공포하지 않은 매우 예외적인 국가의 하나였다. 그러나 1520년대에는 이곳 역시 앞서 언급한 것과 같은 사회정책을 추진해야만 했다. 카스티야 의회는 걸인의 급증에 불안감을 느꼈다. 1523년에 발렌시아 의회는 구걸 문제에 대한 1518년의 탄원을 언급하면서 빈민은 단지 자신의 출생지에서만 원조를 요구할 수 있다고 공포했다. 또한 흉작이 있던 1525년에 톨레도 의회는 특별 허가를 받은 사람을 제외한 모든 사람들에게 구걸을 금지시켰다. 이러한 조치는 1528년의 마드리드 의회에서도 채택되었고 1534년에 갱신되었다.

민중 봉기 — 독일(1525~26), 스페인(1520~21, 1525~26)의 전쟁과 농민 폭동, 그리고 영국, 프랑스, 네덜란드에서 일어난 농촌과 도시의 소요 — 는 당시 사회 위기의 심각성을 잘 보여준다. 제국에서 일어난 도시 봉기는 15세기 하반기에 평균 2년에 한 번씩 발생했지만 1530년대에는 연평균 4.5번에 달했으니 거의 아홉 배나 증가한 셈이다. 르 루아 라뒤리는 1526~35년의 위기 때 랑그도크에서 종교개혁이 확산된 것은 바로 증가 추세에 있던 이러한 민중 봉기와 관계가 있다고 지적했다.

당시 빈민 문제에 대한 도시의 대응은 두 가지 측면으로 나타난다. 우선, 도시는 주변 지역에서 몰려드는 대규모의 빈민 유입에 대처해야만 했다. 도시는 그들을 받아들이지 않았지만 그들은 성벽 주위에 거처하면서 도시를 계속해서 "포위하고 있었다." 둘째로, 부조의 원칙과 자선 기관의 규율을 제정함으로써 빈민 부조 제도의 질서를 확립해야만 했다. 이러한 조치는 도시 내의 상황을 개선하기 위한 목적도 있었지만 동시에 더 이상 보시가 대량으로 제공되지 않는다는 것을 보여줌으로써 빈민 유입을 막으려는 의도를 가지고 있었다. 이제 세 도시의 예를 제시함으로써 당시의 상황과 시 당국의 조치들을 간략하게나마 살펴보고자 한다.

1) 파리 ─ 도덕적 우려와 공포

파리는 다른 도시들이 따라야 할 모범을 제공해야 하는 매우 중요한 곳이었다. 국가의 수도이자 중앙 행정의 중심지, 그리고 궁정이 있던 이 도시는 다른 여타 도시들처럼 시 당국이 운영하고 있었지만 중앙 권력의 존재는 일정 정도 파리의 시정(市政)을 규정하고 있었다. 실제로 파리 시 당국은 자신들의 행동이 관찰되고 있으며 모든 결정에 대해 상위 권력의 승인을 받아야 한다는 점을 잘 인식하고 있었다. 빈민 문제는 직접적으로는 고등법원 관할이었지만 사회부조 기금은 국왕 재무국의 소관이었다. 시 당국의 행위에 영향을 끼쳤던 무시할 수 없는 또 다른 요소는 신학과 교리의 차원에서 높은 위치를 점하고 있던 대학의 존재였다. 그러나 실제 빈민 문제에 가장 직접적인 영향력을 행사한 것은 교회였다. 마지막으로 시 당국의 임무를 더욱 힘들게 만들었던 것은 다른 도시들이 파리의 정책을 모델로 해서 정책을 결정하고 있었다는 점이다. 그러나 상업, 재정, 사치품의 중심지이면서 유럽의 가장 큰 도시의 하나였던 파리 역시 길거리를 뒤덮고 있던 빈곤 문제에는 제대로 대처하지 못하고 있었다.

병원 행정의 재조직화에 관한 논쟁과 이를 통한 자선사업은 16세기 초 이래 계속해서 전개되었다. 1505년부터 세속 행정가들로 구성된 위원회는 시립병원의 활동을 감시하기 시작했는데 이는 병원의 세속화 과정에서 매우 중요한 단계이며, 시 당국과 노트르담 대성당 참사회 사이의 갈등이 표출된 중대한 순간이기도 했다. 실제로 병원의 세속화는 속도의 차이는 있지만 점진적으로 프랑스의 모든 도시에서 나타나고 있었다. 1520년에 프랑수아 1세는 자신의 수하에 있던 구호금 관리 사제에게 병원과 왕립 보호소의 개혁을 위임했다. 각 교구에는 개혁 과정을 감시하기 위해 성직자 한 명과 속인 한 명으로이루어진 두 명의 감독관을 두었다. 그러나 병원 행정에 대한 속인의 참여가매우 혁명적인 일이긴 했지만 병원 행정에서 성직자와 교회 당국의 우월한위치는 여전히 지속되었다.

병원 문제에 관한 시 당국의 이러한 지대한 관심은 유행처럼 번지고 있던전염병에 의해 더욱 촉발되었다. 전염병이 확산될 때마다 즉각적인 조치가필요했는데 특히 왕국의 최고 사법기관이었던 고등법원이 이를 책임지고 있었다. 고등법원은 회계법원과 성당참사회의 대표들, 궁정 대신과 파리의 명사들(실제로 파리는 자유 도시가 아니었으며 국왕과 시의 두 권력 체제에 의해 운영되었다. 각각은 국왕 재판관과 파리 시장으로 대표된다)로 구성되는 자문협의회를 조직했다. 위생 조치가 취해진 것은 이 자문협의회를 통해서였다. 예를 들면 1510년8월에 지독한 백일해 전염병이 창궐했을 때 협의회는 환자가 있는 집의 창문에 짚단을 두 달 동안 걸어두도록 명령했다. 1515년에 회계법원의 대표로서파리의 자선사업에 적극적이었던 장 브리소네(Jean Brissonet: 프랑수아 1세의구호금 관리 사제가 파리 교구의 병원 개혁을 위해 임명한 두 명의 감독관 중 한 사람이었다)는 명사와 전문가들의 특별 회동에서 유사시 환자들을 격리하려면 그들이 따로 머물 장소가 필요하다고 역설했다. 그러나 이 계획은 의학부와 시 당국에 의해 거부당했다.

한편, 1516년에 유랑민과 걸인에 대한 억압적 조치가 내려졌는데 이는 단기간에만 효과가 있었다. 당시 고등법원은 "사지가 튼튼하고 건장한 유랑민(vaccabons), 게으름뱅이(oysifs), 빈둥거리는 자(caymens), 악당(maraulx), 부랑자(belistres)"들을[1] 도시에서 추방해야 한다고 규정했다. 시 당국은 체포된 자들을 소환한 후 바로 감옥에 수감하였다. 그들은 보수도 없이 도시 성벽과 하수구에서 강제 노동을 해야만 했다. 행정관의 결정에 따라 낮에는 간수 네 명이 죄수 열두 명을 감시했고, 밤에는 두 명이 감시했다. 밤에 이들은 두 명이 짝을 이루어 쇠고랑을 차야만 했다. 그러나 이러한 조치는 매우 제한적이었던 것 같다. 왜냐하면 당시의 문서 중에서 이에 대한 사례를 단 한 건만 찾을 수 있기 때문이다. 즉 법이 공포된 지 한 달 후에, 법관 앞에 소환된 24명의 유랑민에 대한 예심(information)이 유일하다. 기간 역시 매우 짧았다. 위급한 상황에 대한 일시적인 반응이었던 것이다. 그러나 건장한 걸인에 대한 강제 노동의 부과는 파리의 사회정책에서 중요한 선례가 되었다.

1519년에 새로운 전염병이 도시에 창궐했다. 당시의 위생 조치들은 우선 공공 모임과 연극을 금지했다. 1522년에 다른 전염병이 다시 발생했다. 이제 전염에 대한 공포는 강박관념이 되었다. 병원과 가정에서 환자를 돌보던 의사들은 전염을 막기 위해 매우 이상하고 복잡한 보호복을 만들었다. 이 전염병에 대해 당시 파리의 법률가였던 니콜라 베르소리(Nicolas Versoris)는 그의 일기에 다음과 같이 적고 있다.

---

1 Registres des délibérations du Bureau de la Ville de Paris, F. Bonnardot, éd., Paris, 1883, t. I, p. 227 sq.

지금 파리에는 놀랍고도 위험한 전염병이 창궐하고 있고 시립 병원에서는 3일 만에 240명 이상의 사람이 죽었다고 한다. 일반적으로 두 달 혹은 세 달 동안에 28명에서 30명의 사람이 묻히던 생이노상 묘지에는 지금 하루에 40명 이상이 묻히고 있다. 다른 교회 묘지에 매장된 사람의 수는 셀 수도 없다. 사람들의 말에 따르면 대부분 파리의 일용 노동자나 짐꾼과 같은 가난한 사람들이 죽고 있다고 한다. 이전에 파리가 부유했을 때는 700명에서 800명에 달했던 이 사람들이 현재는 거의 사라졌다. 프티 샹(Petits Champs) 지역에는 많은 빈민들이 살고 있었지만 이제 더 이상 그들의 모습을 찾아보기가 매우 힘들다. 간단히 말해서, 올해에 많은 사람들이 죽었다. 그러나 이는 단지 파리에만 한정된 것이 아니라 프랑스 왕국 전역, 심지어 노르망디와 루앙에서도 사정은 마찬가지였다. 신은 빈민들의 영혼에 대해 연민을 가지고 있는가![2]

이 글에서 매우 특징적인 것은 전염병과 빈민의 상관관계이다. 식량 위기에 대한 동시대의 연구는 영양 부족이 어느 순간에 직접적인 사망률 증가의 원인이 되고 있는가를 밝히고 있지는 않지만 생활비가 등귀한 시기와 사망률이 증가하는 시기 사이에 연관 관계가 있다는 점은 강조하고 있다. 생리학적 궁핍이 적어도 전염병의 확산에 일조하고 있다는 것만은 의심의 여지가 없다. 니콜라 베르소리는 알(Halles) 근처의 프티 샹 지역을 빈곤 지역으로 보고 있다. 이를 통해 도시 지형학에서 자연스럽게 형성된 빈곤 지역, 즉 빈민들의 게토를 확인할 수 있다. 전염병이 사람의 생명을 가장 많이 앗아간 곳은 바로 이 지역이다. 전염병이 빈민 수를 감소시켜 인구 조절을 했다고 가정할 수도 있지만 이는 옳지 않다. 왜냐하면 전염병, 기근, 식량 위기의 시기에 도시로 몰려드는 빈민들로 인해 인구는 오히려 증가했기 때문이다.

---

2 "Livre de rason de Me Nicolas Versoris, avocat au Parlement de Paris (1519~1530)", G. Fagniez, éd., in *Mémoires de la Société de l'histoire de Paris*, t. XII (1885), Paris, 1886, p. 118.

전염병은 빈민들의 집중 현상이 공동체에 어떤 위험을 불러일으키는지 잘 보여주었다. 당시에 전염병의 확산을 막기 위한 시 당국의 예외적 조치들 중에는 걸인과 유랑민에 대한 특별 조항이 부가되어 있었다. 16세기 초기 10년 동안에 페스트의 확산은 부조 개혁의 필요성을 인식하게 했다. 적어도 파리에서 이 점은 확실하다. 시 당국은 당시의 위기 상황을 매우 잘 이해하고 있는 듯했다. 그러나 개혁은 매우 느리게 진행되었다.

1525년 봄에 파리 고등법원은 "전례 없는 궁핍과 빈민의 증가"를 보면서 빈민 문제에 대한 열띤 논쟁을 재개했다. 시장과 시 행정관, 그리고 고등법원과 회계법원(왕국의 최고 재정 기관)의 의장들 사이에 격렬한 토론이 벌어졌다. 1525년 3월 15일, 수석 고등법원장은 "도시의 빈민 수가 현재 놀라운 수준"이기 때문에 이에 대한 방안을 모색해야 한다고 말했다. 그는 보시를 하는 수많은 선량한 사람들이 있지만 이것이 적절하게 분배되지 않고 있다면서 질서를 잡아 빈민의 식량을 보장해준다면 이는 신의 큰 은총을 받을 만한 행동이라고 역설했다. 이를 위해서 모든 교구는 부조받을 자격이 있는 빈민 명단을 작성하고 보시 분배의 책임을 맡아야만 했다. 그는 연설에서 모든 '외지 빈민'을 추방하고 남아 있는 거주자들의 빈민 부양을 책임지기로 결심한 아미앵의 예를 인용했다. 여기에서 중요한 것은 그가 아미앵을 예로 들면서 도시의 모든 외지 빈민을 추방하자고 제안했다는 점이다. 그러나 발언자는 이러한 자신의 주장을 더 이상 발전시키지 못했다.

3주 후 파리 시장은 빈민에 대한 자신의 의견을 고등법원에서 발표했다. 그는 빈민 부조가 기독교의 의무라고 말하면서 도시의 외지 걸인을 추방하자는 주장에 반대했다. 그에 따르면 우선 노르망디와 피카르디 지방의 도시를 예로 들어 논거로 삼는 것은 적절치 못했다. 왜냐하면 이 도시들은 국경 도시라는 특수한 상황에 있으므로 국가 전체에 유용한 모델로 받아들이기에는 무리가 있었다. 또한 그는 빈민을 고립시키고 이들을 도시의 다른 변두리 지역에 모이게 하는 계획에도 동의하지 않았다. 그는 비록 빈민들이 초기에는 단지 500명이라 할지라도 일주일 후에는 6,000명이 될 것이며, 이는 상당한 위험을 야기할 것이라고 생각했다. 그가 제시한 해결책은 빈민들의 일자리를 보장하고 가장 낮은 수준에서 그들의 임금을 책정하는 것이었다.

이러한 연설의 내용이 논쟁적 성격을 띠고 있었던 것은 사실이지만 억압적 조치로부터 빈민을 보호하려는 어떤 순수한 의도에서 나온 것은 아니었을 것이다. 아마도 재정과 행정의 부담을 시 당국이 떠맡아야 했기 때문에 도시생활의 변화에 대해 책임을 지지 않으려는 대응 방식의 하나로 보아야 할 것이다. 그러나 그의 주장이 수사학이든 아니든 간에, 빈민 부조 문제가 야기하는 도덕적 측면에 대한 주목, 그리고 도덕적인 이유로 자선사업의 재조직에 수반되는 억압적 체제에 동의하지 않았다는 점은 매우 중요하다. 이론적 논쟁을 통해 나타난 이러한 양면성은 이후 실시된 정책에서도 동일하게 나타났다.

빈민들이 한 지역에 모이는 것에 대한 두려움도 논쟁 과정에서 계속해서 표출되었다. 시장의 연설 이전에 있었던 도시의 성벽 상태에 대한 토론에서 장 브리소네는 빈민을 공공사업에 고용하자고 제안했다. 그는 많은 걸인들이 스스로 생계를 유지하고 싶어 하지만 일자리가 없기 때문에 구걸에 빠져들게 된다고 생각했다. 또한 보시를 행하는 사람들도 게으름뱅이에게 원조하기보다는 공공선을 위해서 일하는 사람들을 더 돕고 싶어 할 것이라고 말했다. 그러나 두려움 때문에 이러한 계획 역시 실현되기는 힘들었다. 사람들은 "만약 모든 빈민들이 한곳에 모여든다면 소요가 일어날 위험이 있다"라고 생각했다. "만약 이 작업을 위해 600명에서 700명의 사람들이 모여들면 이틀 후에 그들은 2,000명이 될 것이고 이는 결국 반란과 도시 약탈을 불러올 것"이라는 두려움을 그들은 느끼고 있었다. 이러한 주장은 파리 시장의 의견과 같은 것으로서 사회 봉기에 대한 두려움이 빈민에 대한 불신을 가져왔다는 사실을 잘 보여준다. 일자리 제공이 군중을 끌어들일 것이라는 주장은 계속해서 제기되었다. 가장 낮은 임금이었음에도 일자리 제공 소식이 그토록 매력적이었다는 사실은 확실히 걸인의 증가가 일자리 부족 때문이라는 것을 잘 보여준다. 사회질서를 흔들고 유산계급들에게 두려움을 불러일으킨 것은 당시의 이러한 상황 때문이었다.

고등법원과 시 당국 대표들의 논쟁은 이것으로 끝나지 않았고 이후 몇몇 정책들이 다시 모습을 드러내었다. 파리는 '외지 빈민'의 접근을 금지하고 실업자를 위한 고용 창출을 결정했으며, 영구적 기금을 조성해 재정 지원을 책임졌다. 국왕 관리들의 반대와 비난—약 500여 명의 유랑민을 추방하는 대신에 그들을 부양하게 되면 고기값은 폭등할 것이고 이는 반란으로 귀결될 것이다—에도 불구하고 시 당국은 필수적인 기금 마련을 위한 특별 간접세를 징수했다. 그러나 이러한 정책은 상황을 전혀 변화시키지 못했다. 공공사업이 '빈민세'의 지원을 받는다는 사실을 시 당국이 전혀 고려하지 않고 있으며 당국은 그들이 원하는 사람만을 고용하고 있다는 고소가 고등법원에 접수되었다. 고등법원에 소환된 파리 시장은 "시 당국은 일자리를 원하는 두 부류의 사람들 중에서 선별할 수밖에 없었다"라고 설명했다. 첫 번째 부류는 실업 상태의 장인, 인쇄업자, 재단사, 모피 제조업자와 같은 '수치 빈민'들로서 가족을 부양하기 위해 노력했지만 일자리를 찾지 못한 사람들이다. 두 번째 부류는 가가호호 구걸을 하며 떠돌아다니는 게으름뱅이와 유랑민이다. 실제로 '수치 빈민' 가운데 100~120명의 사람들이 이 사업에 고용되었는데 그들은 '빈민세'로 마련한 기금에서 낮은 급료를 지급받았다. 그러나 모든 사람을 고용할 정도로 충분한 자금이 있었던 것은 아니다. 유랑민의 임금이 다른 사람들보다 더 낮게 책정되어야 한다는 생각도 그들이 갈등과 소요를 일으킬 수 있다는 위험 때문에 현실화될 수 없었다.

채택된 해결책이 너무나 미약했기 때문에 문제의 규모에 비해 별다른 효과가 없었다는 것은 확실하다. 여전히 파리 거리는 빈민들로 넘쳐났다. 구걸하려고 손을 내미는 여성과 아동들의 모습은 흔히 볼 수 있는 풍경이었으며 빈민들은 이전보다 더 큰 규모로 밀려들었다. 시 당국의 조서는 빈민 고용을 위한 사업이 이후에도 계속 전개되었음을 보여준다. 동시에 보시는 일할 수 없는 사람들로만 제한되었다. 파리는 보시를 얻는 것만큼이나 일자리를 구하기 힘든 도시가 되었다. 이는 보시를 분배하는 날에 사업장의 노동자들이 일시적 원조를 얻기 위해 아픈 척하고 있다는 고소를 통해 확인된다. 보시 분배일은 그들이 사업장을 결근하고자 했던 유일한 날이었다.

세속 당국은 16세기 초의 개혁을 통해 병원에 대한 감독권을 갖고 운영에 참여하였으며 이후 빈민 부조의 점진적인 재조직화를 추진하였다. 시 당국의 사회정책에는 빈민의 도시 유입 통제 외에도 공공사업을 통한 일자리 제공, 불구자를 위한 부조 조직이 포함되어 있었다. 1525년 봄의 '빈민세' 도입은 시 당국의 사회정책에서 가장 중요한 조치였는데 이는 조직적인 방식으로 '그들의 빈민'을 부양해야 한다는 원칙에 기반을 둔 것이었다. 빈민 부조를 감시하기 위해 창설된 특별 기관인 '보시 총국'(Aumône générale)의 창설 역시 이런 맥락에서 이루어진 것이었다. 1544년 11월 7일의 법령을 통해 빈민 부조는 행정관에 위임되었다. 단지 유랑에 대한 억압적 조치만 고등법원 소관이 되었다. 이 법령이 발표된 지 일주일 후, 모든 교구는 그들의 빈민 장부를 작성해야 했다. 그리고 1545년 초에는 일할 수 없는 사람들을 위한 정기적이고 조직적인 보시가 시작되었다. 대(大)빈민국(Grand bureau des pauvres)이 파리에서 활동을 시작한 것도 이런 방식을 통해서였다. 그러나 당시의 몇몇 문서는 이 기구가 1530년에 이미 창설되었음을 보여준다. 이 연도는 1555년과 1557년 사이에 작성된 것으로 추정되는 파리의 빈민 부조를 다룬 소책자에 기록되어 있다. 리옹의 사회 개혁 주창자들은 이미 1531년에 파리에서 창설된 이 기구를 예로 들고 있다.

그러나 이 기구의 공식적 활동일이 중요한 것은 아니다. 파리가 채택하기로 결정한 사회정책의 원칙은 이미 1525년에 확립된 상태였다. 당시에 빈민 부조를 위한 재정적 기반과 시 당국의 권력과 의무는 논쟁을 통해 규정되었다. 또한 논생들은 이러한 사회정책의 기원이 되었던 빈민들에 대한 두려움, 즉 거리와 왕궁 근처로 몰려들던 궁핍한 사람들에 대해 가졌던 공포를 적나라하게 드러내고 있다.

2) 베네치아―사회 위생과 억압

16세기 상반기에 베네치아는 번영기를 구가하고 있었다. 16세기 내내 인구는 점진적으로 증가했고 안정적인 생산 구조도 확립되었다. 베네치아의 전통적 생산 분야였던 조선업과 함께 레반트 시장의 직물 수요 증가는 도시 발전에 크게 기여했다. 이전에 플랑드르, 영국 그리고 카탈루냐의 모직물 판매의 단순한 중계지였던 베네치아는 이 역할을 점차 포기하고 현지 생산으로 방향을 돌렸는데, 당시 토스카나와 롬바르디아 직물 산업의 위기로 인해 상황은 매우 유리하게 전개되었다. 실제로 직물 산업과 토지 투자를 통한 이윤 획득은 16세기 베네치아 부의 주요 원천이었다. 이러한 부의 축적은 베네치아에 도착한 방문객들의 눈에는 너무나 화려해서 현기증을 불러일으킬 정도였다. 15세기부터 베네치아는 끊임없이 성장했고 점차 호화로워졌다. 귀족들의 저택은 웅장한 건축과 내부의 호사스러움으로 인해 매우 인상적이었다. 엘리트 부르주아들은 눈길을 끄는 자선을 통해 자신들의 부와 사회적 위치를 과시했다. 도시 외관과 사회질서에서 나타난 베네치아의 발달된 행정 체계는 힘, 부, 위신의 모든 측면에서 베네치아를 '아드리아 해의 여왕'으로 만들어주었다. 그러나 1520년대 재앙이 이 풍요의 도시를 덮쳤다. 그것이 바로 1527~29년의 대기근(gran fame)이다. 희생자들은 대부분 이민자들이었지만 거리와 광장을 뒤덮은 굶주린 군중들의 광경은 베네치아 사람들에게 연민과 공포를 불러일으켰다.

당시 이탈리아의 중부와 북부는 기근, 전염병, 전쟁으로 인해 큰 피해를 입었다. 주기적으로 함께 나타나던 흉작과 전염병이 1527년과 1529년 사이에 또다시 이 지역을 휩쓸었다. 군인과 비적들의 약탈로 인해 모든 지방은 황폐해졌고 운송길은 막혔다. 베네치아는 곡물을 수입하는 데에 어려움을 겪었다. 곡물 가격은 1527년 이전과 비교할 때 두 배, 세 배 심지어 네 배까지 올랐다. 기근은 농촌 사람들을 조직화된 식량 비축 체계가 있던 도시로 몰려들게 했다. 베네치아는 풍요롭고 비축 식량이 있는 곳으로 보였기 때문에 농민 군중은 이 도시로 쇄도하였다.

베네치아의 연대기 작가인 마리노 사누도(Marino Sanudo)는 당시의 사건 진행을 상세하게 기록했다.[3] 1527~28년 겨울의 생활비 등귀는 파국적인 수준에 도달했다. "매일 저녁 리알토(Rialto)의 산 마르코 광장과 거리에는 행인들을 향해 울부짖는 한 무리의 어린이들을 볼 수 있다. '빵을 주세요! 굶주림과 추위로 죽을 지경입니다.' 이는 정말 눈 뜨고는 보지 못할 참혹한 광경이었다. 이른 아침에 주랑 아래에는 시체들이 널려 있었다." 이것이 크리스마스를 일주일 앞둔 1527년 12월의 상황이었다. 그리고 1528년 2월 초에 사육제가 벌어졌다. "도시에는 축제가 한창이었고 많은 가장행렬이 이어졌다. 그러나 동시에 사람들은 수많은 빈민들을 밤과 낮으로 볼 수 있었다. 기근은 국가 전체에 퍼져 있었고 먹을 것을 찾아 떠돌던 몇몇 유랑민은 그들의 가족과 함께 베네치아에 정착하기로 결심했다." 2월 말에 그는 다음과 같이 적었다. "나는 대기근이 밀어닥친 이 도시에서 상기해야 할 몇 가지를 여기에 적는다. 거리에서 신음 소리를 내는 베네치아의 빈민 외에도 머리에는 세모꼴 숄을 쓰고 팔에는 아이를 안은 채 구걸하는 부라노(Burano) 섬 출신 빈민들을 볼 수 있다. 놀라운 것은 빈첸차(Vincenza)와 브레시아(Brescia) 지방에서 온 빈민들도 많다는 것이다. 성당에서 미사를 드릴 경우 적지 않은 수의 걸인들이 적선해달라고 귀찮게 하기 때문에 평화롭게 미사를 드리는 것은 거의 불가능하다. 당신이 지갑을 여는 순간 빈민이 바로 동전 한 닢을 요구할 것이다. 그들은 저녁 늦게 문을 두드린 후 배고파 죽겠다고 울부짖는다."

빈첸차 지방에서 빈민이 몰려오는 이유는 그곳 상황이 베네치아보다 더욱

---

3 *I Diarii di Marino Sanudo*, Venise, 1879~1903, t. XLVI, col. 380, 550, 612.

4 *Ibid.*, t. XLVII, col. 148.

열악했기 때문이다. 한 증인은 1528년 3월 말에 이를 다음과 같이 묘사한다.[4] "200명의 빈민에게 적선해주더라도 바로 그 순간 다시 그 만큼의 다른 빈민들이 나타난다. 애걸하는 무리에게 괴롭힘을 당하지 않고 광장과 거리를 걷거나 교회로 들어가는 것은 불가능하다. 그들은 굶주림에 시달린 얼굴이다. 눈은 반지 구멍 같으며 몸에는 거죽밖에 남은 것이 없다." 빈첸차의 통치자들은 궁핍한 자들의 존재를 그들의 선언문에서 다음과 묘사하고 있다. "굶주린 농민들은 풀과 물을 그들의 유일한 양식으로 삼으며 짐승처럼 살고 있다. 전염병이 창궐하기에는 최상의 조건이다. 실제로 1528년 3월에는 정체를 알 수 없는 전염병이 발생했다." 사람들은 병의 원인을 농촌에서 도시로 몰려든 빈민들 때문이라고 생각했다.

특히 외부인의 쇄도로 발생하는 빈민의 증가와 걸인들의 이동은 동시대인들에게 전염병의 위험과 동일한 것이었다. 파리와 마찬가지로 이러한 두려움은 베네치아 시 당국의 개입을 가져왔다. 빈민을 돕기 위한 조직화된 조치가 논의의 대상이 된 것이다.

베네치아에서 이러한 논의는 1528년 3월 상원에서 전개되었다. 전염병은 이미 이탈리아의 다른 도시들에서도 창궐했다. 당대의 묘사를 보면 병의 징후는 매우 혼란스러운 이미지를 제공한다. 페스트 외에도 영양 부족, 위생 결핍, 그리고 인구 이동과 결부되어 티푸스가 발생했던 것 같다. 상원은 궁핍한 자들의 쇄도로 인한 기근과 전염병이 도시를 위험에 몰아넣지는 않을까 두려워했다. 1527년 12월부터 교구는 일주일에 한 번씩 빈민을 위해 빵을 배급하기 시작했으며 전염병의 위협은 그들에 대해 격리 조치를 취하도록 만들었다.

베네치아의 정책에서 이러한 종류의 법적 조항이 전혀 새로운 것은 아니었다. 위생 통제 기구(provveditori alla sanità)는 15세기 말 이래로 도시 이민자들을 주의 깊게 감시하였고 시 당국은 교구가 발급한 허가증을 지닌 사람들에게만 보시할 것을 명령했다. 이를 어기고 허가 없이 구걸하는 사람은 감옥에 갇히거나 채찍질을 당했다. — 이미 중세에 빈민들에 대한 구별 원칙이 정해져 실행되고 있었던 것은 명확하다. 1528년의 전염병에 직면해서 당국은 훨씬 더 큰 규모로 이와 유사한 조치를 취하고자 했다. 많은 논쟁을 거친 후인 1528년 3월 13일에 다음과 같은 결정이 내려졌다. 문제 조사를 위해 창설되었던 특별위원회의 제안에 따라 세 개 혹은 네 개의 임시 보호소가 건설되어 빈민들에게 집과 잠자리를 마련해주었다. 시 당국은 모든 빈민들이 이 보호소에 머물기 위해 모여들 것으로 생각했다. 왜냐하면 거리와 대문 앞에서 적선을 요구하는 사람은 감금, 채찍질 혹은 도시 추방이라는 처벌을 당할 것이기 때문이었다. 뱃사공은 도시에서 구걸이 금지된다는 사실을 모든 승객들에게 알려야 했다. 이후 보호소는 더 이상 이민자들을 받아들이지 않았지만 이미 도시에 거주하고 있던 빈민들에 대해서는 '원주민'과 '이방인'이라는 구별을 적용하지 않았다. 특별세는 보호소의 재정을 보장해주었는데 이는 각 교구에서 위생 통제 기구의 책임을 맡은 주임 사제 한 명과 속인 감독 두 명이 징수하였다. 축제의 미사 기간에 주임 사제는 체납자의 이름을 공개했다. 시 당국은 6월 추수 때까지 빈민 부양을 위한 식량 확보를 책임졌다. 이후 보호소에 모인 빈민들은 농가로 보내지거나 그들이 원래 살던 곳으로 돌아가야만 했다. 만약 그들이 복종하지 않고 계속해서 구걸을 한다면 그들은 산 마르코에서 리알토로 가는 길에서 채찍질을 당했다.

베네치아의 첫 '빈민법'으로 여겨질 수 있는 이러한 조치들은 위급한 상황에 대한 일시적 대응이었다. 새로운 조항들은 각 교구가 그들의 궁핍한 주민들과 '수치 빈민'에 대해 유지해왔던 기존의 사회부조 체제를 바꾸는 것이 아니라는 점을 강조했다. 따라서 각 교구가 그들의 빈민을 책임질 것이며, 그들이 유일한 책임자라는 원칙은 계속해서 유지된 것이다. 이는 새로운 사회정책에서도 여전히 나타나고 있으며 실제로 '빈민세' 징수위원회의 혼합적 성격에서도 여전히 확인된다. 실질적인 혁신은 사회부조의 세속화에 있는 것이 아니라 공공 당국이 빈민 부조 프로그램을 정교화하고 이를 실현시키는 책임을 떠맡았다는 데 있다.

4월 초에 보호소 네 곳이 빈민을 받아들일 채비를 하였다. 그러나 빈민들은 고립에 대한 두려움 때문에 이를 거부했다. 보호소 간수들에 대한 폭력 행사가 있었으며 거리에서는 여전히 떠돌아다니는 걸인을 볼 수 있었다. 4월 중순에 빈민들 약 1,000명이 보호소에 감금되어 빵, 수프, 포도주를 제공받았다. 그러나 준비된 공간이 너무 좁아 이들을 모두 받아들일 수는 없었다. 결국 시 당국은 병든 환자만을 보호하기로 했고 몸이 성한 빈민들을 도시에서 추방했다.

게다가 보호소에서 사망률은 매우 높았다. 3월과 5월 사이에 한 보호소에서는 293명이 사망하기도 했다. 일반적으로 사망률은 1528년 봄부터 매우 높게 나타났다. 여름에 사망자 수는 전염병으로 인해 더 높게 나타났고 약간의 간격을 두기는 했지만 1529년 여름까지 지속되었다. 위생 통제 기구는 1528년 4월과 1529년 11월 사이에 약 1,850건의 발병 사실을 접수했다. 영국의 역사가 브라이언 풀런(Brian Pullan)에 따르면 1528년에 베네치아에서 기근과 전염병으로 인한 사망자 수는 전 거주민의 4퍼센트를 초과하지 않았다. 만약 이 수치를 14세기 중엽의 흑사병이나 이후 전개되었던 다른 전염병, 예를 들면 1575년과 1577년 혹은 1630~31년과 비교해본다면 이는 상대적으로 낮은 것 같아 보인다. 그러나 이 당시의 전염병은 상당 기간의 안정 이후에 발생했다. 따라서 심리적 충격은 매우 컸고 시 당국은 사회정책의 재조직을 매우 긴급한 것으로 고려해야만 했다.

빈민에 대한 최초의 법이 통과되고 1년 후인 1529년 4월에 베네치아는 좀 더 항구적인 성격의 새로운 빈민법을 통과시켰다. 상원의 이 법령은 우선 당국의 주요 목표를 다음과 같이 설정했다. 즉 "생활비를 스스로 벌 수 있는데도 게으르게 사는 사람들을 배제함으로써 진정한 빈민만을 부조의 대상으로 삼는다. 물론 환자는 치료의 대상이 되며 굶주린 자는 빵을 공급받는다." 이러한 원칙과 실천을 위해 당국은 자선에 대한 근대적 원칙의 초안을 마련하였다.

무엇보다도 '외지 빈민'은 도시로 들어올 수 없었다. 체포된 침입자는 지방 당국에 그의 신변을 부탁하는 편지와 함께 원래 거주지로 돌려보냈다. 도시에 정착한 걸인들은 노동을 할 수 있는 사람과 할 수 없는 사람으로 엄격히 구분했다. 전자의 사람들은 선박에서 일하게 되었다. 이들은 다른 선원들과 동일한 양의 식량을 제공받기는 했지만 임금은 반 정도만 받았다. 이는 시 당국이 선장들에게 요구한 사항이었다. 길드와 교구 위원회는 여성과 아동들이 하녀나 직인으로 일할 수 있도록 자리를 찾아주었다. 불구여서 노동하는 것이 불가능한 걸인들은 정기적으로 부조를 받을 권리가 있었다. 그러나 그들에게도 공공장소에서는 구걸을 못 하게 했다. 집이 없는 사람들은 병원과 보호소에서 살았던 데 반해 거주지가 있는 사람들은 직접 자신의 집에서 원조를 받을 수 있었다.

그러나 새로운 베네치아의 법은 자선 기구의 재조직에 관한 조항은 포함하고 있지 않다. 수도원, 병원, 형제회는 이전과 같은 방식으로 그들의 자선 활동을 전개했다. 반면 빈민에 대한 교구의 책임은 커졌다. 즉 빈민 거주지에서의 보시 분배뿐만 아니라, 형제회가 보유하고 있는 기금 운영, 신도들에게 기부금을 모집하는 것을 모두 교구 위원회가 책임지고 있었다. 1년에 한 번 있는 교구의 두 속인 보좌관의 선거에서 주임 신부는 교구민들에게 무일푼인 사람들을 위한 임의 기부세를 지지해달라고 호소했다. 또한 주임 신부는 교회의 설교를 통해 자발적인 기부를 강조했다.

베네치아의 어떤 법도 중앙 집중화된 부조 체제의 설립을 고려하지 않고 있었다. 베네치아의 법은 사회부조 조직을 책임지는 제도의 설립을 계획하고 있지 않았으며, 시 당국은 자선 활동을 위한 재정을 확보하려는 노력도 하지 않았다. 1528년의 세금은 일시적인 조치였을 뿐이었다. 자선은 자발적 갹출금과 기부에만 의존하고 있었다. 반면에 자선 활동에서 성직자의 위치는 여전히 중요했다. 예를 들면, 교구의 자선을 관장하고 있던 주임 사제를 감시한 것은 베네치아 대주교와 위생 통제 기구였다. 시 당국의 행정에서 보았을 때 빈곤이 단지 위생 담당 공무원들의 관할이었다는 점은 매우 특징적이었다. 실제로 베네치아의 사회정책에서 가장 핵심적인 것은 공공 위생에 대한 우려였다.

확실히 1527~29년의 위기 때 시 당국이 추진했던 빈민 추방과 보호소 수용, 그리고 구걸 금지와 '유랑민'들에 대한 강제 노동은 자선의 성격보다는 억압의 성격을 띠고 있다고 볼 수 있다.

일단 위기가 지나가자 빈민에 관한 베네치아의 법령들은 더 이상 엄격하게 적용되지 않았다. 이 법령들은 위급한 상황에서 정교화되었다고 할 수 있지만 흉작이 끝나고 수많은 농촌 이주자들이 다시 고향으로 돌아가자 더 이상 큰 의미를 가지지 못했다. 그러나 기근과 전염병이 돌던 해(1537~39년, 1544~45년, 1575~7년7, 1590~95년)에 이러한 조치는 유사한 방식으로 되풀이되었다. 한편 인구 증가는 노동시장의 긴장을 야기했다. 경제적인 상황이 좋지 않을 때에 베네치아 시 당국은 그 문제를 해결할 능력이 없었고, 결국 사회적 상황은 파국으로 치달았다. 걸인과 유랑민을 갤리선으로 보내는 조치는 계속해서 증가했다. 1545년에 시 위원회는 빈민의 상황을 조사하기 시작했다. 위원회는 속인 대표 세 명과 성직자 세 명으로 구성되었다. 그러나 세금과 정기 보조금으로 마련된 자금이 부족하여 그들의 활동을 제약하였다. 베네치아에서 걸인을 위한 중앙 보호소의 설립이 구체화되어 체계적인 방식의 사회정책이 실행되기 시작한 것은 16세기 말에 이르러서였다.

그러나 빈민에 대한 심리적 태도는 1527~29년의 위기를 통해 급변하였다. 그 결과, 베네치아는 자선에 대한 기독교의 전통 교리였던 '연민'의 개별적·자발적 활동을 강조하면서도 빈민에 대한 일련의 억압적 조치를 실행할 수 있었다.

3) 이프르 — 도시 빈곤과 부조 개혁

이프르는 우리가 이미 제시했던 다른 두 도시와 달리 수도도 대규모 인구 밀집 지역도 아니었다. 그럼에도 1525년에 이 도시에서 나타난 부조 개혁은 당시 유럽의 유사한 개혁들에 지대한 영향을 끼쳤다.

16세기 초의 이프르는 이미 중세의 영광을 잊어버린지 오래된 듯했고 더 이상 유럽의 산업 중심지도 아니었다. 그럼에도 플랑드르에서 이 도시는 네덜란드가 번영을 누릴 때의 이득, 혼란과 위기 때의 손해를 모두 공유하고 있었다는 점에서 여전히 중요성을 잃지 않고 있었다. 중세에 이프르는 전문화된 생산 중심지로서 특징적인 사회구조를 갖춘 도시였다. 당시에 이프르의 직물은 최상품이라는 명성을 누리고 있었고 생산품은 대부분 수출되었다. 생산 과정에서는 작업 과정의 전문화, 개별 작업장들 간의 협력, 수많은 활동적 기업가와 재정가들에 의한 자본 투자라는 특징을 띠고 있었다. 이런 조건에서 이프르는 노동력 유입에 매우 개방적이었다. 그러나 인구 증가, 새로운 산업구조의 등장, 그리고 고급 직물에 대한 수요 감소와 함께 경기 침체가 시작되었다. 이후 이프르는 도시 장인 수공업자 간의 치열한 경쟁 상태에 빠졌으며, 16세기 초에 급속도로 발전해 플랑드르의 다른 직물 산업 중심지를 압도했던 브라반트(Brabant)와의 경쟁에서도 패배하고 말았다. 이프르의 퇴락은 느렸지만 가혹한 것이었다. 가장 번성했을 때 1,000개를 넘어섰던 작업장은 1510년에는 300~350개로 줄었고 1545년에는 100개도 되지 않았다. 16세기 말에 직물 산업은 거의 사라졌지만 이 도시는 모직물(sayette)로 산업을 전환할 의지조차 없었다. 도시 경제는 단지 지방 시장을 대상으로 한 몇 개의 장인 수공업에 의지하고 있었다. 그럼에도 1620년대의 이프르는 여전히 원산업 시대의 중심지로 간주될 수 있었다.*

중세에 이프르의 빈민 부조 제도는 매우 발달되어 있었다. 경제적 팽창의 시기에 기업가와 부르주아 명사들은 일시적 실업에 처한 노동자들에 대한 원조를 책임지고 있었는데, 이는 노동 예비군을 보호하고 사회질서를 유지하기

---

* 프랑스어판에서는 16세기의 20년대로 영어판에는 1620년대로 적혀 있다. 그러나 문맥상 후자가 타당하다.

위한 것이었다. 반대로, 15세기와 16세기 초는 빈민에 대한 감시와 억압적 정책을 특징으로 한다. 이 시기 이프르에서 채택된 조치들의 유효성을 평가하기 위한 통계는 매우 부족하다. 단지 1431년에 작성된 징세 대장에 따르면 빈민으로 분류된 납세자 수는 전체 인구의 5분의 1에 해당했는데 이는 다른 도시들과 비슷한 수준이다. 그러나 도시 주변의 농촌, 즉 이프르의 영지에서는 '납세 가능한 빈민'(pauvres imposables)의 비율이 9.6퍼센트로 덴데르몬데(Dendermonde)의 40퍼센트, 카셀(Cassel)의 22.6퍼센트에 비하면 낮은 수준이었음을 알 수 있다. 이프르는 이처럼 농촌의 상대적 번영 덕택에 농촌 실업자들의 유입으로 인한 위협을 받지 않았다.

1530년대에 네덜란드는 경제적으로 심각한 어려움에 직면했다. 벨기에의 역사가 헤르만 판 데어 베(Herman Van der Wee)는 1519년의 제국 선거 이후 국제 교역은 합스부르크 왕가와 프랑스 사이의 정치적·군사적 갈등으로 인해 완전히 봉쇄되었다고 주장했다. 안트베르펜의 통화시장과 금융시장의 위기는 국가 전체의 경제 위기를 반영했다. 가장 심각한 긴장 상황이 나타난 곳은 농촌이었다. 인구의 계속된 증가로 인한 곡물 부족은 프랑스 북부와 발트 지역에서 밀수입이 어려워지자 더욱 악화되었다. 1521~25년에는 이미 심각한 기근이 나타났다. 물가의 상승과 국제 교역의 몰락은 수공업 생산품의 수요를 감소시켰다. 실업은 계속해서 증가했으며 높은 밀 가격과 노동의 과잉 공급은 실질임금을 떨어뜨렸다.

노동자의 수입 감소는 너무나도 급격하게 진행되었으며 임금은 겨우 최소한의 생존을 보장하는 수준으로 떨어졌다. 임금노동자의 구매력에 관한 메헬렌(Malines) 지역의 연구는 1521년과 1525년 사이에 농촌 일용 노동자의 임금이 이 기간 동안 최소 생계 수준 아래로 떨어졌음을 보여준다. 게다가 이 통계는 노동이 가능한 270일을 기준으로 하고 있으며 실업은 고려하지도 않은 것이다. 위의 4년 동안에 석공 도제와 목공 도제는 그들의 구매력이 최저 생계비 이하로 추락하는 것을 경험했다. 반면 목공 직인의 임금은 이 기간 동안 계속해서 최소 수준 이상으로 유지되었다. 이후 25년 동안 농촌 일용 노동자와 목공 도제들의 임금은 지속적으로 최저 생계비 수준 아래에 있었다. 따라서 사회적 위치가 직인 — 이들의 임금은 16세기 상반기 동안에 단지 한 해만 최소 생계비 밑으로 내려갔다 — 보다 열악했던 임금 생활자들은 극심한 빈곤화를 겪었다.

숙련 노동자들과 장인들은 생계 위협을 받지는 않았지만 생활 조건이 열악해지는 것을 경험하였다. 1510년 브라반트의 도시 리르(Lierre)에서는 가구의 12퍼센트가 빈민 부조 대장에 등재되어 있었다. 1520년에 이 수치는 전체 인구의 9퍼센트로 내려갔지만 1521년부터는 다시 증가하여 1526년에는 12퍼센트, 그리고 1533년에는 16퍼센트에 이르렀다. 이후 점차 감소하여 1553년에는 7퍼센트에 도달했다. 이러한 증가 수치가 이들 집단의 빈곤화 과정을 반영하고 있었다는 것은 명확하다. 안트베르펜과 리르의 장인과 숙련 노동자에 대한 연구는 이들의 실질임금이 1520년 이후 감소되고 있음을 보여준다. 이는 숙련 석공(브뤼셀에서도 방직공의 실질임금은 감소하고 있었다)과 도제 석공 모두에 해당되었는데, 특히 도제 석공은 극심한 빈곤 상태에 빠져 생활필수품조차 확보하지 못하고 있었다. 작은 도시였던 리르에서 도제 석공의 상황은 훨씬 더 힘들었다. 16세기 말까지 그들의 임금은 단지 몇몇 해를 제외하고는 최저 생계비 수준 이하로 유지되었다. 숙련 노동자들은 그처럼 심각한 궁핍을 겪지는 않았지만 이전 시기에 상황이 나았던 터라 더 큰 절망감을 느꼈다. 그들은 자신들의 미래에 대해 매우 불안해했으며 적극적인 저항을 준비했다. 1521~22년의 기근 동안에 네덜란드의 도시에서는 소요가 발생했다. 루뱅, 메헬렌, 빌보르데(Vilvoorde)의 여성들은 수도원과 부르주아 소유의 곡식 창고로 쳐들어갔다. 안트베르펜에서는 시장에 밀을 팔기 위해 온 농민들이 공격과 약탈의 대상이 되었다. 중앙 당국은 폭동을 진압하기 위해 군대를 보내거나 헨트(Gent)에서처럼 곡식을 구입하여 빈민들에게 낮은 가격으로 다시 파는 것과 같은 방식을 통해 그들의 폭력적 행동에 대응하고자 했다. 당국은 또한 모든 밀의 수출을 금지했으며, 곡물 투기와 빵집 주인의 사기 행각을 막기 위해 노력했다.

1520년대에 네덜란드의 모든 도시들은 시련을 겪었다. 이프르에서는 자연재해, 기근, 전염병이 결정적으로 도시 생활을 파국으로 치닫게 만들었다. 주민들의 실업은 늘어났고 궁핍화는 갈수록 심해졌다. 중세 때부터 내려온 병원과 자선 기구들은 빈민 부조를 위한 틀을 제공했지만 행정 개혁이 절실한 상황이었다. 1515년의 개혁을 위한 최초의 시도는 거의 아무런 효과도 가져오지 못했다. 1525년에 시 위원회는 자선 기구의 총체적 개혁을 결정했다. 그해 9월에 공포된 법령은 개혁의 원칙을 제시했고 즉각적인 시행을 명령했다. 12월에는 새로운 조치로서 구걸에 대한 가혹한 처벌을 결정했으며, 다음 해에는 비베스의 권고와 플랑드르의 다른 도시들에서 채택된 조치들을 바탕으로 해서 몇몇 조치를 더 추가했다.

1525년에 도입된 이프르의 사회정책은 공적 구걸의 금지, '진정한 빈민'을 대상으로 한 조직적 부조, 유랑민의 추방, 그리고 행정 비용을 충당하기 위한 기금의 창설과 같이 이미 당시에 시행되고 있던 원칙들에 근거를 두고 있었다. 그러나 중요한 것은 도시가 빈민 부조를 조직하는 데 모든 책임을 맡고 있었다는 점이다. 이러한 책임은 각 교구에 네 명씩 배치된 관리들에게 부과되었는데 그들은 "빈민을 위한 부모로"(comme des parents pour les pauvres) 여겨졌다. 이들은 빈민에 대한 은밀한 감시를 수행했고, 정기적으로 빈민들의 생활과 건강 상태를 점검하였으며, 부조금을 분배하는 역할을 맡았다. 교구 위원회는 또한 교구민들의 보시를 모금하고 교회의 헌금함을 통해 들어온 빈민 기부금을 운영하는 책임도 맡았는데 그 이유는 이프르가 빈민을 위한 특별세를 도입하려는 움직임을 보이지 않았기 때문이다. 게다가 관리들은 이프르를 통과하는 순례객과 여행객들을 위한 숙소를 제공했지만 짧은 체류 후에 그들이 도시를 떠나는지도 감시했다. 동일한 원칙이 '몸 성한 빈민', 즉 유랑민에게도 적용되었다. 부조 개혁은 실업 문제를 체계적인 방식으로 해결하려고 하지는 않았지만 교육적 차원의 자선을 강조하면서 빈민에 대한 공공교육의 확대를 추진했다. 당시에 사람들은 "잘 태어나는 것보다는 잘 교육받는 것이 더 바람직하다"고 생각했다.

그러나 얼마 되지 않아 이프르 시 당국의 정책은 격렬한 반대에 부딪혔다. 1530년 가을, 프란체스코, 도미니쿠스, 카르멜 그리고 아우구스티누스 수도회는 이러한 개혁 조치를 이단적인 행동으로 파악했으며 더 나아가 시 당국이 빈민을 박해하고 있다고 주장했다. 이러한 비난의 수위는 그 갈등이 얼마나 심각했는지를 잘 보여준다. 이들 수도회는 개혁이 자신들의 수입과 생활방식에 위협을 준다고 느끼면서 시 당국의 주장을 묵살했다. 시 당국은 자신들의 정책이 매우 효율적이라는 것을 수치를 들어 설명했다. 예를 들면 1530년에 1,600~1,800명의 빈민들이 이미 시 당국의 원조를 받았다는 것이다. 그러나 논쟁은 주로 교리적인 측면에서 전개되었으며 신학자들과 법률가들 모두 이데올로기적 차원에서 이를 바라보지는 않았다.

당시의 갈등에서 가장 핵심적인 문제는 빈민 부조에 대한 기독교적 의무를 어떻게 해석하는가였다. 시 당국은 그들의 언설에서 성경과 고대 문헌을 논거로 인용하였고, 이를 통해 부조 개혁이 종교적 계율과 충돌하지 않는다는 것을 증명하려 했다. 그 범위는 빈곤에 대한 모든 신학적 교리(canons théologiques)에 걸쳐 있었는데 예를 들면 복음서에 묘사된 성 알렉시우스의 삶, 성인 연구, 교부들의 저술이 그 근거가 되었다. 그러나 시 당국은 그들의 주된 논거로서 이미 시대가 변했다는 것을 강조했다. 사람들은 더 이상 자발적 빈곤을 기독교적 완성의 방식으로 고려하지 않았으며, 빈곤이 신이 결정한 삶의 조건이라 할지라도 이를 겸허하게 받아들이지 않았다. 이제 빈민은 노동하기보다는 타인에게 기생하는 오만하고 부정직한 사람이었으며 기독교적인 삶의 규칙들을 끊임없이 위반하는 염치없는 사기꾼이었다. 시 당국이 억압의 대상으로 삼은 것은 바로 이러한 종류의 빈민이었다.

이프르의 시 위원회는 그들의 행동이 이단으로 몰리지나 않을까 두려워하면서—1530년에 이는 루터주의라는 비난을 의미하기 때문에 매우 심각한 문제였다—파리의 신학자들에게 이러한 갈등을 해소해줄 것을 요청했다. 소르본은 시 당국의 손을 들어주었다. 즉 빈민에 대한 이프르의 조치는 가혹했지만 정당한 것이었고 복음의 교훈과 양립할 수 있다는 것이었다. 그러나 소르본은 빈민의 이익이 가장 중요하다는 것을 지적하면서 빈민을 도울 기금이 부족하거나 빈민들이—이미 도시에 자리를 잡고 있든 새로 이주해 왔건 상관없이—극도로 궁핍한 상황에 처한 경우에는 공적 구걸을 허용해주어야 한다고 말했다. 또한 빈민에게 직접 보시를 행한 사람들을 처벌하는 것도 옳지 못하다고 했다. 최종적으로 파리의 신학자들은 어떠한 경우라도 사회부조라는 구실로 교회의 수입과 재산을 줄여서는 안 된다고 결론지었는데 이는 그러한 행동이 "가톨릭 교도들보다는 발도파, 위클리프파, 그리고 루터파와 같은 불경한 이단자들에게 더 어울리는 것이라고 생각했기 때문이다."[5] 게다가 구걸 금지법을 탁발수도회에 적용할 수도 없었다. 왜냐하면 그들의 활동은 교회의 승인을 받고 있었으며 성직자의 교리와 일치한다고 생각되었기 때문이다.

파리의 신학자들이 이프르 시에 몇 개의 제한 조치(특히 '외지 빈민'에 대한 법)를 부과하기는 했지만 시의 개혁이 가톨릭의 교리와 부합한다는 것은 명확했다. 그러나 실제로 개혁을 실현하기 위해서는, 이프르나 다른 도시 어디에서든, 시 당국은 억압적 조치를 사용할 수밖에 없었다. 이 경우 신학적 명령을 엄격하게 따를 수는 없었고 심지어는 그 명령에 반대되는 조치를 시행할 수밖에 없는 상황에 처하기도 했다. 그럼에도 파리의 신학자들 역시 상황의 필요에 따라 사회부조 체제는 계속해서 수정, 보완될 수 있다는 것을 판결에 포함시킴으로써 유연한 태도를 취하고자 했다. 1520년대에 급속도로 전개되었

---

5 *Documents parlementaires et discussions concernant le projet de loi sur les établissements de bienfaisance*, Bruxelles, 1857, t. I, p. 332.

던 제도 개혁과 사회의식의 변화 과정에서 근본적이었던 것은 변화하는 현실에 대처해야 할 필요성을 사회가 인식했다는 점이다.

2. 자선 개혁

1520년대의 부조 개혁은 새로운 사회정책의 전조처럼 보인다. 그러나 이러한 개혁의 효과와 지속성을 과대평가해서는 안 된다. 계속해서 수정되었던 이 조치들을 보면 일관성이 결여된 정책이 어떤 우여곡절을 겪는가를 알 수 있다. 우리는 사회적·경제적 맥락에서 이 최초의 조치들을 분석했다. 이제 우리는 사회부조의 집중화를 위해 여러 도시가 취한 조치와 그 적용 방식을 이야기하고자 한다.

지금까지 우리는 부조 개혁을 위한 시 당국의 활동과 그 역할에 초점을 맞추어왔다. 그러나 도시의 사회 개혁 정책은 다소의 자치성에도 불구하고 항상 국가와 같은 상위 권력의 결정에 따라야만 했다. 예를 들면, 국가와 시 자치체가 분리되어 있지 않았던 베네치아는 이 두 권력 기구의 공동 작업을 통해 새로운 사회정책을 실현할 수 있었다. 파리의 논쟁에서는 국왕 권력의 대표자들이 시 당국의 능력과 업무를 규정하기 위해 끊임없이 개입했다. 억압적 조치와 부조의 재조직화라는 사회정책의 두 측면을 연계하기 위해서는 국가의 개입이 필요했다. 개혁의 시행에 필요한 행정력을 시 당국에 부여하는 깃 역시 국가의 책무였다.

1531년 제국 칙령은 사회부조의 영역에 국가가 개입한 대표적인 사례로서 새로운 정책의 원칙을 확립하는 데 큰 영향력을 행사했다. 이 칙령은 빈민에 관한 파리 논쟁과 과거의 법령에 대한 전문가들의 연구 이후 공포되었다. 황제는 플랑드르의 도시들에 구걸에 관한 법의 전문을 보내라고 요구했다. 적어도 이프르와 몽스의 법령이 황제의 칙령을 정교화하는 데 큰 기여를 했다는 것은 틀림없는 사실이다. 또한 독일의 여러 도시에서 공포되었던 유사한 법령들의 영향력도 배제할 수 없을 것이다.

이미 카를 5세는 1530년에 아우크스부르크에서 빈곤 정책의 원칙을 규정한 칙령을 공포한 바 있다. 이 칙령은 지방 당국이 빈민과 유랑민의 통제를 책임질 것, 그리고 구걸은 환자와 불구자에게만 허락한다는 내용을 골자로 하고 있다. 걸인의 아이들은 도제가 되거나 하인으로 일해야만 했는데 이는 아이들이 구걸 습관에 젖지 않게 하려는 의도에서 나온 것이다. 동시에 이 칙령은 모든 도시에 원래 그곳에 살고 있던 걸인을 위한 부양 수단을 확보할 것과 거주지 외의 다른 곳에서의 구걸 금지를 명하고 있다. 이 칙령을 위반하는 이른바 '능력 있는 걸인'(starke Bettler, mendiants forts) — 이 용어는 신체가 건장한 걸인이 아니라 직업적 걸인을 지칭하는 듯하다 — 은 체포되어 엄한 처벌을 받았다. 만약 빈민의 수가 너무 많아 도시가 이를 감당하지 못한다면 그들 중 일부에게는 추천장을 주어 다른 지역으로 이전하도록 했다. 병원을 책임지고 있던 공공 당국은 진정으로 궁핍한 사람들만을 그곳에 받아들였다. 칙령은 사회부조에 대한 새로운 원칙을 규정하고 있었으며 빈민 부조의 책임을 시 자치체의 의무라고 명기하고 있었다. 원칙들 가운데에서 병원에 대한 통제는 구호 기관의 세속화를 의미했기 때문에 특히 중요하다. 한편 걸인에 대한 억압적 조치는 기존 법률의 연장선상에 있는 것이었다. 빈곤 문제의 심각성은 도시가 그들의 빈민을 다른 지역으로 이전시킨다는 제안 — 이는 비현실적이며 자의적인 결정일 수 있다 — 에서 잘 드러난다. 그리고 사회 내로 걸인의 아이들을 편입시키려는 권고는 사회부조의 근대화에서 중요한 요소를 차지했다.

카를 5세는 1531년 10월 6일에 그가 체류하고 있던 네덜란드에서 아우크스부르크 칙령보다도 더 정교하고 포괄적인 칙령을 공포했다. 이 칙령은 네덜란드의 여러 도시에서 이미 공포되었던 법들의 영향을 받아 완성된 것이다. 제국 상서국은 아우크스부르크 칙령의 공포 때에 이러한 법들을 인식하지 못하고 있었다. 이 칙령의 아홉 번째 조항은 새로운 법령의 시행 이유를 설명하고 있다. 가장 중요한 이유는 국가 전체에 쇄도했던 걸인의 수가 이전까지는 경험할 수 없을 정도로 크게 증가했다는 점이다. 이후 다른 조항들이 사회철학(philosophie sociale)의 몇 가지 원칙을 규정하고 있다. "경험에 비추어 보았을 때 아무런 **구별** 없이 모든 사람에게 구걸이 허용된다면 수많은 실수와 남용이 뒤따를 것이다. 왜냐하면 그들은 모든 악의 출발점인 게으름에 빠질 것이기 때문이다. 빈민과 그들의 아이들은 직업을 구하지 못한 채로 초라하고 저주받은 삶을 살게 될 것이다. 그리고 소녀들은 빈곤과 불행에 빠진 채, 악의 구렁텅이에서 허우적거리게 될 것이다. 젊고 튼튼하고 몸이 성한 걸인들의 구걸은 노인, 환자, 불구자, 큰 어려움에 처해 있는 사람들에게 돌아가야 할 몫을 강탈하는 행위이다." 그러므로 황제는 네덜란드를 떠나기 전에 이러한 모든 악을 제거함으로써 질서를 부여하고자 했다. 그러나 그는 의도를 명확하게 하기 위해 위의 문장에 이어 다음과 같이 덧붙이고 있다. "무엇보다도 병든 빈민과 삶을 영위할 수 없는 극빈자가 명예롭게 부양되어야 한다. 이는 우리의 창조주인 주님의 의지에 따른 것이다. 이제 진정한 사랑과 자선의 마음으로 다음과 같이 명을 내린다⋯⋯."[6]

이러한 서두의 언설을 단순한 전통적 수사학으로만 보아서는 안 된다. 종종 법률의 조항들도 자명한 것처럼 여겨지는 원칙들을 선언하고 있기 때문이다. 서문의 이러한 진술은 법령의 기반이 되는 두 가지 원칙을 강조하고 있다. 즉 한편으로는 공익에 위험을 초래할 수준에 도달한 구걸 문제를 조절하는 것이며, 다른 한편으로는 기독교의 전통적 자선을 지속해야 하는 것이다.

제국 칙령은 거리, 광장, 교회, 가택에서 하는 모든 구걸을 금지했다. 구걸 행위가 초범인 자들은 구금형에 처해졌다. 재범인 경우에는 판사와 지방 당

---

6 *Recueil des ordonnances des Pays-Bas*, deuxième série, Bruxelles, 1893, t. III, pp. 157~161.

국이 처벌의 방식을 재량껏 선택할 수 있었다. 탁발수도회, 죄수, 나병 환자를 위한 의연금 모금은 이러한 금지 조치에서 제외되었다. 만약 순례자들이 보호소에 적절한 증빙 문서를 제시한다면 그들은 그곳에서 하루를 묵을 수 있었다. 동시에 칙령은 지원금이 환자와 진정한 극빈자에게 제대로 사용되는가에 주의하라고 하면서 모든 자선기관에 자금의 통합과 위원회의 '공동 금고'(bourse commune) 설립을 명했다. 빈민을 위한 사적 기부를 위해 각 교구의 교회에는 모금함이 설치되었다. 주임 사제, 시 당국, 교구 단체의 대표들로 구성된 위원회는 시 당국의 감시 속에 빈민을 위한 모금 운동을 전개했으며 성금의 분배를 책임졌다. 또한 엄밀한 조사를 통해 빈민들의 직업, 수입, 부양해야 할 아동의 수 등을 기록한 빈민 장부를 만들고 이를 바탕으로 부조금의 양을 결정했다. 진정으로 빈곤한 자를 돕고 주정뱅이, 유랑민, 게으름뱅이와 같은 자들이 부조금을 받지 못하게 하는 것이 이 장부의 주된 목적이라고 할 수 있다. 신체 건장한 빈민들은 노동을 통해 가족을 부양해야 했다. 반항하는 자들에 대해서는 빈민 장부에서 그들의 이름을 삭제했다. 임금은 항상 가족 전체의 부양에 부족한 수준으로 지급되었다. 칙령의 공포 이전에 유랑민과 걸인으로 살아왔던 아이들은 학교, 수공업자와 상인들의 도제로 보내지거나 하인이 되었다.

최종적으로, 법의 마지막 조항은 교구의 성직자, 설교사, 고해 신부와 관련된 것인데 이들은 교구민들의 유언장 작성 시 빈민 기금을 위해 유증하도록 설득하는 역할을 맡았다. 그러나 이러한 권고는 다음과 같은 언급이 없었다면 특별한 흥미를 끌지 못했을 것이다. "……만약 구걸을 통해 살아가는 빈민들이 앞서 언급한 주임 사제, 설교사들에게 와서 불평을 한다 해도 이들의 말을 쉽게 믿어서는 안 되며 우선 친절한 말로 위로한 후에 이들을 자선위원회로 보내어 적절한 조치를 취하도록 해야 한다."[7]

---

7 *Ibid.*

제국 칙령은 사회부조를 각 도시의 자율에 맡기고자 했다. 이 문서를 통해 우리는 부조금 분배의 통제, 구걸의 금지, 걸인에 대한 억압, 그리고 부조에 대한 세속 권력의 열망을 확인할 수 있다. 교리의 불안, 그리고 교회 교육과 종교 계명에 부합해야 한다는 근심이 초기의 도시 부조 개혁에 영향을 받은 이 칙령 내에 여전히 남아 있었다. 성직자에게 빈민의 불만에 개입하지 말 것을 권고하는 마지막 조항은 바로 이러한 경험의 산물이었다. 실제로 세속 기구로 권한을 이전하려는 움직임이 긴장을 불러일으켰던 것은 매우 당연한 일이었다. 제국 칙령은 사회부조의 중앙 집권화에 기여했다. 위원회는 부조를 위한 특별 자금의 집행에 모든 통제권을 가지고 있었다. 결과적으로 1531년의 법령은 사회부조의 세속화를 명확하게 규정하면서도 교회의 전통적 특권과 재산에 대해서는 의문을 제기하지 않는 것처럼 보였다. 또한 개혁 과정에 성직자의 참여와 협력을 예상하고 있었다. 이후 카를 5세에 의해 공포된 빈민에 관한 법령들도 같은 생각에서 나온 것이다.

프랑스 정부가 공포한 유랑에 관한 법령은 매우 가혹했다. 유랑은 하나의 범죄로 여겨졌으며 억압의 대상이 되었다. 체포된 유랑민들은 갤리선으로 보내지거나 도시에서 강제 노역형에 처해졌다. 한편 사회부조에 관한 법령은 여전히 모호한 상태로 남아 있었다. 이미 파리의 예에서 보았듯이 그 결과는 세속 당국의 수중으로 넘어간 병원 운영에서 명확하게 나타난다. 그러나 이러한 부조 개혁은 이데올로기보다는 예산과 행정의 열악한 상황에 기인한 것이었다. 농가(ferme agricole)에 창설되었던 작은 병원들은 한두 개의 객실을 두어 순례객과 지나가는 빈민들(pauvres passants)*을 받아들이기도 했다.

---

* 이 용어는 유랑민의 부정적 이미지와는 달리 순례자라는 긍정적 이미지로 종종 사용되었다. 실제로 단지 스쳐 지나가는 빈민들에게 도시 당국은 기꺼이 부조를 해주고 있었다. 물론 유랑민과 이 용어를 현실적으로 명확히 구분할 수는 없다. 그럼에도 당시의 사람들은 이 단어를 사용함으로써 빈민의 성스러운 이미지를 간직하려고 했다.

1519년의 칙령에 따라 구호금 관리 사제가 구호 기관의 책임자로 임명되었을 때, 이러한 상황은 어느 정도 개선되었다. 그러나 동시에 국왕 권력은 병원 행정을 세속 당국의 수중에 넘기기 위해 계속 노력했다. 이는 1560년의 오를레앙의 삼부회에서 제3신분 대표자들이 요구한 것이기도 했다. 1561년의 국왕 칙령은 이들의 요구가 반영되었음을 잘 보여준다. 그러나 이 문제는 이후에도 계속해서 삼부회에 상정되었기 때문에 법령이 큰 효과를 가져왔다고 볼 수는 없다. 게다가 이러한 시도들은 트리엔트 공의회의 결정을 통해 새롭게 고무되었던 성직자들의 반대에 직면했다.

프랑스에서 유랑민에 관한 법령은 실질적으로 공공 구걸의 금지와 도시의 빈민 부양에 대한 책임을 명시하고 있다. 걸인들은 고향을 벗어나거나 혹은 단순히 공개적으로 동냥을 요구한 것만으로도 체포되었으며 또한 빈민에게 직접 보시를 베푼 사람도 처벌의 대상이 되었다. 1535년 2월 5일에 파리 고등법원이 채택한 법령은 이러한 사회정책의 모습을 잘 보여주고 있다.

1. 파리에서 태어났거나 적어도 2년 동안 이 도시에서 머문 건장한 걸인들은 공공사업장에서 일해야 한다. 이를 거부할 경우 사형에 처할 수 있다.

2. 위의 사람들 가운데 공공사업장에서 일자리를 얻지 못한 모든 사람들은 석공 도제로 일해야 한다〔석공은 비숙련 노동을 가장 잘 흡수할 수 있는 생산 분야였는데 이곳으로 빈민들이 배치되었다는 점은 의미심장하다〕. 두 경우 모두 하루에 20드니에를 주는데 이는 도시의 어떤 임금보다도 낮은 것이다.

3. 파리에서 태어나지 않았거나 도시에서 머문 지 2년이 채 안 된 건장한 걸인들은 3일 이내에 도시를 떠나야 한다. 이를 거부할 경우 사형에 처할 수 있다.

4. 병이나 신체 불구로 가장한 걸인들은 채찍질을 당하거나 추방된다. 만약 그들이 다시 이러한 행동을 할 경우 재판관들은 그들을 자유재량으로 처리할 수 있다.

5. 지위를 막론하고 어떤 거주민도 거리나 교회에서 보시를 베풀 수 없다. 이를 어기면 벌금형에 처한다.

두 번이나 언급된 사형이라는 말은 이 법의 어조를 잘 보여준다. 법의 가혹함은 확실히 걸인에 대한 태도가 과거의 심리적 경계를 넘어서고 있음을 나타낸다. 그러나 이는 당국의 무능력을 보여주는 증거이기도 하다. 실제로 이 법은 효력이 거의 없었는데 이는 후에 고등법원이 취한 일련의 유사한 조치들을 통해서도 확인된다.

걸인에 대한 이러한 법령은 비록 파리 지역에 한정되었다고 할지라도 프랑스 전역에 영향을 끼쳤다. 그러나 빈민 부조 기구에 대한 결정권은 지방 당국이 맡고 있었다. 지방은 자신들의 지역에 거주하고 있던 빈민에 대해 책임을 지고 있었다. 이러한 규정을 통해 중앙 권력은 사회부조를 조직해야 한다는 의무감에서 벗어날 수 있었다. 1586년, 빈민 부조의 보장과 관련해 국고 부조금을 요구했던 한 진정서에 대해 왕은 다음과 같이 답변했다. "짐은 빈민 부양을 위한 어떠한 자금도 가지고 있지 않다. 그것은 선한 기독교인인 착한 시민들이 그들의 이웃에 대해 행해야 하는 자선과 연민의 문제이다."[8] 사회부조에 관한 국왕의 간섭은 오직 긴급 조치의 형태로만 나타났다(예를 들면, 1545년 1월의 국왕 칙령은 파리 시 당국에 피카르디와 샹파뉴에서 대규모로 몰려든 실업자의 고용을 위해 공공사업을 추진하라고 권고하고 있다). 국왕 법령은 빈민에 대한 지방 부조의 의무를 분명히 했다. 이러한 원칙은 특히 1566년 2월의 물랭(Moulins) 법령에 잘 나타나 있다. 빈민 부조를 위한 실현 방법은 각 도시가 스스로 만들어야 했으며, 실제로 사회부조의 중앙 집권화, 빈민국의 창설, 주민들에게 부과한 특별세의 도입, 그리고 이를 통한 다양한 부조 기구의 자금 확보 모두가

---

8 Ch. de Robillard de Beaurepaire, *Cahiers des États de Normandie sous le règne de Henri III*, Rouen, 1887~1888, t. II, pp. 161~162.

개별 도시의 몫이었다.

네덜란드에서 카를 5세의 칙령은 개혁의 근본 원칙을 결정하고 그 실현 방안을 찾으라고 각 도시에 요구했다. 프랑스의 법령 역시 사회를 안정시킬 수 있는 방법에 대해 각 도시에 책임을 넘기고 있었다. 두 경우 모두 구걸을 근절하려는 의지가 잘 나타나 있다. 빈곤 문제가 심각했던 영국에서도 공공 구걸을 금지하는 칙령은 사회부조의 광범위한 재조직화를 위한 서곡이었다.

영국의 사회부조사가인 레너드(E. M. Leonard)는 16세기를 세 시기로 구분했다.

−1514~68년: 각 도시에서 개혁을 위한 주요 조치들이 나타난다.

−1569~97년: 법령이 중요한 역할을 하기 시작한다.

−1597년 이후: 추밀원의 결정 사항이 지방 사법 당국에 전달된다.

레너드는 세 번째 시기에 와서야 빈민 부조의 재정비 계획이 효율적이고 일관된 방식으로 실현되었다고 주장했다. 그러나 16세기를 통해 국왕이 이 문제를 해결하기 위해 많은 노력을 했다는 사실을 무시해서는 안 된다. 대부분의 이러한 시도들은 유랑에 대한 가혹한 처벌을 포함하고 있었는데 이는 대륙보다도 더 잔인하고 가혹한 것이었다. 유랑에 대해 효과적으로 대처하기 위해서는 무엇보다도 빈민에 대한 총체적인 통제 체제의 확립과 공공 구걸에 대한 제한 조치의 부과, 더 나아가서는 구걸의 전면 금지를 실행하는 것이 필수적이었다.

1531년, 헨리 8세의 법령(22, Henry VIII, cap. 12)은 지방의 치안판사, 그리고 도시의 행정관과 시장에게 나이, 병이나 신체 불구로 인해 노동을 할 수 없는 사람들의 장부를 만들라고 명령했다. 이들에 대해서는 지정된 장소에서 구걸하는 것을 허락하는 증명서가 발급될 것이었다. 증명서가 없거나 지역을 이탈하여 구걸한 사람들은 모두 체포의 대상이 되었다. 그러나 이처럼 진정으로 가난한 자들에 대한 부양은 무엇보다도 공동체와 이웃의 도움을 통해 보장되어야 했다. 몸 성한 걸인은 채찍질을 당했으며, 그들에게 적선을 베푼 사람은 벌금형에 처해졌다. 1535년에 헨리 8세는 이전의 조치들과의 관련된 또 다른 법령(27, Henry VIII, cap. 25)을 각 도시와 주에 공포했는데, 그 내용은 신체가 불구인 빈민의 부양을 보장하고 몸 성한 빈민들에게는 일자리를 제공하라는 것이었다. 필요하다면 강제로라도 5~14세의 걸인 아동들을 장인들의 작업장에 도제로 보냈다. 주민들은 '자발적이고 자비로운 보시'를 통해 빈민 부조 자금을 확충해야 했다. 개인적으로 자선을 베푸는 것은 금지되었다. 개인 기부는 지정된 관리가 모금해서 공동 금고에 예치하였다. 단지 귀족과 수도원만이 개별적으로 보시를 행할 권리를 가졌다. 그 밖의 사람들은 같은 교구민인 경우에 한해 장님이나 조난당한 선원들에게 보시할 수 있었다. 이러한 칙령에 대해 두 측면을 지적할 수 있다. 즉 구걸이 금지되지는 않았지만, 매우 엄격한 규율 아래 있었다는 것, 그리고 사회부조의 자금 조달이 자발적 기여라는 원칙에 기초를 두고 있었다는 것이다. 왕은 자신의 권고와 명령을 세속 당국과 교회에 모두 내렸고 마찬가지로 자금의 모금을 책임졌던 위원회도 이 두 세력이 혼합되어 있었다. 이후의 법령들은 점차 부조 기금의 조성 문제를 강조하기 시작했다. 에드워드 6세와 메리 튜더는 기부금의 필요성을 주민들에게 알릴 것을 당국에 권고했으며 엘리자베스 여왕의 치세에서 갹출금은 의무적인 것이 되었다. 대부분의 영국 사료에 따르면, 1536년과 1539년의 수도원 폐쇄는 빈곤의 증가와 빈민들의 생활 조건이 더욱 열악해졌음을 보여준다. 실제로 분배된 보시의 횟수는 당시에 급속하게 감소했던 데 반해, 교회 재산의 세속화는 왕과 궁정 엘리트들의 부를 증가시키는 데 기여했다.

1520년대 영국의 사회 현실을 기술하면서 우리는 빈곤과 노동시장의 연관성을 확인할 수 있다. 고용을 통한 빈곤의 감소라는 정책은 16세기 전반에 걸쳐 영국에서 계속해서 나타났다. 이는 유랑에 대한 법령뿐만 아니라 빈민 부조의 조직에서도 찾아볼 수 있다. 1563년의 '장인 조례'는 이 부분에서 가장 중요한 문서이다. 이 조례는 임금노동의 조건을 규정하고 있는데, 예를 들면,

특정 수공업 분야는 노동 계약의 최소 기간을 1년으로 하면서, 노동에 강제성을 부과했다. 이 법에 의거하면, 모든 독신자와 자신의 전문 분야에서 일자리를 찾지 못한 30세 미만의 사람들은 다른 수공업 분야에서 어떤 노동이라도 해야만 했다. 임금은 치안판사가 정했다. 동시에 직업이 없고 아무런 노동도 하지 않는 20~60세 사이의 남자들은 동일한 임금 조건으로 토지 소유 귀족의 집에서 하인으로 일해야만 했다.

영국 엘리자베스 시대의 법령 발전에서 결정적인 조치는 16세기 말과 17세기 초에 만들어진 '구빈법'이다.

1594~97년의 기간에 작황은 매우 나빴다. 밀 가격은 이전에 비해 네 배 심지어는 다섯 배로 치솟았다. 이는 일련의 폭동을 불러일으켰다. 1597년 11월 5일, 즉 하원에서 밀 투기 금지법의 제정을 위한 논쟁이 벌어졌을 때, 프랜시스 베이컨(Francis Bacon)은 인클로저 시스템을 비판하면서 다음과 같이 말했다. "농촌의 인구 감소는 인클로저 때문이며, 이는 첫째로 나태함을, 둘째로 토지 경작의 유기를, 셋째로 가정의 파탄과 빈민을 위한 자선과 출자금의 감소를, 넷째로 왕국의 빈곤화를 야기한다." 하원은 인클로저의 문제점을 조사하고 빈곤 문제를 전담하기 위한 위원회를 구성했다. 의회에서는 법의 제정을 위한 격렬한 논쟁이 이어졌는데, 그 내용에는 감화원과 교정의 집, 빈민부조 기금의 모금, 병원의 조직, 교구 내 노인과 장님의 부조, '구걸의 근절' 등이 포함되어 있었다. 빈곤과 유랑의 다양한 측면에 대한 일련의 조치들이 이러한 연구와 토론을 통해 가결되었다.

이 법령을 통해 사회부조 전반에 대한 책임을 맡은 이른바 '빈민 감독관'이라는 관리가 중요한 역할을 수행하게 되었다. 이들은 매년 치안판사에 의해 임명되었는데 교구의 대표자들과 함께, 빈민 아동들을 도제로 보내는 일, 실업자를 위해 고용을 창출하는 일(감독관들은 이를 위해 항상 원자재를 마음대로 이용할 수 있었다), 신체 불구자들의 부양을 위해 보호소와 병원을 건설하고 이를 감시하는 일을 맡았다. 빈민 부조 기금은 특별세를 통해 마련되었다. 걸인들은 자신들의 교구에서 먹을 것만을 구걸할 수 있었다. 고향으로 돌아오는 군인과 선원에게 적선을 하는 것은 허용되었다. 치안판사들은 이들을 위해 일자리를 찾아주고 어느 정도의 지원도 해주어야 했다.

1597~98년의 조치들은 이전 상황과 비교해볼 때 크게 새로운 것은 없었다. 사회부조의 근본 원칙은 이미 기존의 다양한 조치들 속에 개략적으로 기술되어 있었다. 예를 들면, 빈민 감독관의 존재는 1536년까지 거슬러 올라간다. 의회의 논쟁 대상이었던 사회부조의 구조(structure)는 몇몇 도시들의 경험을 통해 점차 정교하게 다듬어져 갔다. 특히 런던은 가장 중요한 모델이었다. 이후의 많은 법령들은 런던에서 전개된 경험을 기반으로 하고 있었다. 그러나 1597~98년의 법령들은 시의 모든 경험을 법령화하고 이를 공식적 통치 원리로서 삼았다는 점에서 매우 특별한 의미를 지닌다. 단지 한 해 동안만 적용할 의도로 작성된 이 법령들은 이후 지속되었던 정책의 근간을 이루었으며, 1601년에 최종적으로 공식화되었다. 1601년의 법령은 1597~98년의 법령들과 비교해보면 몇 가지 점에서 차이가 있었다. 우선 사회부조 기구의 행정과 재정 체계, 즉 과세 방법과 세금 징수에 대한 원칙들은 더욱 정교해졌다. 그리고 현실적이지 못한 몇몇 조치들은 폐기되었는데, 예를 들면 먹을 것 이외의 것을 공개적으로 구걸하는 모든 사람들을 유랑민으로 여기던 조항이 삭제되었다. 이러한 조치들은 사적 자선의 전통을 크게 제한할 위험이 있었다. 의회는 사적 자선을 유지하고자 했으며 공적 부조 제도와 함께 빈민을 도울 수 있는 병렬적인 부조(aide parallèle) 형태로 생각하고 있었다. 이후, 세 가지 원칙이었던 빈민에 대한 제도상의 부조, (몸 성한 사람들에 대한 강제 노동을 포함한) 고용의 창출, 그리고 유랑의 억압은 새로운 사회정책 원리의 근본적 요소로서 국왕의 법령과 지역적 실천 속에 지속적으로 반영되었다. 엘리자베스 '구빈법'이라고 불렸던 1601년 법령(엄밀하게 1597~1601년의 법령)은 1834년의 대개혁 때까지 영국 사회부조 체제의 법적 기초가 되었다(원래 이 법령은 한시적으로 1년만 시행하려는 것이었으나 1640년에는 항구적인 법으로 확정되었다).

대부분의 유럽 국가에서 사회부조에 관한 중앙 법령은 네덜란드, 프랑스, 영국의 것과 유사한 방식으로 발전했다. 단지 스코틀랜드에서의 부조 정책은 같은 사상적 맥락 속에 있었지만 조금 차이가 있었다. 즉 1535년의 스코틀랜드 빈민법은 일반적 성격의 권고에 그치고 있었는데, 예를 들면 몸 성한 빈민에게 일자리를 찾으라고 요구했고, 그들이 부양을 구걸하거나 요구하는 것은 금지했다(그러나 노인과 불구자에게는 그들의 교구, 즉 그들이 태어난 고향에서 구걸하는 것을 허용해주었다).

이와 달리, 스페인에서는 지방 당국이 스스로 구걸과 유랑의 문제를 해결해야만 했다. 중앙 권력은 사회부조의 개혁을 위한 어떠한 행동도 취하지 않았다. 또한 구걸을 억압하지도 않았으며 보시를 통한 개인적 분배와 같은 전통적 체제에도 제한을 가하지 않았다. 궁정은 시의 결정에 대해 비난하는 태도를 드러냈지만, 궁정의 반대는 단지 교리적 성격을 띠었을 뿐이었다. 16세기의 문헌에서 발견할 수 있는 새로운 사회부조 체제에 대한 맹렬한 비판은 이를 잘 보여주는데, 그것은 종종 궁정에서 영감을 얻은 것이었다. 우리는 여기에서 국가의 정책이 이데올로기적 원칙을 보호하는 데는 애썼지만, 현실의 요구에는 무관심했던 사실을 확인할 수 있다. 즉 현실은 아주 심각한 빈곤화의 과정을 거치고 있었고, 그 규모는 공공질서에 큰 위협이 되었다. 유랑은 스페인에서 다른 유럽 국가들과 같은, 아니 그 이상의 수준에 처해 있었다.

16세기에 바야돌리드는 부유한 도시였다. 역사학자 바르톨로메 베나사르(Bartolomé Bennassar)가 말했듯이, 이 도시는 부유했기 때문에 빈민의 피난처가 되었다. 실제로 바야돌리드는 구카스티야(Castilla la vieja)의 그 어떤 도시보다도 보시의 분배에서 관대했다. 16세기의 시인 다마소 데 프리아스(Dámaso de Frías)는 만약 빈민의 수가 바야돌리드에서 크게 증가한다면 그것은 자선 기관이 그곳에 그만큼 많기 때문이라고 단언했다. 바야돌리드는 수확이 나쁜 해에 갈리시아(Galicia)와 아스투리아스(Asturias)로부터 그리고 산을 넘어오는 수많은 빈민 무리들을 받아들였다. 다른 도시들과는 달리 이 곳에서 빈민들은 2~3일 후에 추방될 것을 두려워할 필요가 없었으며 원조도 확실히 받을 수 있었다. 바야돌리드에도 빈민이 있었는데 그들은 정기적으로 원조를 받았다. 1561년의 인구조사에 따르면 빈민 가구는 전체 주민의 9.5퍼 센트에 달하는 634가구로 증가했다. 단지 80가구만이 스스로 노동하면서 살 고 있었고 다른 가구들은 자선 기관이 책임지고 있었다. 실제로 바야돌리드 의 빈민은 이보다 훨씬 더 많았다. 왜냐하면 보호소나 병원에 있던 빈민들, 그 리고 자선 기관에서 보호하고 있던 유기 아동이 인구조사에서 제외되었기 때 문이다. 이런 맥락에서 보면 바야돌리드의 상황은 16세기의 개혁가들이 제기 했듯이 보시가 많으면 빈곤 비율도 증가한다는 주장을 확증해주는 것 같았 다. 다른 도시의 빈민 비율이 이처럼 높지 않았다면 사람들은 이러한 주장을 실제로 믿었을 것이다. 직물 산업의 중심지인 세고비아는 비록 빈민의 대다 수가 일을 하기는 했지만 그 수는 전 인구의 15.7퍼센트를 차지했다. 에스트 레마두라(Estremadura)와 같은 조그만 지방의 상황은 더욱 열악했다. 1557년 에 카세레스(Cáceres)는 전체 주민 7,400명 가운데 1,900명이 빈민이었고, 1595년에는 전체 주민 8,300명 가운데 3,500명이 빈민이었다. 1597년에 트루 히요(Trujillo)에서는 전체 주민 9,560명 가운데 절반이 빈민으로 집계되었다 (부와 빈곤에 대한 양적 기준을 자의적 원칙에 근거해서 만든 통계이므로 이 자료는 신중하 게 다루어야 할 필요가 있다).

빈곤에 처한 농민들을 도시에서 추방해야 한다는 다마소 데 프리아스의 지적은 스페인 도시들도 '이방인 걸인'들이 도시로 접근하는 것을 막기 위해 유럽 전체에서 행해졌던 방식과 유사한 조치를 취했음을 보여준다. 바야돌리 드 역시 1517~18년과 1575년에 새로 유입된 빈민을 추방했다. 그러나 보호소 의 장부는 오히려 이 도시의 특별한 관대함을 보여준다. 1579년에 아동 보호 소에 수감된 57명의 아동 중에서 단지 31명만이 바야돌리드 출신이었다. 그 리고 1589년에 전체 아동 74명 중에서 30명을 제외하고는 아주 먼 지방에서 온 이방인 출신이었다. 그러나 바야돌리드 역시 다른 도시와 유사한 방식으로 유랑을 제한하려고 했다. 시 당국은 유랑민 감시를 위해 경관(alguazil) 한 명을 임명했다. 1597년에 그는 빈민 조사에 착수했다. 이후 유랑민 중에서 단지 310명만이 원조를 받을 수 있는 증명서를 획득할 수 있었다.

이러한 조치는 중앙 권력이 명령을 내리고 국가 전체로 그 범위가 확장되었던 여러 사업 가운데 하나였다. 1597년에 세비야의 모든 빈민들은 상그레(Sangre) 병원에 모였고 구걸 허가증을 교부받았다. 세비야의 한 편년사가는 약 2,000명의 사람들이 몰려드는 것을 보았다고 했는데 그들은 건장한 남성과 여성, 환자, 노인, 불구자들이었다. 환자들은 병원에 안치되었고, 불구자들은 구걸 허가증을 획득했다. 건장한 사람들은 3일 안에 일자리를 찾아야만 했고, 그렇지 않은 경우에는 채찍질이나 도시 추방령을 받았다. 이베리아 반도에서 이러한 조치가 취해진 것은 물론 그때가 처음은 아니었다. 우리가 보았던 것처럼, 14세기 중엽과 1420년대에 이와 유사한 조치들이 이미 행해졌다.

1540년에 카스티야의 도시인 자모라(Zamora), 살라망카(Salamanca), 바야돌리드는 빈민들을 행정 통제의 대상으로 삼았다. 같은 해에 카를 5세는 빈민 부조에 관한 칙령을 공포했다. 이 조치를 따라 각 지방은 이후 단 한 개의 병원을 운영하게 되었는데, 이러한 조치는 사회부조의 중앙집권 정책과 연결된 것이었다. 황제는 진정한 빈민들의 생계를 책임지며 거리와 집 앞에서의 구걸을 금지함으로써 질서를 확립하고자 노력했다. 도시의 빈민들은 병원에 안치되었다. 그들의 생계를 위한 자금은 모금을 통해 충당되었다. 그러나 1531년의 제국 칙령과 취지가 유사한 이 법령은 신학자들의 반대에 부딪혀 사문화되고 말았다. 펠리페 2세의 즉위와 함께 사회 개혁의 이러한 구상은 더 이상 현실화될 수 없었다. 그렇지만 유랑의 문제는 여전히 남아 있었다. 의회는 게으른 자들에게 강제로 일을 시키기 위한 방안을 지속적으로 논의했다. 논의 가운데는 신체 건장한 빈민에게 일자리를 찾아주는 관리, 빈민의 아버지(padre de pobres)를 각 교구에 임명하는 문제가 있었다. 이는 더 이상 그들이 게으름을 변명하지 못하도록 하기 위한 것이었다. 공공질서를 유지하기 위해 펼쳤던 유랑에 대한 탄압은 게으름에 대한 처벌과 같은 원칙에서 나온 것이었다. 기독교 교리에 부합하는 이러한 해석은 당시의 경제 사상을 바탕으로 정교화되었다. 반대로, 구걸 금지나 공공 부조의 조직화를 위한 조치들에는 이데올로기적 정당화가 존재하지 않았다. 자선과 개인적 선행에 대한 찬양이 중요한 위치를 점했던 트리엔트 공의회의 결정에 비추어 보면, 사회부조의 근대화는 기독교의 정통 교리와는 양립할 수 없는 것 같았다. 그러나 사회적 상황으로 볼 때 당국의 간섭은 필요했다. 공의회의 정신으로 다듬어진 1565년의 국왕 칙령은 모든 교구에 그들의 빈민을, 특히 '수치 빈민'을 돌보라고 명령했다. 세기 말의 경기 침체 시기에 크리스토발 페레스 데 헤레라 (Cristóbal Pérez de Herrera)는 회상기(mémoire)에서 스페인에는 15만 명의 걸인이 있다고 말했다. 1608년의 다른 회상기에서 그는 50만 명의 빈민이 있다고 말했고, 1617년에는 100만 명에 달한다고 주장했다. 아마도 이러한 자료의 통계적 가치는 크지 않을 것이다. 하지만 빈곤 문제가 당대 사람들을 걱정시킬 정도로 그 규모가 증대하고 있었다는 점은 잘 보여준다. 1590년대에 스페인의 사회경제 상황은 현저히 악화되었다. 이 때문에 여러 도시에서 구걸 감소를 위한 조치가 늘어났으며, 당시의 사회정치 관련 문헌은 이 문제에 대한 새로운 해석을 내놓기 시작했다. 그러나 16세기 내내 스페인에서 빈곤은 무엇보다도 종교 교리에 밀접하게 결부된 이데올로기 문제로서 계속 제기되었다. 최소한의 개혁적 시도가 윤곽이 잡히자 신학자들은 즉시 이에 개입해서 개혁가들과 논쟁을 벌였다. 빈곤은 교회의 영역에 남아 있었으므로 스페인 궁정은 이러한 문제 제기에 개입하기를 꺼렸다. 스페인에서 사회부조 개혁이 늦어진 것은 바로 이러한 논쟁에 대한 두려움 때문이었다.

사회부조의 측면에서 유럽 중앙 권력의 노력을 너무 과대평가해서는 안된다. 우리가 제시했던 많은 예들 가운데 개혁은 주로 지방 당국의 활동을 통해 이루어졌다. 병원과 빈민 부조의 재조직은 각 도시의 경기 변동에 따라 간헐적으로 전개되었다. 일시적 혹은 조금 더 지속적으로 전개된 이러한 시도들은 매 순간 도시에 큰 변화를 가져왔다. 경험은 축적되었고 개혁은 점차 현실에 뿌리를 내렸다. 그리고 새로운 사회구조에 대한 심리적 장벽은 점차 사라져갔다. 실제로 그것은 우리가 여기서 제시할 프랑스 도시위원회의 몇몇 회의록에도 잘 나타나있다.

첫 번째 예는 그르노블(Grenoble)이다. 당시 중간 규모의 도시였던 그르노블은 특별한 전문적 산업 기반이 없던 평범한 도시였다. 부유한 부르주아나 임금노동자들이 이 도시에는 많지 않았다. 그러나 도시 주변의 농촌에는 경제적 빈곤으로 인해 프롤레타리아의 길로 들어선 농민 비율이 매우 높았다. 식량 위기의 순간에 도시로 몰려든 농민의 수는 사회적 긴장을 고조시키기에 충분했다.

19세기 중엽 베리아생프리(Berriat-Saint-Prix)는 영국의 극심한 빈곤화를 헨리 8세의 수도원 억압 탓으로 돌렸던 애덤 스미스의 주장을 비판했다. 그는 같은 시기에 프랑스 도시들 역시 빈곤이 심각해지고 있음을 인식하고 있었고, 이는 시 정부의 회의록을 통해 확인할 수 있다고 주장했다. 16세기의 파리와 그르노블의 기록은 빈민 증가로 인해 사회적 불만이 커졌으며 시 당국은 다양한 조치들을 통해 이러한 상황을 안정시키려 했다는 사실을 잘 보여준다. 걸인에 대한 인구조사, '외지 걸인'의 추방, '지나가는 빈민'에 대한 자선금 배분, 유랑민 사냥, 공공 작업장을 통한 건장한 빈민에 대한 강제 노동 부과, 배지와 같은 가시적 표지를 통한 걸인 증명, 도시 주민에 대한 걸인의 원조 '할당'은 이를 잘 보여준다. 여기에서 우리의 주의를 끄는 것은 그르노블에서 이러한 조치들이 어떻게 적용되었는가이다.

시 당국이 행동을 시작한 것은 1513년 겨울이었다. 당시에 도시의 걸인을 추방하고(1515년에 갱신됨) 보시를 위해 주민들에게 빵을 거두라는 결정이 내려졌다. 이는 공적 행정을 통해 조직된 빈민 부조의 첫걸음이었다. 1520년에 시 당국은(아마도 전염병의 위협 때문이었을 것이다) 도시 성곽 바깥에서 보시를 행하라고 주교에게 명령했고, 그해 말에는 불구인 걸인을 병원에 가두며, 몸 성한 걸인은 하천 구획 공사에 파견할 것을 결정했다. 그러나 이러한 조치들은 일시적이었던 것 같다. 왜냐하면 1523년과 1526년에도 이러한 논의는 계속되었으며 노동을 거부하는 모든 건장한 걸인들을 도시에서 추방한다는 결정이 내려졌기 때문이다. 1530~33년에도 이러한 조치들은 되풀이되었다. 시 당국이 빈민 부조에 대한 모든 책임을 떠맡은 것은 전염병에 대한 위협이 컸던 1538년의 일이었다. 당시 약 300명에 달하는 모든 걸인들은 보호소에 안치되어 주민들의 의연금으로 생계를 유지했으며, 중앙집권화된 기구로 도시의 네 병원을 통합하려는 계획도 구상되었다. 1544년에는 빈민 부조의 자금 조성을 위해 매월 세금을 징수하기로 했다. 1544~45년에 전염병의 위협에 직면해서 새로운 조치가 뒤를 이었다. 게다가 상황은 더욱 열악해졌다. 일(Ile)의 병원에는 900명의 빈민이 있었다. 이웃 지방 당국이 시 정부의 요구에 응해서 '그들의 빈민'을 다시 데려가리라고 기대하기도 힘들었다. 도시의 외지 걸인을 추방하기 위한 조치들은 — 걸인 사냥꾼(chasse-coquin) 세 명이 이를 위해 임명되었다 — 걸인들을 하천의 제방 건설 공사장에서 일하게 하는 것만큼이나 비효율적이었다. 1545년 말에 병원의 재산과 형제회의 재산을 통합하려는 계획이 마침내 현실화되었다. 빈민 부조의 중앙집권화가 구체화하기 시작한 것이다.

따라서 16세기 상반기의 재난, 전염병, 기아를 거치고 나서야 자선 기구의 개혁은 진전될 수 있었다. 교회와 세속 당국이 더욱 융통성을 보이면서 자신들의 무능에서 벗어나야 했던 것은 바로 이러한 현실의 압력 때문이었다. 1545년 이후, 빈민국(Bureau des pauvres)의 이론적·실천적 원칙은 더욱 명확해졌다. 시 위원회가 임명한 관리들은 병원을 감시했는데 그들은 그곳에서 빈민들의 삶이 매우 열악한 상태에 처해 있음을 확인할 수 있었다. 관리들은

"빈민을 보물처럼 다루기 위해"라는 명분으로 장부를 만들 것을 결심했고, 1548년 5월에는 '수치 빈민'과 구걸하는 모든 빈민들을 조사하기 시작했다. 조사는 매우 조직적인 방식으로 이루어졌다. 그들은 모든 거리마다 할당을 맡은 후 누가 부양을 받을 권리가 있는지, 누가 도시에서 추방되어야 하는지를 결정했다. 그르노블에 오래전부터 머물러왔던 건장한 걸인들은 공공 작업장에 배치되었으며 이를 위한 장비와 짐수레가 별도로 구비되었다. 빈민에 관한 규율을 제정하면서 시 당국은 1551년에 명령받았던 파리의 법령에서 그 착상을 얻었다. 실제로 자선 개혁은 여러 도시에서 거의 유사한 방식으로 전개되었는데, 이것은 개혁의 속도가 사회경제적 변동에 의해 결정되었고 동시에 개혁 정책이 여러 도시들 간의 협동과 경험에 상호 의존하고 있었기 때문이었다. 예를 들면, 그르노블의 빈민 장부는 왕국 전역의 유랑민 억압에 기여할 것이었다. 국왕재판소(juridiction royale)에 맡겨진 이 장부는 진정한 유랑민, 즉 '불한당'(coquins)을 구별하도록 했다.

걸인의 고용은 쉬운 문제가 아니었다. 실제로 도로 공사와 쓰레기 처리를 위한 작업장 설치는 시에 재정적 부담을 주었고, 결국 이러한 방식은 매번 실패로 돌아가고 말았다. 사회부조를 위해 새로 임명된 관리들은 빈민 아동들의 미래를 책임지기 위해 노력했다. 그들은 소년들에게는 12세부터 견습을 시켰고 소녀들에게는 하녀로 일할 수 있는 기회를 제공하였다. 1560년에 구걸하는 사람의 수가 계속해서 증가하자, 이들을 하나의 보호소에 모아 인접 건물의 작업장에 고용시키려는 계획이 현실화되었다. 그러나 이러한 시도 역시 지속적이지는 못했다.

사회 위기에 기원을 두고 있던 공공 사회부조는 비록 새로운 장애에 계속해서 부딪혔지만 몇십 년을 거치면서 공고화되었다. 물론 경제적으로 안정된 시기에도 구걸 문제는 여전히 심각했다. 빈민은 조직적인 통제의 대상이었고 빈민 장부는 새롭게 작성되었으며 보시의 분배는 정기적으로 행해졌다. 비록 당국이 걸인을 시켜 인색한 사람들의 집에 가서 구걸을 하라고 압력을 행사하기도 했지만 일반적으로 의연금에서 나온 수입과 기부는 필수품을 구입하는 데 충분했다. 그러나 16세기의 사사분기에 심각한 위기가 발생했고 시의 조치들은 비효율적인 것으로 판명되었다. 이에 빈곤 문제는 16세기의 상반기만큼이나 다시 첨예한 국면을 맞게 되었다. 기근은 수많은 빈민들을 그르노블로 몰려들게 했고, 전염병의 위험은 증대했다. 도시는 성문을 닫고 유랑민과 외지 걸인들을 추방했으며 추가적인 부조 체제를 확립해야만 했다. 1574년에는 시민들이 빈민을 직접 책임진다는 정책이 결정되었다. 일할 수 있는 빈민들은 직물 공장에 고용되었다. 1576년에 133명이 정기적인 통제 대상이 되었다. 그러나 빈민의 수는 계속해서 증가했다. 1586년에 빵의 분배는 걸인뿐만 아니라 실업자, 즉 도시에서 창궐했던 전염병으로 "모든 노동과 거래에서 배제된" 사람들에게까지 확장되었다. 8월에는 개개인이 8퀸틀의 빵을 매일 배급받았지만 곡간이 거의 비고 전염병이 어느 정도 물러갔던 11월부터는 그 양이 3퀸틀로 축소되었다. 전염병이 돌던 기간에 도시에 남은 유일한 사람들이었던 "가장 지위가 낮고 가장 빈곤한 사람들"은 대부분 병으로 죽고 말았다. 도시를 떠나면서 시민들이 버린 집들은 약탈의 대상이 되었으므로, 유랑민과 '외지 걸인'에 대한 사냥이 전개되었다. 도시에서 이들을 추방하기 위한 모든 수단이 동원된 것이다. 1587년, 새로운 전염병의 창궐에 위험을 느낀 시 당국은 걸인에 대한 적극적인 행동을 전개했다. 철저한 일제 단속이 시작되었으며 이를 통해 부양을 받을 만한 사람들을 규정하고 체류 금지자를 추적했다. 경찰은 빈민 집단이 다른 곳으로 도망치는 것을 막기 위해 거리 곳곳을 감시했다. 1588년에는 도시로 빈민을 운반하는 뱃사공에 대한 처벌 규정이 만들어졌다. 1589년에 걸인 사냥꾼은 관리들이 참석한 상태에서 '외지 빈민'을 호송해 도시에서 내쫓아야만 했다. 환자들은 생 앙투안(Saint Antoine) 병원에 수감되었지만 건장한 사람은 여비(viaticum)를 받았다. 그러나 1592~93년에 이러한 문제는 예전과 같이 다시 불거져 나왔다. 또다시 시 당국과 자선기구는 무능력을 드러내고 말았다.

두 번째 예는 루앙이다. 대(大)항구도시로서 산업과 상업의 중심지였던 루앙은 16세기부터 직물 산업으로 명성을 얻기 시작했다. 1510년 가을에 전염병이 루앙에 창궐했다. 병의 확산을 막기 위해 시 당국은 무엇보다도 증가하고 있던 걸인들에 대한 조치를 강구하기 시작했다. 실제로 걸인들은 도시 전체에 퍼져 있었으며 거리와 교회를 배회하고 다녔다. 심지어 문이 열린 집을 보면 침입하기까지 했다. 그러나 당시에 구걸을 감소시키기 위해 명확히 결정된 것은 아무것도 없었다. 또한 1525년에는 도시의 상황이 너무 심각해서 그 소식이 파리에까지 전해졌지만 당국은 여전히 수동적인 자세로 일관했다. 농촌에서 몰려드는 사람들을 지속적으로 받아들였던 이 도시에서 군중들은 일자리를 찾을 수 없었다. 1525년 봄, 시 당국은 500명을 성벽 재건 공사에 고용했지만 자금은 이내 바닥이 나버렸다. 물론 임금은 매우 낮았고 빵의 정기적인 배급도 노동자들에게 보장되어 있지 않았지만(노동자의 반은 일을 한 그날 빵을 받았지만 나머지 사람들은 그 다음날 받았다) 공사장 앞에는 항상 많은 군중이 일거리를 얻기 위해 모여 있었다. 그러나 이러한 상황은 일시적이었다.

1534년에 당국은 의료 시설과 사회부조의 재조직에 착수했다. 12월에 구걸과 빈곤의 문제는 국가와 시 당국의 대표자뿐만 아니라 고위 성직자와 병원 관리들을 모이게 할 정도로 논쟁의 대상이 되었다. 당시의 논쟁은 루앙의 고등법원장인 로베르 비이(Robert Billy)의 말로 시작되었다. 그는 구걸과 빈곤에 대한 강력한 개입의 필요성을 주장하면서 치안과 공공질서에 관한 대책을 내놓았다. 특히 그는 많은 유랑민과 단순 범죄자들이 도둑질, 약탈, 구걸로 살아가는 기생충과 같은 존재이지만 자신들을 마치 진정한 빈민인 것처럼 생각하고 있다고 주장했다. 그리고 이는 각 공동체가 의무적으로 부양해야 하는 진정한 빈민과 환자들의 빵을 강탈하고 있는 것이라고 말했다. 특히 마지막 지적은 빈곤 문제를 해결하기 위한 구체적 조치를 고려하게 만들었고 이에 두 번째 논쟁이 전개되었다. 그는 "기독교인 개개인은 그의 이웃, 즉 공동체의 모든 성원을 궁핍에서 벗어나도록 부양해야 하는데 이는 자연스럽고,

시민적이며 신적인 의무"[9]라고 말하면서 파리와 리옹, 그리고 다른 여러 도시에서 취해졌던 조치들을 상기시켰다. 논쟁에 참석한 명사들은 모두 그의 주장에 동의했다. 특히 개혁 프로그램에 관해서는 교회와 세속 당국 모두 만장일치로 찬성했다. 즉 고위 성직자들은 걸인에 대한 새로운 정책을 지지했으며, 교회 참사회 대표들은 몸 성한 모든 빈민들에게 일을 시켜야 한다고 주장했다. 그는 또한 공동 작업장을 창설하여 빈민들에게 일자리를 제공할 수 있으며 생산된 물품을 팔면 노동에 부적합한 불쌍한 사람들을 위한 부조 자금으로 사용할 수 있다고 말했다. 논쟁 이후 빈민에 대한 법령들이 가결되었다. 전문에서 우리는 "가장 위대하고, 가장 중요한 덕"이라는 자선에 대한 찬양을 읽을 수 있다. 그러나 이후 세부적 조항들은 이러한 덕의 전통적 모습과는 차이가 있었다. 가결된 조항은 다음과 같다.

1. 정규적인 수입이나 마땅한 직업이 없이 게으름을 피우며 방랑하고 있는 노동 가능한 사람들은 8일 안에 도시를 떠나거나 혹은 고용주를 찾아야 한다.

2. 이 기한이 지난 후, 바이이(bailli)*는 도시에 거주하는 모든 유랑민들에 대한 체포 명령을 내릴 것이다. 그들은 두 사람씩 사슬로 묶인 채 공공사업을 담당하고 있는 기관에 인도된다. 그들에게는 단지 먹을 것만 제공된다.

3. 구걸은 금지이며 이를 어길 시에는 채찍질 형이 부과될 것이다. 환자와 불구자들도 이 규칙에서 예외일 수 없다.

4. 경찰(commissaires)은 부양받을 권리가 있는 빈민을 선별하기 위한 교구 대장을 작성하고, 당국이 임명한 회계는 모금 기구와 자금 분배를 감시한다.

---

9 *Documents concernant les pauvres de Rouen*, G. Panel, éd., Rouen-Paris, 1917, t. I, p. 16.

* 바이이들은 그의 관할구역인 바이야즈(bailliage)에서 왕을 대신해 조세와 사법, 군사를 관장했다.

이 법령은 사회부조의 재조직을 위한 규정보다도 더욱 확고하고 엄격한 것이었다. 그러나 이러한 조치들이 시행되자 기존보다 더욱 비용이 많이 든다는 사실이 밝혀졌고 자금은 곧 바닥이 나버렸다.

1535년 초에 당국은 조사 결과에 주의를 기울였다. 도시에는 빈곤의 한계에 처해 있어 지속적인 부양이 필요했던 '무능한' 빈민 7,000명과 걸인 532명이 살고 있었다. 특히 걸인 가운데 235명이 아동이었다. 첫 번째 범주에는 '수치 빈민'이 해당되는데 이들은 거주할 집은 있지만 거리에서 구걸은 하지 못하는, 즉 노동을 통해 가장 기초적인 생활비도 염출하지 못하는 사람들이었다. 사회 윤리와 집단적 결속의 관점에서 보면 부조의 최우선권은 바로 이 집단에 부여되어야 했다. 그러나 도시의 재정은 너무도 빈약했기 때문에 모든 사람들을 도와줄 수는 없었다. 즉 구걸 금지 법령이 실질적으로 지켜지지 않고 있던 상황에서 무엇보다도 직업적 걸인의 부양을 보장하는 것이 절실해 보였다. 그러므로 이 집단들 중의 하나가 우선권을 부여받아야 했다. 그렇다면 과연 어떤 집단인가?

시 위원회는 결정에 어려움을 겪었다. 또한 구체적인 실천에서도 문제가 발생했다. 부양은 돈으로 할 것인가, 식량으로 할 것인가? 양은 어떻게 결정할 것인가? 감금된 걸인들을 부양할 수단이 부족할 경우에 그들을 체포해야 할 것인가? 마침내, 시 위원회는 단 하나의 결정을 내릴 수 있었는데 그것은 무슨 일이 있더라도 구걸을 금지한다는 것이었다.

따라서 1534년 이후에 취해진 빈민에 대한 조치들은 대부분 사문(死文)으로 남고 말았다. 부조는 약 150명 정도까지 확장되었지만, 실업자로 지목할 수 있는 걸인과 유랑민의 수는 계속 증가했다. 시 위원회 역시 이 문제에 대해 지속적으로 논의해야만 했다. 회합을 통해 하나의 제안이 공식화되었는데 이는 1534년에 참사회가 제기한 것과 유사한 것이었다. 왜 플랑드르에 있는 릴(Lille)의 사례를 따르지 않는가, 그곳에는 "실제로 빈민에 관한 법령이 있고, 이를 통해 빈민은 모두 하나의 건물에 수용된다. 빈민은 바깥으로 나가지 못한 채 그곳에서 일을 해야 한다. 그들의 부양은 모금된 자금으로 이루어진다."[10] 이 법은 무엇보다도 감금이라는 위협적 수단을 통해 빈민 스스로 일자리를 찾도록 했다.

논쟁은 계속되었지만 어떠한 결정도 내려지지 않았다. 논쟁은 사상의 교류와 높은 수사학적 방식을 보여주었다. 한 예로 1542년 1월의 회합에서 제기된 주장을 살펴보자.

─노동을 거부하는 빈민은 모두 도시에서 추방해야 한다. 그러나 일자리를 찾는 데 실패한 사람들에게까지 이 조치를 적용해서는 안 된다. 후자의 사람들은 그들이 적절한 일자리를 찾을 때까지 공공 작업장에서 일해야 하며 그 대가로 음식을 제공받을 것이다.

─게으름을 허용하는 것은 공공의 이익에 해가 된다. 게으른 자들을 빈민처럼 생각해서는 안 된다.

─어떤 특정한 분야에서 일했던 사람들은 다른 분야의 일에 적응하는 것이 쉽지 않다. 그러므로 이런 이유로 그들을 비난하는 것은 옳지 않다. 그들이 적절한 일자리를 찾을 시간을 주기 위해서는 향후 취해질 조치들을 그들에게 미리 알려주는 것이 필요하다.

─불구자이건 노동 가능한 사람이건 루앙에서 태어나지 않은 모든 빈민은 도시 바깥으로 추방해야 한다.

─정치 조직은 모든 성원들을 돌보아야만 한다. 그러나 이 원칙은 진정한 시민의 경우에만 해당한다.

─노동 가능한 빈민을 추방하는 것은 너무 가혹한 행동일 것이다. 따라서 젊은이들에게 일자리를 만들어주기 위해 군사 원정에 착수했던 고대 로마의 예를 상기할 필요가 있다.

10 *Ibid.*, p. 41.

—빈민들을 도시에서 추방하기에 앞서 이로 인해 도시의 방어 능력이 심한 타격을 받는 것은 아닌지 자문해보아야 한다. 왜냐하면 필요한 시기에 싸우는 사람들은 위원들(conseillers)과 판사들(juges)이 아닌 민중이기 때문이다.

이 논쟁에서 인상적인 것은 빈곤 문제와 노동시장과의 관계가 강조되었다는 점이다. 시 대표들이 게으르고 유랑적인 삶을 산다고 비판했던 사람들이 실은 단순한 실업자들이었던 것이다.

그러나 점차 빈민에 대한 부조와 억압 정책은 더욱 정교한 형태를 갖추기 시작했다. 극빈자 장부가 교구의 교회 문에 붙여졌고 빈민들은 특별한 표지, 즉 소매 위에 노란 십자가 표시를 해야 했다. 1551년에는 빈민국이 창설되었다. 이 기관은 극빈자에게 일자리를 찾아주는 일, 가난한 소녀들에게 지참금을 제공하는 일, 그리고 아동들을 학교나 도제 기관에 보내는 일을 책임졌다. 또한 빈민을 고용하기 위해 양모, 아마 혹은 삼과 같은 원재료를 구입하였다. 그리고 생산된 물품의 판매로 벌어들인 이익은 빈민국의 자금에 사용되었다. 공공사업은 고용의 주요한 형태였다. 1557년에 7,000~8,000명이 빵과 몇 푼의 돈을 대가로 도시의 축성 사업 현장에서 일했다. 그러나 시 당국은 극빈자를 위한 정기적인 세금을 도입하지는 않았다.

그럼에도 빈곤 문제는 루앙의 지속적인 골칫거리였다. 1566년에 루앙의 대법관은 법령을 공포하여 빈민이 공공질서에 가하는 위험에 대처하고자 했다. "도시와 교외의 모든 빈민, 그리고 스스로를 부양하지 못한 채 소동을 일으키고 사람들에게 모욕을 주는 자들을 체포한다. 그들을 돌보고 일자리를 찾아주어야 하는 책임을 맡은 도시의 위원들과 부르주아 대표들 역시 이들을 철저히 배제해야 한다. 그들이 초범이라면 채찍질을 하지만 재범인 경우에는 교수형에 처한다."[11] 이 경고를 더욱 명백하게 하기 위해서 보시 분배가 정기

11 *Ibid.*, p. 121.

적으로 행해지는 곳과 걸인과 유랑민이 고용된 곳에는 교수대 네 개가 세워졌다. 일시적이긴 했지만 이를 예외적인 억압 조치였다고 생각해서는 안 된다. 이후 교수형의 위협은 루앙의 새로운 사회부조 체제의 기능을 보장하는 일상적 방법으로 꾸준히 다시 나타났다. 20년 후인 1586년 6월, 공공 작업장에서 일하던 빈민들이 경찰에게 욕설을 퍼붓고 반항과 폭력을 일삼자 — 예를 들면 배급 도중에 빵을 강탈 — 공공 작업장에는 다시 교수대가 설치되었다.

루앙의 교수대는 우선 새로운 사회부조 체제의 조직이 얼마나 억압적이었는가를 확인하게 해주며, 또한 한 장소에 빈민을 모아두는 것과 보잘것없는 보수를 받는 강제 노동의 의무가 어떠한 긴장감을 불러일으켰는가를 잘 보여준다. 더 나아가 이는 사회의 엘리트들이 빈민을 돌보아야 한다는 도덕과 전통 교리를 얼마나 빨리 탈피하면서 가혹한 조치를 추진했는가도 잘 보여준다.

그르노블과 루앙의 상황은 16세기 프랑스 도시의 고문서에 천편일률적으로 기록되어 있는 여러 사례들 중의 하나이다. 지역적 차이가 조금 있긴 하지만 유사한 양식이 도처에서 전개되고 있음을 알 수 있다. 즉 궁핍한 상황, 이를 수습하기 위한 노력, 그리고 위기에 직면한 당국의 무능력을 일관되게 찾아볼 수 있다. 16세기의 처음 20년 동안 개략적으로 나타난 이러한 모든 조치들은 점차 확대되었고 일관된 체제로 정립되었다. 주요한 요소로는 빈민의 인구조사, 유랑민과 외지 빈민의 조속한 추방, 부조받을 권리를 가진 사람들의 규정과 선발(후에 이는 독특한 표지를 하거나 종종 다양한 외부 표시를 통해 그들의 빈곤 상태를 나타내도록 했다), 구호 기구의 재정 개혁, 빈민 부조를 위한 예산 확보, 사회부조와 관련된 모든 문제를 처리하기 위한 시 사무국의 설립을 들 수 있다. 위기에 대한 이러한 대응의 유사성은 도처에서 동일하게 나타났는데, 이는 단기간의 사회적 위기와 긴장을 반영하지만 더 나아가 구조적 성격을 띤 장기 지속의 현상을 나타내는 것이다.

프랑스 도시들은 파리와 리옹이 보여준 모습에 고무되었다. 파리가 맡은 역할은 자연스러워 보인다. 이 도시는 수도, 궁정, 신학과 법률의 중심지로서 그 모범을 제공했다. 최초의 빈민국이 창설된 곳이 바로 파리였으며, 그 경험은 다른 도시의 개혁자들에 의해 원용(援用)되었다. 그러나 파리 빈민국의 기원에 대한 사료는 이후 리옹에서 창설된 빈민국에 대한 내용보다 상세하게 남아 있지 않다. 이 기구의 구조와 기능에 대한 최초의 묘사는 겨우 16세기 후반기부터 나오지만 이 역시 리옹의 제도와 유사했음을 보여준다. 리옹의 기구가 모델이 된 것은 한편으로는 급속하게 확산된 빈민국의 명성 때문이었으며 다른 한편으로는 이 기구의 사업을 다룬 연구가 당시에 출판되어 많은 전문가들의 관심을 끌었기 때문이다. 따라서 이 기구에 대한 구조와 원칙을 일별하는 것은 의미 있는 일이다.

리옹의 빈민국*은 많은 역사가들의 관심을 불러일으켰다. 이 기구가 창설되자마자 두 명의 리옹 사람들이 이 기구에 대해 기술하였다. 인문주의자이며 법학자였던 수도원장 장 드 보젤(Jean de Vauzelle)과 역사가 기욤 파라댕(Guillaume Paradin)이 바로 그들이다. 근대의 사료 편찬에서 이 제도는 19세기 말과 20세기 초에 지역 연구 범주의 대상이 되어왔으며 최근에는 내털리 제먼 데이비스와 장-피에르 귀통(Jean-Pierre Gutton)이 이에 대한 논문을 발표했다. 이들의 연구에 따르면 빈민국의 탄생은 당시 지역 사회의 독특한 연합의 결과물이었다. 16세기의 일삼분기 말에 리옹의 상황은 매우 긴박했다. 1529년에 생활비는 높이 치솟았고 결국 대규모 민중 폭동인 대반란(Grande Rebeyne)이 발생했다. 임금 생활자, 여성, 젊은이들이 이 봉기에 참가했다. 그들은 당국에 곡물 투기를 금지하고 가격을 낮추어줄 것을 요구하면서, 시의 곡식 창고, 프란체스코 수도원, 그리고 부유한 부르주아의 집을 약탈했다. 반란은 진압되었지만 높은 생활비로 인한 폭동이 1530년에 또다시 나타났다. 게다가 같은 해에 처음으로 전염병이 도시를 덮쳤다. 1531년의 흉작은 페스

---

* 리옹에서는 빈민국을 보시총국(Aumône Générale)이라고 불렀다. 이 기구의 기능은 파리의 빈민국과 아무런 차이가 없기 때문에 혼란을 피하기 위해 여기서는 일반 명사인 빈민국으로 표기했다.

트와 연결되어 있었다. 그 결과 리옹은 부르고뉴, 보졸레, 도피네 등의 모든 지역에서 몰려든 빈민들로 넘쳐났다. 도시의 사회 엘리트들은 새로운 반란에 대한 불안 속에서 살았다. 바로 이런 시점에서 위기 상황을 개선하기 위한 빈민국이 만들어졌다. 빈민국은 1532년에 다시 활동을 개시했지만 여전히 최악의 상황에 대비하기 위한 임시 기구의 성격을 띠고 있었다. 이 기구의 활동과 축적된 경험은 도시에 사회부조에 대한 책임을 지는 항구적 제도의 창설과 구호 체제의 급진적 개혁을 주장하는 '압력 집단' 형성에 기여했다. 데이비스가 보여준 것처럼, 빈민국의 성원들은 기독교 인문주의자와 시의 명사들, 그리고 가톨릭과 개신교 사람들로 이루어졌다. 이 집단이 전개한 활발한 활동은 마침내 시 당국이 1534년 1월 항구적인 빈민국을 설립하도록 만들었다. 이 기구는 성격이나 구조로 봤을 때, 파리에서 창설된 기관과 유사했는데 실제로 이를 위해 빈민 부조에 관련한 파리 법령의 사본을 참고했다. 기본적 원칙으로서 리옹의 개혁은 구걸의 금지, 장부를 바탕으로 한 빈민에 대한 제도적 지원 보장, 노동의 의무, 그리고 마지막으로 형식적이긴 하지만 성직자와 부르주아의 자발적이며 정기적인 기부(contributions)를 채택했다. 리옹 빈민국 활동은 크게 보아 이러한 근본 원칙을 따라 전개되었다.

우선 빈민국은 빵의 배급을 책임졌다. 빵을 먹을 수 없는 노인들은 돈으로 보시를 받았으며, '수치 빈민'은 빵과 돈을 집에서 수령했다. 나머지 빈민들 역시 앞의 사람들보다 양은 적지만 돈과 빵을 받을 수 있었다. 배급은 엄격한 통제 속에 진행되었다. 배급을 받을 권리가 있는 사람은 리옹에서 적어도 7년 간은 거주한 사람이어야 했다. 그들이 실제로 일을 할 수 없는 사람들인지, 그리고 배급 시에 부정을 행하고 있는지에 대한 엄격한 검열이 있었다. 이 시기에 지원을 받은 빈민의 수를 정확히 추산하는 것은 힘들다. 심각한 식량 부족의 기간을 제한다면—1531년에는 8,000명이 부조를 받았고 1596~97년에는 만 명에 달했다—이 기구는 대략 전제 주민의 5퍼센트인 약 3,000명의 부조를 책임졌다. 그들 대부분은 가장 열악한 상태에 처해 있던 임금노동자들이었다. 1534~39년 사이에 실시된 빈민 조사에 따르면, 41퍼센트가 날품팔이들이었으며 나머지는 대부분 직물 산업에 종사하고 있던 장인들이었다. 계절노동의 일자리가 부족하고 제품 수요가 줄어들었을 때, 이러한 배급은 상당수의 빈민들에게 도움이 되었을 것이다. 배급의 규칙은 엄격하게 규정되어 있었다. 배급은 일주일에 한 번씩 이루어졌으며 관리와 간수들이 참석했다. 이들은 원조를 받을 사람들의 장부를 확인했고 질서를 잡았다. 빈민국의 활동에 관한 한 소책자 속표지에 있는 1539년의 목판화는 바로 이러한 배급 양상이 어떠했는가를 잘 보여준다.* 빈민국의 감독자는 후방 테이블에 앉아 있고, 그들 중의 한 사람은 장부의 이름을 확인하며, 시종들은 빵과 돈을 배급하고 있다. 반면에 걸인 — 불구자들, 아이를 안고 있는 여자들, 누더기를 걸친 빈민으로 형상화된 군중 — 들은 차례를 기다리며 줄을 서 있다.

리옹의 이 기구가 활발한 활동을 펼친 또 다른 분야는 고아와 버려진 아동의 보호였다. 공식적으로 빈민국은 이들을 입양했고 학교에 보냈으며 직업교육을 해주었다. 그러나 실제로 이 기구는 하루라도 빨리 이들을 하인이나 도제로 보내려고 했다. 새로운 사회정책의 핵심에 있던 '노동을 통한 부조'라는 원칙은 1536년에 리옹에 견직 수공업이 도입되면서 용이해졌다. 빈민국이 부양한 아이들이 일자리를 찾고 빈민들이 이탈리아의 전문가에게 직업교육을 받을 수 있게 된 것은 바로 이곳에서였다. 리옹에서 새로운 사업을 전개한 사

* 1539년에 출간된 『리옹의 자선 행정』의 속표지에 있는 목판화로 1531년에 리옹 빈민국의 관리들이 빈민들에게 빵을 분배하는 장면을 묘사한 것이다.

람들 중 많은 이들이 사회부조 개혁의 지지자였으며 빈민국의 감독관이었다.

또한 빈민국은 빈민에 대한 억압을 책임지고 있었다. 실제로 이 기구는 구걸의 금지가 헛된 것이 될 수 있다고 생각하면서도 이를 준수하도록 압력을 행사했다. 또한 유랑과 게으름을 없애고 이민을 감시하며 '외지 걸인'의 유입을 막았다. 이 일을 용이하게 하기 위해 당국은 '걸인 사냥꾼'이라는 이름이 붙은 간수 네 명—후에 여섯 명이 됨—을 임명했다. 그들의 임무는 보시의 분배 시에 질서를 유지하고 걸인을 체포하는 것이었다. 게다가 이들은 '외지 빈민'의 접근을 막기 위해 도시의 성문에서 그들을 감시했다. 사온(Saône)과 론(Rhône)의 뱃사공들에게는 유랑민을 도시로 들어오지 못하게 하라는 명령이 내려졌다. 그러나 리옹에서 이방인들을 추방한다는 조항이 계속해서 갱신되었다는 사실은 이러한 통제가 거의 아무런 효과가 없었음을 보여준다. 빈민국은 구걸과 싸우기 위한 사법적·경찰적 특권을 부여받고 있었다. 시 당국은 또한 유랑민과 상습적 걸인에 대한 억압적 조치, 예를 들면 강제 노동과 같은 것이 필요하다고 생각될 경우 빈민국에 그 권리를 위임했다. 공공사업은—피고용자는 무보수로 먹을 것만을 제공받았다—유랑민에 대한 처벌과 재교육을 위한 가장 일상화된 방법이었는데 그들은 사슬에 묶인 채 노동을 했다. 16세기에 리옹의 한 역사가는 "질서의 보존과 빈민국의 통치를 위해 난폭한 빈민과 감독관의 말에 복종하지 않는 자를 엄하게 다스려야 하며 이를 위해서는 억압과 두려움을 이용해야 한다"[12]라고 기술하고 있다. 당국은 빈민국이 걸인을 감금할 수 있도록 도시 성벽의 한 소탑(小塔)을 내주었다. 빈민국은 이제 감옥을 갖게 되었다. 확실히 감금은 질서 유지를 위한 방식이었지만 또한 새로운 사회정책이 내포하는 강제와 공포의 필요성을 상징하는 것이었다. 하지만 빈민국의 이러한 억압적 활동은 다양한 계층의 비난을 불러일으켰다. 이러한 조치들은 특히 일반 대중의 반대에 직면했는데 이는 당국에

---

12 G. Paradin, *Mémoires de l'histoire de Lyon*, Lyon, 1573, p. 292.

의해 추적을 받던 걸인과 실업자 사이에 연대 의식이 있었기 때문이다. 실제로 이러한 상황은 종종 도시 경찰과 군중 간의 충돌과 소요를 불러일으켰다. 군중은 경비대와 무력 충돌을 벌였고 죄수를 해방시켰다. 지식인을 포함한 사회 엘리트가 이러한 새로운 정책과 자선의 교리 수정에 조속히 적응했던 데 반해 나머지 사람들, 즉 군중은 이러한 변화를 받아들이는 데 시간이 필요했다.

영국에서 부조 개혁은 단계적으로 실행되었다. 개혁은 대륙에서 전개된 양상과 비교해보면 다소 늦은 감이 있었다. 하지만 16세기 말의 상황을 종합적으로 평가해본다면 영국의 조치들은 프랑스에서 시행한 것보다 더욱 효과적이었던 것 같아 보인다. 영국의 특징을 설명하기 위해 사람들은 체계적이고 일관된 이 왕국의 입법 활동을 상기하지만, 우리가 이미 보아온 것처럼 16세기의 사건 진행은 이러한 생각을 쉽게 받아들이지 못하게 한다. 행정 구조의 근대화라는 측면에서 보면, 영국의 진보는 새로운 사회정책의 실현에서도 다른 나라에 비해 무시할 수 없는 요소인 듯하다. 하지만 더 이상 영국 지방 당국의 효율성에 대한 논의를 그대로 받아들일 수는 없다. 오히려 근본적인 차이는 농업 구조와 도시 경제의 변모가 다른 나라보다 훨씬 빠르게 진행되었다는 데에 있었다. 그러므로 이제는 엘리자베스 시대의 구빈법 이전에 영국의 사회부조 기구가 어떤 모습을 띠고 있었는지를 분석해보아야 한다.

16세기 상반기를 지나면서 몇몇 도시들은 사회 위기를 완화하기 위한 조치들을 구상하기 시작했다. 1522년의 브리스틀(Bristol)과 1552년의 캔터베리(Canterbury)는 곡물을 비축했고 위급한 경우에 이를 빈민들에게 되팔아 농산물의 급격한 가격 상승과 투기를 막고자 했다. 1543년 링컨(Lincoln) 시 당국은 모든 빈민들에게 원조가 필요한 사람들을 선발할 테니 법정으로 출두하라고 명령했다. 이후 부조가 필요한 사람들에게는 구걸의 권리가 있음을 증명하는 배지를 부착하게 했다. 시민들은 이러한 배지를 부착하지 않은 걸인에게 적선할 수 없었다. 1547년에 링컨 당국은 빈민들에게 일자리 — 특히 하인으로 고용 —를 찾아주고 그들을 강제로 일하게 하려는 생각에서 몇몇 조치를 법령으로 규정했다. 1551년의 조치를 보면 젊은 '게으름뱅이'들은 직조공으로 일해야만 했다. 그들은 음식만을 제공받으면서 8년에서 9년 동안 의무적으로 일한다는 계약을 맺어야 했는데 이를 거부할 경우에는 추방당했다. 1551년에 입스위치(Ipswich)의 시 위원들은 모든 교구의 빈민 장부를 작성했다. 빈민을 위한 세금이 부과되었고, 걸인들은 의무적으로 배지를 착용해야 했으며, 노인과 아동을 위한 시립 병원이 건설되었다.

1570년대에는 구걸에 대한 탄압이 더욱 강화되었으며 동시에 '진정한 빈민'에 대한 체계적인 원조를 보장하려는 계획이 구체화되었다. 공공 부조를 지원하기 위한 정기적인 세금이 모든 주민에게 부과된 것은 이를 잘 보여준다. 1579년에 런던에서 만들어진 법은 교구의 '빈민 감독관'에게 병자와 불구자의 지원을 보장할 책임을 부여했으며 시 당국은 유랑민에게 강제 노동을 시키기 시작했다. 교구 관리들은 장부를 계속해서 수정하면서 가장 최근의 정보를 파악했고 이를 바탕으로 빈민에 대해 엄격한 통제 —종종 매일 하도록 요구되기도 했다—를 실시했다. 이는 빈민들이 다양한 구실을 들어 노동을 회피하려고 하는지를 확인하기 위한 것이었다. 1547년부터 런던에는 특별 의무세로 유지되는 빈민 부조 기금이 있었다. 1572년에 중앙 당국이 공포한 '빈민에 관한 법규'는 모든 도시에 이러한 세금 징수 방침을 확대하려는 의도에서 나온 것이었다. 그러나 런던과 지방의 재정 운영은 허술했고 사람들은 재원이 부족하다고 불평했다. 이러한 상황에서 영국 동부에 있던 노리치(Norwich)의 사회부조 기구는 의미 있는 모델처럼 보였다.

노리치 참사회가 운영하던 성 바오로 병원은 외지 빈민의 수용소, 유랑민을 위한 교정의 집, 그리고 보시 분배의 장소였다. 이 병원의 행정은 1565년에 노시 낭국으로 이전되었다. 그 이전에 이 도시는 걸인의 존재에 대해 크게 관심을 두지 않았으며 빈민 부조를 특별한 문제로 여기지도 않았다. 그럼에도 도시와 그 주변의 상황은 시 당국과 유산계급에게 계속해서 큰 걱정으로 남아 있었다. 이는 매우 당연한 것이었는데, 예를 들면 1549년에는 지방 주민들이 케트 반란(Kett's Rebellion)*에 합류하는 일이 벌어졌다. 1570년, 노리치 시장은 유랑의 엄청난 규모에 근심을 표명했다. 그러나 사료는 이러한 태도가 매우 모순된 것임을 보여준다. 왜냐하면 영국의 다른 지방에 비해 노리치에서 매년 체포된 유랑민의 수는 25~30명 정도로 상대적으로 낮은 수치이기 때문이다. 그러나 시 당국은 도시를 혼란에 빠뜨릴지 모르는 빈민 봉기에 대해서 강박관념을 보이고 있었다. 이런 이유 때문에 시 당국은 속히 필요한 조치를 취하려고 노력했다.

우선 시 당국은 인구조사를 통해 약 1만 3,000명의 주민 가운데 2,342명이 빈민이며, 그중 1,335명이 성인이라는 사실을 밝혀냈다. 빈민 가운데 겨우 272명만이 정기적으로 부양을 받을 수 있었는데 이는 빈민으로 간주된 성인의 18퍼센트에 해당한다. 조사 대상자의 대부분이 직업을 가지고 있었지만 실제로 그들은 구걸로 생계를 유지하고 있었다. 노리치 당국은 이러한 사태에 대해 상투적인 해석을 내렸다. 즉 일할 생각이 없는 빈민들이 도시에서 보시를 너무 쉽게 얻는다는 것이었다. 새로운 사회부조 체제를 위한 시의 규정은 보시를 더 많이 받기 위해 굶주린 척하는 걸인들을 실제로는 먹을거리가 충분하며 심지어는 음식을 버리기까지 하는 포식자들로 묘사하고 있다. 만약 그들이 교회의 주랑 현관 밑이나 지하 저장고 혹은 곡식 창고에서 밤을 보낸다면 그것은 그들이 너무 게을러서 더 안락한 숙소로 가지 않았기 때문이었다. 그리고 이들은 옷을 전혀 갈아입지 않았으므로 병균을 전파하는 사람들이었다. 그러나 유랑민에 대해 퍼부어진 이러한 독설은 빈민 장부에 기록되어 있는 도시 거주 빈민들과는 아무런 관계가 없었다. 왜냐하면 실제로 거주

---

* 1549년 잉글랜드 동부에서 발생했다. 6월에 노픽(Norfolk) 주의 농민이 인클로저에 반대하면서 시작되었고 7월에는 로버트 케트(Robert Kett)를 지도자로 하여 노리치를 공격했다. 헨리 8세는 곧 토벌군을 파견하였으나 패하였고 8월 하순에 제2차 토벌군이 어렵게 진압했다.

할 곳이 없는 사람들은 이 장부에 전혀 기록되지 않았기 때문이다.

인구조사 이후 매우 한정되기는 했지만 소수의 빈민들이 도시에서 추방당했다. 다른 빈민들에 대해서는 '노동할 수 있는', '불구의', '둘 모두'라는 세 범주로 구분했다. 이 가운데 '둘 모두'라는 범주는 정확히 규정하기 어려운 모든 경우를 포함하는 것으로 추측해볼 수 있다. 이 분류에 따르면 대다수의 빈민들은 노동할 수 있는 것으로 파악되고 있다. 한 지역의 예를 보면 불구자는 전체 남자 84명 중 14명, 134명의 여자 중에서는 13명, 그리고 179명의 아동 중에서는 69명뿐이었다. 장부에 따르면 7~9세의 아동들은 이미 노동자로 분류되고 있다. 불구자들은 정기적인 지원을 받았는데 그 양은 엄격하게 제한되었다. 그들을 위해 시 당국은 자질구레한 일을 제공했다. 상습적인 '게으름뱅이'들은 시에서 운영하는 교정의 집에서 강제 노동을 해야만 했다. 이 집은 12명의 유랑민들을 3주 동안 한꺼번에 수용할 수 있는 규모였다. 그들은 새벽부터 해질 무렵까지 일해야 했으며 이를 거부하는 자들에게는 식량을 주지 않았다. 강제 노동이 부과된 여성과 아동들은 시에서 보수를 받는 여성 간수들이 통제했다. 여성 간수들은 6~12명으로 이루어진 각각의 집단을 책임지고 있었다. 그들은 아동들에게 읽기와 쓰기를 가르치기도 했지만 주 임무는 빈민들의 노동을 감시하는 것이었다. 연장과 원자재를 마련할 수 있는 사람들은 그들이 생산한 물건을 팔 수 있었다. 그렇지 못한 사람들은 여성 간수들이 정한 임금을 받아야만 했다. 여성 간수들은 또한 채찍으로 빈민을 처벌할 권리도 있었다. 빈민에게 일자리를 보장하기 위해 도시는 정기적으로 원재료를 조달했으며 두 곳의 병원은 환자들을 수용해 음식을 제공했다.

노리치의 부조 체제는 확실히 채찍질이라는 위협 수단으로 구걸을 금지시키고자 하였다. 그리고 걸인에게 직접 보시를 베푸는 사람들에게는 벌금형을 내렸다. 전반적으로 보아 노리치의 사회부조는 세금에 의해 지원되었으며 이는 교구들이 '사신들의 빈민'에 대해 더 이상 책임을 지지 않는다는 것을 의미했다. 부유한 교구는 빈곤한 다른 교구로 자금을 보냈으며 이를 통해 도시 전체를 포괄하는 일관된 부조 체제가 확립될 수 있었다.

노리치의 억압적 조치와 사회부조 체계는 성공적이었으며 그 결과, 사회 개혁은 이 도시에 깊게 뿌리를 내릴 수 있었다. 1570년 말에 시의 재정은 흑자였다. 세부적 계산이 끝난 후에 당국은 이 계획의 출자가 부담스럽지 않을 뿐 아니라, 게으른 자들을 노동시킴으로써 절감한 돈 덕분에 도시에 이득이 발생했다고 공포했다. 노리치는 새로운 부조 체제를 통한 연간 이익을 2,818 리브르 1실링 4펜스로 추산했다. 이는 매우 중요한 사실을 밝혀주고 있다. 즉 부르주아들이 사회부조 개혁의 장점을 시 전체의 회계라는 관점에서 평가한 것이다. 노리치의 사례는 합리적 요소, 자선 활동에 대한 경제적이고 부르주아적인 관점, 그리고 금전적 측면에서의 자선에 대한 평가가 얼마나 새로운 사회정책의 성공적인 발전에 중요한 역할을 했는지를 잘 보여주고 있다.

1570년의 인구조사는 또한 시 당국이 빈민으로 규정하고 있던 사람들을 좀 더 구체적으로 보여준다. 조사 대상이었던 400여 명 가운데 110명, 대략 22퍼센트가 실업자였다. 이 실업자들 중에서 42명은 어떠한 직업적 능력도 없었다. 이 비율은 실업의 구조를 잘 보여준다. 장부에 기록된 대부분의 빈민들은 하나 이상의 직업교육을 받았다. 그들 가운데 반 이상은 자신들이 장인이라고 말했으며 약 4분의 1은 날품팔이라고 말했다. 그러나 장인이라고 말한 사람들 중에서도 그 절반은 여러 생산 업체에서 장인을 위해 일하는 직인이거나 고용 노동자였을 것이다. 따라서 프롤레타리아화한 장인들은 이 집단에서 소수를 차지했다. 가장이 실업 상태에 있다면 대부분 부인과 아이들이 다양한 노동을 해야만 했다. 토착 빈민 가운데 이민자나 떠도는 걸인을 고려하지 않는다면 그들 대다수는 임시 노동이나 계절노동을 할 수 있었다. 1570년 조사에 따르면 성인의 18퍼센트는 정기적인 사회부조의 대상이었고 5년 후에 그들의 수는 약 30퍼센트까지 증가했다. 이는 노리치의 빈민 장부에 기록된 성인의 70~80퍼센트가 프롤레타리아의 처지에 있었다는 것을 의미한다. 임금노동 ― 여성과 아동 노동까지 포함해서 ― 은 이러한 가계에게는 생존의 유일한 기반이었지만 최소한의 생활을 유지하기에는 충분하지 못했다.

노리치의 상황은 도시 공동체에 의한 '궁핍 길들이기'(apprivoisement de la misère)의 한 사례인 것 같아 보인다. 시 당국이 취한 조치들은 빈민의 증가가 가져오는 불안과 민중 봉기의 두려움에 그 기원을 두고 있는 듯했다. 이러한 두려움이 실제로 새로운 사회정책을 통해 사라졌는지는 알기 어렵다. 이후 빈민들은 공동체 내로 편입되었고, 비록 아주 미미하지만 빈민에 대한 지원이 그들에게 어느 정도의 생활을 보장해주었다. 당시의 노동 윤리는 빈민을 최소 생활수준으로 부양하도록 했고 실업자를 위해서는 고용을 창출하도록 했다. 노리치의 부조 제도는 억압을 통해서 이루어졌다. 매우 엄격하고 가혹하기까지 했던 이러한 빈민에 대한 억압은 유랑민에 관한 국왕 법령에 이론적 기반을 두고 있었지만 실제로는 시 당국에 의한 통제 체제에 의존하고 있었다. 여성과 아동을 감시하는 여성 간수를 그 한 예로 들 수 있다. 교정의 집은 이 체제에서 매우 중요한 요소였다. 거의 감옥과 동일한 규칙과 수용 능력 — 공간이 제한되었음에도 불구하고 매년 약 200명의 유랑민들을 이 시설은 감독했다 — 을 갖추고 있던 이 기관은 빈민 교정의 수단으로 사용되었다. 아동 문제는 이 계획과는 별개로 다루어졌다. 아동들은 빈민의 40퍼센트 이상을 차지했지만 대부분 가족과 함께 살았다. 당국은 그들에게 직업교육을 받게 해주었고 일자리를 찾아주기 위해 노력했다. 동일한 방식이 고아와 버려진 아동에 대해서도 적용되었다. 소녀들에게는 지참금을 제공하여 그들의 결혼을 도왔다. 이러한 교육적 노력은 인구 급증에 대한 사회적 반응의 한 형태이기도 했지만, 다른 한편으로는 자본주의의 발달에 필요한 노동력을 위해 미성년자들을 착취하는 것이기도 했다. 노동시장의 안정화 정책, 가혹한 억압, 그리고 조직화된 부조의 결합은 빈민들을 '사회로 편입'시키는 데 유용했다. 노리치에서 부조 체제의 효율성을 보장하는 이러한 원칙들은 일종의 모델로서 이 체제를 바라보게 만들었다. 이 도시가 16세기 말의 심각한 위기를 극복할 수 있었던 것은 바로 이러한 체제 덕분이었다고 할 수 있다.

1597~1601년의 '구빈법'은 사회정책을 법령화하고 지방의 경험을 법제화한다는 점을 제외하면 큰 변화를 불러일으키지는 못했다. 물론 이 법은 영국의 도시들에 일종의 공식적 기준이 되었다. 프랑스 도시들처럼 새로운 제도와 원칙은 일련의 연속적 경험을 통해 점진적으로 확립되어나갔다. 솔즈베리(Salisbury)에서 지방 당국이 시행한 개혁은 바로 이러한 과정을 잘 보여준다.

16세기 말 솔즈베리는 다른 도시들처럼 심각한 사회적·경제적 어려움을 겪었다. 흉작은 물가의 등귀를 가져왔고, 빈민들은 영양 부족과 질병에 시달리고 있었으며, 걸인의 급증은 이 도시의 주민들에게 전염병에 대한 두려움을 불러일으켰다. 유랑민은 대거 도시로 몰려들었다. 1598년에는 약 100여 명의 유랑민이 체포되어 채찍질을 당했다. 그들 대부분은 인근 마을에서 온 빈농들이었는데 그중 절반이 여성이었다. 이는 '정상적'인 시기의 유랑민들이 대부분 독신 남성들이었던 것과 비교해보면 큰 차이이다. 전염병은 몇 년 동안이나 계속되었다. 이에 시 당국은 격리 중이던 가난한 가계의 부조를 위해 재정을 늘려야만 했다. 전염병이 발생했던 1604년 5월에서 1605년 5월의 기간에 도시 인구의 5분의 1이 부조를 받았다.

전염병은 물러갔지만 도시는 그 충격을 회복하는 데 큰 어려움을 겪었다. 직물 산업은 생산물의 유통에서 곤란을 겪었다. 경제 침체가 지속적으로 나타났고 부조가 필요한 실업자의 수는 계속해서 증가했다. 시 당국은 1620년대에 인구의 거의 절반이 빈곤 상태에 처해 있다고 보고했다. 빈민의 수는 거의 3,000명에 육박했다. 그러나 이 수치는 인구가 대략 6,500명이었던 솔즈베리가 중앙에 자신의 심각한 어려움을 알리기 위해 제시한 것이다. 1625년의 인구조사에 따르면 263명의 빈민이 도시에 살고 있었다. 이 가운데 141명이 실업자였는데 당국은 이들을 수공업 장인의 집에 맡겼고, 41명의 아동들은 도제로 삼기로 결정했다. 일할 능력이 없는 81명은 전적으로 당국의 부조를 받아야만 했다. 그러나 이 조사는 부조를 받을 만한 자격이 있는 매우 제한된 부류, 즉 과부, 불구자, 아동에만 관련된 것이었다. 실제로 조사 대상이었던 성인들 가운데 압도적인 사람들은 과부였다. 아동과 청소년은 모든 조사 대상 중에서 가장 많은 수를 차지했다. 14세 미만이 113명, 15~19세가 20명이었다. 그들 중 4명만이 일할 수 없는 것으로 분류되었다. 14세 미만의 아동 중에서 20명이 도제로 일했고, 5세 미만을 포함한 아동 92명이 장인의 집에서 일했다.

새로운 사회정책의 실행에도 불구하고 1625년의 인구조사에서 적용된 좁은 의미의 빈민 기준을 보면 여전히 빈곤에 관한 전통적 개념이 깊이 뿌리박고 있었음을 알 수 있다. 물론 많은 변화가 있었다. 도시 공동체가 빈민 부조 조직을 책임졌으며 직업 교육과 일자리 창출은 이후 빈민을 사회로 통합시키는 주된 수단이 되었다. 그럼에도 빈곤과 빈민에 관한 전통적 사고는 변하지 않은 채 그대로 남아 있었다. 흉작, 전염병, 침체된 시장이 대규모의 빈곤화를 야기했던 17세기의 일사분기가 되어서야 빈곤에 대한 전통적인 이미지는 사라지기 시작했다.

영국의 역사가 폴 슬랙(Paul Slack)이 이미 보여준 것처럼 이러한 시각의 변화는 1620년대부터 나타났다. 1635년에 솔즈베리에서 시행한 빈민 조사는 궁핍의 두 가지 형태 사이에 명백한 불균형이 있었음을 보여준다. 즉 부조를 받는 전통적 의미의 빈민과, 현실적으로 부조를 받아야 함에도 자선의 교리에 해당 사항이 없다는 이유로 부조 대상에서 배제된 대다수의 빈민이 바로 그것이다. 실제로 이 조사는 대규모의 빈곤에 직면해서 전통적인 빈곤 개념이 얼마나 한정된 것이며 부적절한지를 잘 보여준다. 약 1,650명의 주민이 있던 성 마틴 교구는 인구의 약 3.6퍼센트인 65명의 빈민을 부양했다. 이는 1625년에 솔즈베리의 부조를 받은 약 4퍼센트의 인구와 거의 같은 비율이다. 그러나 여전히 1635년에도 성 마틴 교구의 인구 조사원들은 주민의 33퍼센트인 595명이 이러한 빈민의 범주에 속한다고 말했다. 이러한 새로운 수치를 얻기 위해 적용된 기준은 명백히 다른 것이었다. 빈곤에 대한 새로운 정의는 이제 부정기적으로 노동을 하고 이를 통해 생계를 꾸려가고 있던 솔즈베리의 교외 슬럼가 주민들을 포함하고 있었다. 즉 빈곤에 대한 또 다른 평가 기준이 실질적으로 작동하고 있었던 것이다. 유랑민과 육체적 취약성(나이, 병, 신체 장애) 때문에 부조의 권리를 가졌던 '정당한 빈민' 사이의 오래된 구별은 흐릿해져 가고 있었다. '유랑민'은 더 이상 빈곤의 한 범주로서 인식되지 않았다. 그들은 사회의 주변에 속하는 위험한 범죄자들이었으며 모든 수단을 동원해서 탄압해야 하는 사람들이 되었다. 솔즈베리가 취한 조치도 예외는 아니었다. 낮은 임금과 실업으로 궁핍해진 노동자 가정이 이제 주된 관심의 대상이 되었다. 그들은 도시의 주민들이었으며 '이마에 흐르는 땀'으로 살아가야 하는, 즉 노동할 준비가 되어 있는 공동체 성원이었다. 그러나 도시는 이들에게 일자리를 제공하지 못했다. 1590년대에 솔즈베리는 상당한 사회부조 체제의 근대화를 이룩했다. 자선 조직은 중앙 집중화되었으며 교회 인사들과 속인 감시자들이 참석하는 '빈민위원회'가 구성되었다. 교정 기관과 작업장이 1602년에 창설되어 남녀 각각 6명을 수용했다. 새로운 사회부조 체제를 위한 예산도 편성되었다. 그럼에도 실업 문제는 여전히 해결되지 않았다. 더 많은 재정과 더욱 유연한 방법이 좀 더 포괄적인 정책으로 운용되어야 했던 것이다.

시 당국의 활동을 통해 얻은 경험과 부조 개혁을 현실화시키려는 욕망은 종교적 엄격함과 열정을 가진 청교도 엘리트들의 '압력 단체'를 창설하게 만들었다. 이 단체의 구성원들은 오래전에 노동 분야에서 고안되었지만 현실화되지 않고 있던 실업 정책을 전개하기 시작했다. 시 당국은 빈민들의 직업 교육을 위해 여성들을 고용했고, 약 10여 명의 가난한 청년들을 위한 교육비를 지불했으며, 장인들에 대한 정기적인 조사를 통해 그들이 얼마나 많은 일자리를 빈민을 위해 제공할 수 있는가를 파악했다. 교정의 집은 이후 억압적 제도로서의 역할 이외에도 많은 아동들을 받아들여 직업교육을 할 수 있는 공간이 되었다.

솔즈베리는 또한 새로운 사업을 전개하기 시작했다. 시 당국은 맥주 양조장을 만들었고 그 이득을 사회부조를 위한 재정에 사용했다. 왜냐하면 '빈민세'로 거두어들인 수입이 새로운 프로그램의 실행을 위한 비용으로는 충분하지 않았기 때문이다. 그러나 이는 해결책으로서는 다소 역설적인 것이었다. 실제로 민중들, 특히 빈민의 알코올중독은 당시 영국의 청교도 정치가들의 눈살을 찌푸리게 만들고 있었고 그 규모 역시 점차 커지고 있었다. 당시에 한 관찰자는 다음과 같이 말했다. "많은 걸인들이 주막에서 그들이 가진 모든 돈을 탕진한다. 빈민들은 고통을 잊기 위해 폭음을 한다. 왜냐하면 그들은 더 이상 잃을 것이 하나도 없기 때문이다."[13] 술집의 수는 도시에서 점점 증가했다. 평균적으로 65명당 하나의 비율로 술집이 있었다. 술집을 줄이기 위한 모든 시도는 실패했다. 알코올중독과 싸워 이길 능력이 없던 솔즈베리 시 당국은 이를 비난하면서도 이를 유용하게 만들기로 결심했다. 이러한 교묘한 해결책은 영국의 다른 도시들에서도 채택되었다. 당국은 모든 술집 앞에 빈민 헌금함을 배치했으며 그 양쪽에는 두 명의 걸인을 세워두었다. 이러한 조치는 지나가는 사람들에게 동정심과 자선의 의무를 상기시켰다.

마지막으로 곡식 저장이라는 도시 경제의 전통적 영역에서 진전된 조치가 나타났다. 솔즈베리는 빵, 버터, 치즈, 맥주, 그리고 연료의 저장소를 만들었다. 이 물품들은 사회 위기의 순간에 구매 가격으로 다시 빈민에게 판매될 것이었다. 이러한 조치는 식량을 저장하지 못해 투기의 최초 희생자가 되었던 빈민들을 보호하기 위한 것이었다. 정기적 지원을 받은 사람들 역시 시의 저장소에서 양식과 연료로 교환할 수 있는 동전을 받았다. 이를 통해 시 당국은 보시에 대한 통제를 좀 더 수월하게 할 수 있게 해주었다.

이러한 효율성에도 불구하고 사회부조의 새로운 정책은 도시와 국가 차원에서 모두 갈등을 불러일으켰다. 정책에 반대했던 사람들은 도시에서 막강한 영향력을 행사하고 있던 양조업자들이었다. 그들은 자신의 이익을 지키기 위

---

13 Cf. P. Slack, "Poverty and Politics in Salisbury, 1597~1666", in *Crisis and Order in English Towns, 1500~1700*, P. Clarck et P. Slack, éd., London, 1972, p. 182.

해 지속적이고 비타협적인 투쟁을 전개했다. 도시의 성직자들과 교회 참사회 역시 빈민 부조는 주교가 권력을 가지고 있던 1612년 이전이 더욱 효과적이었다고 말하면서 늘어난 강제 징수에 반대하고 나섰다.

그러나 무엇보다도 사회적 현실에 직면했을 때 개혁의 성과는 보잘것없어 보였다. 솔즈베리에서 부조 기구가 사용할 수 있는 자금으로는 단지 몇몇 소수의 빈민에게만 원조할 수 있었다. 시 저장소에 비축된 양식으로는 겨우 60~70명만을 부양할 수 있었다. 시 당국은 빈민의 수가 증가하자 무능력을 드러냈다. 게다가 시 당국은 항상 민중의 불만, 봉기 혹은 소요에 직면해야 했다. 심지어 나환자 병원과 '페스트 병원'에 빈민을 감금한 것도 소요의 원인이 되었다. 1627년에 군중은 시장을 비난했다. 한 여인은 다음과 같이 말했다. "이러한 상태의 사람들(빈민들)에게 당신이 이토록 잔인한 것을 보니, 당신을 이 세상에 태어나게 한 것은 짐승이 아니고 무엇이겠는가?"

솔즈베리의 직물 산업은 이러한 어려움을 극복할 정도에 이르지 못했다. 흉작은 계속되었으며 전염병은 다시 창궐했다. 부조 개혁은 비효율적인 것 같아 보였다. 궁핍은 널리 퍼져 있었고 매우 위협적이었다.

몇 년 간격으로 동일한 위기가 찾아왔을 때 당국은 매번 같은 수단을 이용해 이 문제를 해결하려고 했다. 악의 근본을 해결하지 않은 채 단지 징후만을 제거하려 했던 이러한 개혁은 위기 재발 시에 그 한계를 드러냈다. 이런 맥락에서 볼 때 영국의 근대적 사회 개혁은 리처드 토니가 말했던 것처럼 "빈곤의 치료가 아닌, 임시방편"[14] 뿐이었다.

사회부조 프로그램의 발전에서 청교도들이 했던 역할은 그들의 이데올로기에 비추어 분석해야 한다. 전통적으로 영국의 역사 연구는 청교도가 권력을 쥐고 있던 시기의 사회정책이 매우 가혹했음을 강조한다. 특히 청교도는 시의 자선 기관과 그 활동에 대해 호의적이지 않았다. 그러나 특정 지방과 지

---

14 ID., *ibid.*, p. 194.

역에 대한 연구 결과는 이러한 주장과 다른 모습을 보인다. 혁명의 시기에 영국의 빈민 부조 체계에 닥친 위기는 청교도 이데올로기의 결과가 아니라 무엇보다도 심각한 사회 현실, 침체된 산업, 행정 권력 집단의 변화와 관련된다. 그러나 청교도가 구걸에 대해 매우 강한 반감을 가지고 있었던 것은 사실이다. 그들은 구걸을 신이 확립한 질서와 기독교 공동체에 반하는 것으로 간주했다. 그러나 그들의 태도가 이 시기에만 특별한 것은 아니었다. 거의 모든 곳에서 효과적이지 못했지만 공공 구걸을 근절하려는 시도가 있었다. 청교도에게 특별했던 것은 그들의 엄격함과 단호함, 그리고 목적을 달성하기 위한 열정과 성공에 대한 의지였다. 베버는 자본주의의 발전에 기여하고 더 나아가 자본주의의 발전 방향을 결정지었던 근대적 심성의 특징을 여기에서 찾았다. 실제로 1540년 이후 권력을 장악한 집단은 '정치적 행동주의'와 합리적인 행정 질서를 세우려는 욕망에 고무되었다. 이런 이유로 그들은 노동 윤리를 엄격하게 요구하였고 원칙의 준수를 강조했다. 그러나 구걸이라는 하나의 현상에 대해 청교도들이 가졌던 반감이 걸인들 자체에 대한 반감을 의미하는 것은 아니었다.

근대 영국의 박애에 관한 윌리엄 조던(William K. Jordan)의 연구는 실제로 청교도들이 극빈자와 인간적 궁핍에 대해 동정하는 태도를 보였을 뿐만 아니라 유증과 기부와 같은 개인 자선을 통해 불리한 환경에 처한 사람들의 운명을 개선시키려고 노력했다는 것을 보여준다. 그런데 개인적 유증은 혁명*이 일어나기 10년 전부터 급격히 감소하기 시작했다. 1641~50년의 혁명 기간에 빈민에게 유증된 총액은 1621~30년의 기간의 절반 정도에 불과하다. 그러나 청교도들이 국정을 장악했던 1651~60년 사이에 그들의 박애 활동은 다시 증가하기 시작했다. 이 기간에 유증된 총액은 실질적 가치로 보면 혁명 이전의

---

*청교도 혁명을 말한다. 이 혁명은 국왕의 절대권 행사에 대한 의회의 저항에서 시작되었는데, 재정 궁핍 해결을 위한 과세 문제와 청교도 탄압이 갈등의 원인이었다.

10년 동안보다 훨씬 많았다. 따라서 청교도들이 개인적 선행을 감소시키고 사회정책에서 자선의 역할을 축소시켰다는 주장은 그들이 빈민에 대한 사회적 태도에 악영향을 주었다는 주장과 마찬가지로 확실한 근거가 없다.

지금까지 근대적 부조 기구의 변화를 간략히 다루었지만 기독교적 자선의 전통을 계승하고 있던 개인적 태도에 대해서는 언급하지 않았다. 그러나 16세기에 개인적 선행은 가톨릭과 신교가 지배하는 모든 유럽 국가에서 지속되고 있었다. 조던은 개인적 선행이 근대 영국에서 얼마나 큰 역할을 했는지를 보여주었다. 공개적인 자선은 삶과 죽음에 대한 의례적 태도에서 핵심적인 요소로 남아 있었다. 즉 자선은 축제와 장례식의 일부였고 권위, 부, 권력을 표현하는 수단이었다. 따라서 공개적인 자선은 더 이상 지배적인 사회부조의 형태는 아니었지만 사회적 삶 속에서 여전히 그 자리를 차지하고 있었다.

중세 말의 유언장은 돈으로 구원을 살 수 있다는 원칙에 따라 작성된 매우 상세한 회계장부 같다. 속죄의 여부는 미사의 수, 추도 의식의 수, 그리고 참석한 빈민의 수에 의거해 판단되었다. 투자의 성격을 제외한다면 이와 동일한 경제적 논리가 근대적 사회부조에도 적용되었다. 가장 중요한 문제는 부조가 얼마나 즉각적인 효과를 가져왔는가에 있었다. 따라서 시 차원의 사회부조 개혁과 마찬가지로 자선 개념 자체의 변화에서도 사회적·정치적·심리적인 변화를 구분할 수 있다. 60~70여 개의 유럽 도시에서 나타난 부조 개혁은 자선의 전통적 교리에 대한 심각한 불만을 표현하고 있는 것이다. 궁극적으로 이 개혁들은 근대사회를 형성시킨 거대한 변화의 일부분이었다.

3. 자선을 둘러싼 논쟁 ― 도시 정책에서 국가 이성으로

당시의 사회정책은 다양한 '압력 집단들', 즉 속인 기구와 교회, 지방 행정과 중앙정부 간의 논쟁과 갈등 그리고 결탁의 대상이었다. 이미 우리가 보아온 것처럼 그 기원에는 사회의 파국과 사회 내부의 구조적 변화가 있었다. 부조 제도의 개혁은 집단적 태도에서 심도 깊은 변화를 수반했다. 이러한 변화는 점진적이었으며 일관되지 못한 방식으로 나타났다. 도시, 지방, 국가의 개혁은 그 효과와 범위와는 별개로 빈곤과 노동에 대한 태도에서 단일한 형태를 띠지 않았다. 또한 공공선의 개념이 각각의 사회계층 사이에서 항상 같은 것도 아니었기 때문에 새로운 사회정책이 만장일치로 채택되지도 않았다. 개혁과 이에 대한 태도는 이해관계의 대립과 심리적인 차이로 인해 논쟁과 갈등의 원인이 되었다. 이해관계의 측면에서 보았을 때 부자들은 빈민을 위한 세금에 반대했으며, 교회 역시 자신들의 전통적 특권과 재산을 보호하기 위해 자선 기구와 병원의 부분적인 세속화에 반대하고 나섰다. 심리적 측면에서 보았을 때, 지역사회의 민중 계층들은 걸인과 유랑민에 대해 연대 의식을 지니고 있었으며 그들에 대한 억압을 반대했다. 구걸과 보시를 금하는 법령역시 기독교적인 너그러움과 자선, 이웃의 고통에 대한 동정, 인간적 유대감의 이상 실현, 선행을 통해 부와 사회적 위치를 보장받고 관대함을 드러내려는 사람들의 욕구로 인해 실행에 어려움을 겪었다. 이러한 갈등은 항상 개혁의 진행에 장애가 되었던 지방 정책에서뿐만 아니라 국가권력과 중앙 당국의 정치적 논쟁에서도 나타났다. 갈등은 사회 이론에 관한 방대한 이데올로기적·논쟁적 문헌에서도 중요한 위치를 차지했다.

몇몇 역사 편찬의 전통은 사회 이론에 대한 이러한 논쟁을 별개의 자율적인 연구 주제로 다루면서 주변의 사회적 맥락에서 분리했다. 실제로 이러한 전통은 이론들을 사회적 맥락보다도 더욱 중요한 것으로 보는 것이었다. 이론들은 새로운 사회정책과 사회부조의 구조 배후에 있던 진정한 동력으로 간주되었으며, 이론들을 발전시킨 작가와 사상가들은 '근대적 부조 개혁'과 '새로운 박애' —비록 이 용어는 18세기가 되어서야 나타나지만— 의 창설자들로 여겨졌다. 이러한 주장을 전적으로 무시할 수는 없다. 이미 우리가 증명하려고 시도했던 것처럼 당시의 전례 없는 대규모 빈곤화가 이러한 새로운 사회정책과 빈민에 대한 태도 변화에 근본적이고 직접적인 원인이 되었다고 해도 16세기에 벌어졌던 빈곤과 자선에 대한 이데올로기적 논쟁의 중요성을 간과할 수는 없을 것이다. 동시대 관찰자들에게 이러한 논쟁은 무엇보다도 당시의 사회문제에 대한 그들의 인식을 명확히 하려는 시도였다고 할 수 있다.

빈민에 대한 태도는 특히 종교개혁의 시대에 중요한 논쟁 대상이었다. 중세의 자선 교리에 대한 비판은 가톨릭 신앙에 반대하는 주장들 속에서 광범위하게 나타났다. 이러한 비판은 운명 예정설과 '선행'에 대한 가톨릭의 해석을 공격했을 뿐만 아니라 종종 기독교적 생활 태도나 신의 진정한 지상 공동체와 같은 더 포괄적인 논쟁에서도 그 모습을 드러냈다. 여기에서 종교개혁의 사회적 교리나 프로테스탄트 윤리와 자본주의 탄생 사이의 복잡한 관계 — 이미 오래전에 베버가 제기한 해석은 역사가들 사이에서 여전히 논쟁의 대상이다 — 에 대한 분석을 하지는 않겠다. 그러나 이 문제에 있어 하나의 측면인 빈민에 대한 마르틴 루터(Martin Luther)의 사상은 다루고자 한다. 무엇보다도 루터의 사상이 전통적 농업 구조의 영향 아래 있던 여러 독일 국가들의 경험에 기초를 두고 있었다는 점을 상기해야 할 것이다.

종교사학자 에른스트 트뢸치(Ernst Troeltsch)가 보여준 것처럼 두 종류의 법(그리스도의 왕국을 지배하는 율법과 지상에서 인간의 왕국을 지배하는 자연법)에 따라 인간 — 기독교 신자와 인류 공동체의 구성원 — 의 의무가 나뉜다는 생각은 루터의 기본적인 사회적 가르침이었다. 이 교리에 따르면 세속 당국과 입법자들은 자연법이 지배하는 인간 왕국의 운영에서 독특한 자치권을 가지고 있었다. 이러한 주장은 신교의 빈민 부조 계획에 중요한 결과를 가져왔다. 1520년 8월에 루터는 「기독교 개혁에 관해 독일 기독교 귀족에게 고함」이라는 그의 정치적 핵심 문서에서 특별히 한 항목을 구걸 문제에 할당했다. 그의 입장은 매우 명확했다. "기독교 세계에서 구걸을 근절하는 것은 가장 중요한 일이다. 어떤 기독교인도 구걸을 해서는 안 된다." 구걸 금지는 삶을 스스로 영위할 수 없는 빈민에 대한 효율적인 부조 조직을 동반해야 했다. 이러한 체계의 근본적 원칙은 각 도시가 그 도시의 빈민 부양에 대해서는 책임을 지지만 '외지 걸인'들에 대해서는 출입을 막는다는 것이었다. 이는 빈민에 대한 원조가 부조를 받을 만한 처지에 있는 사람들, 즉 일할 수 없어 진정으로 가난한 사람들에게만 행해져야 한다는 것을 의미했다. 어떤 경우라도 빈곤을 가장한 유랑민과 범죄자들에게까지 부조가 확장되는 것을 막아야 했다. 그리고 지방 당국은 교구 성직자와 시 위원회의 협의를 통해 빈민 부조를 책임지는 위원들을 임명해야 했다. 이것은 누가 병원과 자선 기관의 행정을 책임지는가에 대한 루터의 타협안이었다. 즉 그는 자선 기관들의 세속화라는 문제에 대해서는 비록 그것이 새로운 사회정책에서 가장 독특한 측면임에도 이를 피하고자 노력했다.

이 문서에서 루터는 자신의 계획을 위한 중요 권고로서 빈민 부조는 합리적인 한계 내에서 유지되어야 한다고 말했다. "그들이 아사하지 않거나 동사하지 않을 정도면 충분하다." 그러므로 극빈자에 대한 부조는 단지 최저 생활을 보장하기만 하면 된다는 것이었다. 확실히, 성경에 씌어진 게으름에 대한 비난과 노동에 대한 찬양은 그의 주장을 뒷받침해주었다. 그러나 이러한 주장의 논리는 종교개혁의 진화 방향을 결정짓게 될 부르주아의 타산적인 심성과 정신을 어느 정도 반영하고 있는 것 같아 보인다. 루터는, 게으르게 살면서 타인의 자선을 이용해 자신을 살찌우는 행동은 정당하지 못하다고 주장했다.

종종 루터의 다른 글에서 나타난 구걸에 대한 비난은 명백히 탁발수도회를 겨냥하는 것이었다. 이는 과거에 벌어졌던 반(反)탁발수도회 논쟁의 연장선에 있는 것이었다. 그러나 『독일 기독교 귀족에게 고함』의 주된 관심은 평범한 걸인들이었으며 이는 자선 기구의 개혁에 대한 그의 생각인 것으로 볼 수 있다. 구걸에 대한 그의 반감은 구걸이 기독교 공동체의 조화로운 삶을 어시럽힌다는 데에 있었고, 이는 도시의 사회부조에 대해 그가 구상하고 있던 세세한 계획과 직접적으로 연결된다.

실천적인 조치가 이러한 이론적 계획 속에서 진행되었다. 안드레아스 카를슈타트(Andreas Karlstadt)는 루터와 갈라서기 전인 1522년에 기독교 사회가 구걸을 허용해서는 안 된다고 주장했다. 루터가 부재하던 그해에 그는 비텐부르크의 시 위원회와 함께 도시를 위한 새로운 법령을 구상하기 시작했다. 구걸의 문제는 여기에서 세밀하게 다루어졌다. 결정된 내용은 루터의 권고와 일치했다. 자선 구호 기관의 운영을 위한 '공동 금고'가 처음으로 비텐부르크에 만들어졌다. 공동 금고는 환속된 수도원에서 생기는 재산과 빈민을 위한 개인 기부금을 모으는 역할을 맡았다. 루터는 이러한 조치를 크게 환영했으며 다음 해에는 이와 매우 유사한 형태의 '빈민 금고'에 관한 법령(Ordnung eines gemeinen Kastens)을 작센의 작은 도시 라이스니히(Leisnig)에서 작성하였다. 이 법령은 빈민에 대한 부조가 기독교 공동체에서 어떻게 운영되어야 하는지를 매우 상세하게 규정하고 있다. 한 위원회가 '빈민 금고'의 운영 책임을 맡았으며 시의회가 이를 임명하고 통제하였다. 위원회는 기부의 양, 기부자의 이름을 적은 회계장부를 관리하였고 빈민을 위한 보시의 분배를 책임졌다. 또한 어려운 공동체의 성원들에게는 무상 대여도 해주었다. 실제로 '빈민 금고'의 활동은 빈민을 돕는 일에만 한정되지 않았으며, 넓게 보아 이것은 기독교 공동체의 공동 기금 구성을 위한 출발점이라고 할 수 있다. 기금은 목사에 대한 원조, 교회와 학교의 유지와 같은 집단의 이익을 위해 사용되었다. 그러나 초기의 기금은 무엇보다도 구걸을 금지하고 빈민 부조 시스템을 구축하기 위한 예비금의 성격을 띠고 있었다. 루터는 라이스니히의 법령을 인쇄했고 이를 배포했다. 그는 이 문서의 서문에서 모든 도시들이 라이스니히의 예를 따라야 한다고 역설했다. 실제로 '공동 기금' 제도는 독일 도시에서 빠르게 확산되었는데, 이는 프로테스탄티즘의 확산을 증명하는 것이기도 했다. 그러나 이 기금은 사회부조에 그리 효과적이지는 못했다. 왜냐하면 일반적으로 시 당국이 기금의 운용을 맡았고, 당국은 그들이 판단하기에 더 급한 곳에 이 기금을 사용해버렸다. 루터는 이에 대해 불만을 표시했고 자선의 의무를 계속해서 상기시켰다. 이후 빈민에 대한 도시 부조 개혁을 책임진 사람은 루터의 권고를 수용했던 요하네스 부겐하겐(Johannes Bugenhagen)이었다. 그가 규정한 조항들은 신교 조직 형태의 체계화라는 보다 큰 틀에서 일부를 차지하는 것이었다. 루터는 1528년에 출판된 걸인에 대한 유명한 책자인 『유랑민의 책』(Liber vagatorum) 독일어 번역판 서문에서 구걸에 대한 그의 생각을 다시 한 번 피력했다. 그는 책자에 묘사된 걸인의 술책에서 공작과 대지주, 시의원들이 교훈을 얻어야 한다고 말하면서, 게으름뱅이, 협잡꾼, 유랑민들이 다른 사람들에게 얹혀사는 것을 막아야 한다고 주장했다. 그러므로 그는 각 도시가 빈민 장부를 작성해서 부조 대상자라는 증명서를 가진 사람만을 도와야 한다고 권고했다. 그는 덧붙여 말하기를, 부조가 지방 공동체의 성원으로만 한정된다면 유랑민은 당연히 사라질 것이라고 했다.

걸인과 빈곤에 관한 루터의 사상은 신학적 이론에서뿐만 아니라 법적인 실천에서도 중세적 전통에 그 기원을 두고 있다. 루터와 동일한 생각들은 탁발수도회에 대한 비판과 공공 구걸에 대한 문제를 다루었던 중세 말의 문헌과 설교에서도 발견된다. 루터의 선임자로는 우선 스트라스부르의 설교자였던 가일러 폰 카이저스베르크를 언급할 수 있다. 그는 루터보다 먼저 시 당국과 도시 주민에게 사회부조를 개혁해야 한다고 말했던 사람이다. 불행한 자들의 보호자였던 그는 "빈민은 생존 수단을 얻기 위해 무력을 사용할 권리가 있다"라고 부자들에게 경고했고 동시에 극빈자들에게는 도끼를 가지고 부자의 곡식 창고를 공격하라고 말했다. 그러나 그는 '나쁜 빈민', 즉 보시를 갈취하기 위해 부정직한 태도를 보이는 게으름뱅이에 대해서는 비난을 퍼부었다. 이미 15세기 하반기에 스트라스부르 당국은 유랑민에 대해 엄격한 태도를 취했지만 그때까지 빈민 부조를 조직하기 위한 개혁 조치는 없었다. 가일러는 시 당국이 게으름뱅이에게는 강제 노동을 시키고 신성으로 가난한 사람에게는 부조를 행함으로써 빈민을 책임져야 한다고 생각했다. 이는 소르본 대학의 교수였던 장 메르(Jean Maire)의 의견과도 같은 것이었다. 16세기 초에 메르는 페트루스 롬바르두스의 『명제집』에 대한 주석에서 공작과 시 당국이 진정으로 원조가 필요한 빈민을 위해 부조를 체계화한다면 공공 구걸을 금지할 권리가 있다고 주장했다.

또한 라이스니히의 계획과 『독일 기독교 귀족에게 고함』에서 표출된 주장들은 중세 말 도시들의 실천적 경험을 바탕으로 한 것이었다. 빈곤과 유랑의 확산에 직면했던 중세 말 도시들이 억압적 조치와 사회부조를 결합함으로써 정교한 체제를 만들려고 했던 노력은 루터의 계획에 실질적인 모델이 되었다.

루터가 흥미를 느꼈던 『유랑민의 책』은 그의 생각에 큰 영향을 끼쳤다. 테세오 피니의 『사기꾼의 거울』(Speculum cerretanorum)*과 제바스티안 브란트의 『바보배』(Das Narrenschiff)**와 마찬가지로 이 책은 당시 풍자 문학의 하나였다. 『유랑민의 책』은 특히 빈곤에 대한 중세적 예찬, 자선에 대한 자연스런 감정, 그리고 인간의 순진무구함을 이용하여 사람들을 속이는 걸인들을 매우 신랄하게 비난했다. 이 책에는 종종 진정한 성직자 혹은 성직자로 가장한 걸인도 주인공으로 등장한다. 16세기 초에 요하네스 파울리*** 역시 그의 설교를 위해 이 책에서 몇 가지 소재를 채택했다. 루터는 탁발수도회와 전통적 신앙의 피상적 측면을 폭로하기 위해 이 책을 이용했다. 이 문헌이 표현하고 있는 걸인들의 삶에 대한 사회적 측면은 그것이 성직자의 삶을 개혁하고

---

* 테세오 피니(Teseo Pini)는 이탈리아의 교회법 박사로 1480년경에 쓴 『사기꾼의 거울』을 통해 어떻게 하면 정직한 사람들이 사기꾼들로부터 자신을 지킬 수 있는가를 제시했다. 그러나 사기꾼에 대한 비판의 어조는 그다지 엄격하지는 않다. 이 책에 실려 있는 이야기들은 대부분 이탈리아의 단편소설들과 전승되어온 일화들을 바탕으로 하고 있다.

** 제바스티안 브란트(Sebastian Brant, 1457~1521)는 『바보배』를 1494년에 바젤에서 출간했다. 100가지 이상의 바보 유형과 다양한 행위를 풍자시로 상세하게 기술했으며 목판화가 삽입되어 있다. 브란트는 이 책에서 중세기 세계 종말의 원인을 풍기 문란, 어리석음, 신성의 결핍으로 보면서 도덕의 중요성을 강조했다. 르네상스 시대의 최고의 베스트셀러 중 하나로, 출간된 해에만도 3쇄를 찍었고, 1521년 저자가 사망할 때까지만 해도 17판이 나왔다.

기독교적 행동 방식의 모범을 발전시키는 데에 유용했기 때문에 루터의 관심을 끌었다.

가톨릭 혹은 신교 중 어느 쪽이 먼저 부조 개혁을 위해 노력했는가에 관한 이전의 논쟁을 여기에서 재개하고 싶지는 않다. 실제로 두 종교계 모두 당시의 사회문제에 대한 해답을 찾으려고 노력했었다. 강조해야 할 것은 특정 종교계의 주장보다 개혁 운동이 매우 광범위하게 진행되었다는 사실이다. 왜냐하면 그 논쟁은 모든 종교·사회 집단이 자선에 대한 기독교의 교리와 실천에 내재해 있는 모순을 인식하였다는 것을 보여주기 때문이다. 신교와 구교 모두가 사회부조를 위한 논쟁에 대해 그토록 큰 관심을 보였다는 사실은 두 신학적 담론의 대립보다는 오히려 빈곤이 얼마나 큰 사회문제였던가를 보여주는 증거이다. 이 주제를 둘러싸고 벌어진 논쟁들은 단순한 종교적 대립의 차원을 넘어서는 것이었다.

빈곤에 대한 기독교의 이율배반적 태도는 에라스뮈스(Desiderius Erasmus)의 저작에서도 나타난다. 전통적 종교관을 강하게 비판했던 그는 자선(caritas)에 대한 찬양을 강조했다. 그러나 그가 말한 자선은 기도를 하고 교회에 자주 나가는 것이 아니라, "타인(semblables)을 자신의 수족처럼 여기는 자선"이었다. 『편람』(Enchiridion)*을 통해 그는 기독교적 태도의 규칙을 제시하였고 기독교적 사랑이 의미하는 것이 무엇인지를 설명했다. "구원의 손길을 뻗고, 빗나간 사람을 부드럽게 타일러 돌아오게 하고, 분별없는 사람을 가르치고, 타

*** 요하네스 파울리(Johannes Pauli, c. 1455~1530))는 독일의 프란체스코회 수도사였다. 그가 1522년에 쓴 『욕설과 진지함』(Schimpf und Ernst)은 민중적인 정서를 바탕으로 한 소극과 흥미로운 이야기로 가득 채워져 있다. 그는 웃음을 통해 가르침을 받는다는 생각에서 이 책을 썼다고 한다. 『욕설과 진지함』은 종교개혁의 물결이 뒤로 물러가면서 순수 오락물들이 각광을 받았던 당시의 시대를 잘 반영하고 있는 끽품으로 평가빌고 있나.

* 원제는 『그리스도 군사 편람』(Enchiridion militis christiani, 1504)이다. 이 책에서 에라스뮈스는 성직자들의 무지와 탐욕, 부패, 미신적인 신심 등을 날카롭게 꼬집었다.

락한 사람을 다시 일으키고, 슬픔에 빠진 사람을 위로하고, 어려움에 처한 사람을 원조하고, 궁핍한 사람을 도와주는 것이다." 따라서 진정한 기독교인은 궁핍한 사람과 연대감을 느끼면서 빈민을 도와야 한다. 재산을 탕진하고 낭비하는 삶은 이웃을 사랑하라는 계율을 어기는 것이다. "그래서 어떻게 할 것인가? 너의 수족과 같은 사람들이 너무 배가 고파서 이를 악물고 있는데 너는 배불리 먹고만 있을 것인가? 너의 형제는 추위로 떨고 있는데, 너의 집에는 먼지가 묻고 좀과 곰팡이가 슨 옷이 구석에 처박혀 있지는 않은가?" 기독교의 사랑에 따르면, 부유한 사람의 재산은 공공 재산이고 부유한 사람은 단지 수탁자에 불과하다. 소유를 금지하고 빈곤하게 살아야 하는 의무가 단지 성직자에게만 해당된다고 믿는 것은 잘못된 것이다. 이러한 원칙들은 모든 기독교인들에게 적용되는 것이다.

에라스뮈스에게 노동에 대한 찬양은 탐욕에 대한 비판을 수반했다. 무엇보다도 그가 비판한 것은 부를 소유한다는 사실이 아니라 부유해지려는 욕망에 있었다. 그가 찬양한 것은 빈곤 자체라기보다는 부에 대한 경멸이었다. 이런 이유로 그가 『우신 예찬』(*Moriae Encomium*)을 통해 탁발수도회가 "거지의 더러운 불행을 비싸게 팔아먹는다"고 신랄하게 비난했던 것은 놀라운 일이 아니었다. 이러한 비판은 『대화집』(*Colloquia*)에서 더욱 발전되었고 그중 하나는 프란체스코회에 관한 것이었다. 그러나 에라스뮈스는 『대화집』에서 —당시의 생활 방식과 논쟁을 반영했는데 이후의 판본은 새로운 현실 사건과 주제로 더욱 풍부히 채워졌다— 평범한 걸인의 문제 역시 함께 다루었다.

1522년에 처음으로 출간된 『대화집』에는 「종교적 연회」(Convivium Religiosum)가 있는데 여기에서 그는 걸인과 자선을 주제로 다루었다. 에라스뮈스는 『편람』에서와 마찬가지로 의례적이고 피상적인 신앙심에 대해 비판했으며 빈민 문제를 기독교적인 생활 원칙이라는 더 큰 틀에서 다루었다. 그는 '극심한 궁핍 상태'에 처한 사람들에게 은밀한 방식으로 부조를 행하는 것을 찬양하면서, 전통적 자선을 둘러싼 매우 과시적인 방식에 대해 회의적인 태도를 보였다. 그의 비판은 단지 신도들에게 기부금을 강요하던 수도원의 활동에 대해서뿐만 아니라 '공공의 걸인'에 대한 과도한 부조에도 초점이 맞추어졌다. 도시는 그곳의 빈민들을 부양해야 했고 유랑을 금지해야 했으며 무엇보다도 몸이 건강한 사람들—그들에게는 돈보다도 일자리를 제공해야 했다—을 구걸하게 놔두어서는 안 되었다. 부조는 원칙적으로 도덕적 자질을 갖추고 있으면서 물질적으로 궁핍한 빈민에게만 행해져야 했다.

구걸의 문제는 사람들을 크게 우려하게 만들었으며, 지식인들의 논쟁에서 매우 중요한 주제가 되었다. 따라서 에라스뮈스는 이 문제에 별도로 한 항목을 할애했다. 두 걸인, 이리데스(Irides)와 미소포누스(Misoponus)의 대화는 1524년 9월의 『대화집』 판본에 실려 있다. 직업적 걸인들이 사용하는 간계와 음흉한 이야기로 가득 차 있는 이 대화는 빈곤에 대한 찬양에서 다소 묘한 변화를 그 내용으로 하고 있다. 이리데스는 빈곤이 가장 좋은 삶의 조건이며 왕의 생활 조건보다도 더 낫다고 말한다. 걸인들은 왕들처럼 그들이 원하는 모든 것을 할 수 있으며 동시에 권력의 행사에 뒤따르는 어떤 의무와 고민도 없다. 또한 그들은 신의 성스러운 전령으로 큰 존경을 받을 수 있다. 구걸을 그만두고 현재 연금술로 살아가는 미소포누스는 걸인들이 더 이상 예전처럼 자유로울 수 없다고 반박한다. 도시들은 곧 공공 구걸의 금지를 발표할 것이며, 시 당국은 신체가 불구인 빈민에게만 부조를 하고 나머지 사람들에 대해서는 강제 노동을 시킬 것이라고 했다. 이리데스는 왜 도시들이 그러한 음모를 꾸미는지를 알고 싶어 했으므로 미소포누스는 다음과 같이 설명한다. "왜냐하면 도시에서 걸인들이 법령을 악용했기 때문이지. 그리고 자네의 동업조합이 도시에 얼마나 많은 해를 끼쳤나!"

이전 텍스트와 비교해 저자의 어조는 더욱 확고해졌다. 에라스뮈스는 시 당국의 개혁에 대해서뿐만 아니라 그가 이미 몇 해 전에 정식화한 강제 노동의 원칙도 언급하였다. 강제 노동의 원칙은 이미 사회적 위기의 시기였던 14세기 중엽에 많은 유럽 국가의 법령에 예외적 조치로서 등장했던 것이었다.

16세기에 들어서면 이 원칙은 도시에서 구걸을 제거하기 위해 취해졌던 사회 정책에서 필수적인 부분이 되었다.

강제 노동의 원칙은 또한 변화하던 노동 윤리와 직접적인 관계를 맺고 있었다. 이것은 에라스뮈스의 친구였던 토머스 모어의 『유토피아』(Utopia)에 명백히 나타난다. 영국의 인문주의자였던 그는 1515년에 플랑드르에 머물렀는데, 당시 그가 묘사했던 가상의 나라에서 노동은 보편적인 의무였으며 당국의 주된 기능은 게으름을 제거하는 것이었다. 모든 사람은 생계를 위해 노동을 해야 했으며 어느 누구도 게으른 생활을 할 수 없었다. 이러한 이유 때문에 그가 상상한 나라에서는 "병에 걸린 듯 꾸미면서 게으름을 감추고 있는 건장한 걸인은 한 명도 없었다." 모어는 다른 구절에서 강제 노동을 도둑과 유랑민에 대한 처벌로서 일반적이고 포괄적으로 적용해야 한다고 했으며, 걸인과 탁발수도회를 억압해야 한다고 강력하게 주장했다.

노동에 대한 찬양과 찬미는 16세기 사상의 지배적인 경향이었지만 육체 노동과 메카니치(Mechanici)로 알려진 기술 노동은 종종 경멸의 대상이 되었다. 에라스뮈스의 지적인 엘리트주의는 장인과 그들의 노동을 수치스러운 것으로 만들었다. 그러나 모어의 저작에서 나타난 노동에 대한 찬양은 집단적 심성이 크게 변화하고 있었음을 잘 보여준다. 노동은 "운명을 지배하면서 부를 갈망하는 인간에게 가장 중요한 권리가 되었다."

후안 루이스 비베스의 저서 『빈민 부조에 관하여』는 사회부조에 관한 대표적인 인문주의자의 작품으로서, 시 당국이 사회 개혁의 문제로 논쟁을 벌이고, 지식인들이 노동과 걸인, 빈곤과 부에 대해 치열하게 토론을 벌이던 시기에 출간되었다. 브뤼헤의 시 의원들에게 이 책을 헌정하면서 비베스는 이 도시가 전개한 사회부조의 노력에 찬사를 보냈다. 그는 플랑드르와 그의 고향 발렌시아에서의 경험 때문에 이 책을 쓰게 되었다고 말했다. 제1권에서 그는 선을 베풀어야 하는 이유가 사회 존재 자체의 필수적 조건이기 때문이라고 규정하면서 자선에 대한 일반 규칙을 제시했다. 그리고 이러한 이상이 종종 머뭇거리게 되는 이유가 간교함과 악행을 일삼는 거짓 걸인 때문이라고 하면서 이들이 이러한 상황에 주된 책임이 있다고 보았다. 마지막으로 그는 빈민에게 어울리는 태도가 어떠한 것인지를 규정하고 있다. 제2권은 도시의 사회 부조 개혁을 위한 세부 사항을 다루고 있다.

그는 빈민을 돌보는 것은 정치가의 의무라고 생각했다. 자신의 주장을 뒷받침하기 위해 비베스는 일반적 성격의 논거를 들면서 국가가 사회의 조화에 관심을 기울여야 한다고 강조했다. 의사가 환자의 팔과 다리가 심장에서 너무 멀다는 이유로 치료를 거절할 수 있는가? 사람들은 빈민을 돌보아야 하는데 이는 인구의 대다수가 게으른 것이 공공의 이익에 해롭기 때문만이 아니라 빈민들이 병균을 전파하고 범죄와 매춘을 퍼뜨리는 사람들이기 때문이다. 제1권에서 비베스는 걸인들의 악행 이외에도 그들이 기독교적 삶의 규칙을 존중하지 않는다는 이유를 내세워 그들을 비난했다. 그들은 고백성사를 하지 않고 미사에 참석하지 않으며 방탕한 생활을 하고 있다는 것이다. 그는 자신의 논증이 기독교 교리에 완전히 일치한다는 것을 보여주고자 했다. 그러나 정부의 의무에 대한 언급을 통해 그가 관철시키려고 했던 주요 사상은 빈민 부조를 이제 교회가 아니라 세속 권력이 담당해야 한다는 것이었다.

이어서 비베스는 시 당국이 병원과 다른 자선 기구를 운영하고 통제하는 방식에 대해 여러 가지 구체적인 권고를 했다. 우선 시 당국이 임명한 위원들은 도시의 모든 빈민들을 조사하여 다양한 범주에 따라 그들을 분류해야 한다고 했다. 병원과 보호소에 수감된 사람, 환자와 불구자, 걸인과 유랑민, 그리고 구걸할 엄두를 내지 못하고 텅 빈 방에서 궁핍을 견디는 빈민들이 바로 이러한 범주들에 속한다. 그에 따르면, 다음 단계는 노동할 수 있는 모든 빈민들에게 일자리를 제공하고 일용할 양식은 '이마에 흐르는 땀으로' 얻어야 한다는 신의 계명을 상기시키는 것이다. 빈민이 유용한 직업을 갖도록 훈련시키는 것도 필요하다. 플랑드르의 몇몇 도시들은 작업장에 노동력이 부족해 불만을 표시하고 있다. 그러므로 당국은 빈민이 장인들에게서 일자리를 얻도록 해야 하며, 반대로 장인들은 일손이 부족해서 고통당하지 않도록 주의를 기울여야 한다. 방탕한 자, 사기꾼, 그리고 게으름뱅이들에게는 가장 힘든 일을 시키고 급료를 매우 적게 지급함으로써 다른 사람들이 이러한 행동을 하지 못하도록 해야 한다. 일자리를 찾으려고 하지만 찾을 시간이 없는 사람들에게는 그들이 어려움을 이겨내도록 일시적인 원조를 해주어야 한다. 그러나 여기에서도 그들이 무위도식하면서 게으른 생활에 익숙해지지 않도록 주의를 기울여야 한다. 동시에, 병원과 보호소는 건강한 자들을 모두 쫓아내야 한다. 그리고 수감된 걸인들에게는 그들의 신체적 능력에 적합한 일을 시켜야 한다. 병에서 회복된 사람들에게는 그들이 게으른 삶에 빠지지 않도록 즉시 일을 시켜야 한다. 경찰에 의해 건강한 사람으로 판명된 외지 걸인들에게는 원칙적으로 여행 경비를 주어 고향으로 돌려보내야 한다.

비베스는 공동 금고에 모인 개별 병원의 수입만으로도 시의 사회부조 기구의 재정을 충당할 수 있으며 특히 빈민의 노동은 이후 추가적 수입을 가져다줄 것이라고 확신했다. 이런 이유로 시 당국은 모든 병원에 대한 통제를 책임져야 했다. 예외적인 경우에는 빈민 헌금함으로 모금한 자금을 예산으로 사용하는 것도 가능했다. 그러나 이 헌금함은 도시에서 가장 중요한 서너 개의 교회 앞에만 설치되어야 하며 긴급한 순간에만 사용되어야 했다. 사회부조에 교회가 개입하는 것에 대해 이 책은 매우 신중한 태도를 보였다. 그는 교회에 대해 다음과 같이 모호한 태도를 보였다. 보시의 모금과 배분에 성직자가 보이는 열정은 존경할 만하며, 빈민에 대한 자선과 연민의 태도를 고양하는 데서 교회의 역할은 계속해서 중요하다.

비베스는 그의 새로운 부조 제도와 정책에 대한 비난들을 논박하기 위해 별도로 한 장을 마련하였다. 그가 생각하기에 몇몇 사람들은 추방과 같은 억압적 조치에 대해서 빈민을 보호하자고 주장할 것이며, 다른 사람들은 "빈민은 항상 너희와 함께 있을지니"와 같은 성경의 구절을 인용할 터였다. 또한 빈민들 자신은 생활양식의 변화와 노동을 해야 할 필요성에 대해 거부하는 태도를 보일 것이었다. 그러나 그는 구걸이라는 재앙에서 벗어나려면 이러한 태도를 인정해서는 안 되며 빈민이 가질 수 있는 반감을 고려할 필요도 없다고 했다. 그에 따르면 이 계획은 공공선을 실현하기 위한 것이었다. 따라서 도시의 위생 상태는 개선될 것이고, 빈곤 지역으로 범죄자들이 계속 유입되지 않으면 범죄는 감소할 터였다. 결국 그는 걸인이 없는 도시는 칭송될 가치가 있고 그 영광은 커져갈 것이라고 생각했다.

비베스는 이 주제가 가지는 위험성을 충분히 인식하고 있었다. 크라네벨트(Cranevelt)에게 보내는 편지에서 그는 다음과 같이 썼다. "나는 가능한 모든 예방책을 신중하게 고려했다." 그는 현명하게 논거들을 선택했고, 이 논거들을 이용하여 구걸 금지의 필요성을 제기하였다. 그리고 탁발수도회에 대한 어떠한 언급도 하지 않았기 때문에 이들의 직접적인 비판을 교묘하게 피해나갈 수 있었다. 그러나 그의 신중함에도 불구하고 모든 비판을 피해 갈 수는 없었다. 1527에 프란체스코회의 니콜라 드 뷔로(Nicolas de Bureau)는 그의 주장이 이단적이며 루터파적인 것이라고 공격했다. 그러나 이러한 비판이 심각하게 지속되지는 않았다.

그럼에도 가톨릭 진영에서는 시 당국이 사회부조 개혁에 적극적으로 나서는 것에 우려를 표명했다. 특히 구걸 금지가 종교적 교리와 양립할 수 있는지 아니면 가톨릭 교리에 반하는 이단적인 것인가에 대한 의문이 제기되었다. 이 때문에 비베스의 주장과 아주 유사한 개혁 프로그램을 시행했던 이프르 당국은 소르본 대학의 신학자들에게 이 주제에 관해 의견을 물어보았다. 이는 탁발수도회가 제기했던 루터주의라는 비난을 피하기 위한 의도였다. 1531년에 신학자들은 전반적으로 빈민에 관한 법령은 인정했지만, 구걸 금지에 대해서는 이단적인 것으로 보았으며 수도회의 전통적 권리뿐만 아니라 교회의 재산은 보호되어야 한다고 결론내렸다. 마찬가지로, 리옹의 인문주의자인 장 드 보젤이 1531년에 시 당국에 의한 사회부조 계획을 발전시켰을 때, 종교

재판관이었던 도미니쿠스회 수도사 니콜라 모랭은 리옹의 개혁자들이 기독교적인 생활 규칙을 공격하는 불경한 자들이라고 비난했다.

비베스의 제안은 유럽의 여러 가톨릭 진영에서 서로 다른 반응을 불러일으켰다. 브란덴부르크의 요하힘 1세(Joachim I)의 신학 고문이었던 콘라트 빔피나(Konrad Wimpina)는 1530년 아우크스부르크 의회 연설을 통해 비베스의 논설에 대해 열광적인 찬사를 보냈다. 이 연설은 그의 마지막 유언이었다. 루뱅 대학의 교수였던 켈라리우스(Cellarius)는 스물한 개의 12음절 시로 이루어진 학문적 언설을 통해 비베스의 일부 생각을 비난했지만 전반적으로는 시의 개혁에 호의적인 태도를 보였다. 그의 강연 제목은 이미 그 자체로 하나의 프로그램이었다('구걸에 반대하며 새로운 빈민 부조를 위한 담론' *Oratio contra mendicitatem pro nova pauperum subventione*). 마찬가지로 1531년에 루뱅의 교수였던 피에르 파파우스(Pierre Papaus)도 비베스의 글을 옹호했다. 그러나 이러한 열정적인 변론은 이에 대한 비판도 매우 격렬했었음을 보여준다.

비베스의 주장은 당시에 시도되었던 다양한 경험들에 그 뿌리를 두고 있었다. 뉘른베르크와 스트라스부르의 사회부조 개혁은 책의 출간보다도 몇 년 앞섰으며 이프르의 개혁은 이보다 몇 달 앞섰다. 비베스는 이프르에 대해 확실히 인식하고 있었으며 뉘른베르크와 스트라스부르의 개혁에 대해서도 아마 알고 있었을 것이다. 그가 서문에서 찬미하였던 브뤼헤의 사례는 사회부조의 개혁을 둘러싸고 전개되었던 시 당국의 논쟁을 그가 매우 가까이에서 지켜보고 있었다는 것을 증명해준다. 비베스가 부조 계획의 원칙과 이를 뒷받침하기 위한 이데올로기적 논거들을 제공하면서 지배자들에게 충고했을 때 그는 단지 한 명의 신학자인 것처럼 보였다. 하지만 실제로 그는 마르셀 바타이옹의 표현에 따르면 "그 당시 도시 정신의 비범한 대변인"이었다.[15] 이러한 정신은 당시의 개혁가와 정치가들, 저명한 문인들이 걸인 문제에 대한 과도한 관심을 보였다는 점에서 명백하게 드러난다. "구걸은 사회를 좀먹는 악이다." 이미 우리가 강조했던 것처럼, 걸인 문제에 대한 지식인들의 논쟁이 대규모의 사회 위기와 동시에 나타났다는 점 역시 매우 중요하다. 일반적으로 사회경제적 구조, 특히 자선 제도의 변화로 특징지을 수 있는 1520년대는 종교개혁가들, 그리고 무엇보다도 기독교 인문주의자들이 정치의 무대로 들어선 시기였다.

그럼에도 비베스의 사상에는 그 이론과 사회 현실 사이에 일정 정도의 비일치성이 내포되어 있다. 비록 그가 선택한 나라는 네덜란드였지만 이 스페인 인문주의자는 계속해서 스페인의 도시들, 특히 자신의 고향인 발렌시아의 경험을 언급하였다. 이를 통해 그는 국민적 정체성과 문화적 사해주의(cosmopolitisme)라는 인문주의적 관념 모두에 충실할 수 있었다. 그러나 그 결과, 그는 실질적으로는 매우 상이했던 카스티야와 네덜란드의 도시에 대해 모두 같은 진단과 같은 치유책을 제시했다. 물론 이 두 도시 사이에는 공통성이 어느 정도 존재한다. 예를 들면 부르주아적인 심성과 이에 따른 게으름에 대한 반감, 그리고 이에 기인하는 빈민에 대한 전통적 태도의 퇴색, 또한 위생과 공공 안전에 대한 고려를 바탕으로 한 걸인의 추방과 구걸 금지와 같은 시의 정책이 그것이다. 그러나 비베스의 주장 가운데 핵심적인 것은 게으름뱅이와 주변인들을 생산적이게 만들고 그들을 적절하게 사회적 체제로 끌어들인다는, 즉 도시의 경제생활 내로 빈민들을 통합한다는 것이었다. 이 지점에서 스페인과 네덜란드는 근본적으로 상이한 두 모델을 제공한다. 자발적이든 강제적이든 모든 빈민을 고용해야 한다는 원칙은 노동력의 유연한 공급을 암시한다. 비베스가 인용한 모든 사례는 플랑드르에만 해당한다. 아르망티에르(Armentières)의 직물업자들은 노동력 부족에 대해 불평했다. 브뤼헤의 견직공들은 설령 아이들이 물레를 돌리기만 해도 기꺼이 그들을 고용하려 했지만 이 역시 쉽지 않았다. 왜냐하면 아이들은 일할 때보다는 구걸할 때 자신의 부

---

15 M. Bataillon, "J. L. Vivés, réformateur de la bienfaisance", *Bibliothèque d' Humanisme et de Renaissance*, XIX, 1952, p. 142.

모들에게 더 많은 돈을 가져다주었기 때문이다. 이처럼 노동력을 흡수할 능력이 플랑드르의 전 산업 경제에는 존재했지만 스페인에서는 그렇지 못했다.

비베스의 책은 라틴어로 씌었으나 번역을 통해 유럽 전역에 퍼졌고 빈민 부조의 분야에서 매우 유명한 글이 되었다. 그 이유는 이 글이 걸인을 다루는 데에 이데올로기적인 토대와 실천적 제안들을 제공함으로써 시의 개혁 운동에 유용했기 때문이었다. 실제로 이 글은 걸인 조사를 위한 전문적 기술과 걸인을 다양한 범주로 구분하는 방법을 설명하고 있었다. 저자의 주요 사상은 매우 보편적이어서 국가나 도시의 경제 발전 정도와 무관하게 모든 상황에 적용될 수 있었다. 그가 자신의 글에서 감출 수 없었던 걸인에 대한 반감, 국가와 시의 사회부조에 관한 공적 책임, 강제 노동, 빈민 부조를 재정적으로 뒷받침할 만한 자산을 갖춘 병원의 재조직화는 이 시기에 일반적인 것으로 여겨지는 것이었다. 그러나 비베스는 교회 재산, 즉 '빈민의 세습 재산'(patrimoine des pauvres)을 세속화하자는 주장을 하지는 않았다.

비베스의 계획 가운데 몇 가지 점은 네덜란드를 벗어난 지역의 사회경제적 현실과 일치하지 않아 적용에 어려움이 있었다. 그러나 그의 사상은 적어도 다음의 두 국가들에 중요한 방식으로 영향을 끼쳤다. 스페인에서 그의 사상은 16세기 하반기의 시 정책에 큰 영향을 주었고 동시에 급격한 논쟁을 불러일으켰다. 폴란드에서도 16세기 사회사상의 가장 저명한 대변자인 안제 프리치 모제프스키(Andrzej Frycz Modrzewski)가 그의 주장을 전적으로 받아들였다. 우선 이 인물에 대해 살펴보도록 하자.

프리치 모제프스키는 자신의 저서 『공화국의 개혁에 관한 고찰』(De Republica emendanda)에서 구걸의 문제를 검토했다. 그는 '관습에 관하여' 라는 장에서 게으름에 대한 엄격한 처벌과 노동의 찬양을 역설했는데 이는 걸인에 대한 그의 생각의 출발점이었다. 처음 문장에서 이 폴란드 사상가는 사회 개혁에 대한 근본적 원칙을 다음과 같이 제시했다. "노동을 할 수 있는 사람의 구걸을 금지하고 '진정한 빈민'에 대해서는 적절한 방식으로 부양을 책임진다"(당시 사회정책에서 공통적으로 채택된 이 원칙은 '가짜'와 '진짜' 걸인 사이의 중세적 분리에 직접적 기원을 두고 있으며, 법령과 이론서에서도 종종 나타났다). 정직한 노동보다 방탕한 삶을 선호하는 사람들을 뿌리뽑고 도시 추방이라는 위협 속에서 그들을 강제 노동시켜야 한다는 생각은 사회정책의 일차적 목적이었다. 또한 불구인 걸인들은 빈민을 위한 수용소에 감금되어야 했다. 그는 매우 조심스러운 태도를 취하면서 구걸이 실제로 다양한 악행, 절도, 살인을 감추는 역할을 수행하기 때문에 떠도는 걸인을 관대하게 처리해서는 안 된다고 말하였다. 빈민수용소의 운영 자금은 개인적 자선이라는 예측 불가능한 기부에만 의존할 수는 없었다. 모제프스키는 항구적인 재정 확보를 위해서는 도시 예산의 일부를 따로 예치해야 한다고 제안했다. 또한 개인적 기부는 교회와 공공장소에 배치된 헌금함을 통해 이루어져야 하며 이를 위해 자선을 찬양하고 선량한 기독교인의 의무를 상기시켜야 한다고 말했다. 마지막으로 그는 교회 수입의 전부 혹은 일부를 빈민 부조의 자금으로 쓸 것인가에 대해 언급했는데 이는 매우 신중하고 논쟁적인 주제였다. 그는 매우 조심스러웠다. 사회부조를 위해서는 주교 수입의 4분의 1을 할당해야 한다는 이전의 원칙을 상기시키면서 그는 성직자의 선한 의지에 이를 호소했으며 인색한 태도에 대해서는 항상 신이 벌을 내릴 것이라고 경고했다. 그러나 그는 강제적인 세금 징수에 대해서는 어떤 언급도 하지 않았다.

'시의' 개혁과 마찬가지로 모제프스키가 제시한 자선 개혁은 사회부조의 세속화를 포함하고 있었다. 빈민 부조는 특별히 임명된 '빈민의 관리인'(pauperum curatores)이 책임을 겼는데 그들은 빈민 가운데 누가 부조를 받을 만한지 누구를 강제 노역장에 보내야 하는지를 선별했다. 그들은 또한 노역장으로 가기를 거부하는 자들에게는 억압적인 조치를 취하였으며, 빈민수용소가 잘 운영되고 있는지도 조사했다. 마지막으로 사회부조 체제의 효율적인 운영을 위한 자금을 모으는 것도 그들의 일이었다. 여기에서 그들의 임무

중 하나는 주교에게 빈민을 도울 의무를 상기시키는 것이었지만, 실제로는 부조의 형태가 걸인들에 대한 보시가 아닌 세속 자선 기구를 위한 기부 형태를 취하고 있었으므로 쉬운 일은 아니었다. 따라서 빈민의 관리인들은 한편으로는 빈민을 보호하면서도 다른 한편으로는 그들에 대한 감시를 강화해야 하는 이중의 역할을 수행해야 했다.

빈민에 대한 기독교적 연민의 찬양에도 불구하고, 걸인에 대한 모제프스키의 불신은 확고했다. 그는 모든 개별 사항에 대한 적절한 처리를 위해서는 '빈곤의 원인'을 상세하게 조사해야 한다고 제안했다. 빈민들 가운데 자신의 과실로 불행해진 사람들은 다른 사람들보다 더 적은 양식을 받으면서도 더 힘든 노동을 견디어내야 했다. 반면에 병 때문에 빈민이 된 사람들에게는 훨씬 유화적인 태도를 취해야 했다. 이러한 정책은 노동은 선한 것이며 게으름은 악한 것이라는 의식을 사회 전체에, 특히 빈민들에게 주입하려는 것을 그 목적으로 하고 있었다. 루터와 비베스처럼 모제프스키는 빈민들이 더 이상 예전처럼 무위도식해서는 안 되며 이를 위해서는 단지 배고픔을 해결해줄 정도의 양식만을 제공해야 한다고 주장했다. 사회부조 기구의 보호 아래 있던 사람들의 생활은 게으른 자들을 낙담시킬 정도로 가난해야 했다. 그러나 이것이 전부가 아니었다. 그들은 또한 능력에 따라 강제 노동을 해야만 했다. 모제프스키는 수용소 내의 작업장 설치에 대해서는 비베스와 달리 유보적인 태도를 보였다. 이 두 인문주의자들이 서로 다른 사회경제적 현실에 있었다는 것을 고려한다면 이는 크게 이상한 것도 아니다. 그러나 모제프스키가 빈민을 '정직한 직업'에 고용해서 보수를 주어야 한다고 말했을 때 그의 계획에는 수공업 노동과 정원 가꾸기와 같은 일을 도입해야 한다는 생각이 깔려 있었던 듯하다. 그러나 그것은 더 이상 노동시장의 수요에 부응하는 것이 아니라 게으른 삶으로 인해 나타나는 도덕적으로 해로운 결과, 즉 모제프스키의 표현에 따르면 '게으름으로 인한 타락'을 감소시키는 것과 관련된 문제였다.

모제프스키는 '외지의 걸인'을 그들이 왔던 곳으로 돌려보내자는 생각에

동의했다. 이 원칙은 빈곤에 대한 중세적 교리로 거슬러 올라가는데, 그것은 각 기독교 공동체가 그 안의 빈민을 돌보아야 할 책임이 있다는 것이다. 그러나 도시에서 '외지의 걸인'을 처음으로 추방하기 시작한 것은 중세 말이 되면서부터이다. 16세기의 개혁가들은 빈민을 위한 부조가 제도화된 자선과 억압적 통제 체제를 포함해야 한다고 강조했으며 '유랑민' 추방을 도시 사회정책의 필수적인 부분으로 보았다.

모제프스키의 주장은 비베스의 주장과 너무나도 유사하기 때문에 이 폴란드 사상가가 자신의 주장에 비베스의 생각을 상당수 수용했다는 인상을 준다. 그러나 어느 정도까지 이 계획이 당시 폴란드의 사회경제적 현실에 상응했을까? 16세기 폴란드 경제활동의 주요 무대는 농촌이었으며 이 때문에 대부분의 사회문제는 그곳에 집중되어 있었다. 자신의 이익을 보호하고 현존하는 농업 경영 형태를 유지하려는 귀족들은 빈민들의 이동에 근심을 표명했다. '유랑'에 대한 가혹한 탄압은 무엇보다도 공공질서에 대한 위협에서 그 원인을 찾을 수 있다. 더욱 정확하게 말한다면 그것은 유랑민들의 행동이 다른 농촌 사람들에게 영향을 줄 수 있으며 이는 결국 인신적 의존이라는 봉건 체제를 부활시키고 이를 강화하려는 이른바 '재판 농노제'를 좌초하게 만들 수도 있다는 두려움에 기인한 것이었다.

도시도 어려움을 겪었다. 폴란드의 도시 역시 유럽의 다른 나라와 거의 유사한 조건에서 나타났던 걸인 문제에 직면해야 했다. 일련의 전염병 이후 크라코비(Cracovie) 당국은 유랑민에 대한 엄격한 조치를 취했고 공공 구걸을 금지하기로 결정했다. 중세 말부터 세속 당국은 사회부조 문제에 간섭하기 시작했다. 시 당국은 자선 기관의 활동과 예산을 감시할 특별 관리를 임명했다. 트리엔트 공의회 이후에 어떻게 하면 병원과 자선 기구를 제대로 운영할 것인가, 그리고 걸인 문제를 어떻게 다루어야 하는가에 대해 열정적으로 논의가 재개되었다. 그러나 이 문제는 모제프스키가 제안했던 정신과는 달랐다. 왜냐하면 사회부조가 교회의 영역에 속하는 것으로 결정났기 때문이다.

실제로 그의 계획은 트리엔트 공의회의 주도적 인물이며 공의회 정책의 주요 인사였던 스타니슬라스 호주슈(Stanislas Hozjusz)에 의해 강력하게 비난받았다. 그럼에도 16세기 하반기부터 실질적 필요에 의해 폴란드 도시들은 '외지 빈민'을 추방했으며 이는 일상적인 일이 되어버렸다. 모든 걸인과 순례객은 요구된 문서를 제시해야만 했는데 이것은 정치적 이유 때문이었다. 왜냐하면 사람들은 당시 이들을 첩자, 특히 터키 첩자로 의심했었다. 유랑민에 대한 억압적인 조치들은 사람들이 인정한 하나의 원칙이 되었다. 이러한 조치가 모두 모제프스키의 사상에서 영감을 받았다고 이야기할 수는 없다. 그러나 적어도 걸인 문제에 대한 많은 요인들은 비슷했으며, 이는 경제적 구조가 상이했음에도 다양한 사회에서 거의 같은 방식으로 다루어졌다.

폴란드의 사회사상에서는 모제프스키의 계획보다 앞선 몇몇 선례들을 볼 수 있다. 공공 구걸에 대한 탄압이라는 주제는 15세기의 정치 관련 문헌에 처음으로 나타난다. 당시의 법령집과 궁정에 관한 고문서를 보면 구걸에 대한 억압적 조치의 흔적을 발견할 수 있다. 그러나 무엇보다도 15세기 크라코비의 지식층에서 가장 저명한 사상가 중의 한 사람이었던 얀 즈 루드지스카(Jan z Ludziska)의 작업은 이 문제에 대한 매우 확실하고 정교한 분석을 보여준다. 인문주의자였던 그의 우아한 언설 중 하나를 통해 우리는 이미 그가 모제프스키보다 100년이나 앞서 노동을 찬양했으며 게으름을 비난했다는 사실을 알 수 있다. 그는 걸인들을 탐욕스러우며 더러운 존재라고 비난했다. 또한 그는 탁발수도회에 대해서도 마찬가지로 경멸적인 태도를 보였다. 당시 폴란드 사상을 특징지었던 실용주의적 관점에서 그는 사회의 삶이 어디로 인도되어야 하는가에 대한 원칙을 개략적으로 묘사하였다. "궁핍 속에서 비참하게 사는 건장한 빈민들에게 강제로 토지를 경작하게 하는 것은 정당하다. 그것이 그들의 생존을 보장할 것이다. 그들이 아무것도 하지 않으면서 게으름을 피우지 않도록 직업 교육을 해야 한다." 노동에 대한 찬양은 새로운 생각이 아니었으며 기독교의 전통에 깊이 뿌리를 내리고 있는 것이었다. 그러나 루드지스카의 이러한 주장은 전통과 근대적 노동 윤리 사이에 존재하는 매우 밀접한 관계를 잘 드러내며 또한 얼마나 부르주아 문화와 이데올로기가 전통적인 기독교의 도덕을 채용하면서 그것을 빈민 구제의 틀 내로 가져왔는가도 잘 보여준다. 그렇지만 다른 한편으로 보면 구걸에 대한 비난은 완전히 새로운 사고이기도 했다. 이 지점에서 루드지스카는 모제프스키보다 이미 상당히 앞서 있었다. "사람들이 노동의 습관을 버리게 됨에 따라, 지상 곳곳에서는 건장한 사람들에 의한 가장 경멸스러운 구걸, 절도, 약탈, 비행들이 확산되고 있다. 양식이 풍부하고 생활필수품이 부족하지 않은데도 노동을 회피하려는 이러한 비열한 성향으로 인해 이 왕국과 기독교로 개종한 지 얼마되지 않은 나라들이 큰 손해를 입고 있다. 신성하고 인간적인 법, 가장 가치 있는 관습, 그리고 신성한 교회 예식에도 불구하고 이러한 구걸이 모든 기독교 민족과 국가에서 용인되고 있다. 민중들은 이를 고귀한 것이라고 생각하기 때문에, 가장 큰 오명(infamie)과 말할 수 없는 피해가 여기서 유래한다." 결국 "건장하고 사악한 사람들이 구걸하면서 노동을 회피하려는 태도는 엄격하게 비난받아야 하며 이를 근절하기 위한 노력이 필요하다."[16]

15세기의 루드지스카의 글과 16세기 하반기의 모제프스키의 글은 모두 사회적 맥락에서 떨어져 있는 것처럼 보인다. 왜냐하면 두 사람이 살던 시기에 폴란드는 서유럽에서 나타났던 것만큼 그렇게 심한 빈곤화를 겪지 않았기 때문이다. 그리고 당시 그런 방향으로 변화가 나타날 것이라는 기대도 없었다. 이것은 루드지스카와 모제프스키의 생각이 사회 현상의 직접적 관찰에서 생겨난 것이 아니라는 것을 확신시켜준다. 또한 그들의 작업은 이론가들의 사상이었으며 직접적인 사회 현실과는 괴리된 자율적 영역이었음을 재확인하게 한다. 모제프스키의 저작은 이를 잘 보여준다. 실제로 『공화국 개혁에 대한 고찰』에서 그는 걸인의 문제를 단순히 사회적 삶의 체계적인 전망 가운데

---

16 Joannes de Ludzisko, *Orationes*, H. S. Bojarski, éd., Wroclaw, 1971, p. 103 sq.

반드시 다루어야만 하는 고전적 레퍼토리의 일부라고 생각했다. 그럼에도 불구하고, 이 문제에 대한 그들의 관심이 순수하게 학문적이거나 이론적이었다고 말할 수는 없다. 왜냐하면 빈곤은 단기적 위기의 시기나 장기적 구조의 변화기에 대규모로 급증하였지만, 그렇지 않을 때에도, 즉 현실의 사회경제적 구조와 무관하게 모든 유럽에서 항상 존재했던 현상이었다. 빈곤은 인간관계와 사회윤리에도 영향을 끼쳤다. 개인, 가족, 계급, 제도, 공동체, 국가는 모두 일상의 사회 현실과 이데올로기적 논쟁 속에서 계속해서 빈곤의 문제에 직면해야 했다.

비베스의 생각이 스페인에 끼친 영향은 훨씬 복잡하다. 그의 글은 활발한 논쟁을 촉발시켰고, 이것은 주로 스페인 제국의 역설적 상황에 기인한다. 새로운 세계(Nouveau Monde)로부터의 부의 유입은 이베리아 반도의 봉건 구조의 유지에 크게 기여하였고, 결과적으로 전통 경제의 상황은 전혀 변하지 않았다. 다른 한편으로 스페인은 유럽에서 가장 도시화된 지역이면서 동시에 고도로 발전된 전(前) 산업 경제체제를 갖춘 네덜란드에 대해 지배력을 확장했다. 스페인의 상황은 또한 신정정치의 권력(theocracy) 강화로 나타났는데 이는 교회가 정부에 대해 매우 강한 영향력을 행사했고, 군주들이 가톨릭에 대한 복종을 국가 이데올로기와 정치체제의 근간으로 여겼기 때문이었다. 이러한 복잡한 현실 속에서 교리 간의 충돌은 매우 격렬한 형태로 나타났다.

최초의 갈등은 1540년대에 나타났다. 카스티야의 도시들은 당시 유랑민과 걸인들을 없애기 위해 더욱 노력하고 있었다. 자모라, 살라망카, 그리고 바야돌리드는 부조 개혁을 위한 법령을 공포했다. 카를로스 5세는 1540년에 병원의 중앙 집중화에 대한 칙령을 발표했다. 칙령의 규정들은 구걸 금지를 목적으로 했는데 이는 비베스가 이미 권고했던 조치들로서 플랑드르의 도시들에서는 이미 실행되고 있던 것이었다. 완전히 대립적인 두 사상이 서로 충돌한 것은 트리엔트 공의회가 열렸던 1545년이었다. 1545년 초 살라망카에서 세고

비아의 도미니쿠스회 수도사인 도밍고 데 소토(Domingo de Soto)가 구걸 문제에 대한 글을 발표하였다. 그는 궁핍한 자들이 원조를 받을 권리가 있음을 상기시키면서 자선의 전통적 교리와 빈민 부조에 대한 기독교적 의무를 옹호하고 나섰다. 그는 중앙정부와 시 당국의 구걸에 대한 법령을 분석한 후 스페인의 도시들, 특히 자모라와 바야돌리드가 취한 규정들이 1540년의 제국 법령보다도 훨씬 가혹하다고 주장했다. 물론 공공질서를 위태롭게 만들고 현행법을 어기는 유랑에 대한 탄압을 반대하지는 않지만, 생존을 위해 나라 전체를 떠도는 빈민들과 유랑민과는 구분해야 한다는 것이 그의 생각이었다. 즉 원조를 얻기 위해 고향을 떠날 수밖에 없는 사람들을 핍박하는 것은 불합리한 것이었으며, 추방과 같은 억압적인 조치를 정당화할 만한 어떠한 법적·도덕적 근거도 실제로는 없다는 것이었다. 그는 추방이라는 형벌은 거의 사형만큼이나 가혹한 형벌인데 빈곤은 그러한 범죄가 아니라고 생각했다. 그에게 왕국은 단일한 구성체이며, 걸인들이 가난한 지역을 떠나 좀 더 풍요로운 지방과 도시로 가는 것은 매우 자연스러운 일이었다. 비록 자기 고장의 빈민을 부양할 의무를 각 교구에 강제하는 법령이 공포되었지만 빈민이 너무 많아서 그들 모두에게 원조를 할 수 없는 교구들은 항상 존재했다. 따라서 빈민들에게는 환대(hospitalité)를 받을 수 있는 곳으로 자유롭게 이동할 권리를 주어야 하는 것이었다. 톨레도, 바야돌리드 혹은 마드리드는 아스투리아스에서 오는 빈민들에게까지 원조를 확대해야 했다. 소토는 새로운 사회정책의 지지자들이 종종 언급했던 이프르의 개혁이 좋은 결과를 가져오지 못했다고 확신했다. 그는 소르본 대학이 이프르 시의 행동을 인정했다는 사실조차도 의심했다.

빈곤에 대한 도덕적 가치를 찬양했던 소토의 사상은 중세적 교리에 충실한 것이었다. 그는 자선 기구가 빈민을 위한 사랑과 연민의 공간이지 증오, 대립, 억압의 장소가 아니라고 말했다. 그는 또한 '진정한' 빈민과 '거짓된' 빈민을 구별해야 할 필요성은 인정하면서도 자선의 실천과 사법 조치의 적용이 양립할 수는 없다고 생각했다. 확실히 빈민들은 종종 속임수를 쓰면서 연민을 불러일으키지만 이는 사람들의 무관심을 없애고 냉정해진 마음을 녹이기 위한 필요 때문에 그렇게 하는 것이었다. 병과 신체적 무능력은 '진정한 빈민'을 구별하기 위한 충분한 기준이 되지 못했다. 왜냐하면 진정한 빈민들 가운데에는 노동 수단의 상실이나 직업교육의 부재와 같은 정당한 이유로 빈민이 된 사람이 있기 때문이다. 어찌 되었든, 소토는 스무 명의 유랑민들에게 자선을 베풀 위험이 있더라도 진실로 가난한 극빈자 네 명이 원조를 받게 된다면 이것이 훨씬 낫다고 주장했다. '좋은' 빈민과 '나쁜' 빈민 사이의 구별에 근거한 사회정책은 기독교적 신앙과 조화를 이루기에는 너무나 많은 도덕적 위험이 있었다. 결국, 소토는 기독교 전통에 따라 교회와 성직자들이 빈민 부조를 책임져야 한다고 강조했다. 즉 빈민 부조가 세속 당국의 손을 거쳐서 이루어져야 할 어떤 이유도 없다는 것이었다.

빈곤에 대한 논쟁을 중세와 근대의 단순한 대립으로 바라볼 수는 없다. 트리엔트 공의회의 가장 탁월한 신학자 중 한 사람이었던 소토를 사회적 현실에 관심 없이 전통적으로 인정된 원칙에서 올바른 태도를 찾는, 즉 과거로만 고개를 돌렸던 교조적인 사람으로 바라보아서는 안 된다. 빈곤에 대한 그의 옹호는 편협한 신학적 추론에 갇힌 추상적 사고가 아니라 실제적으로 도시와 농촌에서 쉽게 볼 수 있던 빈민에 관련된 것이었다. 그가 빈곤의 한 원인으로서 노동 수단과 직업적 자질의 부재를 언급하고 있는 것을 보면 당시의 사회 문제에 대해 그가 얼마나 정확하게 인식하고 있었는지를 알 수 있다. 실제로 도시의 빈곤 확산은 농촌에서 이주한 사람들의 사회적 부적응에 기인했다. 비록 그가 기독교 윤리, 빈곤에 대한 이상, 그리고 교회의 이익이라는 전통적 규칙을 옹호하기는 했지만 그는 당시의 다른 보수주의 사상가들처럼 근대사회의 사회적 부정의에 대해 날카롭게 인식하고 있었다.

소토의 글이 출간된 후 몇 달이 지나지 않아 살라망카의 산 빈세테 베네딕투스 수도원 주교였던 후안 데 메디나 데 로블레스(Juan de Medina de Robles)는 『스페인의 몇몇 도시에서의 빈민 부조의 규제에 대해: 진정한 빈민의 부조를 위해서』(*De la orden que algunos pueblos de España se ha puesto en la limosna: para remedio de los verdaderos pobres*)라는 소책자를 같은 출판사에서 출간했다. 이 베네딕투스 수도사는 사회부조 개혁에 대한 시의 활동과 1540년에 공포된 법률 조항에 대해 호의적인 태도를 보였다. 그는 자모라에서 빈민 법령의 작성에 참가했기 때문에 이 분야에 관한 실질적 경험이 있었다. 당시의 시대 현실이 제기한 문제를 해결하기 위해서는 새로운 방법을 찾아야 한다고 강력하게 주장했던 그는 비베스와 마찬가지로 도시 개혁을 인정했으며 이것이 기독교의 신앙심과 일치한다는 것을 증명하려고 노력했다. 그러나 그는 보시에 대해서는 강력하게 반대했다. 그의 책에서 우리는 걸인들의 비열한 행동에 대한 가혹한 비난을 찾아볼 수 있다. 그는 다음과 같이 생각했다. "유랑민과 '기식자'(parasites)의 증가는 걸인에 대한 통제 부재와 진정한 빈민과 거짓 빈민에 대한 혼동에서 기인한다. 몸이 건강하지 못해 일을 할 수 없는 사람들은 정기적 원조를 받고 대신 종교 의식에 참가해야 한다. 그러나 그 외의 사람들에 대해서는 강제 노동을 시키는 조치를 채택해야 한다. 빈민 부조 체제는 전통적인 자선의 원칙 위에 세워지지만 정의와 진실의 규칙을 존중하면서 양심적으로 적용되어야 한다."

메디나는 명확한 논조로 세속 권력에 의한 자선 기구의 급진적 개혁을 주장했다. 그에게 빈민 원조는 세속 당국의 의무였다. 그러므로 세속 당국이 구호 기관의 재산과 보시 분배를 운영하고, 성직자들은 이러한 제도들이 잘 작동하는지를 관찰하는 것이 옳았다. 메디나는 이러한 새로운 체제의 이점을 다음과 같이 열거했다.

ㅡ우선, 환자들에 대한 적절한 치료는 전염병의 확산을 막을 것이다.

ㅡ둘째로, 신의 계율을 무시하고 미사와 고백성사를 드리지 않는 '가짜 걸인'들은 더 이상 그들의 부정직하고 방탕한 생활을 지속할 수 없을 것이다. 진정한 빈민에 대한 적설한 보시는 기부자들에게 더욱 관대한 태도를 가지게 할 것이다.

―셋째로, 더욱 많은 사람들이 일자리를 찾아야 하므로 노동 공급이 증가할 것이다.

소토와 메디나는 기독교 자선의 교리 해석, 사회정책의 구상, 그리고 빈민과 빈곤에 대한 심리적 태도에서 대립적인 태도를 보였다. 두 신학자는 화해할 수 없었는데, 이는 각각의 주장이 확실한 근거를 가지고 있었기 때문이다. 두 해석, 두 정치적 노선, 그리고 두 심리적 태도는 한쪽에서는 지지받고 다른쪽에서는 비난받으면서 평행선을 달렸다. 그러나 사회정책은 이 상이한 태도 사이에서 갈피를 못 잡고 흔들릴 수 없었기 때문에 어느 한 방향으로 기울어질 수밖에 없었다. 사회부조 개혁은 이제 배아적 단계에서 벗어나 실천적 문제가 되어야만 했다. 따라서 트리엔트 공의회 이후인 16세기 하반기에 논쟁은 이전과 같이 격렬하게 재개되었다.

최초의 논쟁은 브뤼헤에서 일어났는데, 그곳은 펠리페 2세의 칙령을 통해 걸인들이 공개적으로 자선을 요구할 수 있는 곳이었다. 비베스가 죽은 지 20년 후에 브뤼헤는 두 번째 사회 개혁을 시도했다. 사회 개혁은 1562년에 안트베르펜에서 출간된 위츠(Wyts)의 글 『빈민에 대한 가택 부조와 건장한 걸인의 문제 규제에 관하여』(*De l'assistance aux pauvres à domicile et du règlement de la question des mendiants valides*)에 그 이데올로기적 근거를 두고 있었다. 당시의 개혁에 대한 반대자들 가운데에는 로렌초 데 비야비첸치오(Lorenzo de Villavicencio)라는 인물이 있었다. 그는 스페인의 아우구스티누스 수도사이면서 브뤼헤에서 설교를 했는데 동시에 펠리페 2세의 명을 받고 네덜란드에 머물던 비밀 첩보원이었다. 1564년에 출간된 빈민 부조에 대한 소책자를 통해 그는 위츠의 주장을 비판했다. 또한 비베스가 구호와 자선사업의 운영에 대한 교회의 전통적 특권을 부인하고 있다고 하면서 그의 글을 이단적인 것이라고 비난했다. 그는 시의 자선 계획이 루터주의와 이교주의로 오염되어 있다고 생각했다. 비야비첸치오는 극빈자들에 대한 분배를 통제한다는 구실 아래 부조 기구를 운영하고 교회의 수입을 통제하려 했던 시 위원들을 강하게 비판했다. 그러한 시의 조치는 성서와 교회법에 위배된다는 것이 그의 논리였다. 사람들에게 그는 빈민 부조를 위한 모든 짐을 짊어지고 있는 주교들을 신뢰하라고 호소하면서 전통적 자선의 생명력과 유효성을 간직하고 있던 스페인의 부조 제도를 그 증거로서 내세웠다. 그에게 코르도바(Cordoba), 부르고스(Burgos), 그라나다(Granada), 발렌시아(Valencia)의 병원 운영은 모든 가톨릭 국가가 따라야 할 모범이었다. 그는 자신이 쓴 소책자의 부록을 통해 1564년 브뤼헤에서 공포된 사회 개혁의 주요 주장들을 조목조목 비판했다. 이처럼 개혁에 대한 신학적 차원의 비판은 매우 정확한 목표가 있었는데 그것은 시 당국의 계획이 교회의 가르침과 교리의 정통성에 비추어 볼 때 적법하지 않다는 것을 증명하려는 것이었다.

그러나 빈민에 대한 전통적 태도와 정책을 이처럼 적극적으로 방어하려는 시도는 그때가 마지막이었다. 16세기의 마지막 25년 동안에 스페인의 사회사상은 빈민의 생활수준이 끊임없이 악화되는 것을 막기 위한 실질적 조치에 대한 연구에 집중되어 있었다. 자선사업의 개혁 프로그램을 옹호하는 많은 저서와 소책자가 출간됨에 따라 자선에 대한 16세기의 논쟁은 계속되었다. 1576년에 엘나(Elna)의 성당 참사위원이었던 미겔 히힌타(Miguel Giginta)는 빈민 부조 조직에 대한 논문을 출간해 마드리드 의회에 제출했고 이는 1579년에 코임브라(Coimbra)에서 책으로 출간되었다. 이후 히힌타는 연민과 선행에 관한 다른 세 개의 소논문을 작성했다. 이 카탈루냐의 성당 참사위원은 그의 논리의 출발점으로서 자선에 대한 전통적 개념을 채택했다. 그의 연민에 대한 찬양과 보시에 대한 빈민 권리의 옹호는 시 개혁에 대한 반대 의견으로 인식되었다. 그에 따르면 '외지의 빈민'을 추방하는 것은 신의 계율에 반하는 것이었다. 실제로 이러한 조치는 개혁의 열렬한 옹호자였던 메디나에게도 큰 고민거리였다. 히힌타는 걸인의 인신적 자유를 제한하는 것은 적법하지 않으며, 그보다는 부조받을 권리가 있는 빈민의 생존을 보장하기 위해 노력해야 한다고 생각했다. 이를 위해 그는 빈민 수용을 위한 '연민의 집'(Casas de

Misericordia)을 창설하자고 제안했다. 이 시설을 위한 재정은 기부, 입소자가 모은 보시, 그리고 그들이 노동을 통해 얻은 수입으로 충당되었다.

이 계획은 상이한 두 가지 자선 모델 사이에서 나타난 일종의 타협책이었다. 히힌타는 구걸 금지를 요구하지는 않았지만 보시를 모으기 위한 공동 기금의 창설을 제안했다. 또한 그는 자선의 세속화를 제안하지는 않았지만 교회의 병원 운영에서 나타난 비리와 부조 자금의 남용에 대해 신랄하게 비판했다. 전체적으로 보아 그의 집중화된 부조 계획은 시 당국이 고안한 개혁과 유사했다. 그는 또한 보호소에서 거주하고 있는 빈민에게 노동을 시켜야 한다는 비베스의 충고를 따랐다. 연민의 집 수용자들은 그들의 신체적 조건과 능력에 따라 노동을 하게 될 것이고, 특히 아동들은 하나의 직업 기술을 습득하게 될 터였다. 개혁의 정당성을 뒷받침하기 위해, 히힌타는 트리엔트 공의회의 결정과 1563년 교황령으로 창설된 노동과 보시를 위한 걸인의 집을 상기시켰다.

사회부조에 대한 이러한 인식은 매우 중요하다. 이데올로기적 정통성의 유지를 위해 반(反)종교개혁 운동이 거세지자 히힌타는 교리의 지상명령과 도시의 요구를 조화시킬 수 있는 주장을 찾아낸 것이다. 이러한 인식은 또한 스페인 도시의 자선 개혁에도 영향을 끼쳤다. 연민의 집 창설은 이미 1520년대의 개혁 운동에 그 뿌리를 두고 있던 것으로, 트리엔트 공의회 이후 유럽의 부조에 대한 정신 속에 계속 남아있으면서 17세기에 전개될 사회부조 계획을 예견하는 것이었다. 그리고 이러한 움직임은 크리스토발 페레스 데 헤레라에게도 큰 영감을 주었다.

1598년에 페레스 데 헤레라는 『빈민 부조론』(Amparo de pobres)을 마드리드에서 출간하였다. 1590년대는 전염병, 흉작, 경제 침체로 인한 심각한 사회 위기의 시기였다. 살라망카 출신의 의사이자 궁정의 고관이었던 페레스 데 헤레라는 그의 경험을 통해 빈곤 문제의 실제적인 측면을 깊이 인식하고 있던 사람이었다. 그는 스페인 갤리선의 수석 의사(protomédecin)라는 고위

직에 있으면서 국가 기구의 운영에 대해 많은 것을 배울 수 있었다. 또한 그는 유랑민들을 잘 알고 있었다. 1592년에 그를 궁정 의사로 임명했던 펠리페 2세는 그에게 유랑과 구걸 문제에 대한 보고서를 작성하라고 명령했다. 이 때문에 그는 빈민 문제에 대한 여러 문헌들을 찾아 연구했고 자선 기관의 운영 상태를 조사했다. 또한 그는 걸인들이 처한 환경을 관찰하였으며 개인적으로는 마드리드 교구의 연민형제회(Confrérie de Miséricorde)의 활동을 지도했다. 그리고 마드리드 명사들의 도움을 얻어 빈민 보호소를 창설했는데 이는 다른 도시들에게 하나의 모델이 되었다. 이렇게 『빈민 부조론』— 이 저작은 페레스가 3년간 작성하였던 보고서를 편집한 것이다 — 에서 제시한 개혁은 왕의 관심과 호의 속에서 실행되었고 결국 빈민 부조 문제에 관한 공식적 원칙이 되었다.

그의 개혁은 교구 차원의 빈민 부조라는 개념에 근거를 두고 있었다. 각 조직은 '수치 빈민'과 병상에 있는 환자, 그리고 불구자들에 대한 정기적인 가택 원조를 책임져야 했다. 페레스 데 헤레라에 의해 창설된 성 마르틴 교구의 연민형제회와 같은 조직은 각 교구의 부조를 책임졌다. 각 교구는 작은 구역으로 나뉘었고 각 구역은 자비로운 부자들 가운데에서 선발된 대표들 (diputados)이 운영을 맡았다. 지방적 차원에서 조직화한 빈민 부조는 빈민들을 좀 더 가까이에서 살펴보게 만듦으로써 효과적인 부조를 보장했으며 필수적인 자금 확보에도 더욱 유리하게 작용했다.

그러나 실제로 이러한 교구 차원의 부조 조직은 페레스 데 헤레라의 전체 계획에서 부차적인 것이었으며 논쟁을 일으킬 만한 것도 아니었다. 교구 조직은 자선의 전통적 수단에 속한 것이었으며 페레스 데 헤레라가 이를 자기 계획의 한 부분으로 생각했던 것은 아마도 보시에 의해 보장되는, 즉 선행에 대한 전통적 교리의 엄격한 준수라는 인상을 사람들에게 주려는 의도였을 것이다. 그의 근대적 부조 계획에서 핵심적인 것은 빈민 보호소의 창설에 있었다. 이미 히힌타가 20년 전에 구상했고 실제로 몇몇 도시에 설립되었던 연민의 집은 새로운 정책의 운영에서 주요한 수단이 될 것이었다. 게다가 페레스 데 헤레라는 전국적인 차원에서 이러한 보호소의 네트워크를 설립할 것을 목표로 하고 있었다. 이것은 매우 중요한데, 왜냐하면 사회부조의 문제가 이제 시 차원의 범주와 지방적 한계를 넘어 중앙 정책의 대상이 되었다는 것을 의미하기 때문이다. 실제로 이러한 방법이 아니었다면 어떠한 조치도 효력을 발휘할 수 없었을 것이다. 만약 개혁이 일부 도시 차원으로 한정된다면 유랑민과 걸인은 보시의 분배에 대한 통제가 없는 다른 도시로 옮겨 갈 터였다. 따라서 『빈민 부조론』의 저자는 모든 '공공' 걸인, 즉 거리와 가택에서 구걸하던 사람들에 대한 인구조사는 왕국의 주요 도시에서 동시에 해야 한다고 제안했다. 이를 위해 걸인들은 그들의 지역 빈민 보호소에서 머물러야 했으며, 이곳에서는 유랑민들과 노동에 적합한 사람들이 공공 원조 혜택을 받는 것을 막기 위해 빈민의 상태에 대한 세밀한 조사를 벌였다. 부조를 받을 권리가 있는 사람은 성모 마리아와 도시 문장이 새겨진 배지나, 보시를 요구할 권리를 인정하는 증명서를 얻었다. 따라서 구걸은 금지되는 것이 아니라 규제와 통제 아래 놓였다. 보호소는 건장한 걸인만을, 병원은 환자만을 수용할 것이었다. 이 계획에서 병원의 기능은 근대적인 것이었다. 병원은 이제 빈민을 위한 일종의 대피소나 호스피스가 아니었으며 환자를 위한 장소가 되었다. 보호소의 수용자들은 노동을 해야만 했다. 개혁의 핵심적인 측면이 바로 이 부분에 있었다. 시 근위병은 유랑민을 체포하고 수감하였다. 노동은 보호소의 운영 규칙이었다. 노동은 무엇보다도 걸식 아동을 위한 직업 훈련과 교육에 필수적인 것이었다. 특히 유랑이나 방탕한 삶에 젖어 있는 여성에 대한 조치는 매우 엄격했다. 교정의 기미가 보이지 않는 여성들에 대해서는 1년 이상 노동의 집(Casas de trabajo y labor)에 감금했다.

페레스 데 헤레라는 신학자가 아니었다. 그는 광범위한 독서와 본인의 경험을 이용하는 정치 평론가였다. 사람들을 자신들의 능력에 맞게, 또한 국가에도 유용한 사회 구성원으로 만드는 것이 그에게는 사회적 삶의 근본 원칙

이었다. 그는 이른바 '살라망카' 경제학파*가 주장했던 것처럼 생산적 노동
을 가장 중요한 경제적 가치로 보았다. 새로운 자선 체제의 핵심이 된 것은 바
로 이러한 원칙이었다. 그러나 페레스 데 헤레라는 자신이 종교와 교회에 의
해 엄격하게 통제되는 부분에 관여하고 있다는 사실을 잘 인식하고 있었다.
그러므로 그는 조심스러운 태도를 취했다. 그가 교구의 자선을 고무하고 새
로운 기관의 행정에 성직자의 참여를 추천하였던 것도 그가 추진하는 개혁의
세속적 성격을 감추려는 의도에서 전개된 것이었다. 그는 또한 개혁의 이로
운 측면을 정신적인 측면에서 보이고자 노력했다. 그는 개혁을 통해 이제 빈
민은 더욱 신성한 삶을 살 것이며 연민의 감정과 도덕의 회복이 이루어질 것
이라고 말했다. 실제로 여성에 관한 네 번째 논문의 상징적 표제에는 다음과
같은 말이 적혀 있었다. "노동은 도덕을 고양시킨다." 그는 자신의 저작이 촉
발시킨 논쟁을 어느 정도 인식하고 있었다. 이를 알 수 있는 것은 한 논문에서
그가 자신의 주장을 방어하고 그에게 올 비난을 미리 반박했기 때문이다. 그
의 적들은 자선의 전통적 교리를 지지하는 사람들이었다. 그들은 개혁 프로
그램을 이전의 법과 관습을 거스르는 위험한 창조물로 보고 이를 비난했다.
이에 대해 페레스 데 헤레라는 모든 고대의 법, 과거의 스페인 법령, 그리고
당국에 유랑민과 걸인을 통제할 것을 명령한 공의회의 결정을 상기시켰다.
그가 대답했던 열한 개의 반대 주장 가운데 한 가지는 매우 흥미롭다. 비판하
는 사람들은 빈민들이 달아야 할 배지가 불명예스러운 지위를 나타낸다고 하

---

* 살라망카 학파는 16세기 들어 인문주의의 발흥, 종교개혁, 아메리카의 발견 등으로 로마 가톨릭 전통이
공격을 받게 되자 이에 대한 새로운 해결책을 모색하던 과정에서 탄생했다. 스페인 신학자 드 비토리아
(Francisco de Vitoria)가 선구자이며 코바루비아스 이 레이바(Diego de Covarruvias[Covarubias] y
Leyva), 몰리나(Luis de Molina), 수아레즈(Francisco Suarez) 등이 대표적인 이론가들이었다. 그들은 법
학, 경제학, 신학 등 다양한 방면에서 새로운 이론들을 만들어냈는데 특히 경제학 분야에서는 자원의 자
유로운 이동이 저연적 질서의 근본이라는 점에서 상업과 무역이 상호선에 기여한다고 주장했으며 가격
이 돈의 공급과 함수관계에 있다는 아이디어를 제시했다. 특히 그들은 아메리카로부터의 금과 은의 유
입이 가격 인플레이션을 일으키는 원인이라는 사실을 인식했다.

면서 반대를 표명했다. 그는 이에 대해 어떠한 궤변도 동원하지 않고 다음과 같이 말했다. "성경에 따르면 빈곤은 성스러운 표시이므로 배지를 붙이고 다니는 것은 명예스러운 일이다. 그것은 빈민의 고상한 지위의 상징이며 사람들은 이에 존경을 표할 것이다." 그러나 이러한 고상한 수사 방식은 책의 서두에서 걸인과 유랑민의 존재가 공공선에 해를 끼치기 때문에 엄격하게, 심지어 가혹할 정도로 다루어야 한다는 그의 주장과는 대립하는 것이다.

16세기 말에 이러한 모든 갈등은 줄어들었으며 이제 자선에 대한 논쟁은 더 이상 사람들을 격앙시키지 않았다. 그렇다고 이에 대한 사람들의 논쟁이 완전히 사라져버렸다고는 말할 수 없다. 다음 세기 내내 선행의 실천과 이론에 대한 논쟁은 종교적·도덕적 관점에서 다시 제기되었다. 그러나 교회는 더 이상 부조 개혁을 이단 행위로 간주하지 않았다. 개혁은 근대국가의 이데올로기로 통합되었으며 국가의 특권으로 받아들여졌다. 국가의 억압 기제가 형태를 갖추기 시작한 것은 유랑과 싸우고 빈곤이라는 사회적 위험을 제거하려는 이러한 시도를 통해서였다. 이 시기의 사회정치적 변화는 영국, 프랑스, 독일의 수많은 사상가, 논쟁가, 그리고 정치 평론가들의 작업에 반영되었다. 빈곤 문제에 대한 논쟁이 왜 그렇게 중요했던가는 바로 사회부조 개혁이 공공의 성격을 띠었으며 사회부조의 제도화가 국가적 차원에서 이루어졌다는 점과 관련된다. 국가 이성의 개념과 교리가 정교화된 이 세기에 자선의 개혁은 근대국가의 정치적 도구였으며 근대국가 이데올로기의 핵심적인 부분이었다.

제4장
빈민 감옥

　형법 체제의 변화 과정에서 감옥이라는 개념은 하나의 특이한 역사를 가지고 있다. 민족학(Ethnologie) 연구들은 공동체적 규칙에 복종하지 않는 개인들, 가족들, 심지어 한 집단 전체를 격리시키는 것이 일반적인 조치였음을 보여준다. 모든 권력은 비록 창고나 지하실, 습한 지하 감옥이라 할지라도 감옥을 소유하기를 갈망한다. 감옥에 감금하는 것이 항상 처벌을 의미했던 것은 아니다. 엘리트 집단 중 달갑지 않은 사람들을 격리하거나 일시적으로 구금하던 장소이기도 했다. 18세기 후반에도 감옥은 여전히 그런 기능을 하는 것으로 여겨졌다. 이 시기의 한 프랑스 법학자는 감옥은 그 자체로 처벌이 아니라 단지 유죄 선고를 받은 자를 일시적으로 가두는 장소라고 주장했다. 예를 들어 구체제 말기까지 형사소송의 기본 문서였던 1670년의 프랑스 법령은 사형, 고문, 종신 갤리선 노역, 영구 추방, 일시 갤리선 노역, 채찍질, 칼 씌움, 임시 추방 등의 순서로 열거된 형벌 명단에 감옥 을 포함시키시 않았다. 감금은 교회에서 널리 사용한 형벌이었다. 반면에 세속 당국은 갤리선 추방에 의해 처벌할 수 없는 사람들, 예를 들면 노인과 여자, 채무로 인해 체포된 사람, 벌금을 지불할 수단이 없는 신성모독자들에 대해서만 구금형을 내렸다. 한편 수인들에게 음식을 제공하는 것은 큰 문제였다. 실제로 지불할 능력이 없는 사람들은 음식을 받지 못했다. 그러므로 형벌은 자유의 박탈이 아니라 배고픔이었다. 이미 중세 말부터 종종 구금형이 내려지기는 했지만, 처벌로서의 구금형은 영국과 미국의 감옥 모델에 영향을 받은 19세기 말부터 일반화되었고, 이후 형벌 체제의 기초가 되었다. 감옥의 탄생에 대한 저작[1]을 통해 미셸 푸코(Michel Foucault)는, 이러한 변화가 권력 행사의 기술과 '형벌', '교정' 개념에 대한 사회적 인식에 어떤 큰 영향을 끼쳤는지를 밝혀냈다.

범죄자들의 처벌과 교정을 위한 수단으로서 널리 퍼지기 전에 감옥은 근대 유럽에서 걸인에 대한 사회정책을 실현하기 위한 주요 도구였다. 사회는 나병 환자와 이후 전염병에 걸린 사람들에 대한 중세의 강제 격리 이후에 광인과 걸인을 감금하기 시작했다. 16세기와 17세기에 전개된 '대감금'은 새로운 사회정책의 정점을 이루었다. 근대국가 구조의 확립은 빈곤에 대한 사회적 태도의 변화를 반영한다.

1. 로마의 걸인 행렬

이탈리아 반도에서 빈민 부조를 중앙집권화하려는 시도는 이미 중세 말에 나타났다. 14세기 말에 밀라노의 잔 갈레아초 비스콘티(Gian Galeazzo Visconti)가 취한 조치가 그러한 예이다. 이 조치는 병원을 세속의 통제 아래 두고 걸인들을 병원에 수용하는 것이었다. 이를 위해 세워진 위원회는 도시 상황을 조사하고 걸인, 병든 빈민에 대한 명단을 작성했으며, 그들을 위해 병

---

1 M. Foucault, *Surveiller et punir: naissance de la prison*, Paris, 1973. (*N. d. T.*)

원에 자리를 마련해주었다. 빈민 부조 기구를 감독하기 위해 1406년에 밀라노에서 창설된 '빈곤 연민 사무소'(*Officium Pietatis Pauperum*)는 성직자와 세속인으로 구성되었으며 밀라노 교구의 부주교가 책임을 맡았다.

15세기 중엽에 주교들과 베르나르도회 설교사들은 사회부조의 개혁과 중앙집권화를 이끌었다. 중앙집권적 방식으로 운영되는 종합병원이 브레시아(1447), 밀라노(1448), 베르가모(1449)에 창설되었다. 이러한 정책과 나란히, 다른 형태의 부조 조치도 늘어났다. '종교 은행'은 고리대금업자로부터 빈민을 보호하기 위해 설립되었다. 주님의 사랑회(Compagnie de l'Amour de Dieu)와 같은 형제회는 종교적 활동을 극빈자에 대한 부조 활동과 연결시켰다. 주교구와 부교구 당국도 빈민들을 더 잘 구제하기 위해 노력하였다. 신교와 구교 모두 종교 수도회가 강력한 자선 활동을 전개했다. 따라서 이탈리아에서 교회는 전통적인 자선 활동을 수행하는 동시에 개혁에 앞장섰으며 세속적 기구들과 협력해 이 영역에서 매우 중요한 역할을 담당했다고 할 수 있다. 그럼에도 자선 활동의 급증과 순례객의 증가가 긍정적인 측면만 가져온 것은 아니었다. 즉 보시가 과다하게 주어짐에 따라 게으름이 조장되고 노동의 가치가 저하되는 결과가 발생한 것이다. 이에 대해서는 종교개혁과 반(反)종교개혁 시대에 나타났던 중세적 자선의 교리와 정책에 대한 비판을 설명하면서 이미 강조한 바 있다.

베네치아의 예는 전염병이나 기근과 같은 사회 혼란에 대처하기 위해 시 당국이 어떠한 조치를 취했는지를 잘 보여준다. 일반적으로 위기 상황에서 시행되었던 정책들이 위기의 성격에 의해서만 결정되었던 것은 아니다. 다양한 요소들, 즉 이데올로기, 종교, 기독교적 노동 윤리, 그리고 사회부조 체계를 개혁해야 한다는 일반적인 믿음이 이에 영향을 끼쳤다. 이탈리아 전역에서 높은 명성을 얻었고 많은 추종자를 만들었던 베네치아의 귀족 지롤라모 미아니(Girolamo Miani)의 자선 활동도 일련의 엄격한 원칙 아래 전개되었다. 그가 베네치아에 창설한 고아원과 이를 모방해 1530년경에 창설된 베로나(Verona), 브레시아, 베르가모, 밀라노의 여러 부조 기구들은 구걸을 엄격하게 금지하였다. 이에 더하여 이 기구들은 아동들에게 도덕 교육과 가톨릭 교리 수업을 했다. 그리고 수공업 직업교육도 행했는데, 이 교육은 특별히 초빙된 장인들이 맡았다. 이후 미성년 고아들은 직업교육을 통해 획득한 기술로 생계를 유지할 수 있었다.

이 시기에 이탈리아의 종교 자선 단체는 자신들의 활동 범위를 크게 확장했다. 그리고 시간이 흐름에 따라 자신들의 자선 체계를 근대화하고 재조직해야 할 필요를 느꼈다. 이를 위해 종교 단체들은 빈민에 대한 인구조사를 추진하고 생활수준을 조사하는 조사관들을 각 교구에 임명했다. 그러나 자선 활동의 비약적 성장은 역설적으로 구걸을 금지하고 걸인을 완전히 제거하려는 경향을 널리 전파하는 결과를 가져왔다.

이탈리아 반도에서 반(反)종교개혁 프로그램과 근대국가의 발전이라는 두 요소는 걸인과 유랑민에 대한 적대감과 억압 정책에 영향을 끼쳤다. 트리엔트 공의회는 자선의 영역에서 소교구가 해야 할 역할을 명확히 규정하면서 부조 제도의 개혁을 가톨릭 교리에 통합하려고 했다. 트리엔트 공의회의 결정에 따라 주교들은 병원 조직을 완전히 통제할 수 있었으며 세속 행정가들은 주교의 감독을 받아야만 했다. 더 나아가 주교들은 빈민을 위해 사용하라고 유증자들이 제공한 재산을 관리하는 책임도 맡았다. 공의회의 결정은 병원의 자선 기능 회복과 함께, 병원이 부패한 성직자의 수입원이 되는 것, 즉 빈민을 위한 자산을 성직자들이 횡령하는 것을 막으려는 의도였다. 그러나 몇몇 나라에서는 공의회 규정을 실행하는 과정에서 교회와 세속 당국 간에 갈등이 발생했다. 세속 당국은 병원 행정에 가끔씩 개입하는 데 그치지 않고 병원을 완전한 세속적 통제 아래 두기 위해 체계적인 정책을 시행하고자 했다. 공의회의 법령은 다음 두 가지 중요한 결과를 가져왔다. 한편으로는 교회로 하여금 자선 기구에서 더욱 활발한 활동을 하도록 강제하였고, 다른 한편으로는 사회부조 체제의 개혁 운동을 뒷받침하는 교리를 제공해주었다.

당시에 새롭게 등장하기 시작한 새로운 국가 기구 역시 개혁 과정에서 중요했다. 유랑과 구걸은 사회적 기능들이 조화롭게 분배되는 것을 방해했으며, '치안 유지'를 위한 개입이 불가능한 영역을 만들어 근심과 불안을 일으켰다. 공공질서는 이로 인해 위기에 봉착했다. 구걸은 신성한 질서와 기독교적인 생활 규칙에 반하는 것이었다. 또한 구걸은 불경건의 원천으로서 사회적 공존과 공공선에 해를 끼치며 평화를 위협하는 것이었다. 반종교개혁과 국가 이성은 이러한 주장에 동의하였고 한목소리를 내었다. 즉 종교와 정치가 만난 것이다. 로마 걸인들에 대한 교황의 태도에서 종교와 정치는 매우 독특한 방식으로 뒤섞였다. 왜냐하면 영원한 도시(Ville éternelle)에서 교황 권력은 종교 기능과 국가 기능을 결합한 것이기 때문이다. 국가 이성과 기독교 사회의 반종교개혁적 모델은 여기에서 밀접하게 연결되었으며 단일한 결론에 도달했다. 즉 구걸을 완전히 없애기 위해 급진적 수단이 필요하다는 것이다.

로마의 특별한 역할은 이 도시의 사회적 삶에 큰 영향을 끼쳤다. 가톨릭 세계와 그 정신적 중심지 사이의 강한 유대를 세우기 위해 교황은 로마 땅을 밟는 모든 신도들에게 사면령을 내렸다. 그 결과 로마 순례에 대한 비판은 중세 말 풍자문학에서 계속해서 다루어지게 되었다. 종교개혁의 작가들과 설교자들이 이를 격렬하게 비판했지만, 이들의 비판은 로마의 면죄와 대사(大赦)의 실천을 강화하기만 했고 이를 통해 가톨릭은 신교와의 대결에서 우세한 위치를 확보할 수 있었다. 로마에 도착한 순례객의 수는 어마어마했다. 1575년에 40만 명, 1600년에는 53만 6,000명, 1650년에는 70만 명으로 추산된다. 이 수치는 도시 거주민 수를 훨씬 넘는다. 16세기 초에 로마의 주민은 약 5만 명이었고 17세기 초에는 약 10만 명이었다. 로마의 자선사업가들은 몰려드는 순례객의 대부분이 빈민이라고 주장했다. 필리프 네리(Philip Neri)에 의해 창설된 회복의 삼위일체(Santissima Trinità de' Convalescenti) 형제회는 1575년에 약 16만 5,000명의 순례객에게 숙소를 제공했다. 1600년에는 21만 명, 1650년에는 30만 명을 받아들였는데 이들은 아마도 빈민 혹은 순례객의 지팡이를 쥐고 걸인 행세를 하는 사람들이었을 것이다. 대규모 순례에 대한 비판은 이러한 순례가 종종 가족에게서 도망쳐 유랑 생활을 시작하기 위한 구실이라는 점에 있었다. 앞에서 인용한 자료는 순례객이 특히 급증했던 대사의 해에 관련된 것이다. 그러나 정상적인 해에도 그 수는 꾸준히 증가하여 로마는 1년에 적어도 3만 명의 순례객을 받아들였다고 추정된다.

도시로 몰려드는 순례객들 중에는 빈민들이 있었는데 이들은 로마에 거주하는 걸인들과 구분이 되지 않았다. 또한 여행의 신성한 성격에 따라 보시를 베푸는 부자들도 있었는데, 몇몇은 화려한 사륜마차를 타고 순례했다. 부자 순례객과 빈민 순례객은 모두 걸인의 수를 증가시키고 도시의 사회적 구조를 매우 불안하게 만들어 도시의 생활에 영향을 끼쳤다.

『이탈리아 여행 일기』(Journal de voyage en Italie)에서 몽테뉴(Montaigne)는 로마가 하나의 커다란 궁정(grande cours)과 같으며 이러저런 방식으로 모두들 '성직자의 게으름'에 참여하고 있다고 지적했다. 그는 "이 도시는 노동자, 혹은 자신의 노동으로 살아가는 사람이 없다"[2]라고 썼다. 르네상스 시기의 로마를 연구한 역사학자 장 들뤼모(Jean Delumeau)는 이러한 관찰이 그다지 정확한 것은 아니라고 지적했는데 그 이유는 당시 로마가 건설업, 서비스업, 제조업을 통해 많은 고용을 창출하고 있었기 때문이다. 그러나 노동이 도시의 사회적 풍경의 매우 작은 부분을 차지하고 있었던 것은 사실이다. 사회적으로 조망해보면 평민들 가운데 무대의 전면을 차지한 사람들은 걸인들이었다.

17세기 말 저명한 자선 개혁가의 한 사람이었던 교부 게바레(A. Guevarre)는 다음과 같이 썼다. "몇 년 전부터 구걸 행위는 매우 자유롭게 대규모로 행해지고 있는데 이는 사회에 무질서를 가져온다. 이 도시는 기독교 세계의 중심으로서, 자신의 불행에 대한 위로를 구하려는 전 세계의 빈민들로 넘쳐나

2 M. de Montaigne, Journal de voyage en Italie (1580~1581), Paris, 1946, p. 229.

고 있다. 사업상 오는 사람도 대단히 많지만 자금이 부족해지면 그들은 궁핍을 이기지 못해 구걸을 한다. 그러고는 이 직업의 매력에 빠져든다." [3] 이 영원의 도시에서 대량으로 행해졌던 보시와 자선사업은 확실히 횡재를 누리려는 군중을 끌어들였고 구걸 행위를 조장했다. 거리, 광장, 교회 문 앞에서 걸인들이 빈둥거리는 것을 쉽게 볼 수 있었다. 심지어 교회 안에서 이들은 미사를 방해하고 보시를 강요하여 신도들을 괴롭혔다. 게바레는 말하기를, "아침부터 저녁까지 집, 교회, 그리고 도시 전체에서 빈둥거리는 수많은 유랑민과 게으름뱅이 무리들이 사람들을 괴롭힌다. 그들은 거의 무력으로 동냥을 갈취한 후 이를 가치 없고 파렴치한 일에 사용하고 있다. 매우 놀라운 일이다." [4]

16세기와 17세기 문헌도 로마에 대한 동일한 이미지를 보여준다. 이 주제에 대한 정형화된 몇 가지 관념 중에는, 로마의 걸인들이 범죄 조직을 이루고 불법적인 행동을 자행한다는 것도 있었다. 사람들은 이 조직에 의해 구걸 시장의 통제, 걸인들 사이의 구걸 공간 분배, 그리고 구걸 기술에 대한 거의 제도화된 공모가 행해지고 있다고 생각했다. 일반적으로 걸인에 적대적이었던 이런 이야기들은 이 현상이 무척 대규모였다는 것을 강조하고 있다.

16세기 후반에 교황은 로마의 사회 상황을 일소하기 위한 조치들을 취했다. 이전까지 도시에서 유랑민을 추방하려는 시도는 일시적 조치들이 대부분이었고 시작 단계에 머물러 있었기 때문에 성공하지 못했다. 이런 점에서 감금 정책이 유일한 해결책으로서 나타났다.

피우스 4세(Pius IV, 1559~65)의 재위 기간에 급진적 결정이 내려졌다. 1561년의 '걸인의 식료품 공급'에 관한 교황의 교칙은 로마 거리에서 공적 구걸을 금지했으며 이를 위반할 시에는 감금, 추방, 갤리선으로 추방과 같은 처벌을 내렸다. 이러한 조치들은 '유랑민'보다는 '걸인'에 대한 것이었다. 용어

---

3 A. Guevarre, *La mendicità provveduta nella città di Roma*, Rome, 1693, p. 19.

4 ID., *ibid.*, p. 109.

는 그리 중요하지 않은 것 같다. 왜냐하면 '유랑민'이라는 개념은 명확하지 않아 걸인을 포함하고 있었기 때문이다. 그러나 실제로 이것은 구걸 문제에 대한 접근 방식에서 특이한 변화가 있었음을 보여주고 있다. 양심의 가책은 사라졌고, 1561년의 교칙은 명확히 구걸을 위법 행위로 간주하고 있었다. 그럼에도 불구하고 억압적 조치의 시행과 함께 사회부조를 재조직하기 위한 시도도 이루어졌다. 구걸 금지, 유랑민 추방이라는 억압적 원칙과 병자와 불구자에 대한 자선의 원칙이라는 두 원칙의 실행을 감시할 담당 공무원이 임명되었다. 모든 걸인, 유랑민, 그리고 '직업이나 수입이 없는 사람들'이 선별 작업을 위해 한 장소에 소집되었다. 어떤 사람들은 병원에 배치되었고, 몸이 성한 사람들은 적합한 일자리를 찾았다. 그러나 이 조치들의 실행은 만족할 만한 결과를 낳지 못했다. 피우스 4세의 계승자들 역시 여전히 이러한 문제에 직면해야만 했다.

피우스 5세(1566~72)는 무엇보다도 병자와 궁핍한 가구를 대상으로 하는 자선 활동을 위해 노력했다. 그는 도시의 네 구역을 특별히 지정해 빈민과 걸인을 집중시키려는 계획을 세웠다. 공식적인 차원에서 이 계획은 실용적 성격을 띠고 있었는데, 그것은 자선의 분배를 용이하게 하기 위한 것이었기 때문이다. 그러나 이 계획은 궁핍 지역을 만들어 길거리에서 빈민들을 사라지게 하고 사회에서 이들을 고립시키려는 암묵적인 의도를 숨기고 있었다. 격리 원칙은 공동체에서 내쫓긴 사람들의 공간을 만들었는데 이는 게토 현상의 기원이 되었다.

그레고리우스 13세(Gregorius XIII, 1572~85)는 다른 방식으로 걸인을 격리시키려 했다. 그는 빈민 거주 지역을 만들지는 않았지만, 피우스 4세의 권고를 적용하려고 했다. 즉 그는 걸인을 수용하고 그들에게 식량을 제공하기 위한 종합병원의 설립을 명령했다. 이 임무는 삼위일체 형제회에 맡겨졌다. 형제회는 걸인 명단을 작성했으며 그들을 오래된 수도원인 성 시스토(San Sisto) 수도원 건물 중 하나에 수용했다. 병원은 수용소이자 작업장이었으며 몸이 성한 걸인들에게는 일거리가 주어졌다. 1581년 2월 27일, 형제회는 모든 걸인들을 모아 자신들의 병원으로 데리고 갔다. 이 엄숙한 행렬은 그레고리우스 13세와 식스투스 5세(Sixtus V, 1585~90)의 자선사업 연대기 작가이면서 이 사건의 증인이었던 카밀로 파누치(Camillo Fanucci)에 의해 화려하게 묘사되었다. 행렬의 맨 앞에는 빨간 옷을 입은 형제회의 고위 성직자와 성원 들이 촛불을 든 채 행진했다. 첫 번째 집단으로는 걸을 수 있는 걸인들이 두 명씩 짝을 지어 행진했다. 그 뒤를 맹인들이 따랐고, 뒤를 이어 불구자들이 몸이 성한 걸인들이 끄는 마차를 타고 행진했으며, 마지막으로 14대의 마차에 병세가 위중한 환자들이 탔다. 그의 글에 따르면, 걸인 850명이 새로운 보호소에 수용되기 위하여 도시를 가로질러 갔다고 한다.

행렬은 공적인 생활의 조직에서 중요한 요소였다. 그것은 인간의 행위에 신성함을 부여했으며, 신의 은총을 받기 위한 하나의 방식으로서 오랜 역사를 가진 것이었다. 행렬은 또한 지배적이거나 중요한 도덕적 가치를 공개적으로 드러내는 것이었다. 파누치에 따르면, 걸인의 행렬은 승리의 행렬 같았다고 한다. 이것은 기독교적 연민의 바로크적 승리를 의미했다. 이 행렬은 복잡한 사회적 현실과 역시 복잡하지만 정교하게 균형을 잡고 있던 빈민에 대한 정책 — 한편으로는 개인적 선행의 제거(이것이 펠레그리니 삼위일체 형제회 Arciconfraternità della Santissima Trinità de'Pellegrini의 체계적이고 조직화된 활동 목표였다)와 다른 한편으로는 빈민들을 병원에 감금하고 부조를 제공하는 정책 — 을 감추고 있었다.

성 시스토 병원의 설립은 성공적인 것처럼 보였다. 그러나 빈민의 대량 유입을 감당하기에는 불충분한 것으로 드러났고 부속 건물을 병원으로 바꾸어야 할 필요성이 제기되었다. 그러나 형제회는 운영 비용과 행정 사무를 감당하지 못하였고, 곧 이 기관을 책임져야 할 의무를 없애달라고 교황에게 요구했다. 그 결과, 병원은 문을 닫았고 도시의 거리 곳곳에는 다시 걸인들이 넘쳐났다.

그럼에도 걸인들을 특정한 장소에 소집하고 구걸을 금지하는 것은 로마 사회정책의 주요 경향으로 남았다. 식스투스 5세는 1587년의 교서에서 거리와 광장에 넘쳐나는 유랑민과 걸인들을 맹렬히 비난했다. 그는 그들의 비명과 신음이 교회에서의 기도를 방해하고 있으며, 그들은 오로지 굶주린 배를 채우기 위한 목적으로 먹이를 쫓는 짐승처럼 배회하고 있다고 말했다. 또한 그들 중 대다수는 보시를 얻기 위해 환자로, 노동을 피하기 위해 불구자로 변장하고 있다고 비난했다. 이러한 비난은 로마의 거리에서 구걸할 경우 갤리선으로 추방되는 형벌이 정당하다는 것을 논증할 때의 주요 논지였다. 교황의 명령에 따라 시스토 다리 옆에 빈민을 위한 새로운 병원이 건설되었고 1,000명 이상의 걸인이 수감되었다. 이때도 예전과 마찬가지로 병원의 활동 기간은 짧았다. 식스투스 5세가 죽고 나서 이전 상황이 다시 재현되었으며 병원은 약 150명만을 수용했다. 이후 흉작으로 심각한 식량 부족을 겪은 1590년에 다시 수용인이 1,000명으로 증가하였다. 그러나 이해는 매우 예외적인 해였고 도시에는 유랑민과 집시들을 추방한다는 격문이 붙었다.

　교황청은 17세기 말에 거리에서 걸인들을 추방하기 위한 조치를 다시 시행했다. 인노켄티우스 12세(1691~1700)는 라테란 교황청 내에 빈민 종합병원(Ospizio Generale de' Poveri)을 설립했고 공공장소에서 하는 구걸과 걸인에 대한 보시를 매우 엄격하게 금지하였다. 또한 특별위원회에 개혁 추진과 호스피스 활동에 대한 감독을 맡겼다. 한편 조사를 통해 빈민들의 명단을 작성하였고 이들을 한 장소에 집결시켰다. 또다시 개선 행렬과 걸인들의 엄숙한 행렬이 도시를 가로질러 수용소까지 이어졌다. 그들은 그곳에서 신체적 조건에 따라 다양한 노동을 하게 될 것이었다. 직물을 짜고, 양말과 신발을 만들며, 목재를 다루는 일이 그들에게 제공될 터였다. 인노켄티우스 12세의 계승자들은 이러한 정책을 유지하고 발전시키기 위해 노력했으며, 아동과 노인들을 위한 보호소를 설치하기도 했다. 그러나 이러한 정책은 계속되는 예산 부족으로 어려움을 겪었다. 또한 이 정책은 수용을 거부했던 걸인들과 개인적으로 선행을 하던 자선가들의 저항에도 직면했다. 1774년의 교황령은 당국이 모든 노력을 기울였지만 항상 거리에서는 걸인과 유랑민이 있었음을 보여준 다. 그럼에도 빈민의 '수용'이라는 개념은 이미 로마의 사회정책의 한 요소가 되었다.

이러한 정책의 실행은 초기부터 무력 사용을 동반했다. 걸인들은 호스피 스에 감금되는 것을 투옥으로 여겼다. 1581년에 걸인들이 자유와 구걸할 권 리를 되찾기 위해 교황에게 은화 2,500탈러라는 막대한 돈을 제의했다는 소 문이 있었다. 이는 거짓말에 불과하겠지만, 사람들이 당시의 정책에 대해 억 압적이라고 느끼고 있었음을 잘 보여준다. 실질적으로 이러한 정책은 지속적 인 경찰의 감시가 필요했다. 시 근위대는 항상 거리에서 유랑민과 걸인들을 쫓아다녔다. 그들은 걸인들이 특히 나보나(Navona) 광장 근처에 모인다는 것 을 알고 있었고, 그곳에서 걸인들을 체포했다. 일제 검거 시기에는 빈민 집단 에 종종 섞여 있던 계절노동자와 유랑민을 구별하기 위해서, 그들은 아주 단 순한 방식을 채택했다. 그들은 노동을 한다는 증거로서 손이 거칠고 굳은살 이 있는 사람은 잡지 않았다. 주교이며 법학자였던 잠바티스타 스카나로티 (Giambattista Scanaroti)는 1655년 그의 논저에서 이 방식을 묘사했고, 이 시 대는 고대에서처럼 노동으로 거칠어진 손을 숭배하고 있다고 말했다.

계속해서 실시된 이러한 정책들의 운명은 중앙 집중화된 빈민 부조 제도 를 운영하고 구걸을 금지하는 것이 얼마나 힘든 일이었는가를 잘 보여준다. 그러나 이러한 어려움에도 불구하고 가톨릭 세계의 수도인 로마에서 걸인 감 금이라는 생각이 명확한 해결책으로 제시되었고 사회정책의 핵심적 부분이 되었다는 사실은 매우 중요하다. 교황의 교서에 인용된 논거와 경찰이 걸인 을 통제하기 위해 사용한 방법들은 교황청에 의해 취해진 조치가 얼마나 걸 인에 대한 반감에 기초하고 있었는지를 잘 보여준다. 이러한 적대적인 태도 는 가톨릭의 진동 속에 있던 유럽의 다른 국가들의 사회정책에도 영향을 끼 쳤다. 따라서 연민의 승리를 표현하는 로마의 행렬은 무엇보다도 걸인에 대한 승리를 상징적으로 나타내는 것이었다.

2. 생계 수단으로서의 노동, 처벌 수단으로서의 노동

함부르크의 강제 노동 보호소 입구에는 "나는 노동을 통해 살고 노동에 의해 처벌받는다"(Labore nutriorm laborer plector)라는 표어가 있다. 데사우(Dessau)의 노동 보호소 정문에는 "빈민과 악인을 위하여"(Miseris et Malis)라는 게시문이 있다. 1677년에 암스테르담의 여성 노동 보호소 주랑 밑에는 다음과 같은 말이 있었다. "두려워 하지 말라! 나는 악으로 복수하지 않으며 선을 추구한다. 나의 손은 무겁지만 나의 심장은 사랑으로 가득 차 있다." 이러한 문구들을 '교정의 집'과 '노동 보호소'의 어두운 현실과 대조해보면 소름이 끼칠 것이다. 그러나 그 교훈성만을 따로 본다면 이것들은 사회정책의 새로운 흐름과 집단적 태도를 매우 잘 나타내고 있다. 빈민의 '수용'과 구금은, 자본주의적 발전에 들어선 국가의 노동 윤리에 대한 강한 긍정과 근대 형법 원칙의 변화와 관계가 있다. 범죄자와 실업 상태에 있는 빈민을 대상으로 하는 자유 박탈과 강제 노동이 재교육 정책에 반영되어 있는 것이다.

런던의 브라이드웰(Bridewell)은 이러한 종류의 정책을 체계적으로 적용하는 데서 선구적 역할을 했다. 강제 노동이 '몸 성한 걸인'과 유랑민에 대한 가장 효과적인 처벌 수단이라는 규칙은 이미 오랜 과정을 거친 사회정책의 결론이었고 이것은 브라이드웰의 창설을 가져왔다. 1552년에는 에드워드 6세(Edward VI)와 런던 주교인 니컬러스 라이들리(Nicolas Ridley)의 요구에 따라 특별 위원회가 만들어져 빈민에 대한 새로운 부조 정책을 위한 보고서를 작성했다. 위원회는 유랑민, 게으른 자, 기식자를 보호소에 감금해야 하며, 게으름의 습관을 없애고 못된 성향을 버리게 하기 위해서는 강제 노동이 필요하다고 생각했다. 1557년 이전에 헨리 8세의 옛 저택인 브라이드웰에는 그러한 보호소가 창설되어 있었다. 브라이드웰이라는 이름 자체가 '노동의 집' 개념과 아주 밀접한 관련성이 있었기 때문에 얼마 지나지 않아 이 둘은 거의 동의어가 되었다. 이 명칭은 왕국의 전 영토에서 그대로 채택되었고 곧 이어 브라이드웰이라는 이름을 가진 노동의 집 200개가 생겨났다.

브라이드웰은 엄격한 감시와 통제가 있는 수공업 공장처럼 운영되었다. 노동력 모집이 강압적 성격을 띠고 있었으므로 이 기관은 지속적인 통제와 구금이라는 원칙 아래서만 작동할 수 있었다. 1552~53년의 개혁 이후에 유랑민에 대한 억압과 런던 부조 정책의 실행은 특별 병원들이 나누어 맡았다. 브라이드웰에 모인 유랑민들 가운데 환자들은 성 바르톨로뮤 병원이나 성 토마스 병원으로 보내졌다. 이 병원들은 억압 제도의 네트워크에서 일부를 차지했다. 예를 들면 성 토마스 병원에서 회복된 후에도 노동을 거부하는 사람이 있다면 채찍질 형에 처했으며 모든 병원들은 구걸 금지가 지켜지는지를 감시했다. 그러나 브라이드웰은 노동의 장소이므로 이러한 새로운 병원 체제의 틀에서 특별한 위치를 차지했다. 길드의 전반적 감시 속에 수공업 장인들이 지도하는 전문적 작업장이 그곳에 만들어졌다. 예를 들면 한 직물 작업장을 책임졌던 포목상은 브라이드웰 행정가의 감시를 받으면서 원재료 공급, 장비 상태 감시, 그리고 상품 유통을 책임졌다. 이들은 생산된 제품의 구입에서 우선권을 가졌다. 이러한 규칙은 과도한 경쟁으로부터 이 지역 장인들을 보호하기 위한 것이었다. 작업장에 배치된 요리사들은 노동자들의 음식을 준비했다. 말을 듣지 않는 유랑민들은 방앗간과 빵집에서 일했는데, 그곳의 노동은 매우 고되면서도 특별한 기술이 필요하지 않았다.

원래 브라이드웰의 역할은 직업이 없는 '몸 성한 걸인'들을 고용하는 데 있었다. 그러나 실직자들이 너무나 많이 '교정의 집'으로 몰려들게 됨에 따라 모든 사람들에게 노동을 제공할 수는 없었다. 이 기관의 수감자들에 대한 통계는 그들 대부분이 런던과 그 주변 출신임을 보여준다. 대부분 젊은이들이었다. 1602년의 장부에 따르면 연령이 명확히 기재된 37명 중에서 단 한 명만이 21세를 넘었다. 피고용인의 대다수는 남자들로 그 수는 전체의 70퍼센트를 넘었다. 그들 대부분은 이전에 직인이나 하인이었다. 실제로 걸인의 강제 노동 문제는 실업 문제와 관련이 있었다. 브라이드웰은 새로운 직업을 만들어서 이 문제를 해결할 수 없었으며 계속해서 예산상의 어려움을 겪었다. 17세기 초에 약 1,000명의 유랑민들이 브라이드웰을 거쳐 갔다. 그러나 그들을 모두 고용할 수는 없었다. 따라서 그들 대부분은 재판과 처벌을 받았으며 해고되었다. 브라이드웰의 교정 역할이 강화된 것은 이런 이유에서였다.

런던 병원의 한 행정가는 1587년의 보고서를 통해 런던에는 부조를 받아야 할 사람들의 수가 너무 많아 도시가 병원이 된 것 같다고 말했다. 그는 실업 상태인 하인, 직공, 퇴역 군인, 그리고 '훌륭하고 정직한 젊은이'들이 유랑민, 걸인, 도둑, 건달들과 함께 생활할 수밖에 없는 브라이드웰의 구조를 매우 신랄하게 비판했다. 그곳에서는 "선과 악을 더 이상 구별할 수 없게 되었으며 브라이드웰의 이름은 〔이 기관에 대한〕 모든 신뢰가 영원히 사라져버릴 정도로 민중에게 큰 불쾌감을 주고 있다"[5]고 했다. 그는 자신의 목적이 걸인과 게으른 자들에 대한 처벌의 필요성을 다시 문제삼으려는 것이 아니라 도덕적 교정이라는 임무를 가진 기관이 타락의 장소가 된 사실을 환기시키려는 것이라고 말했다.

많은 증거들에 따르면 이러한 가혹한 비판은 정당한 것으로 보인다. 직업 교육과 노동을 통해 걸인과 창녀를 교정하려는 사회교육 프로그램은 점차로 브라이드웰에서 비효율적인 것이 되었다. 17세기 상반기의 브라이드웰 수감자 명단을 보면 재범 비율이 매우 높았음을 알 수 있다. 1602년에 브라이드웰에 구금된 유랑민 중 재범자의 비율은 22퍼센트였지만 1631년에는 29퍼센트가 되었다. 1602년에 체포된 유랑민 중 한 사람은 마흔 번이나 수용소에 수감되었다고 고백했고, 12세인 다른 아동은 열두 번이나 붙잡혔다고 말했다. 강

---

5 *Tudor Economic Documents*, R. H. Tawney, E. Power, éd., London, 1924, t. III, pp. 431, 439.

제 노동을 시키는 것은 그 비용이 너무 많이 들어 유지 비용이 이득을 훨씬 초과했다. 수감자들에게 도덕적 '교정' 프로그램을 실시하는 것도 더 이상 쉽지 않았다. 브라이드웰에서의 격리는 다른 모든 감옥처럼 그들의 비사회적 태도를 교정하지 못했고 오히려 강화하는 데 기여했다. 브라이드웰의 역할은 사회의 정상적 규범을 거부하는 사람들을 격리하는 것이지만, 곧 이들을 식민지로 추방하는 것도 한 방법으로 고려되었다. 1618~19년에 행정가들은 9~16세 아동 99명을 버지니아(Virginia)로 추방했다. 이후에도 버지니아, 버뮤다(Bermuda) 혹은 바베이도스(Barbados)와 같은 곳으로 계속해서 추방이 행해졌다.

영국에서 노동수용소(Workhouse) 체계가 만들어진 것은 17세기 말에 이르러서였는데, 이 조직은 합리적인 경제 원칙에 의존하고 있었기 때문에 처벌이나 교정 프로그램을 효과적으로 실시할 수 있었다. 이 노동수용소의 전문 생산 분야는 직물 산업, 특히 양모 제사 산업이었다. 카테리나 리스와 후고 솔리는 영국 노동수용소의 경제적 효율성과 직물 산업 구조의 불균형 사이에 어떤 관련이 있는지를 지적했다. 1760년대의 기술 혁신이 일어나기 전에 양모 제사 분야는 직물 산업의 발전을 가로막고 있었다. 따라서 제조업자들은 양모 제사 생산량을 증가시키고자 하였는데, 노동수용소에서 낮은 가격으로 생산할 수 있게 되자 이 분야에 집중하게 되었다. 18세기 상반기에 영국은 약 200여 개의 노동수용소가 있었고 1723년에는 강제 노동 체제에 복종하지 않는 빈민에 대해서는 교구가 부조를 하지 않아도 된다는 법이 통과되었다.

노동을 통해 처벌하고 교육한다는 사회정책은 근대적 자선 개혁에 그 기원을 두고 있다. 핵심적인 원칙들은 비베스, 토머스 모어, 그리고 프리치 모제프스키 등에 의해 이미 제시되었다. 그러나 인문주의의 이러한 이론적 원칙들이 점차 현실에 적용되는 방식과 그 과정에서 나타난 다양한 경험들은 이 싱과 현실 간에 큰 격차가 있음을 보여주었다. 호스피스, 감옥, 강제 노동 기관의 최초 모델이었던 브라이드웰 창설 시기와 17세기 말 영국의 노동수용소의 설립 시기 사이에 유럽 대륙에서도 다양한 시도들이 행해졌다.

특히 네덜란드의 '교정의 집'이 유명했다. 네덜란드의 인문주의자 디르크 보케르츠 코른헤르트(Dirck Vockertsz Coornhert)는 1587년에 출간한 글 속에서 사회정책과 형벌은 강제 노동과 자유 박탈이어야 한다고 주장했다. 암스테르담의 명사들은 이러한 사상을 실천한 최초의 사람들이었다. 우선 그들은 남자 노동수용소인 라습하위스(Rasphuis)와 여성 노동수용소인 스핀하위스(Spinhuis)를 세웠다. 남성 수용소에서는 주로 브라질 나무를 강판으로 갈았고 여성 수용소에서는 여성과 아동들이 실을 잣고 바느질을 했다. 암스테르담에서는 두 기관의 뒤를 이어 다른 기관들이 특별히 산업 지역에 세워졌다. 이 기관들이 값싼 노동력의 원천이 되자, 설립 초기의 사회교육적 동기는 점차 사라졌다. 이곳에서 노동자들은 집단을 이루어 일을 했고 임금을 받았다. 노동시간은 엄격히 지켜졌고 기도나 종교교육 시간도 따로 마련되었다. 암스테르담의 이 기관은 무엇보다도 형벌 제도의 성격을 띠고 있었다. 빈민뿐만 아니라 비행 청소년도 그곳에 감금되었다. 라습하위스에서 징역형은 품행이 단정한 경우에 12년에서 8년으로 단축되었다.

'게으름'을 없애는 것은 노동수용소의 주요 임무 중 하나였고 가혹한 방식으로 실행되었다. 암스테르담에서 재범자는 물이 천천히 채워지는 지하실에 감금되었다. 익사하지 않기 위해서 죄수는 끊임없이 그에게 주어진 펌프로 물을 빼내야만 했다. 이러한 방식은 게으름을 없애고 노동 습관을 갖게 하려는 것이었다.

네덜란드의 교정의 집을 모방한 유사 기관들이 독일에서도 나타났다. 17세기의 처음 10년 동안에 노동의 집은 브레멘과 뤼베크에 세워졌고 함부르크에서는 1620년대에 만들어졌다. 17세기의 마지막 30년 동안에 노동수용소는 이미 제국에서 크게 증가해서 이를 몇몇 도시에서 찾아볼 수 있었다. 그중의 하나가 1670년에 브레슬라우(Breslau)에 설립되었다. 영국에서처럼 이러한 기관들은 시 당국에 의해 운영되면서 재정 지원을 받았다. 그렇지 않은 경우에는 생산을 조직했던 제조업자들에게 임대되었다. 교정의 집은 처벌적·교육적 기능에 더하여 지방 경제에 필요한 물품을 생산해야 했다. 이 사업의 지속적인 운영과 새로운 기관의 설립은 경제적 유용성과 노동시장의 상황에 달려 있었다.

몇몇 역사가들은 노동수용소가 신교가 우세한 국가와 지역에서 사회정책의 필수적인 요소로서 채택되었다는 사실이 매우 의미심장하다고 생각했다. 그들은 처벌과 부조, 교육과 경제적 수익성을 결합시키려는 제도의 발전 뒤에는 신교의 노동 윤리가 자리 잡고 있다고 주장했다. 독일 학자 뮐러아르마크(A. Müller-Armack)는 쾰른, 뮌스터, 파더보른, 뷔르츠부르크, 밤베르크, 파사우에서의 가톨릭 노동수용소는 18세기가 되어서야 창설되었음을 지적했다. 실제로 편차는 충격적이었다. 한편에서는 63개의 신교 노동수용소가 있었던 데 비해 다른 한편에서는 겨우 몇 개의 가톨릭 노동수용소가 존재했다.

사실 사회정책에 강제 노동을 포함시키고 그것을 구걸에 대한 투쟁 수단으로 사용한다는 생각은 신교의 발명품이 아니었다. 이미 우리가 보았던 것처럼, 이러한 방식의 유용성은 16세기 로마의 거리에서 빈민들을 제거하려 했던 교황의 계획을 통해 널리 알려져 있었다. 또한 강제 노동은 가톨릭의 사회적 교리와 가톨릭 시 당국이 실행했던 지역 프로그램에서 중요한 역할을 담당하고 있었다. 빈민의 '감금'과 '노동에 의한 재교육' 정책의 다양한 모습들은 그것이 적용되는 사회문화적 맥락에 의해 결정되었다. 이러한 정책은 무엇보다도 경제적으로 가장 발전된 지역에 뿌리를 내렸다. 그리고 이 지역들에서는 주로 신교가 지배적이었는데 왜냐하면 신교의 노동 윤리에 따른 행동 유형들이 떠오르는 산업사회의 요구에 잘 들어맞았기 때문이다.

3. 프랑스의 종합병원과 '대감금'

근대의 집중화된 사회부조 제도는 노동을 통해 빈민의 삶을 변화시킬 수 있다는 생각에 기반을 두고 있다. 푸코가 제기한 것처럼, 17세기에 빈민 감금 정책의 사회-심리적 원천은 경찰력에 의한 강제와 기독교 이상을 결합시킴으로써 완벽한 질서에 도달할 수 있다는 하나의 '사회적 행복 신화'에 놓여 있었다. 17세기 가톨릭 프랑스의 빈민에 대한 '대감금' 현상은 이를 잘 보여준다.

빈민을 격리하고 강제 노동시킨다는 생각은 16세기 사회정책의 이론과 시 당국의 경험에 뿌리를 두고 있었다. 17세기 초 왕국의 경제를 책임지고 있던 바르텔레미 드 라페마(Barthélemy de Lafférmas)는 구걸과 유랑을 억압하기 위한 정책을 추진했는데 거기에는 두 개의 '공공 마을' 창설이 포함되어 있다. 하나는 남자를, 다른 하나는 여자를 위한 이 마을에서 노동은 의무적이었으며 자발적으로 복종하지 않는 걸인들에게는 강제력이 행사되었다. 그러나 빈민의 실질적인 격리는 종합병원 창설을 통해 나타났다.

마리 드 메디치(Marie de Medici) 시대에 세 곳의 보호소가 파리의 걸인들을 한곳에 모으려는 목적으로 창설되었다. '구금 빈민 병원'(Hôpital des pauvres Enfermez)이라는 이름으로 알려진 이 병원은 빈민의 격리라는 체계적인 정책을 향한 첫 행보였다. 1611년 가을에 구걸을 금지하는 공지가 내려졌다. 외지 빈민에 대해서는 도시를 떠나라는 명령이 내려졌으며, 거주 빈민은 즉시 일자리를 찾거나 법령이 정한 날짜에 생제르맹 광장에 모인 후 보호소로 이동해야 했다. 법의 적용과 부조 정책의 실행을 기록한 책자가 6년 후에 출판되었는데, 이것을 보면 "도시에 있던 8만~10만 명의 빈민들 중에서 정해진 날 광장에 모인 빈민은 단지 91명이었다"고 한다.[6] 그러나 파리의 거리는 삼엄한 감시 아래 있었고 결국 먹을 것을 찾지 못한 걸인들은 보호소로 들어가야만 했다. 6주 후에 빈민 800명이 그곳에 감금되었다. 1616년에는 2,200명이 수용되었다. 자선을 베푼 부르주아들은 벌금을 내야 했다. 구걸하다가 현장에서 체포된 여성들은 광장에서 공개적으로 채찍질과 삭발을 당했으며 남자들은 감옥에 갇혔다.

특별 법령이 이 기관의 운영 원칙을 규정하고 있었다. 남자들은 방앗간, 양조장, 제재소, 그리고 '다른 중노동 장소'에서 일을 했다. 여성과 아동은 실을 잣고, 양말을 만들고, 단추를 다는 일 등을 했다. 감독관 한 명이 날마다 그날의 작업량을 할당했으며 이를 채우지 못한 사람들은 처벌을 받았다. 처벌은 음식 배급이 반으로 줄거나, 병원에서 추방되어 감옥에 감금되는 것이었다. 보호소의 질서 유지는 행정가와 간수뿐만 아니라 20명을 통솔할 수 있도록 특별히 지명한 걸인들이 담당했다. 건설업자들은 노동력을 구하기 위해 보호소를 찾았다. 그곳에서 일하는 걸인들은 임금의 4분의 1만을 받았으며 나머지 임금은 병원이 빼앗아갔다. 특별 경비대는 구걸을 금하는 법령이 잘 준수되는지를 감시했으며 유랑민을 체포하거나 감금할 경우에는 보상을 받았다.

이러한 강제와 제약에도 불구하고 당국과 일반 대중의 눈에 이 기관은 자선 기관으로 비쳐졌다. 병원에 들어가는 것은 일종의 특권이었다. 외지 걸인들은 여기에서도 배제되었으며 들어갔더라도 품행이 좋지 않은 사람들은 추방되었다. 여기서 쫓겨나는 것은 형벌을 받는 것을 의미했다. 추방당하면 상황이 더욱 나쁜 다른 장소로 이송되었다. 실제로 파리에서 체포된 유랑민들은 샤틀레 감옥에 수감되었다. '수감 빈민'에 관한 법의 첫 번째 조항은 파리에서 태어난 것을 증명하는 문서를 제시한 후 병원으로 들어가는 빈민과 '외지인으로 판단되어 처벌을 받아야 하는' 빈민들을 명확히 구별하고 있다. 앞서 언급했듯이 최초의 파리 대감금을 기록한 1617년의 책자는 이 제도의 목

---

6 Cf. Ch. Paultre, *De la répression de la mendicité et du vagabondage en France sous l'Ancien Régime*, Paris, 1906, p. 138.

적이 걸인에게 노동, 직업교육, 종교교육을 제공하기 위한 것이라고 강조했다. 자선과 종교적 감정의 존재는 실제로 감금 정책의 무시할 수 없는 측면이었다. 우리는 이미 종교적 성격을 띤 자선 활동이 실제로는 얼마나 사회적·정치적 동기에 의해 추동되었는지를 보았다. 여기에서 우리는 반대의 상황을 언급하고자 한다. 감시와 감금이라는 억압적인 조치들은 기독교적인 자선의 감정에 의해 자극되었고 빈민에 대한 강제 노동은 그들이 긍지를 느끼며 살도록 가르치려는 욕망에 의해 추동된 것이다. 역사적으로 보면 사람들에게 행복을 강요하려 했던 많은 사례가 있다. 따라서 이러한 억압 정책의 기원에 있는 의도를 고려하지 않는다면, 정책에 대한 사회의 긍정적인 반응을 이해하기는 어려울 것이다. 다소 가혹한 측면에 대해서는 비난하는 사람들이 있었지만 여론은 일반적으로 이 정책에 대해서 찬성하였고, 다양한 사회계층이 적극적 지지를 표시했다.

종교 전쟁 이후 종교 부흥 운동을 일으켜 가톨릭의 지위를 강화하려 했던 반종교개혁은 특히 자선과 사회부조에서 교회의 역할을 강조했다. 1620년대에 창설된 성사회(聖事會, Compagnie de Saint-Sacrement)는 비밀스러운 정치적·종교적 단체로서 프랑스 전역에 퍼져 있었는데, 유랑과 구걸과 같은 '빈민의 무질서'로 대표되는 '시대적 위험'에 맞서 십자군운동을 전개했다. 1631년부터 이 협회는 사회 프로그램의 일부로서 종합병원 내에 빈민을 감금하는 정책을 채택했다. 이는 최소 비용으로 빈민들에게 실질적 부조를 지원함으로써 자선 활동을 보다 효율적으로 만들고, 동시에 프롱드의 난 때와 같이 유랑과 연결되었던 사회 반란의 위협을 제거하기 위한 것이었다. "만약 태어날 때부터 부자를 위해 봉사할 운명을 타고난 빈민이 아무것도 하지 않은 채 구걸하고 떠돌면서 젊은 시절을 보낸다면 그는 곧 타락한 생활에 빠지게 될 것이다"라고 툴루즈의 종합병원 창설 계획을 기록한 소책자는 적고 있다. 종합병원의 창설 근거였던 '사회적 훈련' 계획은 이 책자에서 명백히 나타나고 있다. 1647년부터 툴루즈에서 실시된 구걸 금지, 감금, 아동을 포함해 모든 빈민에게까지 확장된 노동 의무 등은 이러한 계획의 효과적인 실현을 가능하게 했다.

왕국의 수도였던 파리에 종합병원을 창설하는 것은 성사회의 활동에서 가장 중요한 사업이었다. 이미 유사한 제도의 시도 덕택에 도시는 이에 대한 경험이 있었고, 사회 상황은 새로운 정책이 긴급하게 필요할 정도로 매우 심각했다. 17세기에 파리의 역사가였던 앙리 소발(Henri Sauval)에 따르면 빈민 인구는 4만 명에 육박했다. 성사회는 보시의 분배를 조직하고 교리를 가르쳤으며, 동시에 빈민에 대한 정기적 원조를 보장하기 위해 교구 형제회에 명령하여 종합연민소(Magasin Général Misérable)를 창설하게 했다. 1656년 5월 4일의 왕령에 의해 파리에 종합병원이 창설되었을 때 성사회 성원들은 병원의 이사직 26개 가운데 반을 차지했다. 이사회가 가장 먼저 한 일은 걸인과 유랑민을 체포하기 위해 민병대를 창설하는 것이었다. 구걸은 금지되었고, 구걸을 할 경우에는 초범에 대해서는 채찍질, 재범에 대해서는 갤리선으로 추방되는 형벌이 내려졌다.

1657년에 종합병원은 약 6,000명을 수용했는데 그들 대부분은 자발적으로 들어온 사람들이었다. 강제로 끌려온 걸인들은 소수였다. 개인적 자선의 금지와 가혹한 형벌은 충분한 위협 수단인 것으로 보였다. 걸인 감금에 관한 에마누엘 칠(Emanuel Chill)의 연구는 전통적 자선의 형태와 빈민을 구하려는 열망이 독실한 성사회 성원들의 이타적이고 헌신적인 노력과 당시의 종교적 담론에서 나타나고 있지만, 실제 종합병원이라는 불길하고 위협적인 기관에서는 이러한 개인적 연민이 차지할 공간은 없었다는 사실에 주목했다. 병원은 모든 사람을 수용할 정도로 크지 못했기 때문에 단지 일정 수의 빈민만이 들어갈 수 있었다. 그러나 도시의 모든 빈민들은 병원-감옥의 음울함과 이 기관이 수감자들에게 부과했던 법규 때문에 공포감을 느껴야만 했다. 노동 규율을 어기거나 종교적 의무를 이행하지 않은 수감자들은 채찍질을 당하거나 칼에 씌워지거나 병원의 지하 감옥에 감금당했다. 수감자들은 두건이 달린 회색 옷을 입었고, 그들의 옷에는 병원의 상징과 등록번호가 박혀 있었다.

적대자들에 의해 '경건파의 비밀 결사'로 불렸던 성사회는 이후 마자랭에 의해 해체되었지만, 병원들은 살아남아서 계속 번창하였다. 성사회에 소속되었던 다양한 병원과 빈민 보호소는 점차 독자적인 전문 영역을 발전시켜나갔다. 종합병원 전체의 행정 사무국이 있었던 연민병원(Pitié Hospital)은 주로 소녀들과 아동들을 수용했다. 1663년에 그곳에는 약 1,300명이 수용돼 있었는데 그중 236명이 침상에 누운 환자였고, 687명이 노동을 했으며, 소녀 351명과 소년 120명이 교육을 받았다. 살페트리에르 병원(Salpêtrière Hospital)—루이 13세 때 건설된 무기고(Arsenal) 건물에 들어선 병원—은 단지 여성들만을 수용했다. 이 병원에는 463개의 침상이 있었고 628명을 수용했다. 그 이후에 창녀를 위한 '교정의 집' 등이 추가로 건립되었다. 1666년에는 2,300명의 빈민 여성들이 수감되었고, 1679년에는 그 수가 거의 4,000명에 달했다. 상이군인을 위한 비세트르 병원(Bicêtre Hospital)은 17세기에 남성 병원이 되었는데 수용자 수는 1,000~1,400명에 달했다. 마지막으로 사보네리(Savonnerie)는 취학 연령의 소년들을 위한 병원이었고, 시피옹(Maison Scipion)은 임산부와 신생아를 위한 곳이었다. 전체적으로 파리 종합병원의 다양한 기관에 수감된 빈민 수는 17세기 말에 만 명에 이르렀다.

1666년부터 종합병원에는 작업장이 설치되었다. 같은 해에 출간된 소책자는 "강력한 저항에도 불구하고 현재 침상에 누운 환자와 몸이 불구인 자를 제외하면 일하지 않는 빈민은 없다. 노인, 불구자, 몸이 마비된 환자조차 일해야 한다. 노동이 보편화된 이후로 더 많은 규율, 질서, 그리고 종교적 헌신이 빈민들 사이에 자리 잡았다"고 기록하고 있다. 아동 보호소에서도 노동은 의무 사항이었고 시피옹에 수용된 임산부들도 직조와 편물 작업을 해야 했다.

이러한 기관들에서 고용은 세 가지 형태였다. 작업장들 중의 일부는 병원 자체가 운영하였고, 다른 일부는 회원들이 운영했으며, 나머지는 병원과 계약을 체결한 상인과 제조업자가 임대했다. 계약에 따르면 상인은 병원에 어느 정도의 돈을 투자해야만 했다. 동시에 수감자들이 다른 작업을 위해 외부로 '차출되는' 경우, 예를 들면 건축 공사장으로 가는 경우에 그들 수입의 3분의 2가 병원 금고로 들어갔다.

병원에서 수행된 노동에서 기억할 만한 중요한 점은 이것이 어떠한 이득도 남기지 못했다는 것이다. 1666년의 한 작가가 쓴 것에 따르면, "이러한 제조 활동은 병원 유지 비용을 감당하는 데에 충분하지 않으며 실질적인 이득도 가져다주지 않았다." 강제 노동은 수익성이 없었으며 병원 예산에 추가적인 부담만 야기하였다. 그럼에도 병원 당국은 기꺼이 추가적인 재정 부담을 지려고 했다. 왜냐하면 이 제도의 목적은 경제적 이득을 끌어내기 위한 것이 아니라 빈민에게 정직한 노동에 대한 가치를 주입하고 종교와 도덕을 가르치는 것이 목적이었기 때문이다. 1666년의 동일한 소책자는 이러한 정책의 효과를 다음과 같이 적고 있다. "많은 빈민들이 노동에 애착을 갖기 시작했고, 노동에 적응해가고 있다. 그러나 깊이 뿌리박힌 그들의 게으르고 천박한 태도는 종종 그들 자신의 약속뿐만 아니라 병원 통치자와 행정가들의 노력을 압도하기도 했다."[7] 그러므로 종합병원에서의 감금과 강제 노동은 노동 윤리를 재차 주입하기 위한 방법이었고, 무력, 위협, 공포가 그 수단이 되었다. 근대의 사회부조를 특징짓던 이러한 놀라운 억압 행위는 매우 정교화된 이데올로기를 가지고 있었다.

그러나 병원의 억압적이고 감옥과 같은 체제에 대해 점차 비난과 우려를 나타내는 사람들의 수가 늘어나기 시작했다. 창립자들 중에서조차 몇몇 사람들은 병원의 이 같은 운영에 반대하기 시작했다. 성사회의 뱅상 드 폴(Vincent de Paul)은 도시의 '외지 걸인' 추방 정책에 반대하는 태도를 보였다. 그는 처음에는 자신이 통제하던 비세트르와 살페트리에르를 병원으로 사용하도록 허가하는 등 종합병원의 창설에 노력했으나, 이 계획이 진척되기 시작하면서

---

7 ID., *ibid.*, p. 189.

점차로 반대의 입장으로 돌아섰다. 그는 빈민을 감금하는 정책이 신의 의지에 반할지도 모르는 일이기 때문에 종합병원의 감독직을 맡을 수 없다고 했다. 이러한 입장을 보인 것은 드 폴만이 아니었다. 17세기와 18세기 내내 프랑스의 다양한 종교 집단들은 감금 정책을 계속 비판했다. 감금 정책에 대해서는 대중도 적대감을 나타냈는데 일부는 물리적으로 걸인의 체포를 방해하기까지 했다. 종합병원의 창설을 명령했던 법령은 병원 관리에게 해를 끼치는 행위는 용인되지 않을 것이라고 명백히 규정하고 있었으며, 때로는 병원 관리들에게 무기 휴대를 허용하기도 했다. 빈민의 감금을 막기 위해 소란을 일으킨 사람들 가운데에는 직공, 하인, 노동자가 있었는데, 프랑스의 사회부조사(社會扶助史)를 연구한 장피에르 귀통에 따르면, 이들에게는 다양한 동기가 있었다. 사회적 연대감, 병원 작업장 창설로 인한 불공정 경쟁에 대한 분노, 당국에 대한 단순한 저항과 반감, 혹은 신성한 생활 조건으로서의 빈곤에 대한 존경과 연민이라는 전통적 태도의 표현 등을 그 동기로 들 수 있다. 또한 이러한 연대감은 높은 실업률과 노동시장의 불안정의 결과이기도 했다. 언제 실업 상태로 떨어질지도 모른다는 불안감, 그 경우 구걸을 해야만 살아갈 수 있다는 생각이 노동자들을 빈민의 편에 서게 만들었다. 감금이라는 위협이 그들 모두에게 존재했던 것이다. 아를레트 파르주(Arlette Farge)의 18세기 파리 경찰 문서에 관한 연구는 파리의 경찰들이 걸인을 추적할 때 대중의 소요와 폭력적 개입이 있었다는 것을 보여주었다. 예를 들면 1758년에 임금을 받으러 가던 포장공 250명은 경찰이 체포한 걸인 한 명을 도망치게 해주었다. 또 다른 걸인은 다음과 같이 도움을 요청했다. "석공들이여 나를 도와주시오!" 혹은 "친구들이여 나를 도와주시오!" 어떤 건설 노동자는 병원 근위대가 구걸하다가 잡힌 60대의 불구자를 끌고 가는 것을 보자 다음과 같이 외쳤다. "일하다가 지붕에서 떨어진 불행한 사람을 악당들이 체포했다. 그들은 다른 걸인들에게는 손도 대지 않았다." 당대인들은 걸인의 감금을 빈민 전체에 대한 법적 형벌로 생각했다. 실제로 걸인들은 죄수들처럼 갤리선으로 보내지

기도 했다. 1704년에 오를레앙의 재판관은 쥐시앙부르보네(Jussy-en-Bourbonnais)의 한 농민을 갤리선으로 보낸다는 판결을 내렸는데, 그 이유는 "걸인이며 유랑민인 이 자는 건강한데도 적선과 숙소를 거절한 사람들에게 집을 불태우겠다고 위협했기 때문"이라는 것이다. 이 사람은 갤리선에서 3년을 보내야 했으며 1707년에 도형수 병원에서 사망했다. 당국은 감금을 처벌이 아닌 자선적 감정의 표현이라고 생각했지만, 매우 양면적인 성격을 지닌 이러한 정책이 즉각적인 반발을 불러일으킨 것은 아주 자연스러운 것이었다.

혁명의 와중인 1789년 9월 초에 군중은 감옥을 공격했고 약식 판결을 통해 몇 명의 죄수를 석방시켰다. 군중은 100년 전과 마찬가지로 감옥과 같은 음울한 이미지에 싸여 있던 종합병원으로 쳐들어갔다. 파리 생활에 대한 '밤의 관찰자'였던 레스티프 드 라 브르톤(Restif de la Bretonne)은 병원 관리들과의 유혈이 낭자한 싸움과 살페트리에르에 수감된 여성들의 탈출을 묘사했다. 이 시기에 살페트리에르에는 약 8,000명의 수감자가 있었는데 그는 이중에서 소녀들을 위한 건물에 대해 다음과 같이 묘사했다.

불행한 사람들이 그곳에서 비참하게 살고 있다. 학교에서 소녀들은 항상 교사의 회초리를 맞고 있으며 아마 영원히 독신으로 살 것이다. 또한 그들은 불결한 음식을 먹고 산다. 소녀들의 유일한 희망은 누군가가 자기들을 데려가 하녀로 쓰거나 어떤 힘든 일에 견습공으로 삼아주는 것이다. 이 얼마나 불쌍한 인생인가! 정직하지 않은 고용주들이 조금이라도 불평을 하면 소녀들은 다시 병원으로 불려 들어가 처벌을 받는다. …… 무시당하고 모욕당하는 그녀들이 우연히 다시 사회로 나간다 해도 가장 비천한 대우를 받을 뿐이다.[8]

18세기에도 이러한 기관들은 계속해서 운영되었지만 사회정책은 큰 변화

---

8 N. Restif de la Bretonne, *Les Nuits de Paris*, choix de P. Boussel, Paris, 1963, p. 287.

를 겪게 된다. 억압과 부조에 대한 구별 없이 이 둘을 결합시켰던 17세기의 종합병원은 18세기에 들어와 비판의 대상이 되었다. 사회는 죄수로 판결을 받고 감옥에 수감되어야 할 직업적 유랑민과 부조와 고용 보장을 받을 만한 단순한 빈민을 구별하기 위해서 부조의 인문주의적 개혁을 요구했다. 이에 따르면 빈민들에게는 정당한 직업교육을 받을 기회가 부여되어야 하며, 병원 작업장에서의 강제 노동은 처벌로서만 적용되어야 했다. 당시에 파리의 종합병원은 프랑스 다른 지역에서 창설된 새로운 기관인 '걸인 수용소'(dépôt de mendicité)와 차이가 없다는 비난을 받았다.

18세기 대부분의 기간 동안 종합병원이 사회정책에서 차지했던 근본적 역할은 계속해서 국왕 법령에 반영되었다. 1724년의 법은 실업자들에게 병원으로 모이라고 명령했으며 병원은 이들을 위해 일자리(특히 공공사업의 일자리)를 찾아주었다. 구걸은 범죄로 간주되었다. 구걸을 하다가 체포되면 처음에는 종합병원에 적어도 두 달 동안 감금되었다. 두 번째인 경우는 최소한 세 달 동안 수감되었으며, 'M'*이라는 글자를 몸에 찍어야만 했다. 세 번째인 경우에, 남자는 5년 동안 갤리선으로 보내졌고, 여자 역시 종합병원에 최소한 5년 간 수감되었다. 재판소는 이 형벌을 종신형으로까지 연장할 수 있었다. 1764년과 1767년 사이에 걸인을 억압하는 또 다른 법령 두 가지가 공포되었다. 이에 따르면 6개월 동안 일하지 않으면서 그 이유를 설명해주는 증명서를 소유하지 않은 사람은 누구든지 유랑민 혹은 범죄자로 분류되었다. 한편 걸인 수용소가 세워져 유랑민과 '몸 성한 걸인'을 감금하게 되자 종합병원은 단순히 가난한 자만을 받아들이는 장소가 되었다. 1784년에 네케르(Necker)의 계산에 따르면, 33개의 걸인 수용소에 약 7,000~8,000명이 수용됐다. 1773년까지 파리의 납세구에서 걸인 1만 8,523명이 체포되었는데, 그중 1만 1,158명이 다시 자유를 찾았고 88명이 군대에 징집되었으며, 3,158명이 보호소에서 사망

---

* M은 걸인이라는 뜻의 'Mendiant'을 의미한다.

했고 1,963명이 도망쳤다. 구걸 행위로 빈민이 체포될 경우, 가족과 고용주가 그들을 찾으러 올 때까지 수용소는 일시적인 구금 장소를 제공했다. 유랑민과 직업적 걸인들만이 더 오랫동안 그곳에 수감되었는데 1785년의 법은 이를 가능하게 만들었다. 모든 죄수들은 새벽부터 해질 무렵까지 일해야 했다. 각 수용소는 이를 위한 작업장을 갖추었다. 수용소에서 소요와 분쟁은 계속 반복되었는데, 1782년에 렌(Rennes)에서 발생했던 것처럼 때때로 유혈 봉기로 이어지기도 했다. 동시에 수용소의 유지 비용은 충분치 못했으며 모든 지방은 이에 대해 불평했다. 진정서는 이 기관들이 구걸을 없애기에는 역부족이라고 밝혔다. 결국 혁명의 와중에 보호소는 사라지고 말았다.

'대감금' 정책은 근대 유럽 사회에 심각한 변화를 가져왔다. 자선과 억압의 결합이었던 이러한 부조 정책은 노동 윤리를 세우기 위한 중요한 전진이었다. 가톨릭 국가에서나 신교 국가에서나, 산업화 과정이 매우 발전된 지역에서나 느리게 진행되었던 농촌 사회에서나, 즉 경제 발전의 정도와 무관하게 노동은 경제적 삶의 구조에 사람들을 적응시키는 일종의 사회교육의 한 형태가 되었다. '공장제 수공업과 감옥'의 조합은 규율, 엄격한 규칙, 노동의 조직화와 함께 근대 공장의 운영 기반이 되었다. 그리고 공장의 외형적 측면—그 흔적이 20세기의 도시 풍경에까지 큰 영향을 끼친—도 감옥을 연상시키고 있었다.

제5장
현대와 빈곤

 현재에 가까워질수록 역사의 진행 속도는 더욱 빨라지는 것 같다. 사건들, 사건들의 진행 과정, 그리고 사람들의 태도는 더욱 명확해지고 잘 구별된다. 확실히 산업혁명이 사회 발전의 속도를 변화시켰으며 이러한 의미에서 역사의 속도가 빨라진 것이 사실이다. 그러나 다른 한편 최근의 사건들을 과거의 사건보다 더 중요하거나 분명한 것으로 인식하려는 자연스런 성향 때문에 과거에 대한 통찰이 왜곡되는 것도 사실이다.

 이 책에서 시도된 연구는 아주 먼 과거와 관련된 것이다. 즉 중세의 빈곤에 대한 교리와 사회적 현실 사이의 관계를 밝히고 빈곤에 대한 집단적 태도의 변화와 근대적 사회정책을 다루었다. 이는 거의 1,000년이라는 긴 시간에 걸쳐 발생한 변화였다. 바로 이 기간 동안 전(前) 산업 단계였던 유럽에서는 빈곤과 부에 대한 모든 태도와 근대 산업사회에서 확립되거나 등장할 사회정책들의 주된 요소들이 나타났다. 그러나 지난 200년 동안 부와 빈곤 사이의 양적 관계는 크게 변화했다. 연대 의식은 더 많은 집단으로 확장되었으며, 이제 빈곤 문제는 산업 발전의 맥락과 분리할 수 없는 것으로 인식되었다.

1. 빈곤화와 빈곤의 '발견'

마르크스가 18세기의 가장 위대한 경제사상가의 한 사람으로 생각했던 잔마리아 오르테스(Gianmaria Ortes)는 1744년에 다음과 같이 말했다. "국가의 부는 인구 규모에 상응하며 빈곤은 그 부에 상응한다. 한쪽의 노동은 다른 쪽의 게으름의 원인이 된다. 빈민과 게으름뱅이들은 부자와 노동하는 자의 필연적 산물이다."[1] 그는 빈곤이 사회질서의 일부분을 이루는 자연스러운 현상임을 말한 것이다. 그러나 이러한 주장은 기독교 사회의 노동 분업 체계 내에서 빈민의 필연적 위치를 강조했던 중세 교리와는 아무런 관계가 없어 보인다. 동시에 이 주장은 구걸과 유랑을 없애기 위해 근대 초의 사회경제적 문헌들이 다루었던 빈곤 현상에 대한 설명과도 달랐다. 18세기 하반기에 빈곤 문제에 대한 강조점이 바뀌었다. 이제는 빈민과 유랑민을 어떻게 제거할 것인가가 중요한 것이 아니라 대중 현상(phénomène de masse)으로서의 빈곤화의 원인을 조사하고 이해함으로써 근대 경제체제에서 빈민의 위치를 규정하는 것이 중요하게 되었다. 빈곤 문제에 대한 이러한 태도 변화는 이론적 고찰의 차원에 속하는 것으로서 당시의 지적 흐름의 맥락에서만 연구될 수 있다. 그러나 빈곤 문제에 대한 새로운 이론적 접근이 나타나는 데에 당시의 사회적 현실이 아무런 영향을 끼치지 않았다고는 말할 수 없다. 빈곤은 성격이 바뀌었고 빈민의 수는 대규모였기에 이로 인한 우려와 불안감이 이론적 성찰에 스며들었고, 역사적 진보의 본질에 의문을 던지게 만들었다.

18세기와 19세기의 사회적 발전 과정은 이전보다 더욱 다양한 방식으로

---

1 G. Ortes, *Della economia nazionale libri sei*, Venise, 1774.

전개되었다. 산업화는 변화의 속도를 빠르게 하는 데 기여했지만, 변화의 규모와 속도는 도시, 지역 혹은 국가의 구체적 상황에 따라 다양했다. 그러나 점차 교통수단과 상업의 발전, 노동력의 내부적 이동, 노동시장의 확장, 그리고 그 이후 고용주들과 노동자들의 연대 체제가 행사하는 압력 덕택에 일정 정도의 균형이 확립되었다. 즉 이러한 요인들 덕분에 임금과 가격의 현격한 격차는 사라지게 되었다. 물론 통계 자료에서 나온 평균적 수치들은, 생산 중심지, 도시, 지역 혹은 산업 부문의 급작스러운 번영과 퇴락의 순간들을 반영하지 못하고 있다. 경제 위기도 예상치 못한 결과를 가져올 수 있었다. 이전 시기, 즉 자본의 본원적 축적기에서 벗어나 있던 시기에도 빈곤이 도시화 혹은 산업화의 발전에 유리하게 작용했던 사실은 이미 관찰한 바 있다. 그러나 논쟁을 야기하는 보다 근본적인 문제는 근대사회의 생활수준이 전반적으로 향상되고 있는가 아니면 하락하고 있는가에 있다. 이 문제는 이중적이다. 한편으로는 빈곤화와 자본주의의 탄생 사이의 관계라는 역사적 측면과 관련이 있다. 그리고 다른 한편으로는 절대적 의미에서 대중의 빈곤화가 자본주의 발전의 직접적이고 불가피한 결과인가라는 보다 일반적인 사회경제적 측면과 관계가 있다.

마르크스는 자본주의 사회에서 나타나는 다양한 형태의 상대적 과잉인구에 주목하면서 빈곤 현상에 대한 분석을 시도했다. 그는 하층 무산계급(sous-prolétariat)을 배제한 채, 빈민을 세 범주, 즉 노동 능력이 있는 자, 아동, 노동이 불가능한 가난한 자로 구분했다. 마르크스에 따르면 빈민 계층(milieu pauvre)은 '노동 현역군의 상이군인 집합소'(l'hôtel des invalides)이자 '산업예비군의 사중'(死重, poids mort)*이었다.[2] 즉 그는 상시적인 빈곤이 자본주

---

* 마르크스는 상대적 과잉인구의 가장 밑바닥에 침전되어 있는 부분이 '피구휼 빈민'으로, 산업예비군의 사중(死重)을 이루고 있다고 했다. 그 제1부류가 노동 능력을 가진 사이고, 제2부류는 고아나 빈민 아동 등으로 이들은 산업예비군의 후보자로서, 호황기에 급속히 현역에 편입되는 층이며, 제3부류로는 노동 능력 없는 자, 육체적으로 쇠잔해진 자, 산업의 희생자, 장애인, 병자 등이 있다고 했다.

의 생산의 필수 조건이라고 생각했다. 따라서 빈곤 문제는 자본 축적에 대한 총체적 분석의 일부분으로 다루어졌다. 당시 가장 산업화된 나라였던 영국의 사회경제적 현실은 "한쪽 극단에서의 부의 축적이 동시에 다른 쪽 극단에서의 빈곤, 고통, 무지, 우둔화, 도덕적 타락, 노예제 축적"[3]이라는 것을 잘 증명해주고 있다.

필요악으로 간주된 빈곤은 18세기와 19세기 초의 수많은 사상가들, 즉 사회 현상에 대한 관찰자들의 성찰 대상이었다. 1740년에 프랑스의 의사이며 윤리학자였던 필리프 에케(Philippe Hecquet)는 "일국의 빈민은 그림의 음영과도 같다. 그들은 그림의 대비 효과를 위해 반드시 필요한 존재들이다"라고 썼다.[4] 영국 성공회의 성직자였던 조지프 타운센드(Joseph Townsend)는 1786년의 「구빈법에 관한 논문」(Dissertation on the poor laws)을 통해 무엇보다도 빈궁이 존재하기 때문에 가장 고된 일에 지속적인 노동력이 공급되고 있다고 주장했다. 그는 굶주림이 "부드럽고 조용하지만 끊임없는 압력을 가하면서 사람들로 하여금 열심히 일하도록 만든다"고 생각했다. 그에게는 "굶주림이야말로 노동의 가장 자연스런 동기"였다. 이미 18세기 초에 버나드 맨더빌(Bernard Mandeville)도 『꿀벌의 우화』(Fable of the Bees)*에서 단지 빈궁만이 노동력 공급을 보장한다고 이야기했다. "다른 방도가 있다면 어느 누구도 가난해지기를 원치 않으며 어느 누구도 생활비를 벌기 위해 열심히 일하지 않을 것이다. 사람들을 고생시키는 결핍은 먹고 마시는 것에 관련된 것이다. 게다가 추운 날씨에는 옷과 거처를 마련해야만 한다. 이러한 결핍이 없다면 어느 누가 고생하면서 노동하려고 할 것인가." 빈곤의 필요성을 주장한 후에, 맨더빌은 "노예를 소유할 수 없는 자유 국가에서 가장 확실한 보물은

---

2 K. Marx, *Le Capital*, Paris, 1976, 1. Ⅰ, VIIᵉ partie, chap. xv, 4, p. 464.

3 ID., *ibid.*, p. 466.

4 Cf. J. Kaplow, *The Names of Kings, The Parisian Labouring Poor in the Eighteenth Century*, New York, 1971; trad. franç., *Les Noms des rois*, Paris, 1974, p. 59.

마음대로 사용할 수 있는 수많은 빈민들의 존재"라고 결론을 내렸다.[5]

당시 널리 퍼져 있던 빈곤에 직면해서 사람들은 빈곤을 사회적 기능이 분배되는 과정의 자연스럽고 불가피한 결과, 혹은 필요악으로 간주했다. 맨더빌은 "토지에 저주가 내린 이후에, (우리는) 땀을 흘려서 얻을 수 있는 빵 외에는 어떤 다른 빵도 가질 수 없게 되었다"고 말했다.[6] 다른 주장에 따르면 빈곤은 특히 공공질서에 대한 위협, 혹은 사회 체제의 올바른 운영에 대한 질곡으로 묘사되었다. 사회사상의 이러한 경향은 맬서스의 저작에서도 잘 나타난다. 그는 빈곤의 원인을 노동인구의 과잉에서 찾았고, 인구의 증가가 통제 불가능할 정도로 빨라지면 빈곤은 더욱 대규모화하여 사회에 불안을 가져올 것이라고 보았다.

산업화는 이전 시기에 빈곤화의 주요 원인이었던 농업 이민자들을 대부분 흡수했다. 그러나 동시에 산업화는 빈곤의 성격을 바꾸었다. 이후 도시와 농촌 프롤레타리아로 구성된 노동인구가 사회의 빈곤 영역을 형성하게 되었다. 노동자의 위치는 빈민의 위치와 동일하게 여겨졌다. 노동자들의 생활 조건과

---

* 버나드 맨더빌(Bernard of Mandeville, c. 1670~1733)은 영국의 의사이자 도덕사상가로 '개인의 악덕, 사회의 이익'이라는 부제가 붙은 풍자시 『꿀벌의 우화』(The Fable of the Bees)를 1714년에 발표해 인간의 도덕적 약점과 아욕(我慾) 등에서 비롯되는 소비가 부의 증대와 실업의 해소 그리고 국가의 경제 발전을 가져온다고 주장했다. 그 내용을 보면, "벌의 왕국이 있었다. 왕과 귀족은 막대한 빚을 지고 있으면서도 사치스럽게 살았다. 그때 한 성인이 나타나서 이를 비판하자, 벌들은 잘못을 깨닫고 소박하게 살기로 했다. 호화로운 의복을 팔아 빚을 갚았으며 검소한 생활을 했다. 나무 구멍으로 이사를 갔고 군대도 해산했다. 그러던 어느 날 자신들의 식민지였던 곳의 벌이 공격해 와서 착한 벌을 모두 잡아가 노예로 부렸다." 맨더빌은 여기서 지나치게 검소한 생활을 일관하면 경제가 더 어려운 상황으로 접어든다는 점을 꼬집었다. 국민이 저축을 하기 위해 갑자기 사치스러움을 포기하고 군비를 축소하면 노동자들이 모두 일자리를 잃게 된다는 것이다. 훌륭한 성품만으로는 국민 생활이 윤택해질 수 없으며, 유효 수요의 창출이 부를 가져온다는 그의 주장은 당시에는 매우 신선한 것이었다.

5 B. de Mandeville, The Fable of the bees or Private vices, public benefits, with an essay on charity and charity-schools, and a search into the nature of the society, 1705~1723, London, 1705; trad. franç., La Fable des abeilles, Paris, 1740, t. II, p. 82.

6 ID., ibid., p. 79.

주거 조건, 건강 상태, 많은 수의 가족 구성원, 그들의 외관, 사회적 행동은 빈곤(indigence)의 특징을 띠고 있었고 이로 인하여 그들은 빈민과 동일하게 간주되었다. 프롤레타리아화 과정은 너무나 빠른 속도로 일어났다. 1790년에 프랑스는 농촌 프롤레타리아가 이미 인구의 약 40퍼센트를 점했으며, 도시에서는 임금 생활자가 전체 거주민의 45~60퍼센트를 차지했다. 노동자를 '빈민'으로 간주하면서 빈곤의 사회적 범위는 크게 넓어졌고 빈곤화는 이제 대중 현상이 되었다.

노동자의 점진적인 지위 하락을 가져온 요소 중에서 실업은 특히 중요한 위치를 차지한다. 1784년에 리옹의 성직자들은 도시의 주요 생산 부문이었던 견직물 산업이 맞닥뜨린 어려운 상황에 대해 우려를 표시했다. 이 산업은 원재료의 확보 가능성, 시장의 변동, 다른 중심지와 경쟁뿐만 아니라 대외 무역에 대한 국왕의 결정에 의해 좌우되었다. 고용 수준도 이에 상응하여 계속해서 변화했다. "예를 들면 오늘은 노동자 6만 명이 있어야 겨우 일을 마칠 수 있지만 내일이면 2만 명도 고용할 수 없다." 모든 변동은 매우 심각한 사회적 결과를 낳았다. 실업에 대한 강박관념은 노동계급의 삶이 되었다. 이 때문에 부조 대상자 명단에는 종종 노동자, 특히 그들의 부인과 아이들의 이름을 쉽게 확인할 수 있었다.

가격의 서로 다른 변동도 대중의 생활수준을 악화시켰다. 폴란드 역사가 비톨트 쿨라는 '빈민'의 물품이었던 식료품이 필수적이지 않은 물품이었던 사치품보다 훨씬 빨리 가격이 올랐음을 보여주었다. 또한 주기적으로 봤을 때 가격의 상승 기간은 일반적으로 가격의 하락 기간보다 더 길었다. 부자들의 예산에서 중요한 위치를 차지했던 사치품의 가격은 상대적으로 때로는 절대적으로도 하락했는데 이것이 사회적 불평등을 확대시켰다. 이후의 경제 발전 단계에 들어서서야 기본적 생필품 이외의 상품 소비가 어느 정도 일반화됨으로써 위의 요인이 대중의 빈곤화에서 차지하는 중요성은 다소 줄어들 수 있었다.

19세기에 유럽의 사회 현실을 관찰해보면 노동계급의 물질적 상태가 계속해서 나빠지고 있음을 알 수 있다. 빈곤 과정의 성격에 대한 긴 논쟁에서 몇 가지 사실을 확인할 수 있다. 매우 단순해 보일지 몰라도 세 가지 결론을 지적해보자. 우선 19세기와 20세기의 사회경제적 발전으로 전체 노동인구의 생활 수준은 점진적으로 개선되었고 '노동자'는 더 이상 '빈민'과 동일하게 여겨지지 않았다. 둘째, 사회경제적 국면은 다소 심각했던 몇몇 총체적인 위기의 시기로 특징지을 수 있는데, 이 위기들은 노동자들 전체 혹은 일부의 생활조건을 악화시켰다. 셋째, 경제적 발전은 사회적 불평등이나 수입 분배의 격차를 감소시키지 못했다.

'빈민'이라는 이름으로 노동자를 지칭하던 관습은 19세기까지 지속되었고, 빈곤과 빈곤화의 문제는 19세기 내내 노동 문제와 밀접한 관련을 맺고 있었는데 20세기에도 이 두 문제는 서로 연관되었다. 사회부조 정책은 노동시장의 상황에 의해 결정되었고, 복지와 일자리 창출 간의 개별적 유용성과 생존 수단이 없는 사람들에 대한 공동체의 의무라는 관점에서 숙고되었다. 노동자들은 항상 미래에 대한 불안감에 짓눌렸다. 19세기 중반 공장에서 일하는 경우, 건강과 목숨을 잃고 수족이 잘릴 위험을 감수해야 했지만 고용의 안정성은 보장받을 수 있었다. 그곳에서 일했던 사람들은 '산업 프롤레타리아'에 속하지 않은 노동자들보다 상황이 더 좋았다. 1840년경 프랑스에서는 방적기를 갖춘 제사 공장이 겨우 3만 1,000명의 노동자를 고용한 데 반해 실업이라는 영구적 위협이 존재했던, 즉 전통적 생산 방식으로 생산하던 직물 수공업에 고용된 사람은 50만 명에 육박했다. 상황이 더욱 나쁜 사람들은 비숙련공과 단순 노동자들이었다. 제1차 세계대전 이전의 런던에는 공장 노동자의 2퍼센트가 실업자였던 데 반해 부두 노동자들의 36퍼센트는 항상 일자리가 없어 단지 공공 부조를 통해서만 가족들과 살아갈 수 있었다.

근본적 문제는 산업화된 국가의 경제 성장 이익이 얼마나 다양한 사회 집단에게 분배되었는가였다. 빌헬름 아벨은 노동자의 임금이 1801년과 1951년 사이에 대체로 열두 배 증가한 데 반해 철의 가격은 두 배, 밀의 가격은 거의 세 배 가까이 상승했음을 증명했다. 이러한 비교는 단순하며 자의적인 것처럼 보이지만 경제 발전의 일반적 경향을 드러내준다. 노동자들의 실질 수입은 증가했고 노동시간은 감소했다. 노동과 생활 조건은 향상되었다. 그런데도 이러한 과정과 나란히 집단 간의 물질적 불평등은 크게 증가하여, 사람들은 이런 불평등을 자연 질서를 거스르는 일종의 비정상적인 것으로 느꼈다. '빈곤선'을 결정하는 데에는 객관적인 결정 방식 외에도 주관적 판단, 즉 자신을 빈곤한 혹은 불운한 자로 여기는가라는 기준도 중요한 역할을 했다. 20세기에 빈곤에 대한 대규모 조사는 객관과 주관이라는 두 가지 기준을 모두 사용하였다.

1904년에 미국의 박애 운동가였던 로버트 헌터(Robert Hunter)는 미국의 빈곤을 다룬 『빈곤 : 진보 시대의 사회적 양심』(*Poverty: Social Conscience in the Progressive Era*)을 출간했다. 이 책의 부제인 '진보 시대의 사회적 양심'이 저자의 의도를 잘 보여주고 있지만 헌터는 무엇보다도 자신의 분석을 사회학적 연구로 생각했다. 그는 빈곤을 다음과 같은 특별한 요소들의 결합으로 보았다. 즉 물질적 궁핍, 신체적 불능, 그리고 다른 무엇보다도 유랑민이나 이민자들의 특징인 사회심리학적인 주변화에 기인하는 특수한 생활양식이 그것이다. 그가 채택한 '빈곤선'은 산업 지역에서는 가구당 수입이 매년 460달러, 남부에서는 300달러였다. 당시에 광산 노조의 위원장은 최저 가구 생계비로 600달러를 생각하고 있었다. 어쨌든 헌터는 자신의 기준에 따라 실업 시기를 고려한 결과 당시 8,200만 명의 미국인 중에서 1,000만 명이 빈곤 속에서 살고 있다고 평가했다. 더 나아가 그는 최저 생활수준을 유지할 수 있는 사람과 공공 부조를 받아야만 살아갈 수 있는 사람들을 구별했으며 통계 범주와는 상관없이 빈민을 '저임금, 영양 부족, 의복 부족, 열악한 주택 사정, 과로'를 겪는 사람들로 보았다.

거의 60년이 지난 1962년에 『또 다른 미국』(*The Other America*)의 저자인

마이클 해링턴은 광범위하게 퍼진 궁핍에 대한 여론을 환기하고자 했다. 1960년대 미국 궁핍의 사회적 맥락은 더 이상 1900년대 초와 같지 않았다. 사회적 맥락이 변한 것과 동시에, 사회정책과 사람들의 심성도 변화했다. 무엇보다 이 책에서 공격을 당한 것은 '풍요로운 사회'라는 사람들의 심성이었다. 1904년에 출간한 책에서 헌터가 말하고자 한 것은 궁핍을 능력 부족, 죄, 도덕적 타락이 지불해야 할 대가로 여겨서는 안 된다는 것이었다. 한편 1962년에 빈곤의 경제적·사회적 원인은 모든 사람에게 명백한 듯 보였으며 무엇보다도 궁핍에 대해 투쟁할 수 있으며 이러한 투쟁이 사회의 의무라는 것을 증명하는 것이 문제였다. 헌터는 그의 연구에서 기근의 가능성에 대해 이야기했었다. 왜냐하면 세기의 전환기에 미국에서는 빈곤선 이하의 사람들이 전 산업 단계의 유럽에서 겪었던 것과 같은 굶주림의 공포를 여전히 느끼고 있었기 때문이다. 반면에 1960년대의 빈민은 더 이상 굶주림이나 영양 부족의 위험에 노출되지 않았다. 당시에 궁핍의 기준은 '풍요로운 사회'의 일반적 규범과는 크게 대조되는 그들의 삶의 방식에 있었다.

1930년의 대위기 이후에 프랭클린 루스벨트는 미국인의 3분의 1이 영양과 의복의 부족으로 고생하고 있다고 말했다. 30년 후에 해링턴의 평가에 따르면 인구의 20~25퍼센트가 빈곤하게 살고 있었다. 해링턴의 책과, 빈곤을 제거하려는 다른 노력들의 뒤를 이어 나타난 빈곤에 대한 수많은 미국의 연구들은 연간 수입액을 빈곤의 통계적 기준으로 삼고자 했다. 1965년에 '빈곤선'은 4인 가족을 기준으로 매년 3,000달러의 수입, 그리고 개인의 경우는 1,500달러의 수입으로 정해졌다(오르샨스키 M. Orshansky의 계산). 10년 후에 이 수치를 이용하여 빈민 수를 다시 조사했는데, 빈민 가구의 비율은 조금 낮아졌다. 같은 시기에 유사한 연구가 영국에서도 진행되었는데, 이 역시 수입액을 기준으로 전체 인구의 약 10퍼센트가 빈곤선 이하로 살고 있음을 밝혔다. 그러니 이리한 기준은 불충분해 보인다. 수입 종액과 소비 구조라는 두 기준이 함께 적용될 경우 더욱 설득력 있는 결과를 얻을 수 있을 것이다. 이것은 1857년의 엥겔스의 주장을 따르는 것인데, 그에 따르면 한 가구의 예산에서 식비 지출 부분은 가구의 부와 반비례한다.

그러나 빈곤의 측정 기술은 항상 어느 정도는 불완전하며, 다양한 시기를 서로 비교하기에도 충분하지 않다. 벤저민 라운트리는 1901년, 1941년, 1951년에 걸쳐 뉴욕의 빈곤을 연구했는데, 세 시기를 정확히 비교하는 것은 불가능하다는 것을 보여주었다. 왜냐하면 기초 생필품의 개념, 여론조사 기술, 인터뷰를 통한 정보의 양 등 모든 것이 시기마다 변했기 때문이다. 수입액 수준으로 빈곤선을 측정하는 방법을 비난했던 연구자들은 미국에서 빈곤 현상이 심리·사회학적 성격을 띠고 있음을 지적하였다. 빈민들이 자신들을 빈민이라고 여기고 다른 사람들에게서 격리되어 있다고 느낀다는 사실이 객관적으로 측정할 수 있는 빈곤 정도보다 더욱 중요하다는 것이다. 이런 '발견'은 사회적 불평등과 수입 격차에 대한 인식이 발생하면서 생긴 것이다. 또한 공동체가 사회문제에 대해 더욱 민감해지고, 빈곤에 대해 효과적으로 싸울 수 있다고 느끼고 있음을 증명하고 있는 것이다. 그러나 빈곤을 '발견'하지 못한 국가에 그러한 문제가 없었다고는 말할 수 없다.

지원이 필요한 특정 개인이나 특정 가구의 생활 조건과 물질 상황이 빈곤의 '발견' 대상은 아니다. 그보다는 사회적 혜택을 받지 못하고, 생산물의 공정한 분배에서 배제된 채, 필수적 욕구를 만족시키지 못한 채 살고 있는 집단, 계층, 계급의 상황이 그 대상이다.

2. 박애 운동

근대에 빈곤에 대한 태도가 변하게 되면서, 빈곤 현상을 윤리적·종교적으로 바라보던 시각이 점차 쇠퇴하게 되었다. 빈곤 현상은 이제 사회정책, 집단 이익 혹은 국가 이성 차원의 분석 대상이 되었다. 이것은 무엇보다 빈곤의 규모를 파악하고 그 원인을 조사하고자 했던 경제 사상의 발전과 관련이 있다. 우리가 이미 소개했던, 빈곤에 관한 정식화된 몇몇 이론들은 모두 노동을 빈민의 의무로 간주하고 있다는 점에서 일치한다. 노동할 수 있는 기회를 만들어주는 것은 사회부조 방식 중 하나였다. 노동은 또한 도덕적 타락에 대한 투쟁 수단이기도 했다. 사회질서를 다시 세우려는 유토피아적 시도는 근대 유럽의 문헌에서 많이 찾아볼 수 있는데, 이 시도들에서 노동은 빈곤과 범죄에 대한 일종의 만병통치약으로 여겨졌다. 근대인의 눈에 빈곤이 야기하는 도덕적 타락과 게으른 삶이 야기하는 악행은 동시에 발생하는 것이었다. 이런 이유로 강제 노동은 효과적인 사회정책을 모색할 때 계속해서 나타난 처방이었으며 부조를 위한 국가 개입의 가장 흔한 방식이 되었다. 여기에 대해 몇 가지 예를 들 수 있다. 프랑스대혁명 이후에 다시 활성화된 프랑스의 걸인 수용소는 걸인과 궁핍한 자에 대한 억압/교육 시스템으로서 나폴레옹은 이 기구를 이탈리아에도 세웠다. 영국에서 1723년의 '노역소 법령'은 공동 노역소를 건설하기 위해 교구가 서로 연합하도록 했다. 이 법령은 '그들 교구의 빈민'에 대해 지방 공동체가 책임이 있다는 원칙을 폐기함으로써 빈둥빈둥 노는 빈민에 대한 부자들의 적대감을 잘 보여준다. 초기 공장의 규율도 이러한 법령의 영향을 받았다. 노동은 이곳에서도 하나의 재교육 방식, 사회적 악에 대한 보편적인 '처방'으로 간주되었다.

사회부조에 대한 국가 개입의 필요성은 최초로 18세기의 저작들에서 명확히 나타난다. 몽테스키외에 따르면 국가는 모든 시민의 생계 수단과 적절한 생활 조건을 보장해야 했다. 이를 위해서는 무엇보다도 고용이 보장되어야 했다. 아무것도 소유하고 있지 않은 사람이 구걸을 금지당했다면 그는 생계를 위한 일자리를 요구할 권리를 가진다고 백과전서파는 선언했다. 시민사회가 빈민에 대한 자신의 책임을 인식하게 되자 집중화된 부조 체제가 세워졌다. 이 부조 체제는 국가에 의해 공식화되었으며, 국가는 이를 국가적인 사회부조 체계 혹은 국가적인 자선 제도의 통제로 이끌었다. 국가 개입의 정도는 다양한 요소에 달려 있었다. 19세기에 자유주의 이론은 국가 개입을 다소 제한하였다. 반대로 20세기에 국가 개입은 강화되었다. 또한 국가에 따라서도 개입의 정도가 달랐다. 예를 들면 18세기와 19세기에 사회부조에 대한 국가의 역할은 영국보다 프랑스에서 더욱 강했는데, 당시 잉글랜드의 중앙 당국은 빈민 부조 기구를 지방 당국에, 스코틀랜드는 장로교회에 맡겨둔 채 주로 유랑에 대한 통제에만 책임을 지고 있었다.

영국 의회에서 1834년에 통과된 '신(新)빈민법'은 사회부조가 노동시장의 요구에 종속되어야 한다는 원칙이 승리했음을 의미한다. 그 이후로 이 두 영역은 밀접하게 관련을 맺었다. 가혹한 억압적 조치들은 게으른 사람들이 더 이상 예전처럼 살지 못하게 만들었다. 빈민에 대한 원조가 만일 생계를 위해 일하는 것보다 더욱 매력적이라고 여겨진다면 그것은 유해한 것이었다. 노역소에서는 감금이 위협 수단으로 자주 사용되었다. 디킨스의 소설에서 묘사된 것처럼 이는 확실히 효과를 발휘했다. 동시에 노역소에 대한 두려움 때문에 노동자의 이동은 증가했으며 빈곤한 농민들은 도시로 일자리를 찾으러 갔다. 따라서 공공 부조는 최소한으로 제한되었다. 그럼에도 영국 혹은 유사한 법을 제정했던 나라들의 사회·경제적 상황은 사회부조 체제를 창설하도록 만들었다. 빈민법은 점차 효력을 잃었으며 영국에서는 1929년에 완전히 폐지되었다. 대신 중앙 당국은 실업, 아동과 노인 부조, 의료 등에서 점차 진정한 사회부조를 발전시켜나갔다.

두 가지 주요 사상이 빈민 부조에 관한 공공 여론뿐만 아니라 산업 시대의 다양한 복지 이론에서 나타났다. 첫 번째 사상은 빈곤을 위험한 것으로 여겨 엄격하게 통제해야 한다고 보았다. 이러한 태도는 노동이 사람들을 일하게 하기 때문에 사회에서 필수적이며 적절한 위치를 가지고 있다는 기존의 잘 알려진 입장과 양립할 수 없는 것은 아니었다. 우리가 앞서 인용했던 프랑스 의사 필리프 에케는 사회적 균형을 위해서는 빈곤과 부의 불평등한 분배가 필요하다고 생각했다. 그는 다음과 같이 말했다. "그러므로 빈민이 있는 것이 필요하다. 그러나 궁핍한 사람이 있어서는 안 된다. 전자는 정치 경제의 질서에 맞는 것이지만 후자는 인류의 수치일 뿐이다."[7] 노동하는 빈민만이 사회적으로 용인될 수 있다는 원칙, 즉 빈민이 일자리가 없다면 그것은 단지 일시적이어야 한다는 생각은 18세기 후반과 19세기 초반의 빈곤 문제에 대한 문헌들에서 나타나는 전형이었다.

또한 빈곤 문제에서 아주 광범위하게 퍼져 있던 두 번째 사상은 궁핍과 범죄가 밀접하게 관련되어 있다는 것이다. 빈민에 대한 효과적 부조에 관한 1753년의 논문에서 헨리 필딩(Henry Fielding)은 다음과 같이 말했다. "사람들은 빈민의 고통보다는 그들의 불법 행위를 더 잘 인식한다. 이는 그들에 대한 우리의 동정심을 감소시킨다. 빈민들은 그들과 유사한 다른 사람들처럼 기아와 추위로 죽는다. 그러나 부자들은 그들이 구걸하고 훔치거나 약탈하는 것만을 본다."[8] 빈민을 이처럼 모두 범죄인으로 비난하는 것은 편견일 뿐이다. 그럼에도 궁핍한 사람들과 범죄 집단 사이에 관련이 있으며 궁핍이 범죄를 일으키는 요소인 것은 사실이다. 발자크(Balzac), 외젠 쉬(Eugène Sue), 그리고 빅토르 위고(Victor Hugo)의 소설 속에 나타난 19세기의 파리 빈민 계층에 대한 이미지는 당시의 범죄 통계와 법적 증언에 의해 모두 확인된다. 인구학자이자 역사가인 루이 슈발리에(Louis Chevalier)는 19세기 상반기의 파리에는 실제로 이른바 '위험한' 사람과 '노동하는' 계급이라는 두 범주가 서로 긴밀히 얽혀 있었다고 지적했다. 게다가 산업 시대의 유럽 사회는 복지 제도가 오히려 노동 가능한 많은 사람들을 기생과 범죄의 생활로 몰고 갔다고 확신했다. 역사 연구에 비추어 보면 이러한 생각은 틀린 것이다. 19세기 초 영국의 한 지역 통계 자료는 이를 잘 보여준다. 이에 따르면 부조 대상자의 다수는 15세 미만의 아동들이며 단지 이중에서 20퍼센트만이 건강하여 노동할

7 Cf. J. Kaplow, *op. cit.*, pp. 59~60.
8 H. Fielding, *A Proposal for Making an Effectual Provision for the Poor*, 1753, in *Works*, New York, 1902, t. VIII, p. 141.

수 있었다고 한다. 그러나 사람들의 편견이 자리 잡는 데에 현실의 증거가 필요한 것은 아니다.

빈민을 타락한 존재 혹은 범죄자로 인식하는 이러한 두 방식은 억압적 태도와 차별적인 사회 프로그램의 기원이 되었다. 18세기 말에 할레(Halle)의 의학부 교수는 빈곤에 대한 맬서스적 해석에 따라 걸인을 멸절시키자고 주장했다. 빈민에 대한 적대감이 이처럼 심한 형태로 나타난 것은 드문 경우였지만, 근대 초의 억압 조치와 법적 감시에 기반을 두었던 사회정책은 20세기까지 지속되었다.

그러나 지난 수백 년 동안 이러한 태도만이 존재했던 것은 아니다. 특히 18세기에는 인도주의적 이상이 자극했던 빈민에 대한 동정심이 이러한 태도들과 공존했다. 계몽시대의 철학자들은 사회 진보가 인류애적 연대감과 공공 교육에 의해 이루어지는 것이라고 믿었다. 그들은 빈곤이 빈민의 무지와 부자들의 연대감 결핍 때문이라고 간주했다. 콩도르세(Condorcet), 고드윈(Godwin) 그리고 볼프(Wolff)는 빈민에 대한 부조가 인간 감정을 표현하는 근본적인 방법이며, 사회제도의 억압성은 인간에 대한 사랑이라는 원칙에 위배된다고 확신했다. 토머스 페인(Thomas Paine)은 이러한 사상을 다음과 같이 표현했다. "만약 노인들이 작업장으로 보내지고 젊은이들이 교수형에 처해진다면 통치 체제에 어떤 잘못이 있는 것이다. 이러한 나라의 외관은 총체적 행복을 증명하는 것으로 보일지도 모른다. 그러나 보통의 관찰자들의 눈 뒤에는 굶주림과 오명 속에서 죽음을 기다리고 있는 것 말고는 다른 희망이 없는 많은 불행한 자들(misérables)이 있다. 태어나면서부터 그들은 불행한 운명이라는 낙인이 찍힌 채 산다. 불행에 대한 해결책이 없으므로 그들을 처벌할 권리가 우리에게는 없다."[9] 부조 운동은 무엇보다도 빈민 아동을 위한 학교 창설로 나타났다. 공공 교육은 신교도들이 더욱 지속적이고 효과적인

---

9 Cf. B. Inglis, *Poverty and the Industrial Revolution*, London, 1971, p. 36.

방식으로 전개했지만, 이미 르네상스 사상가들이 처음으로 제안했고 가톨릭의 베네치아와 칼뱅의 제네바에서도 시행된 바 있는 사회적 개입 수단이었다. 요한 바제도(Johann B. Basedow)가 1774~85년에 창설하고 운영한 데사우의 범애학교(Philanthropinum)는 인간에 대한 사랑, 즉 박애의 원칙을 실현한 한 예이다. 박애 운동은 개인의 선행에 근거를 두었다. 학교 창설과 빈민 부조는 개인들의 선행을 통해 전개되었다. 이러한 원칙은 공공 부조보다 더 높은 차원의 동기를 가진 활동으로서, 일종의 박애주의 이데올로기의 근간을 이루었다. 빈곤은 방탕한 삶의 결과였으며 교육은 복종, 근면, 법의 준수를 빈민에게 가르치는 가장 훌륭한 방법이었다.

16세기의 도시 개혁 운동이 자선 제도를 세속화했던 것처럼, 인도주의와 박애 운동도 선행의 세속화 원칙을 세워, 이웃 사랑이라는 계율을 '세속화'하고자 노력했다. 두 경우 모두 신모델과 구모델 간의 상호 침투와 적응이 나타났다. 즉 속인의 선행과 공공 부조가 서로 공존했고, 이 둘은 사회적 행복을 각각 자신의 방식으로 추구하면서 완성되어갔다. 세속적 박애의 발전은 또한 개인적이고 제도적인 기독교의 자선 활동을 더욱 활발하게 하는 데 기여했다. 박애 운동의 유용성은 의심할 여지가 없었다. 이 운동은 종종 영세민들에게 실질적 원조를 제공했고 빈민 삶의 물질적 악화와 '운명적인 불운'의 악영향을 감소시켰으며 사회적 방임주의(laxisme sociale)에 반대하는 것이었다. 그러나 빈곤의 대규모화에 직면해서 이러한 활동은 구제책이 아닌 단지 임시 방편일 뿐이었다.

게다가 박애주의자들의 빈민 부조의 의무에 대한 담론이 종종 공허한 말뿐이었다는 사실과 박애의 부정적 측면이었던 온정주의가 부각되면서 이 운동의 평판은 나빠지게 되었다. 근대에 궁핍과 노동계급의 생활 조건이 동일시되면서, 이후 빈곤 문제는 명확한 사회적 맥락 내에 위치하게 되었다. 노동자들 내에서 계급의식이 발전하고 노동조합이 형성됨에 따라 사람들은 보호자였던 부자들의 자선에 대해 의심을 갖게 되었다.

무성 영화의 고전인 데이비드 그리피스(David W. Griffith)의 1916년 작
「불관용」(Intolerance)은 도시 빈민에 대한 세속인들의 선행을 신랄한 풍자를
통해 보여주었다. 그리피스는 박애주의자들과 자선 기관의 위선적 태도, '빈
민'의 요구와 자선 프로그램의 커다란 틈새, 즉 자선 프로그램의 부적절성, 그
리고 자선 활동의 억압적 성격(생활, 도덕, 종교 활동, 신체적 위생 및 개인의 일상적
활동에 대한 경찰의 감시)을 고발했다. 이 모든 것들은 타락한 존재로 여겨지던
빈민들에 대한 일반적인 관념을 확인하고 강화하는 데 기여할 뿐이었다. 박
애주의자들은 빈민 대중을 위한 모든 오락 프로그램을 타락의 원천이며 시간
낭비라고 생각했다. 따라서 박애 활동은 점차 빈민 대중에 의해서뿐만 아니
라 사회주의 운동 진영에 의해서도 적대감과 의심의 대상이 되었다.

산업국가에서 노동자의 생활 조건이 개선되고 사회부조의 공식적 형태가
발전함에 따라 빈곤, 특히 물질적 빈곤은 현격하게 감소하였다. 재산의 공평
한 분배는 더 이상 자선의 영역에 속한 문제가 아니라 사회·정치적 문제가 되
었다.

3. 민중의 빈곤

자선 프로그램들은 언제나 각 지역의 제도와 공동체적 유대에 크게 의존
했다. 빈곤에 대해 사고하기 시작할 때부터 경제 사상은 공동체의 감정과 공
동체 성원에 대한 집단적 책임감 사이에 긴밀한 관련이 있음을 인식했다. 사
회부조에 대한 중앙 권력의 역할이 증가하고 개입의 범위가 점점 넓어지면
서, '지역적 책임'이라는 개념은 민족 혹은 국가의 책임과 겹쳐질 정도로 확
장되었다. 18세기 중엽에, 영국의 한 작가는 선원을 위한 박애 활동에 대해 다
음과 같이 말했다. "영국의 열정과 선행이 왕국 내에 진정한 애국심을 전파할
것이다." [10]

정치가들은 오랫동안 국가의 힘, 국가 이성, 군사적 필요 혹은 국제 경쟁을 고무해왔다. 인도주의자와 박애주의자들은 인류애적 유대와 연대를 호소했지만 자신들의 국가적 경계를 넘지 못했다. 더 넓은 범위의 연대감을 제공한 것은 종교였다. 신앙인들은 지역의 공동체를 뛰어넘었을 뿐만 아니라 국가의 경계선을 가로지르는 끈으로 묶여 있었다. 특히 소그룹에 속해 있으면서 동일 신앙을 가진 사람들은 매우 강한 유대감을 보여주었다. 유대인 공동체 내에 자선 기구가 세워졌던 것은 그 좋은 예이다. 20세기에는 때때로 종교적이거나 세속적인 박애주의자들이 그들의 활동을 유럽 밖으로 확장시키기도 했다. 그 시도들은 큰 효과를 발휘하지 못했지만 산업화된 국가들이 자국 영역 밖의 세계에 대해서 인식하고 있었음을 보여주었다. 오늘날, 산업국가들은 모든 대륙의 사회적 상황에 대해 고민하며 직접적으로 관련을 맺고 있다. 이는 특히 정치적 이유에 기인한다. 지구의 광대한 지역이 실제로 제3세계라고 불리는 특수한 지역을 이루고 있고, 그 주된 특징은 주민들의 빈곤이다.

산업국가에서의 빈곤 측정 방법이 아시아, 아프리카, 라틴아메리카 국가들의 궁핍에 대해서는 거의 실용적이지 못한 것으로 드러났다. 왜냐하면 경제발전 수준에서의 격차가 너무 크기 때문이다. 한 예로, 미국에서 1인당 수입을 기초로 해서 '빈곤선'이 1,500달러로 정해졌던 1950년에 제3세계 국가의 평균 수입은 1인당 520달러를 넘지 못했다. 즉 미국 빈곤선의 반에도 미치지 못하는 것이었다. 서구의 빈곤 기준을 세우는 데 사용된 소비 구조에 대한 연구 결과를 제3세계 국가에 적용할 수는 없었다. 왜냐하면 제3세계의 '빈곤선'은 생물학적 수준에서의 생존에 관련된 것이기 때문이다. 기아와 영양 부족은 대중의 현실이었고 오늘날까지도 거의 모든 국가가 이를 제거하지 못하였다. 인도, 캄보디아, 우간다 혹은 소말리아는 정기적으로 주민을 죽음으로

---

10 Cf. A. W. Coats, "The Relief of Poverty: Attitudes to Labour and Economic Change in England, 1660~1782", *International Review of Social History*, 21, 1976, p. 111, n. 2.

몰아넣는 기아에 시달리고 있다. 남아시아와 아프리카에서는 인구의 약 25~30퍼센트가 만성적인 영양실조로 고통 받고 있다. 경제적 진보와 산업화에도 불구하고, 기근과 영양 부족은 줄어들지 않고 있다. 오히려 경제적 발전보다 인구 성장의 폭이 더 크기 때문에 빈곤은 증가하고 있다.

국제기구와 언론에서 끊임없이 반복되는 이러한 수치는 문제의 심각성을 알려준다. 전 세계 약 40억 명의 인구 중에서 절반 이상이 저소득 빈곤 국가에서 살고 있다. 5억 명의 인구가 문맹이며 10억 명 이상이 식수와 의료에 접근하지 못하고 있다. 인구학적 예측에 따르면, 2000년까지 세계 인구는 20억 명 증가할 것이고 이 증가분은 1925년의 세계 인구와 동일한 수치이다. 그리고 이러한 인구 증가는 무엇보다도 제3세계의 가장 빈곤한 국가에서 생겨날 것이다. 1970년대에 세계 인구의 66퍼센트가 사는 개발도상국의 국민총생산은 세계 총생산의 겨우 12.5퍼센트에 불과했다. 제3세계 국가의 근대화에도 불구하고 산업국가와의 격차는 줄어들지 않고 있으며 동시에 개발도상국 내부의 특정 집단이나 특정 지역 간의 격차는 계속 증가하고 있다. 국제 통계에 따르면 국민소득이 실제로 중간 단계에 위치하고 있는 브라질은 지난 15년 동안 국내총생산을 네 배로 증가시켜 개발도상국 가운데에서 지도자적 위치에 올라섰지만 전체 인구 1억 3,000만 명 가운데 3분의 1을 차지하는 북동쪽의 주민들은 방글라데시 주민들과 유사한 정도의 궁핍에 시달리고 있다. 또한 이 나라의 최저임금과 최고임금 사이의 비율은 1 대 500이다. 제3세계 국가의 발전을 바라보는 전문가들은 브라질의 엘리트들이 사람들의 궁핍과 경제적 격차의 심각성에 대해 무관심하다는 것을 지적했다.

제3세계의 빈곤 문제는 국제 관계와 발전 전략의 관점에서 분석되어야 한다. 빈곤의 기원은 국가마다 대륙마다 다르다. 따라서 궁핍을 해결하는 수단 역시 각 지역의 특수성에 따라 달라져야 한다. 그러나 국제 정치에서, 그리고 어느 정도는 집단 심성에서 이 문제는 총체적인 전 지구적 현상으로 여겨진다. 만일 역사가가 빈곤 국가에 대해 산업국가가 어떤 정책을 채택했는지를 연구한다면, 그는 현재 제기되고 있는 방안들과 근대 유럽이 빈곤과 싸우기 위해 정식화했던 사회·경제적 주장들 사이에 큰 유사성이 있음을 발견할 것이다. 실제로 이러한 주장들 중 일부는 계속해서 등장했으며, 놀라울 정도의 유사성을 보여주고 있다.

예를 들면, 사람들은 빈곤 국가에 대한 원조가 그들 스스로 경제를 살리기 위한 노력 대신에 무기력과 무감각한 태도를 갖게 하지는 않을까 우려한다. 즉 제3세계가 그들 스스로 생산을 늘리려고 노력하는 대신에 다른 민족의 원조에 전적으로 의존하게 된다는 것이다. 한 미국 기자는 1978년에 다음과 같이 썼다. "원조는 단순한 선행이다. 그것은 그 지역의 생산성을 전혀 자극하지 않는다. 원조를 받은 빈곤 국가는 인간적 고통과 빈곤 증가에 무관심하게 된다." [11] 원조 정책에 대한 비판자들은 원조 정책이 빈곤을 낳는 사회·심리적 행동을 강화하는 데 일조할 뿐이라고 주장한다.

한편, 원조 정책의 지지자들은, 빈곤 국가가 원조를 요구할 권리를 갖는다고 말한다. 중세와 근대에 '빈민의 권리'에 우호적이었던 사람들은 성경의 가르침을 그 근거로 삼았다. 심지어 극도로 궁핍한 상황에서 저지른 도둑질은 권리가 인정되었다. 세계은행 총재인 로버트 맥나마라(Robert McNamara)는 최소의 영양, 최소의 의료, 최소의 교육은 빈곤 국가의 근본적 권리라고 주장했다. 이러한 주장에 대해 반대자들은 그러한 태도가 부유한 국가의 이득에 해를 줄 수 있으며 빈국의 현재 상황과 미래에 대해 빈국 스스로가 져야 할 모든 책임을 면제해주는 것이라고 반박했다. 이들은 권리와 의무를 확립시킬 혹은 강화나 약화시킬 힘을 가진 체계적인 가치와 제도라는 엄밀한 맥락 속에서만 집단적 권리와 의무를 이야기할 수 있다고 생각했다. 세계 공동체라는 개념은 현실에는 존재하지 않으며 단지 상상의 세계에만 존재하는 것이었다. 결국 빈곤에 대한 투쟁은 빈곤 국가의 의무였다. 이러한 주장에서 우리는

---

11 *The Washington Post*, 27 July 1978.

부의 에토스에 대한 도덕적 논쟁의 반향을 발견할 수 있다. 칼뱅주의자와 청교도는 만약 한쪽이 부유하다면 그것은 그들의 능력에 대한 보상이며 다른쪽이 빈곤하다면 이는 그들의 게으름과 추악한 생활 방식에 대한 처벌이라고 생각했다. 오늘날 일부 사람들은 경제, 정책 혹은 사회 윤리에서 이와 유사한 주장을 통해 부자와 빈민 간의 불평등한 상황을 정당화하고자 노력한다.

제3세계에 대한 정책은 또한 궁핍이 세계 평화에 위협이 될지 모른다는 공포에 의해 규정되어왔다. 근대 유럽에서 유랑민과 빈민에 대한 공포는 때때로 자선 활동을 증가시키는 데 기여했지만 그보다는 더욱 빈번하게 빈민에 대한 억압과 감금 정책으로 이끌었다. 현대에도 궁핍은 위협을 동반하고 있다. 계속되는 인구 증가의 압력은 불안감을 가중시킨다. 이런 위협에 대한 두려움 때문에 부유한 나라는 가난한 나라의 빈민들을 돕고 그들의 빈곤 문제를 해결하기 위한 해법을 찾기 위해 노력한다. 왜냐하면 빈곤 국가를 고립시키고 억압하는 정책은 실현 가능하지도 않을 뿐만 아니라 상상할 수도 없기 때문이다.

빈곤은 국제 정책의 대상일 뿐만 아니라 국가들, 다양한 지역 블록, 국제기구의 정책 대상이었다. 현대 세계가 하나의 통일체라는 감정은 점차 사람들의 심성에 파고들었다. 한편 제3세계 국가에 대한 원조를 반대한 몇몇 비판가들의 주장은 산업화된 국가의 대중에게 지지를 얻었고 집단적 태도의 형성에 영향을 끼쳤다. 예를 들어 '레이몽 카르티에(Raymond Cartier) 운동'이 있는데, 이는 제3세계에 대한 원조를 반대했던 『파리 마치』(Paris Match)의 기자 이름을 따라 명명된 것으로 1960년대 프랑스의 대표적인 '후진국 원조 무용론'(cartiérisme)이었다. 그러나 다른 국가의 빈곤 상황에 대해 더 잘 알게 되면서 이 문제에 대한 서구의 여론은 변화하였고 이후 사회적·정치적 운동을 통해 전 세계에서 발생하는 빈곤에 대한 투쟁은 확산되었다. 실제로 널리 사용된 '세계의 빈민'(pauvre mondial)이라는 용어는 이 문제에 대한 태도가 어느 정도 변화하였는지를 잘 보여주고 있다. 이 용어를 사용할 때에 우리는 정치나 사회·경제적 전략에 관한 용어에서 벗어나 윤리적 영역으로 들어서게 된다. 즉 이 표현은 지상의 모든 사람들과의 우애와 연대를 상징하고 있는 것이다.

동시에 이 개념은 빈곤이 별도의 세계를 이루고 있고 빈민은 다른 사람들과는 달리 특정한 운명을 감수하고 있다는 것을 인식하도록 해주었다. 빈민이 스스로 그것을 인식했을 때 정체성은 강화되었으며 불공정과 불평등에 대한 공통의 감정이 그들 간의 연대감을 강화해주었다. 역사상 위대한 모든 사회운동과 마찬가지로 제3세계의 이데올로기와 사회운동은 빈곤이 착취에서 발생했음을 지적했으며 또한 나머지 세계에 대한 저항을 통해서만 '대지의 저주받은 자들'이 빈곤에서 완전히 벗어날 수 있다고 확신했다.

결론
동정심의 역사

    감정도 역사를 갖는가? 프랑스 역사가 뤼시앵 페브르(Lucien Febvre)는 실증주의자들에 반대하면서 이 영역도 중요한 역사적 연구의 대상이 될 수 있다고 주장했다. 그리고 점차 사상, 문학, 문화를 연구하는 역사가들이 이러한 새로운 영역에 관심을 두기 시작하면서 사랑과 행복의 역사, 웃음의 역사, 그리고 무엇보다도 공포의 역사에 대한 연구가 진행되었다. 그러나 과거의 사회와 문화에 대한 이러한 연구는 매우 중요하지만 자의적인 판단의 위험성이 있다. 진정한 감정의 역사는 생물학적 진화 과정을 연구해야 하는데, 그 진행 과정은 매우 느리다. 따라서 역사가들이 이를 정확하게 관찰하는 것은 매우 힘들며 분석을 하는 데서도 그들의 고유한 방법론을 쉽게 적용하지 못한다. 그럼에도 사람들의 행위 동기와 감정의 외적 표현들을 연구함으로써 역사가들은 특정한 유형들을 판별할 수 있다. 즉 몇몇 시기에 어떤 특정한 태도와 행농 방식은 사회적으로 더 높이 평가받았으며, 또한 그러한 태도의 정도는 시대에 따라 상이하다.

역사가가 확신을 가지고 할 수 있는 일은, 당시의 이론적 담론과 이데올로기들을 다루고 거기에서 행동 유형들을 연역해내는 것이다. 그러나 그것들이 끼친 사회적 영향력까지 분석하는 것은 매우 어려운 일이다. 사회적 행동 양식이 매우 오랫동안 지속되는 경향이 있기 때문에 이러한 분석은 더욱더 어렵다. 행동 양식들은 서로 겹치기도 하며 종종 그것들이 근본으로 하고 있는 윤리적·문화적 규범이나 태도보다 훨씬 오래 남는다. 결과적으로 어떤 행동 양식이 이미 오래전에 그 태도를 반영하기를 멈추었더라도 사람들은 여전히 예전과 같을 것이라고 생각하는 경향이 있다. 행동 양식이 장기 지속적이라는 것을 잘 보여주는 예로는 '대공포'(grande peur)*의 시기에서조차 용기가 덕목이라는 생각이 지속되었던 것을 들 수 있다. 이와 비슷하게 사랑의 감정을 매우 중요한 것으로 생각한 시기에조차 결혼 계약의 상업화는 진행되었다. 우리는 이타주의가 일반적으로 미덕으로 여겨진다는 것을 알고 있기 때문에 우리의 이기심을 숨기고 있다. 모든 문명은 감정들을, 혹은 특정한 몇몇 감정을 가치의 위계질서에 따라 분류했는데, 이 위계질서는 아주 오랫동안 존재했다. 따라서 약자, 불운한 자(défavorisés), 그리고 궁핍한 자에 대한 연민과 동정은 찬양을 받을 만한 감정으로서 유럽 문명에 확고하게 뿌리를 내린 듯하다. 이러한 감정은 근대 초에 교수대라는 그늘이 사회 현실을 어둡게

---

* 프랑스대혁명 초기인 1789년 7~8월 농촌에 널리 퍼졌던 사회 불안 현상이다. 농업 위기로 인한 부랑인구의 증가, 프랑스 공업의 쇠퇴로 인한 노동자의 실업 사태 등이 그 사회적 원인이었다. 농민들은 부랑자들의 약탈에 대한 공포에 시달렸으며, 강도단의 습격에 대한 환상은 심리적인 불안을 야기했다. 또한 혁명의 진행 과정에서 귀족들이 반혁명 음모를 꾸미고 있고 외국군이 침입한다는 유언비어가 널리 유포되었다. 바스티유 감옥 습격 사건 후에는 무장한 농민운동을 조직하는 경우도 생겨났는데, 이들은 영주가 보관중인 장원 문서를 불태우고 장원과 성채를 약탈·소각했다. 국민의회는 농민의 혁명적 행동이 대공포에 의해서 더욱 강화되어 그대로 내버려둔다면 영주가 습격당하고 계약 문서를 불태워버리는 사태가 벌어져 그들의 봉건적 권리가 파괴될 것으로 보았다. 대공포는 도시와 농촌을 연결해주는 계기가 되었으며, 농민들을 결집시키는 효과를 가져 '8월 4일 밤'의 봉건적 신분제와 영주제의 폐지를 단행하는 데 결정적 기여를 했다고 분석하고 있다.

만들 때에도 지속되고 있었다.

유럽 작가들 중에서 드문 예이지만 버나드 맨더빌은 인간의 위선을 밝혀내고자 노력했다. 당시 사람들이 그를 무시하고 파렴치한 자로 비난했던 데는 어떤 이유가 있었을 것이다. 동정심에 대한 그의 사고는 노골적으로 인습 타파의 성격을 띠고 있었다. "우리가 우리 자신에 대해 갖는 신실하고 순수한 사랑의 일부를 타인에게 이전하는" 자선은 그에 따르면 주요한 덕목 중 하나였다. 그러나 자선에 사심이 없고 "이러한 호의를 받는 사람들이 우리와 아무런 관련, 즉 친구나 혈족 관계가 없을 때에만 이는 미덕이 된다. 그들은 우리에게 완벽하게 낯선 자들이어야만 한다." [1] 반대로 동정심은 거짓된 미덕이며 단지 외형적으로만 자선과 가깝다고 그는 생각했다. 공포 혹은 분노처럼 동정심은 급변하고 통제되지 않은 감정으로 우리의 의지와는 무관하다. 동정심은 인간의 자연적 의무를 방해하지 않는 경우에만 이익이 되는 일종의 일시적 열정(passion)이다. 왜냐하면 오만이나 자만과 함께 동정심은 무분별한 기부, 증여, 유산 상속의 원인이 되기 때문이다. 그러므로 이러한 종류의 행위에는 반대해야 한다. "이 반대는 대중에게 피해를 입히는 것이 아니라 허영적인 사람들이 너무 많은 보물을 가지고 천국에 들어가는 것을 막기 위한 것이다." 또한 자선도 해로울 수 있는데, 왜냐하면 너무 많은 사람에게 너무 많이 주어지면 나태와 게으름을 낳을 수 있기 때문이다. 자선은 바보들을 낳고 산업을 파괴하는 것 이외에는 거의 쓸모가 없다. 그러므로 덕을 향한 감정, 정열, 열망을 억제하는 것이 모두를 위해 좋은 것이다. 국민의 행복을 위해서는 많은 걸인들이 존재해야 하며 때로 빈민에 대한 동정심은 부자에 대한 비정함과 같은 것임을 인정할 줄 알아야 할 것이다. [2] "그러므로 현명한 입법자라면 신중하게 이러한 종류의 사람들(빈민)을 길러내서 그들이 부족해지지 않도록 주

---

1 B. de Mandeville, *op. cit.*, t. II, p. 25.

2 ID., *ibid.*, p. 46.

의해야 한다." 이것은 식료품 부족이 발생하지 않게 주의하는 것과 마찬가지이다.[3] 맨더빌에 따르면 자선의 감정도 자선의 실천과 마찬가지로 유해할 수 있으며, 감정과 태도에 주어지는 도덕적 가치는 개인의 심리적 동기와 집단의 이익에 따라 달라지는 것이었다.

빈곤에 대한 사회적 태도는 근본적으로 가족과 이웃 관계에서의 상호부조, 그리고 직업적 관계의 상호부조 개념에 의해 형성된다. 이 두 경우 모두 생계를 꾸릴 수 없는 구성원들에게 부조를 제공한다. 빈곤이 대규모로 발생한 시기에도 지역 차원에서 책임을 진다는 원칙은 항상 유지되어왔다. 이는 16세기의 부조 개혁에서뿐만 아니라 현재 제3세계의 빈곤에 직면한 태도에도 영향을 끼치고 있다. 사회 연대의 감정에 뿌리박고 있는 것에 더하여, 빈민에 대한 부조는 종말론적(eschatological) 측면이 있다. 즉 보시는 일종의 희생, 인간과 초월자 사이의 대화로 인식된다. 진정한 자선 행위, 카리타스(caritas)의 원래 의미인 사랑을 표현하는 자선 행위는 모든 이해관계에서 자유로워야 한다. 그러나 자선에 대한 사회적 태도에서 자기 이익이라는 동기는 이웃에 대한 사랑과 종종 얽힌다. 진정한 자선과 오만한 동정심이 공존하는 것이다. 자신의 결함과 불행을 떠들어대는 걸인에 대한 자선은 일시적 감정인 동정, 빈곤에 대한 깊은 연민, 그리고 종말론적인 보상을 얻으려는 희망에 의해 고무될 수 있다. 마찬가지로, 타인을 도우려는 인도주의적 욕망인 박애는 부를 드러내고 사회적 권위를 공적으로 확립하는 방법이다. 따라서 자선은 아주 복잡한 감정이며 수많은 동기와 관련되는 행동이다.

우리는 유럽 1,000년의 역사 속에 나타난 자선에 대한 태도 변화를 고려하면서 자선 제도의 역사, 사회정책의 역사, 빈곤에 대한 이데올로기적 배경과 이론적 담론의 역사, 그리고 궁핍에 직면한 사람들의 태도의 역사를 밝히고

---

3 *Ibid.*, p. 82.

자 했다. 또한 우리는 이러한 역사를 사회현상으로서의 빈곤의 역사와 대비하고 대면시키려고 노력했다. 두 역사의 대조를 통해서 우리는 변화에 대한 어떤 이미지를 갖게 되었는데, 그것은 도덕과 사회규범의 변화가 사회 현실의 변화를 반영하고 있다는 사실이다. 그러나 동시에 사회적 행동 방식과 도덕적 행동 방식은 자율성이 있었다. 예를 들면 새로운 사회정책을 주장했던 사람들도 전통적인 자선 방식에 대한 강한 애착을 깊이 간직하고 있었다. 유랑민과 극빈자에 대한 가혹한 억압은 개인적 선행을 사라지게 할 수 없었다. 자선의 감정이 그처럼 어려운 시기에도 존재할 수 있었던 것은 그 감정들이 매우 깊이 뿌리내리고 있었기 때문일 것이다. 따라서 감정의 역사는 빈곤에 대한 태도의 역사를 이해하는 것과 깊은 관련을 맺는다.

각 시기마다 빈곤에 대한 유사한 해석이 내려지고, 유사한 생각과 논쟁 그리고 태도가 나타나는 것은 바로 이런 이유 때문이다. 빈곤의 중세적 에토스는 근대 초에 붕괴했지만 유럽 문화에서 기독교 문명의 흔적은 너무도 강해 언제든지 다시 나타나 지속되었다. 1960년대와 1970년대에 '풍요의 문명'이라는 이데올로기적 위기에 대한 반응으로 다양한 해결책들이 제시되었는데 그중의 하나가 풍요로운 삶의 포기(renoncement)와 빈곤한 삶이라는 모델이었다. 그러나 이러한 태도는 중세에서처럼 공식적 이데올로기를 통해 지지되지는 않았고, 주변인으로 살기로 결심한 개인의 개별적 선택으로만 여겨졌다. 모든 시대에는 헌신을 찬양하는 자발적 빈곤의 추종자들과 노동, 절약, 물질적 부를 미덕으로 생각하는 사람들이 있다. 또한 억압 정책을 지지하면서 빈민에 대해 무관심한 태도를 보이는 사람들과 반대로 자선과 연민을 최고의 덕으로 생각하는 사람들이 있다. 변한 것은 이러한 태도들 사이의 상대적인 비율뿐이다.

근대사회의 탄생은 인간관계의 급격한 타락을 수반했는데 이는 사회-경제사가들에 따르면 자본주의의 등상을 위해 사회가 치러야 했던 대가였다. 이 대가가 크든 작든 이미 대가는 치러졌고, 20세기에 이러한 희생이 윤리 규범에 비추어 어느 정도 정당화될 수 있는지를 탐구하는 일은 헛된 것이다. 반대로 근대 초에 '부자들의 조치'에 기초해서 시행되었던 사회정책이 일반적으로 당대인들의 인정을 받았다는 것을 지적해야 한다. 교수대와 감옥을 통한 억압적 정책이 자선과 연민을 대신했을 때 이에 반대했던 사람은 거의 없었다. 인도주의의 지고한 미덕, 가장 고귀한 감정과 가치는 단지 현실적으로 가능할 때만 우리의 행동을 유발했다. 그러나 이 시점에서도 우리는 가장 고귀한 감정과 가치를 훼손하는 모든 과거의 행동들을 거부하고 비난한다. 왜냐하면 역사적인 필요조차도 개인과 집단에게서 그들의 자연권을 박탈할 수는 없기 때문이다.

보론 1

브로니슬라프 게레멕[1]은 누구인가

2008년 7월 13일에 향년 76세로 사망한 브로니슬라프 게레멕(Bronislaw Geremek)은 자신의 모국 폴란드와 유럽 전역에서 사회 참여 지식인으로 존경받아왔다. 그는 탁월한 중세사가인 동시에 폴란드 연대노조 솔리다르노시치(Solidarność)의 창설에 기여했다. 또한 1997~2000년에는 폴란드 외무장관으로, 2004~08년에는 유럽의회 의원으로 활동했다. 한마디로 그는 유럽인인 동시에 폴란드인이며, 역사학자인 동시에 정치인이었다. 그의 예리하면서도 명쾌한 언변은 많은 사람들의 기억에 여전히 남아 있다.

---

1 이 글은 Anne Dulphy, Christine Manigand, "Bronislaw Geremek", *Histoire@Politique, Politique, culture, société*, no. 6, septembre~décembre, 2008을 참조하여 작성했다.

사회 참여적 지식인

1932년 3월 6일에 유대인계 폴란드 가정에서 태어난 게레멕은 어린 시절을 바르샤바의 게토에 갇혀 지냈다. 그의 친아버지는 아우슈비츠에서 사망했고, 1943년에 게레멕은 스테판 게레멕(Stefan Geremek)의 도움으로 어머니와 함께 그곳을 탈출했다. 이후 스테판 게레멕은 그의 양부가 되었고 게레멕은 그의 성을 따랐다.

게레멕은 1950년에 바르샤바 대학에서 역사학을 공부하기 시작했다. 당시를 그는 다음과 같이 회고한다. "그 시기에 나는 마르크시즘과 조우했다. 내가 그 사고 체계에 매력을 느꼈던 것은 당시의 이데올로기적 · 지적 분위기 때문이기도 했지만 동시에 나의 개인적 역사와 과거의 무게 때문이기도 했다."

그가 처음부터 중세사에 관심을 가진 것은 아니었다. 그는 오히려 현대사를 전공하려 했다. 하지만 당시의 교조주의적인 분위기는 이를 허용하지 않았다. 따라서 중세는 그에게서 차선의 선택이었으며 일종의 도피이기도 했다. 그러나 중세사 연구를 하면서 그가 빈민의 역사에 관심을 가지게 된 것은 아마도 그가 보냈던 특별한 어린 시절과 관련이 있을 것이다. 우선 그는 14세기 플라망드 지방의 사회적 갈등에 대해 연구했고, 이후에도 주로 사회사 분야에 관심을 가졌는데 언제나 연구의 대상은 사회의 주변인들이었다. 프랑스를 좋아하고 프랑스어를 할 줄 알았던 그는 국비 장학금을 받아 1956년, 1957년, 1962년에 프랑스에 머물 수 있었다. 이 기간에 그는 '자신의 두 번째 고향'이라 할 수 있는 파리고등실용학교(Ecole Pratique des Hautes Etudes)[2]에서 대학원 과정을 거쳤다. 그는 이곳에서 아날학파의 연구에 심취했는데, 특

---

2 이곳의 6분과가 독립하여 현재 파리사회과학고등연구원(Ecole des Hautes Etudes en Sciences Sociales)이 되었다.

히 마르크 블로크(Marc Bloch)의 연구는 그를 사로잡았다. 게레멕은 블로크를 정신적 스승으로 생각했다고 한다. 또한 이 기간에 그는 페르낭 브로델(Fernand Braudel)의 수업을 들었으며, 조르주 뒤비(Georges Duby)와 자크 르 고프(Jacques Le Goff)와도 우정을 쌓을 수 있었다. 한편 게레멕은 1960년에 박사학위 논문을 발표하면서 빈곤사가로서의 입지를 다지게 되었고[3] 이후에도 중세 유럽 사회의 소수자들과 주변인들의 역사를 지속적으로 연구했다.[4] 박사 논문 발표 후 그는 얼마간 프랑스에 머물렀다. 1960~65년에 소르본 대학에서 강의했으며 1962년에는 폴란드 문명 연구센터의 책임을 맡기도 했다. 폴란드에 돌아와서는 바르샤바 대학의 교수가 되어 1980년까지 교수직을 맡았다. 또한 1993년에는 프랑스의 콜레주 드 프랑스(Collège de France)에서 '사회사: 배제와 연대'라는 강의를 진행했으며, 2002년에는 프랑스어를 통한 업적을 인정받아 '프랑스어권'상을 받기도 했다.

그의 정치 활동은 점진적으로 시작되었다. 그는 1968년에 공식적으로 폴란드 공산당을 탈퇴했는데 당시에 르 고프는 그 이유를 다음과 같이 회상했다. "1968년 당시 나는 바르샤바에 있었고 폴란드가 체코슬로바키아를 침공하자 게레멕이 공산당과 결별하는 과정을 옆에서 지켜보았다. 그는 매우 이른 아침에 나에게 전화를 걸어 공산당 중앙위원회에 자신의 카드를 반납할 것이고, 내가 그 힘든 하루 동안 옆에 있어 주었으면 좋겠다고 말했다." 이른바 수정주의적 흐름에 매료되었고 마르크시즘의 인간적 측면을 되찾기를 원

---

3 「13~15세기 파리 수공업과 임노동자 : 중세 노동시장에 대한 연구」(Le salariat dans l'artisanat parisien aux XIIIᵉ~XVᵉ siècles: Etude Sur le Marché de la Main-d'oeuvre au Moyen Age)가 그의 박사학위 논문 제목이다.

4 저서로는 『14~16세기 파리의 주변인』(Les marginaux parisiens aux XIVᵉ et XVᵉ siècles, 1976)과 근대의 유럽 문학에 나타난 빈민과 유랑민에 대한 이미지를 다룬 『카인의 아들 : 15~18세기 유럽 문학에 나타난 빈민과 유랑민의 형상』(Les fils de Caïn: L'image des pauvres de des vagabonds dans la littérature européenne du XVᵉ au XVIIIᵉ siècles, 1991) 등이 있다.

했던 게레멕은 1960년대 중반부터 사람들과 함께 아파트에 모여 자유로운 토론을 벌였다. 그는 자유대학 외에도 러시아 인텔리겐치아들의 절망의 목소리에도 주의를 기울이게 되었고 체코슬로바키아에서 시도된 인간의 얼굴을 한 사회주의 실험을 폴란드에도 도입하고자 노력했다. 그러나 '프라하의 봄'이 완전히 짓밟히자 공산당 내부에서는 이러한 수정주의가 불가능하다고 확신한다. 이후 게레멕은 노동자들과 지식인들의 연대를 위해 노력했다. 그가 보기에 1956년의 학생운동과 1970년 그단스크(Gdańsk)와 슈체친(Szczecin)에서의 노동자 파업 실패는 이러한 연대가 제대로 이루어지지 못했기 때문이었다.

　정치적으로도 그는 노동자와 지식인의 연대를 주장한 사람들과 같이했다. 그가 1976년에 세워진 노동자방어위원회(KOR: Komitet Obrony Robotników)에 적극적으로 참가한 것은 바로 이런 이유 때문이었다. 이 단체는 재판정에서 노동자들을 도와주는 역할을 담당했으며 연대노조의 전신이라 할 수 있다.[5] 역시 같은 생각에서 그는 1980년 8월에 가톨릭 지식인인 타데우시 마조비에츠키(Tadeusz Mazowiecki)와 함께 그단스크의 레닌 조선소의 파업 노동자들을 위해 법정에서 증언했다. 당시 레흐 바웬사(Lech Wałęsa)가 지도한 파업 노동자들은 연대노조를 형성하게 해달라고 요구했으며 지식인들의 동참을 호소하고 있었다. 따라서 게레멕은 1,000만 명 이상의 노동자들이 규합한 솔리다르노시치에서 본격적인 정치 활동을 시작한다. 처음부터 폭력을 거부하면서 인간적 혁명을 추구했기에 그는 폭발 직전에 놓여 있던 폴란드 전역을 돌아다니면 불씨를 제거하는 역할을 했다. 그는 이 시기 동안 서구 세계에서 온 대표단과의 접촉을 재개했지만, 1981년 12월 13일 자루젤스키

5　노동자방어위원회는 『노동자』라는 잡지를 발간해 국가에 의한 노동자 탄압 실상을 폭로했으며, 아담 미흐니크, 야체크 쿠론 등 지식인들의 대거 참여로 이루어졌다. 1979년에 이르러는 '노동자 권리헌장'을 발표했는데 여기에는 노동조합운동의 목표와 과제, 노동자 보호 규정, 노동자들의 경영 참여권 등이 포함되어 있다. 1981년 9월 연대노조 제1차 전국대의원대회 때 공식적으로 자진 해산했다. 최연구, 「연대노조의 흥망성쇠와 폴란드 정치변동」, 『동유럽발칸학』, 제3호, 2000. 12, 308쪽.

(Jaruzelski) 장군에 의해 계엄령이 선포되면서 1년 이상 수감되고 만다.

그러나 민주화 운동은 더 이상 멈출 수 없었다. 1989년 4월에 게레멕은 반대자들과 집권자들을 중개해서 결국 합의를 형성하는 데 기여했고 이를 계기로 폴란드는 평화롭게 민주주의 체제로 전환할 수 있었다. 합의의 내용에는 연대노조의 합법화, 자유선거에 의한 상원 신설, 하원 460석 가운데 35퍼센트의 자유선거, 대통령제 신설 등이 포함되었다. 곧이어 치러진 총선에서 연대노조는 상원 100석 가운데 99석을, 하원에서 161석을 차지해 압도적인 승리를 이루어낸다.

유럽에 대한 강한 신념

1989년에 마조비에츠키 정부가 구성되고 6월 선거가 솔리다르노시치의 승리로 끝나자 폴란드에는 민주화의 기반이 세워졌다. 1990년에 그는 자유연합(Unia Wolnosci)[6]에 입당했는데 이 당을 포함한 중도파 연대가 1997년 선거에서 승리하게 되면서 외무장관이 된다. 이 시기에 게레멕은 1998년에 유럽안전 및 협력 기구 의장직을 맡아 폴란드의 유럽 가입을 추진했고, 1999년에는 폴란드의 나토 가입을 이루어낸다.

게레멕은 1989년의 동구혁명을 통해 동유럽 국가들이 자신의 '꿈', 즉 '유럽을 되찾는 꿈'을 실현할 수 있다고 생각했다. 그는 언제나 동유럽 국가들이 서유럽 국가들과 단지 경제적 이득을 맺고 그로부터 이득을 취할 것이 아니라 유럽이라는 정체성을 기반으로 하여 공동체에 가입하는 것이 중요하다고

---

6 자유주의를 주창하는 중도 우파로 1995년 제1야당 민주연합(UD)과 '자유주의 회의'가 합당해서 만든
   정당이다. 자유연합의 주도 세력인 민주연합은 1989년에서 1993년까지 바웬사 대통령하의 집권 정당이
   었으며 게레멕과 같은 연대노조 출신의 지식인들이 주도하고 있었다. *Ibid.*, p. 316.

주장해왔다. 이러한 이유로 2004년 유럽이 동유럽 국가들을 회원으로 받아들였을 때 게레멕은 그 사건을 제2차 세계대전 이후 분열되었던 유럽이 이제 자발적인 통합의 길로 나아간다고 환영했다. 물론 유럽연합이 동유럽 국가들을 받아들이는 것에 대해 기존의 서유럽 국가들 내부에서는 우려의 목소리가 있었다. 게레멕 역시 그것을 과소평가하지 않았다.

그는 기존 회원국과 신규 가입국을 가르는 다양한 역사적 장애물들이 존재한다고 생각했다. 그 장애물이란 과거 50년의 경험만큼이나 결정적인 것이었다. 실제로 11세기부터 서유럽과 동유럽 간에 발생한 종교적 · 정치적 · 문화적 차이는 매우 컸다. 게레멕은 농업 중심의 동유럽이 서유럽 시장에 원자재를 제공하는 곳이었으며, 그 결과 서유럽과 다른 경제 시스템을 가지게 되었고 서유럽과는 다른 사고가 동유럽에서 형성되었다고 판단했다. 그러나 이러한 차이는 게레멕이 보기에 상호 보완적인 것이었다. 그는 유럽연합의 동유럽 확장이 유럽 전체에 기회가 될 것이라고 확신했다. 왜냐하면 유럽연합의 확장은 동유럽을 자유로운 사상에 더욱 강하게 끌리게 하고 동서 평화의 장을 공고하게 할 것이며 유럽을 하나의 정치체로서 생각하게 만들 것이기 때문이었다.

2004년 6월에 유럽연합은 확대되었다. 그리고 한 달 후에 폴란드에서 처음으로 치러진 유럽의회 선거에서 게레멕은 의원으로 선출되었다. 이후 그는 중도적 지향을 유럽에 견고하게 뿌리내리겠다는 목적으로 유럽의회 의장 선거에 출마하기도 했지만 낙선했다. 폴란드에서 그는 헌법위원회 활동이나 외무장관직 활동 이외에도 국회의원직을 수행했는데 이것은 그가 제일 우선시했던 활동이기도 했다. 국회의원으로서 그는 1939년 소련의 폴란드 침공을 유럽공동체가 기억할 것을 촉구하는 선언문에 서명했으며, 8월 31일(1980년에 그단스크에서 협약이 맺어졌던 날)을 '유럽의 자유와 연대 기념일'로 선언하라고 요구하기도 했다.

유럽과 관련해서는 다양한 이슈들이 존재하기 때문에 게레멕의 모든 사상을 간단하게 정리하는 것은 쉽지 않다. 다만 두 개의 중심 사상을 이끌어내 보면 다음과 같다. 첫째, 국가 체제에 대한 그의 이해는 무엇보다 중유럽 및 동유럽의 특수한 역사와 관련되어 있다. 2004년에 그는 헝가리의 정치사상가 비보 이스트반(Bibó István)의 말을 다음과 같이 인용했다. "국가의 죽음을 말하는 것은 서구인의 눈에는 의미 없는 말로 들릴 것이다. 그러나 동유럽 국가들에게 그것은 손에 잡힐 만큼 실제적이다." 이는 동유럽에서는 몇 세기 동안 지속적으로 국가가 살아남는 것이 불확실했던 데 기인한다. 더욱 직접적으로 게레멕은 소련의 붕괴를 '제국의 붕괴로 식민지 시대가 소멸하고 국민감정이 되살아난 것'이라고 표현했다. 이러한 국민감정이야말로 독재에 저항할 때 '저항의 노선'(la ligne de résistance)이 되어주었던 것이다. 이러한 이유로 그는 자크 들로르(Jacques Delors)가 설파한 모델, 즉 국민-국가의 연합체라는 유럽연합 모델에 찬성했다. 그는 만일 유럽이 문화적 다양성을 통해 풍요로워진다면, 국가 이기주의를 극복할 것이며 지나친 국수주의적 태도도 자연스럽게 사라질 것이라고 생각했다.

그의 두 번째 중요한 사상은 유럽에 대한 소속감에 있다. 게레멕은 유럽공동체의 두 가지 경험, 즉 중세 기독교와 문학 공화국을 소속감의 기준으로 생각했다. 그가 보기에 이 두 경험은 유럽 정신의 이중적 뿌리로서 유럽의 표면적 분열을 극복하게 해줄 것이었다.

게레멕의 정치적 활동이 항상 순조로웠던 것은 아니었다. 게레멕은 2007년 봄에 마조비에츠키와 함께 '정화법'(Nouvelle loi de lustration)[7] 논란에 휩싸이게 된다. 3월15일 발효된 이 법은 대통령과 총리직을 차지하고 있던 일란성 쌍둥이 카친스키(Kaczyński) 형제에 의해 도입되었는데 과거 공산주의 시절 비밀경찰에 협조한 사실이 있으면 자진 신고할 의무를 부과하고 있었다.

---

7 이 단어는 로마 시대의 정화 의식을 표현하는 라틴어 'lustrum'에서 따온 것이다. 폴란드에서는 정화법에 협조하지 않거나 허위 사실을 기록하면 10년간 직장에서 추방되었다.

이 법은 대략 70만 명의 과거를 문제 삼을 수 있어 파장이 매우 컸다. 공산당 권력에 대한 투쟁을 인도했던 게레멕과 마조비에츠키라는 두 상징적 인물들이 이 법을 거부하자, 이들은 공직을 박탈당할 위협에 직면하게 되었다. 공직에 나섰을 때 이미 비슷한 선언을 했음을 상기시키면서 이들은 이러한 요구에 비판적 태도를 보였다. 실제로 법의 시행 과정에서 나타난 협력 사실에 대한 강요, 문서 자체의 진위 여부와 맥락에 대한 고려 부족은 많은 문제점을 낳았다. 게레멕은 정화법을 민주적인 유럽에서는 도저히 받아들여질 수 없는 법이라고 판단했다. 그가 보기에 이 법은 과거를 들추는 경찰 기구를 탄생시킴으로써 시민들을 완전 무장해제시킬 것이고, 사람들은 권리 보호를 박탈당한 채 마치 조지 오웰의 세계 속에서 살게 될 것이었다. 그는 유럽의회 의원들의 강력한 지지를 받았고 결국 2007년 5월 11일 폴란드의 헌법재판소는 게레멕의 주장을 적극 수용하는 결정을 내렸다.

2008년 1월, 유럽 포럼에서 게레멕은 얼마나 '유럽의 꿈'이 미래를 향한 대담함과 인내를 요구하는지 상기시켰다. "독재의 어두웠던 시절에 만일 사람들이 나에게 언젠가 나의 조국이 유럽의 당당한 일원이 될 것이라고 말했다면 나는 마치 절대 이루어질 수 없는 꿈 이야기를 들은 사람처럼 웃었을 것이다. 그러나 우리는 마치 그것이 가능할 것처럼 투쟁해야만 했다." 2005년 이후 위기를 겪고 있는 유럽에 대해 그는 현재 유럽연합은 발전인가 붕괴인가라는 기로에 서 있다고 판단하면서 동일한 자세를 견지할 것을 촉구했다. 그는 자신의 마지막 저서, 『유럽의 비전』(Visions d'Europe)에서 이러한 위기를 다루면서 다음과 같이 결론을 내렸다. "유럽을 만든 후 우리는 유럽인을 만들어야 한다. 그렇게 하지 못하면 우리는 유럽을 다시 잃을지도 모른다." 그러나 2008년 7월 13일 폴란드 서부 웨코폴스키 주의 한 도로에서 불의의 교통사고를 당해 그는 유럽 통합이라는 자신의 꿈을 후대의 몫으로 남겨둔 채 세상을 떠나고 말았다.

보론 2
근대적 빈민 부조 정책은 어떻게 탄생했는가[1]

I. 서론

빈민 문제는 어느 시대, 어느 사회에서나 중요한 것이었다. 역사의 기록을
보면 무수히 많은 걸인, 유랑민, 행려병자 등의 존재를 접하게 된다. 그러나
이들은 대개 역사 서술의 대상에서 제외되어왔다. 이들이 역사가들의 주목을
받고 본격적으로 연구된 것은 비교적 최근의 일이다. 과거에 그렇게 많은 수
를 이루고 있었으면서도 역사에서 거의 잊혀 있던 이 소외된 사람들을 역사
의 무대로 끌어올리는 것은 의미 있는 일일 것이다. 그러나 이 글에서 하려는
작업은 그 이상의 의미를 지니고 있다. 사람들이 빈민들을 어떻게 생각하는
가, 그들에 대해서 어떤 태도를 취하는가, 그리고 어떤 조치와 정책을 취하는

---

1 이 글은 옮긴이의 석사학위 논문 「근대적 빈민 부조 정책의 탄생」(1999)의 내용을 통해 게레멕의 책을
추가·보완한 것이다.

가 등은 결코 단순한 문제가 아니다. 한 사회가 유지되고 발전하기 위해서는 부(富)를 생산하고 확대해야 한다. 그런데 모든 사회는 불평등을 내포하고 있고 부는 불평등하게 분배되게 마련이다. 부의 확대는 대개 부의 집중을 통해 이루어지므로 거의 필연적으로 빈민의 확대를 동반할 수밖에 없다. 따라서 사회의 발전 과정에서 빈민 내지 소외 집단을 어떻게 사회 내로 통합하는가 하는 문제는 핵심적인 의미를 가진다. 즉 가장 미천하고 경멸받는 주변인(les marginaux)들을 살펴봄으로써 오히려 사회문제의 중심을 볼 수 있는 것이다. 이것은 중세의 걸인 문제로부터 오늘날의 실업자 문제에 이르기까지 공통된 양상이라 할 수 있다. 프랑스의 사회학자인 로베르 카스텔(Robert Castel)은 이를 다음과 같이 표현하고 있다. "사회문제는 명백하게 사회적 삶 속에서 가장자리에 위치해 있는 듯하다. 그러나 이 가장자리에서 벌어진 행위들이 바로 사회 전체의 문제와 직결되어 있다. 사회 형성 과정에서 주변으로 전락한 사람들이 제기한 문제는 바로 그 사회의 중심으로 회귀하는 부메랑과 같다. 사회 내에서 밖으로 내몰린다는 현상은 바로 그 사회의 내부 상태에 달려 있는 것이다. 즉 사회의 핵심적인 모순을 보려면 사회에서 내몰린 주변인들의 존재를 통해서 그 사회를 바라보는 것이 가장 정확한 길이다."[2]

이 글은 이런 문제의식을 가지고 서구의 중세사회와 근대사회 사이의 변모를 살펴보려고 한다. 중세사회에서 빈민의 위치, 빈민에 대한 사람들의 태도, 그들에 대한 대우 등은 근대사회와 본질적으로 달랐다. 중세에는 걸인이 예수나 성인의 이미지를 띨 수 있었으나, 근대에는 불로 낙인을 찍고 강제 노역에 처하거나 심지어는 사형시키는 대상이 된 것이다. 이런 극단적인 변화 과정을 살펴봄으로써 근대사회의 한 속성을 추출해낼 수는 없을까 하는 점이 이 글의 문제의식이다.

---

2 Robert Castel, *Les Métamorphoses de la question social: Une chronique du salariat*, Fayard, 1995, p. 21.

1. 빈곤과 빈민의 정의

빈곤에 대한 기존의 개념 규정은 주로 사회과학자들에 의해 이루어졌다. 이들은 흔히 물질적 빈곤 문제를 해결하려는 문제의식에서 출발했기 때문에 빈곤을 물질적 결핍이라는 측면에서 보는 경향이 많았다. 대표적인 학자가 영국의 사회학자 벤저민 라운트리(Benjamin S. Rowntree)이다. 그는 『빈곤: 도시 생활의 한 연구』(Poverty: a Study of Town Life)에서 "전체 소득이 신체적 효율성을 유지하는 데 필요한 최저 수준을 획득하지 못한 상태"를 빈곤이라고 말했다. 이러한 빈곤 개념에 의하면 그 최저 수준은 생계비 또는 영양에 의해 측정되며 학자들은 이를 통상적으로 '절대적인 빈곤'이라고 규정했다. 또한 그는 육체적 능률을 유지하는 데 필요한 최소한도의 생활수준을 빈곤선 (poverty line)이라고 규정하여 빈곤선 이하를 1차적 빈곤(Primary poverty), 빈곤선을 약간 상회하는 빈곤을 2차적 빈곤(Secondary poverty)으로 구별했다.[3] 한편 다른 학자들은 빈곤의 개념을 "주관적으로나 객관적으로 다른 사람에 비해 소득·교육·권력·기회 등이 박탈되어 있는 상태"로 보고 이를 '상대적 빈곤'으로 규정했다. 피터 타운센드(Peter Townsend)는 상대적 빈곤은 사람들이 열망하는 속성, 예컨대 소득과 고용 조건 및 권력을 다른 사람보다 덜 가지게 된 상황이라고 하면서 이는 자원의 불균등한 배분의 결과라고 강조했다.[4] 토머스 설리반(Thomas Sullivan)은 이러한 상대적 빈곤을 겪고 있는 사람들의 심성을 소외·무력·절망으로 구분하여 빈곤을 물질적 측면을 넘어서는 개념으로 확장시켰다.[5] 빈곤을 착취의 형태로 보는 경우는 카를 마르크스(Karl Marx)의 빈곤론에서 볼 수 있다. 마르크스에 따르면 자본주의 생산

---

3 B. S. Rowntree, *Poverty: A Study of Town Life*, Macmillan, London, 1901, pp. 86~118; Peter Townsend, Dorothy Wedderburn ed., "Poverty as relative", in *Poverty, Inequality and Class Structure*, Cambridge University Press, 1974, p. 16.

4 Peter Townsend ed., *The Concept of Poverty*, Heinman, London, 1974, p. 2.

5 T. Sullivan, *Social Problems: Divergent Perspectives*, John Wiley, New York, 1980, p. 379.

관계 속에서는 자본가에 의한 노동자의 잉여노동 착취, 그리고 기계의 자동화에 따른 노동소외의 결과로 노동자의 궁핍화 현상이 나타난다.[6]

이처럼 사회과학적인 접근은 빈곤의 여러 다양한 양태를 살펴보고자 시도하고 있기는 하지만, 그것이 빈민 문제의 복합적인 의미를 다 담아내지는 못하는 듯하다. 이 같은 접근 방식은 빈곤이란 당시의 경제·사회·문화, 그리고 심성의 복합적인 관점이 함께 맞물려 들어가며 역사적으로 형성된 사회의 총체적 모순임을 소홀히 하고 있었다. 이에 대한 비판으로 에릭 홉스봄(Eric J. Hobsbawm)은 "빈곤에는 완전히 분리될 수 없는 여러 가지 의미들이 항상 내포되어 있으며 빈곤은 언제나 그것이 발생되는 사회의 관습에 따라 규정된다"는 점을 강조했다.[7]

사회과학자들의 접근과 비교해볼 때 역사학자들의 연구는 변화하는 사회 내에서 빈민들이 차지하는 사회적 지위에 초점을 맞추어왔다. 따라서 이들은 빈민을 단순히 가난한 사람으로 보기보다는 사회의 주변으로 내몰리고 그로 인해 가난하게 된 사람, 즉 주변인으로 해석하고자 했다. 예컨대, 폴란드의 역사가 브로니슬라프 게레멕(Bronislaw Geremek)의 정의를 보면 다음과 같다. "주변인은 타의 혹은 자의에 의해서 도시 생활의 주변에 놓여 있었고, 생산 과정에서 어떠한 역할도 하지 않았으며, 신분·명예·존경을 기반으로 하는 계층 조직에서 무시되는 존재였기 때문에 신분 사회에 속하지 못했다. 그들은 경제생활이나 사회생활에서 항구적인 지위를 차지하지 못했다."[8] 체코의 중세사가인 프란티세크 그라우스(František Graus)도 '주변인 집단'을 나타내는 적절한 용어를 찾아낼 필요성이 있다는 점을 지적했는데, 그 이유는 중세

---

6 이에 대해서는 카를 마르크스, 정경진 옮김, 「임노동과 자본」, 『노동자 경제학』, 일송정, 1989; 지은구,
   「마르크스의 빈곤론」, 김영모 편, 『빈곤이론·빈곤정책』, 한국복지정책연구소, 1992 참조.

7 Eric J. Hobsbawm, "Poverty", in D. L. Sills(ed), New International Encyclopaedia of the Social Sciences,
   Vol. 12, Macmillan, London, 1968, p. 398.

8 Bronislaw Geremek, Les marginaux Parisiens aux XIVe et XVe siècles, Flammarion, 1976, pp. 5~6.

문헌에는 이러한 집단을 지칭하는 일반 용어가 전혀 없기 때문이다. 따라서 그는 프랑스어의 주변인에 해당하는 'Randgruppen'이라는 독일어 용어를 사용하고 있다. 그라우스에 따르면, 'Randgruppen'은 다음과 같이 정의된다. "주변인은 사회의 규범에 의해 인정되지 않았거나 받아들여지지 않았고, 그들의 사회적 지위에 의해서 혹은 그들의 무능력 때문에 일반인들에 속할 수 없었던 사람들 혹은 집단이다. 그들은 이러한 이유로 사회에서 배제되었으며, 공식 법령에 의해서 낙인찍혔다."[9] 나환자, 이단자, 범죄자, 매춘부, 유대인, 집시, 걸인과 빈민(자발적이든 혹은 비자발적이든), 유랑 극단의 배우와 연주자 등이 이런 집단에 포함된 것으로 그는 보았다. 스테판 차르노브스키 (Stefan Czarnowski) 역시 같은 맥락에서 주변인을 다음과 같이 정의하고 있다. "사회의 주변인은 어떤 결정된 사회적 지위를 가지고 있지 않으며, 물질적·정신적 생산의 관점에서 여분(superflu)인 것으로 생각되는 개인의 총체이다. 한마디로 말하면 이들은 사회적 지위(statut)의 부재를 그 특징으로 하는 사람들이다."[10]

이들이 강조하는 핵심은 결국 '사회적 지위의 부재'로 요약할 수 있다.[11] 달리 말하면 빈민들은 단순히 가난하다는 것이 아니라 사회 내에 통합되지 못한다는 점에서 더 본질적인 문제가 되는 것이다.

---

9 F. Graus, "Randgruppen der städtischen Gesellschaft im Mittelalter", *Zeitschrift für Historishe Forschungen* 8, 1981, pp. 385~437.

10 Bronislaw Geremek, *Truands et misérables dans l'Europe moderne(1350~1600)*, Edition Gallimard, 1980, p. 220.

11 이와 관련해서 터너의 '경계성' 개념을 참고할 수 있다. 터너에 따르면 "경계성 혹은 경계에 있는 인간 (문지방 위의 사람들)의 속성은 예외 없이 애매한 것이 특징이다. 이런 사람들의 자세는 평소 상태나 지위를 문화적 공간에 설정하는 네트워크에서 벗어나 있거나, 혹은 그것에서 빠져나와 있기 때문이다. 경계에 있는 사람들은 이쪽에도 있지 않으며 저쪽에도 있지 않다. 그런 까닭으로 그들의 애매하고 부정확한 속성은 사회적·문화적 이행을 의례화하고 있는 많은 사회에서는 다양한 상징에 의해 표현된다." 야마우치 히사시, 정성호 옮김, 『터부의 수수께끼』, 사람과사람, 1997, 140~41쪽.

2. 기존의 연구

이런 문제의식을 가지고 역사 속의 빈민 문제를 살핀 연구자로는 우선 미셸 몰라(Michel Mollat)를 들 수 있다. 그는 파리 대학 문학부의 중세사연구센터에서 빈곤에 대한 중세의 두 가지 대응 방식인 '찬양과 경멸'을 연구하기 시작했고 그 성과로 『중세의 빈민』(*Les Pauvres au Moyen age*)을 내놓았다. 그는 이 책을 통해 당시 빈민들에 대해 다방면으로 고찰했으며, 지금까지 인정받지 못하고 모호한 존재로 남아 있던 빈민을 역사의 한 장으로 끌어냈다. 그의 연구가 중세사 연구에 상당한 영향을 끼쳤음은, 예컨대, 자크 르 고프 (Jacque Le Goff)의 중세사 개설서인 『서양 중세 문명』(*La Civilisation de l' Occident Médiéval*)을 통해 확인할 수 있다.[12]

중세와 근대 사이의 단절을 강조한 학자로는 앞에서 언급한 게레멕을 들 수 있다. 그는 중세와 근대의 빈민에 대한 태도 변화를 강조하면서 그 분기점을 16세기 초로 제시했다.[13] 그는 빈민 연구가 우선 전통 사회에서 근대사회로의 전환에 수반되는 심리적·사회적 태도의 변화를 반영하며, 둘째, 종교적 삶과 제도에 대한 연구의 틀이 되고, 셋째로 자본주의 발전의 내재성을 밝힐 수 있다고 강조했다. 장 피에르 귀통(Jean-Pierre Gutton) 역시 중세의 전통적인 빈민에 대한 방식이 근대의 방식과 갈등하는 때는 16세기라고 하면서 이 시기를 '대선택(grand option)의 시기'라고 명명했는데,[14] 이는 1520년대의 변화를 강조했던 게레멕의 시기 구분과 동일하다. 그는 또한 빈민들의 범주를 나누고 ― 수치로 인한 빈민(pauvre honteux),[15] 불안정하게 직업을 찾

---

12 Jacques Le Goff, *La Civilisation de L'Occident Médiéval*, Arthaud, 1977, pp. 387~96. 그는 여기에서 소외당한 자들(Les exclus)로 종교적 이단자(hérétiques), 나병 환자(lépreux), 유대인(Juifs), 마법사(sorciers), 남색가(sodomites), 불구자(infirmes), 이방인(étrangers), 낙오자(déclassés)를 들고 있다.

13 좀 더 정확하게 말한다면, 그는 1520년대를 그 변화의 시기로 잡고 있다.

14 Jean-Pierre Gutton, *La société et les pauvres en Europe(XVIᵉ~XVIIIᵉ siècles)*, Presses Universitaires de France, 1974, pp. 93~116.

아다니는 노동자, 걸인, 유랑민 등 — 그 각각에 대해 분석을 시도했다.[16]

이 밖에도 역사학계에서는 빵을 주제로 빈민들의 삶을 다룬 피에로 캄포레지(Piero Camporesi),[17] 자선은 보시 분배자들의 권위를 높이기 위한 행동이었음을 강조한 산드라 카발로(Sandra Cavallo),[18] 프랑스대혁명과 빈민을 연구한 앨런 포레스트(Alan Forrest),[19] 18세기 파리의 노동 빈민의 상태를 그

---

15 이들은 주로 몰락한 귀족이었는데, 사회적 위치만을 고려했을 때는 빈곤 세계의 바깥에 위치한 존재였다. 그러나 경제적 이유로 빈민으로 떨어졌고 그 때문에 구걸할 처지가 아니었다. 이러한 상황은 이들을 더욱 가난하게 만들었으며 결국 이들은 사람들에 의해 보시 대상 일순위로 여겨졌다. 특히 이들에 대해서는 남아 있는 문서가 많지 않은데, 이는 그들에 대한 보시가 주로 은밀하게 행해졌기 때문이다. 따라서 이들은 '은밀한 빈민'으로 여겨지기도 한다. 남아 있는 기록을 통해 보았을 때 이들 중에는 귀족에 속하는 과부가 많았다. 시기적으로 일치하지 않지만 1696년에 리옹의 샤나(Chana) 지역을 보면 수치심으로 인한 빈민 21명 가운데 13명이 과부인 것으로 기록되어 있다. J.-P. Gutton, *La société et les pauvres: l'exemple de la généralité de Lyon(1534~1789)*, société d' édition, Les belles lettres, Paris, 1970, pp. 23~29.

16 J.-P. Gutton, *ibid.*, pp. 23~50. 그에 대한 평가로는 다음의 글을 보라. William H. Beik, "Searching for Popular Culture in Early Modern France", *Journal of Modern History*, vol. 49, no. 2, 1977, pp. 267~68.

17 Piero Camporesi, *Bread of Dreams*, The University of Chicago Press, Chicago, 1989. 미시사의 새로운 성과 가운데 하나인 이 책은 빈곤 문제 자체를 다루었다기보다는 기아라는 극한 상황 — 그러나 과거에는 상당히 빈번히 벌어졌던 상황 — 에서 사람들이 보이는 다양한 반응들, 그리고 거기에서 읽을 수 있는 그 시대의 심성을 서술하고 있다. 예컨대 빈민들이 빵에 많은 불순물을 넣어 기아의 고통을 잊어버리려 했다는 점, 혹은 기아 때는 빵을 쓰게 만들어 적게 먹었으며, 밀가루를 약초로 대체했다는 성경의 구절을 인용해서 빵을 통해 환각 효과를 노렸다는 점, 또는 극단적인 방법으로 병에 걸림으로써 기아가 자기를 찾아오지 못하게 하는 방법까지 고안해냈으며 심지어는 부모들이 아이들을 기아로부터 구제하기 위해 살해하는 일도 비일비재했다는 점 등을 이야기한다.

18 Sandra Cavallo, *Charity and Power in Early Modern Italy: Benefactor and their motives in Turin, 1541~1789*, Cambridge University Press, 1995. 이 책은 16세기 말과 17세기 초 시민 권력의 대표자들과 정부 관료들이 토리노 지방의 병원 통제 문제를 놓고 갈등하다가 18세기를 경과하면서 정부 관료의 승리로 나아가는 과정을 보여주고 있다. 또한 상층계급 여성들이 독자적으로 자금을 갖고서 병원의 재정을 돕고 있었지만 점차 남성들이 이 기금을 여성에게서 뺏어내고 이 과정 속에서 여성의 권리가 축소되는 모습도 흥미롭게 지적하고 있다.

19 Alan Forrest, *The French Revolution and the Poor*, St. Martin's Press, New York, 1981. 포레스트는 혁

려낸 제프리 캐플로(Jeffry Kaplow),[20] 18세기 프랑스 병원에서의 성직자와 혁명 입법가들의 갈등을 그린 존 프랭고스(John frangos)[21] 등의 연구가 계속되었다.

이 글은 특히 중세사회에서 근대사회로 발전해가는 과정에서 빈민 부조의 변화에 초점을 맞추어보고자 한다. 따라서 중세 말과 특히 16세기의 상황을 중점적으로 보게 될 것이다. 여기에서 한 가지 지적할 문제는 빈민 문제와 종교개혁의 연관성에 관한 것이다. 사실 기존의 학자들 중에 새로운 빈민 부조 정책의 등장을 종교개혁과 연관 지어 설명하려는 사람들이 있었다. 벨기에의 역사가 폴 보낭팡(Paul Bonenfant)은 몽스(Mons)와 이프르(Ypres) 같은 도시에서 무차별적인 자선과 구걸을 금하고 속인들의 지배하에 부조 기구가 중앙집중화되는 것을 발견한 후에 이러한 계획의 주도자들이 무의식적으로 프로테스탄티즘의 영향을 받고 있었다고 주장했다.[22] 리처드 토니(Richard H.

명력 2년의 자코뱅 정권이 빈민들에게 선행을 베푸는 것을 시민의 권리를 회복시켜주는 것으로 생각했고 따라서 그들은 공적 부조의 계획을 통해서 이를 책임지려 했다고 한다. 그러나 1795년이 되자 이러한 계획들은 재정 부족과 지방 당국의 불참으로 인해 좌절되고 말았으며 결국 혁명 정부의 이상이 현실에서 구체화될 때 환상으로 끝나고 말았다고 결론짓는다.

20 Jeffry Kaplow, *The Names of Kings: The Parisian laboring poor in the eighteenth century*, Basic Books, Inc, 1972. 캐플로는 18세기 말의 파리의 노동 빈민들이 자신의 계급에 대한 정체성을 명확히 인식하지 못하고 있었지만 범죄와 같은 행동을 통해 빈곤에 저항했으며, 비록 범죄가 비정치적이었지만 정치적 의식으로 나아가는 단계였음을 밝히고 있다.

21 John Frangos, *From Housing the Poor to Healing the Sick*, Associated University Presses, Inc, 1997. 프랭고스는 성직자들이 장악하고 있던 병원이 점차로 의사들에게로 넘어가는 과정을 묘사하고 있다. 특히 혁명 전쟁으로 인한 부상자의 증가는 의사의 치료를 더욱 유용한 것으로 만들었고 이는 당시 의회에서 다섯 번째로 많은 수를 차지했던 의사들에게 유리하게 작용했다고 본다. 그러나 테르미도르의 반동으로 인해 다시 성직자들이 병원을 장악해 가는 과정이 나타나기 시작했다고 주장한다.

22 Paul Bonenfant, "Les Origines et le caractère de la réforme de la bienfaisance publique aux Pays-Bas sous le règne de Charles-Quint", *Annales de la Société Belge d'Histoire des hôpitaux*, III, 1965, pp. 115~47.

Tawney)는 종교개혁 이전에 이미 무차별적 자선에 대한 비판이 있었다는 점을 인정하면서도 실질적인 구걸에 대한 억압과 공적 부조를 가능하게 한 것은 가톨릭에 대한 프로테스탄트의 공격에 의해서만 설명될 수 있다고 보았다. 그는 "빈곤을 위한 새로운 의학 ─ 즉 빈민을 제거하기 위한 가혹한 규율 ─ 은 정치적·경제적 변화에 의해 자극될 수도 있지만, 실질적 행동은 청교도들의 행동에 의해 야기되었다"라고 주장했다.[23] 크리스토퍼 힐(Christopher Hill) 역시 부자에게 무차별적으로 자선을 베풀지 못하게 하고 빈민에게 자선을 기대하지 못하게 한 것은 칼뱅주의자들의 관점이라고 주장했다. 힐은 이후 부조를 받을 자격이 없는 빈민은 버림받은 사람(outcasts)들이 되었고 이후 자본주의를 위해 값싼 노동력을 제공하는 것으로만 자신의 사회적 기능을 할 수 있었다고 말했다.[24]

그러나 이와 반대 의견을 가진 학자들은 근대의 빈민 부조 계획이 반드시 프로테스탄티즘과 연결된 것은 아니라고 주장했다. 브라이언 티어니(Brian Tierney)는 이미 16세기 이전에 가톨릭 신학자들 역시 무차별적인 자선이 오히려 빈민들의 게으름을 조장해 빈민 문제에 아무런 도움이 되지 못함을 인식하고 있었고, 이 때문에 자선을 필요로 하는 사람들을 구별하기 위해 노력했다고 주장했다.[25] 미셸 몰라는 프로테스탄티즘이 출현하기 이전인 14~15세기에 탁발단(托鉢團)과 같은 자발적 빈곤은 벌써 그 특별한 매력을 잃어가고 있었다고 했으며,[26] 에마뉘엘 칠(Emanuel Chill) 역시 17세기 프랑스에서 나타났던, 빈민을 가두고 그들을 훈육시키려는 운동은 위그노 혹은 정부 관료가

23 R. H. Tawney, *Religion and the Rise of Capitalism*, Penguin Books, 1977, pp. 251~70.

24 Christopher Hill, "Puritans and the Poor", *Past and Present* 2, Oxford University Press, 1952, pp. 32~50; *Society and Puritanism in Pre-Revolutionary England*, London, 1964, pp. 270~77.

25 Brian Tierney, *Medieval Poor Law: A Sketch of Canonical Theory and Its Application in England*, Berkeley and Los Angeles, 1959, chaps. 1 and 3.

26 Michel Mollat, *Les Pauvres au Moyen age*, Hachette, 1978, pp. 303~10.

아니라 가톨릭 단체인 성사회(Compagnie du Saint-Sacrement)[27] 성원들과 가톨릭 신부인 뱅상 드 폴(Vincent de Paul)에 의해 주도되었음을 밝히면서 새로운 빈민 부조 조치가 프로테스탄티즘 때문이라는 주장에 반대했다.[28] 한편, 폴 슬랙(Paul Slack)은 구교 국가와 신교 국가에서 공통적으로 빈민 부조의 변화가 일어났음에 주목하고 오히려 이러한 변화의 동인을 르네상스 영향 아래의 기독교 인문주의(Christian Humanism)에서 찾아야 한다고 주장했다. 그는 국민의 복지가 정부의 책임이라는 이념적 배경 아래 형성되었음을 강조했으며, 더불어 르네상스 도시들은 이미 사회문제를 해결하는 데 종교 단체를 대체할 만큼 성장했다고 말했다.[29]

이상의 연구 성과들을 염두에 두고 이 글에서는 근대 이후, 특히 16세기에 빈민에 대한 새로운 태도와 새로운 대응 방식이 체계적으로 발전해 나왔다는 점을 밝히고, 그것을 통해 더 일반적인 사회 변화의 특징들을 찾아내 보고자 한다. 그리하여 이 현상이 단순히 종교개혁의 한 측면이라기보다 그 외의 여러 요소들이 복합적으로 작용한 결과였음을 강조하고자 한다. 빈민에 대한 연구는 유럽 각 지역에 대해 폭넓게 이루어지고 있으나 이 글에서는 하나의 중요한 사례로서 프랑스의 도시들에 초점을 맞추고, 필요한 경우에 다른 지역의 사례들에 대한 분석을 참조할 것이다. 이 글의 제2장에서는 빈민에 대한 중세인들의 심성적 태도와 부조 방식을, 제3장에서는 16세기의 사회 변화를, 제4장에서는 16세기의 부조 사상과 리옹, 오를레앙에서 행해진 부조 개혁의 전개 양상을 살펴볼 것이다.

---

27 이에 대해서는 Tallon, Alain, "Prière et charité dans la Compagnie du Saint-Sacrement (1629~1667)", *Histoire Economie et Société* 10, 1991, pp. 331~43 참조.

28 Emanuel Chill, "Religion and Mendicity in Seventeenth-Century France", *International Review of Social History* 7, 1962, pp. 400~25.

29 Paul Slack, *Poverty and Policy in Tudor and Stuart England*, Longman, 1988, pp. 9~10.

II. 빈민에 대한 중세사회의 이중적 태도

빈곤의 문제는 중세 내내 심각한 문제였다. 중세 전 시기를 통해 기본적인 농업 생산이 인구 전체를 충분히 부양할 정도가 되지 못했고 부의 분배도 결코 평등하지 않았기 때문에 사회 구성원들 가운데 상당 부분이 빈곤 상태에 빠질 수밖에 없었다. 우리가 여기에서 주목하고자 하는 바는 중세사회가 근대사회와는 매우 다른 방식으로 이 문제에 접근했다는 점이다. 그것은 무엇보다도 기독교가 빈민 부조에 있어서 중요한 영향력을 행사했다는 점에서 찾을 수 있다. 앞으로 보게 되듯이 기독교 교회는 빈곤에 대해 높은 종교적 가치를 부여했는데, 이는 빈민들에게 사회 내에 그 나름의 지위를 부여하고 거기에 만족하여 자기 자리를 지키라는 메시지가 될 수 있었으며, 또한 부자들의 자선을 유도하게 만드는 기능을 수행하기도 했다. 이런 방식을 통해 심각한 사회문제에 대해 어떻게든지 하나의 대응책을 마련할 수 있었고 또 실제로 이런 대응책이 어느 정도 효율적으로 기능을 했던 것도 사실이다. 그러나 중세인의 심성에 전적으로 이런 이상적 측면만 있었다고 볼 수는 없다. 실제로 빈민들은 종교적 열정의 대상인 동시에 현실적으로는 경멸의 대상이기도 했다. 이런 이상적 측면과 현실적 측면의 혼재라는 이중성이야말로 중세사회의 특징이라고 할 수 있을 것이다. 이 글에서 강조하고자 하는 바는 중세 말의 위기를 거치면서 이런 이중성 가운데 이전의 이상적 측면이 사라지고 경멸의 요소가 강해짐에 따라 결국 빈민에 대한 새로운 태도와 대응 방식이 나타나게 되었다는 점이다.

1. 빈곤에 대한 종교적 접근

흔히 언급하는 내도 중세 서유럽의 특징 가운데 하나는 기독교가 사회 각 부문에 대해 지대한 영향력을 행사했다는 점이다. 이 점은 특히 빈민 문제에 대한 접근에서 뚜렷이 드러난다. 교회는 무엇보다도 빈곤 자체에 대해 성스러운 종교적 가치를 부여했다. 그리스도 자신이 모든 부와 권력을 스스로 포기하고 가난한 삶을 살았다는 점을 강조하면서 모든 사람들에게 이러한 그리스도의 행동을 본받으라고 권유했다. 중세에 특히 많이 언급된 성 바울(St. Paul)의 다음과 같은 말은 중세 교회의 이런 태도를 잘 나타내주는 표현이다. "당신은 우리의 주 예수 그리스도의 자유를 인식하고 있다. 그는 당신을 위해 빈민이 되셨다. 즉 그는 자신의 가난을 통해 우리 인간들을 풍요롭게 만드셨다." [30]

이렇게 그리스도가 자신의 신적인 부유함을 포기한 행동은 사람들에게 빈곤의 가치를 고양시키는 역할을 했을 것이다. 그러나 이런 태도는 중세 내내 지속되었다기보다는 특정한 시기에 특별히 더 크게 강조되곤 했다. 12~13세기는 바로 그런 경향이 뚜렷이 나타나는 시기이다. 이 시기에 나타난 탁발단이야말로 그런 경향을 대변하는 사례이다. 성직자 스스로 미천한 걸인이 되어 민중 속으로 들어가서 설교한다는 탁발단은 11세기 이후 지속된 경제의 팽창, 특히 상업 발달에 대한 반발이라는 측면이 강했다. 이 시기를 거치면서 중세사회에는 부유한 귀족이나 부농이 등장하고 도시에는 대상인이라 할 만한 사람들이 나타나기 시작했으며, 그 결과 점차 빈부의 격차가 커져가고 있었다. 이 상황에서 교회 자체도 부를 축적하고 화폐를 추구하는 흐름에 휩쓸려 들어갔다. 따라서 부유하고 강력해진 교회는 늘어나는 재물에 굴복하여 빈민과의 접촉을 잃을 위험에 처해 있었던 것이다. 이를 구제할 수 있는 길은 자발적 빈곤을 통해 다시금 가난의 가치를 고양하는 것이었으며, 결국 이러

---

30 Jean-Louis Goglin, *Les Misèrables dans l'Occident Médiéval*, Editions du Seuil, 1976, pp. 27~29. 성서에는 이 외에도 빈곤에 높은 가치를 부여하는 구절이 많이 등장한다. 구약성서에는 "가난한 자가 하느님의 특별한 보호를 받고 있고 하느님이 그들을 잊지 않으시며(시편 9:12), 위로하시고(이사야 49:13), 건져주신다(욥기 5:15, 시편 107:41)"라고 나오며 신약성서에도 "마음이 가난한 사람은 행복하다. 하늘나라가 그들의 것이다(마태 5:3, 누가 6:20)"라고 나와 있다.

한 맥락에서 프란체스코파나 도미니쿠스파와 같은 탁발단이 만들어지게 되었다.[31] '그리스도의 가난'을 주장하는 이들의 모토는 청빈(淸貧)이 될 수밖에 없었다.[32] 빈부 격차가 심각한 문제로 떠오르고 교회의 부패가 극심하던 시기에 이들은 민중들로부터 큰 지지를 받았다. 물론 이들이 항상 지지만을 받은 것은 아니어서, 특히 대학 교수들과 작가들로부터 혹독하게 비난을 받기도 했고,[33] 또 시간이 흐르면서 이들 자신이 원래의 정신을 잃고 타락해간 것도 사실이다.[34] 그러나 분명한 사실은 탁발단이 중세인들의 정신세계에 적지 않은 영향을 끼쳤고, 그 결과 빈민들에 대한 일반인들의 의식을 크게 바꾸어놓았다는 점이다. 빈민과 걸인들에 대해 예수의 이미지를 겹쳐서 보도록 만든 것은 적어도 이들에 대해 무제한의 억압을 가하지 못하도록 하는 효과가 있었다.

그러나 교회의 노력은 그 이상의 적극적인 효과를 거두었다. 그것은 부자들로 하여금 빈민을 위한 보시를 유도했다는 점이다. 교회의 주장에 의하면, 보시는 단지 윤리적인 문제가 아니라 자신의 구원과 직결된 핵심적인 요소였다.[35] 사람들은 자신이 죽어 가시덤불과 불길 사이로 끔찍한 여행을 할 때 생

---

31 탁발단의 창설 과정과 활동에 관해서는 Lester K. Little, *Religious Poverty and the Porfit Economic in Medieval Europe*, Cornell University Press, 1983, pp. 146~58 참조. 특히 빈민의 배출구로서의 역할을 담당했던 십자군운동에서 이들의 활동을 보려면 Christoph T. Maier, *Preaching the Crusade: Mendicant friars and the cross in the thirteenth century*, Cambridge University Press, 1994 참조.

32 이런 점을 보여주는 사례는 프란체스코의 일화에서 잘 보인다. 하루는 프란체스코가 너무나 기쁜 표정을 하고 있어 친구들이 물었다. "왜 그렇게 기뻐하고 있지?" "결혼했기 때문이지." "누구와 결혼했는데?" "빈곤이라는 귀부인!" J. S. 곤잘레스, 서영일 옮김, 『중세교회사』, 은성, 1993, 133쪽.

33 파리 대학 교수였던 기욤 드 생타무르(Guillaume de Saint-Amour)와 『장미 이야기』(*Roman de la Rose*)의 2부를 쓴 장 드 묑(Jean de Meung)은 탁발단의 걸식 생활을 맹렬히 비난했다. 노동이 새로운 기본적 가치가 되어가던 시기에 이러한 걸식 행위는 비판의 대상이었던 것이다.

34 이에 대해서는 C. H. Lawrence, *The Friars: the impact of the early mendicant movement on Western society*, London, 1994, pp. 188~94 참조.

35 중세인들은 "물이 불을 끄듯 보시는 죄를 씻는다"라고 생각했다.

전에 행한 자선이 자신을 구해주는 힘으로 작용할 것이라고 생각했다. 그러므로 빈민에게 물을 제공하는 것은 성배를 제공하는 것과 같지만,[36] 적선을 구하는 빈민을 돌려보내는 것은 저주를 불러오는 행동으로 여겨졌다.[37] 그 결과 기독교 사상에 내재해 있던 빈곤에 대한 찬양은 자선의 찬양으로 이어졌다. 이러한 종교적 의미를 지니고 보시 행위는 — 그것은 다름 아니라 일종의 '신과의 타협'이라고 할 수 있다 — 사회적으로도 응집성을 확보하는 효과가 있는 것으로 볼 수 있다. 교회의 노력을 통해 빈민과 부자를 연결해주는 고리가 생기게 되었기 때문이다. 부자와 빈민은 서로 필요한 존재가 된 셈이다. 이것을 잘 나타내주는 표현을 당시의 문헌인 『성 엘리기우스의 삶』(Vie de saint Éloi)에서 볼 수 있다. "신은 모든 인간을 부유하게 만들 수 있었지만 세상에 빈민이 존재하게 함으로써 부자가 그들의 죄를 되살 기회를 제공해주었다."

이러한 표현은 매우 극단적으로 보이지만, 사실 달리 생각하면 이는 결국 부(富)의 긍정으로 통하는 것임을 알 수 있다. 부자들은 보시를 통해 자신의 구원을 확보하고 더 나아가서 자신의 부를 과시할 수 있게 되었다. 반면 빈민들은 부자들의 구원을 가능케 한다는 점에서 자신의 기능을 가지게 된다. 그러므로 부와 빈곤은 필연적으로 서로를 필요로 하게 되는 것이다. 실제로 앞에서 언급한 『성 엘리기우스의 삶』의 글귀는 똑같이 다음과 같이 역전될 수 있다. "신은 부자들이 세상에 있기를 바랐는데 그것은 부자들이 빈민을 돕도록 하기 위해서이다." 자선의 고양은 그 시대의 맥락에서는 사회의 유지를 위해 필수적인 요소였던 것이다.

결과적으로 이런 종교적 운동은 부의 재분배라는 면에서 중요한 기능을 했다. 우선 교회 자신이 부자들로부터 보시를 받아 빈민을 구제하는 기능을 담당하고 있었다. 당시의 성직자들은 교회 수입의 4분의 1을 빈민 구제비로

---

36 이것은 성 베르나르(Saint Bernard)의 말이다.

37 Jean-Louis Roch, "Le jeu de l' aumône au Moyen Age", *Annales ESC*, vol. 44, 1989, p. 506.

할당하고 있었고, 이는 교구 내의 빈민들에게 하나의 자연스런 현상으로 받아들여지고 있었다. 몇몇의 구체적 사례를 살펴보면 다음과 같다. 클뤼니 수도원은 자선의 의무를 강화해서 별도의 구호소를 세우고 매일 찾아오는 빈민들에게 생필품을 지급했는데, 클뤼니 수도원 원장을 지낸 성 위그(Saint Hugues, 1054~1109)에 따르면 어느 일요일에는 집단으로 몰려든 빈민들을 먹이기 위해 250마리의 돼지(추정컨대 한 마리면 64명이 먹었다)를 잡았다고 한다. 또한 1300년경 앙스(Anse)의 주임 신부 샤제다제르그(Chazay-d' Azergues)는 96비세(bichets)[38]의 호밀을 준비해서 생마르탱(Saint-Martin)[39]의 날(11월 11일)에서부터 4월 말까지 일요일마다 빈민에게 나누어주었으며, 포레(Forez)의 몽베르덩(Montverdun) 소수도원 역시 매주 세 번씩 수도원의 문앞에서 보시를 행하는 것이 관습이었고 특별히 사순절 전의 세 번째 일요일에는 밀로 26짐(charges)의 보시를 행했다고 한다.

교회의 영향을 받아 세속의 인사들 역시 자선 행위를 하였고, 이것이 국왕이나 대귀족의 미덕으로 여겨지게 되었다. 연대기에 따르면, 프랑스의 왕 로베르(Robert) 2세는 1031년에 죽을 때까지 1,000명에 이르는 빈민들에게 포도주와 빵을 제공했고 이를 자신의 관습이라고 말했다고 한다. 갈베르 드 브뤼주(Galbert de Bruges)는 플랑드르의 샤를 선백(善伯)(Charles le Bon)이 1125년에 어떻게 자선을 베풀었는가를 다음과 같이 기록하고 있다.

"선량한 백작은 가난한 사람들을 돌보는 데 모든 수단을 동원했다. 그는 도시와 그의 영지에 손수 가거나 대리인들을 시켜 보시를 했다. 동시에 그는 브뤼헤에

---

38 1비세는 곡물 단위로는 약 20~40리터이다. 따라서 96비세면 대략 1,920~3,840리터에 해당한다.

39 생마르탱의 날이 중요한 의미를 가지는 이유는, 마르탱이 마지막 남은 자신의 외투마저 반으로 잘라 빈민에게 준 성인이기 때문이다. Sulpice Sévère, J. Fontaine trad., *Vie de saint Martin* 3, Le Cerf, Paris, 1967, pp. 257~59. 장 카르팡티에, 프랑수아 르브룅, 엘리자베트 카르팡티에, 장마리 메이외르, 주명철 옮김, 『프랑스 인의 역사』, 소나무, 1991, 96쪽에서 재인용.

있는 100명의 빈민들에게 매일 식량을 분배하고, 사순절 시작부터 새 수확이 나올 때까지 빵을 제공했다. 그는 다른 도시에서도 마찬가지로 식량을 나누어주었다. 같은 해 백작은 파종기에 토지에 씨를 뿌리는 자에게 반은 잠두콩과 완두콩을 파종하라고 포고했다. 왜냐하면 이런 종류의 채소는 좀 더 빨리 제때에 맞춰 수확을 거둘 수 있고, 따라서 만약 식량 부족과 기근이 그해에도 끝나지 않을 경우 빈민들에게 신속하게 먹을 것을 제공해줄 수 있기 때문이다. 그는 가능한 한 빈민들의 기근에 대비하기 위해 백령 전체에 이러한 방법을 실시하도록 명령했다. …… 그는 도시민들과 촌사람들이 기근 시에 맥주 제조를 삼간다면 빈민들을 보다 손쉽게 잘 먹여 살릴 수 있다고 생각하여 맥주 제조를 금지시켰다. 그는 빈민들이 빵과 물로 최소한의 생계를 유지할 수 있도록 귀리로 빵을 만들라고 명령했다. 이 조치로 상인들은 매점매석을 중단하고, 기근에 대비하여 그들의 맥주를 다른 식료품과 교환했다. …… 그는 매일 자기 식탁에 113명의 빈민들이 먹을 수 있는 음식을 차려놓게 했다."[40]

대귀족만이 아니라 일반인들 가운데에도 자신의 부를 빈민들에게 나누어주는 경향이 나타났는데, 그중 가장 두드러지는 것이 장례 의식이었다. 고위 성직자, 귀족, 그리고 부유한 상인이나 장인들은 자신의 영구차 주위에 조객(弔客)들이 동행하도록 유언을 했는데, 이 조객은 주로 빈민들과 탁발 수도승들이었다. 유언자들이 빈민들을 조객으로 삼은 것은 빈민의 상징적 개입을 목적으로 하고 있었다. 그리하여 빈민들의 수를 예수 그리스도의 생존 연도에 해당하는 30명 정도로 했다. 유언자들은 '저승 통과(通過)'의 중재자로서 이들을 선택하여 이승에서의 선행을 좀 더 강조한 것이었다.[41] 이와 유사하게 빈민에 대한 자선의 행위로서 중요한 것은 유증(遺贈)이었다. 빈민에 대한 유

---

40 Jacques Le Goff, op. cit., 1977, pp. 294~95.

41 유희수, 「중세 말 프랑스에서의 죽음과 저승에 대한 의식」, 고려대학교 사학과 박사학위 논문, 1991, 49~50쪽.

증은 비록 전체의 유증에서 일부만을 차지하지만, 빈민의 장례 행렬 참여처럼 가난한 그리스도의 상징적 개입을 의미했으므로 훌륭하게 저승을 통과하는 것을 보증하는 행위였다. 유증의 수혜자인 교회가 유증자들을 위해 기도를 해주었으므로 이러한 '구원의 내기'에서 부자들은 빈민들보다 훨씬 유리한 위치에 있게 되었다.

또한 자선과 관련하여 중요한 위치를 점하는 것이 '병원'이었다. 당시 병원은 의료 시설이라기보다는 차라리 빈민들을 구호하는 기관이라는 의미가 강했다. 병원이 그런 기능을 하는 것은 역사적으로 오랜 전통이 있었는데, 특히 후기 로마제국 시기에는 성지순례객들에게 거주지를 제공함으로써 인도주의적인 봉사 활동을 해오던 세노도키아(Xenodochia)와 같은 기관 때문에 병원은 더더욱 그리스도의 가르침과 밀접한 관련을 갖게 되었다.[42] 이후 사랑과 동정을 강조한 기독교 교의는 사람들로 하여금 병원을 설립하도록 촉진했으며, 이는 교회와 세속 위정자 모두에게서 나타났다. 잉크마르(Hincmar)는 "주교의 최초의 임무는 병원(Hôpital)에 빈민을 받아들이는 것"이라고 하면서 병원 기능의 확장을 도모했으며, 루이 성왕도 1254년에 파리에 캥즈-뱅(Quinze-Vingt)이라는 호스피스를 설립하여 가난한 장님들을 구호하기 위해 노력했다. 또한 교회나 세속 위정자가 아니더라도 자신의 잘못을 바로잡거나 신의 은총을 얻기 위해서 개별적으로 병원을 설립하는 사람들도 있었다.

특히 12~13세기에 '자선의 만개기'를 맞이하여 병원의 수가 크게 늘었다. 12세기에서 14세기까지 센(la Seine), 센에마른(la Seine-et-Marne) 그리고 센에투아즈(la Seine-et-Oise)의 병원인 '자선의 집'(Maisons-Dieu)의 성립에 관한 연구는 이 점을 잘 보여준다. 〈표 1〉을 보면 12세기의 4/4분기와 13세기에 병원이 집중적으로 늘어났음을 알 수 있다.

---

42 코언은 "초기의 병원들은 의학보다는 실제로 종교적 이유로 인해 나타났다"라고 주장했다. K. Cohen, *Hospice, Prescription for Terminal Care*, Aspen Systems Corp., Germantown, 1975, p. 15.

표 1. 12~14세기의 센, 센에마른, 센에투아즈의 '자선의 집' 수

	12세기	13세기	14세기
1/4	1	16	6
2/4	2	12	8
3/4	4	14	1
4/4	11	12	0

당시 중세 병원에 수용된 사람들은 대체로 병든 빈민과 떠돌아다니는 빈민의 두 부류로 나뉜다. 13세기에 빌프랑슈(Villefranche)의 시립병원이 도시의 병든 빈민만을 받아들였고 롱스보(Roncevaux) 지역의 병원이 떠돌아다니는 빈민, 순례자, 걸인들만을 받아들여 병원의 전문화를 시도했다는 기록이 일부 있지만, 대부분의 시기에 병원은 모든 빈민을 제한 없이 받아들였다. 그러므로 병원에는 떠돌아다니는 빈민과 돈 없는 환자, 불구자, 노인, 분만을 기다리는 여자가 모두 섞여 들어왔다. 이는 당시 프랑스의 병원 가운데 가장 크고 유명했던 파리 시립병원(l'Hôtel-Dieu, 1255년에 설립)을 보더라도 마찬가지이다. 이 병원에는 303개의 침상이 있었으며 850명 정도의 환자를 수용할 수 있었는데, 실제로는 한 번에 1,500명 이상을 수용하고 있었다고 한다. 병원은 환자뿐만 아니라 불구자, 노인, 고아, 집이 없는 사람, 임신한 여자, 몸이 성한 빈민까지 수용하고 있었으며, 샤를 7세의 장례식 때는 장례 행렬에 참가하도록 환자가 아닌 200명의 수용민을 파견하기도 했다고 한다. 따라서 당시의 병원은 지금과 같이 환자만을 수용하는 기관이 아니라 모든 빈민들을 수용하고 그들에게 구호를 나누어주는 자선 기관의 의미가 강했다고 볼 수 있다.

이와 같이 다양한 자선 활동이 중세(특히 12~13세기)를 통해 활발하게 전개되고 있었다. 그리고 이를 통해 사회는 안정을 유지할 수 있었고 빈곤의 문제가 어느 정도 완화될 수 있었다. 특히 보시로 구원을 산다는 '구원의 경제학'(économie du salut)은 고리대금업자, 대상인들로 하여금 그들이 번 돈의 일부를 빈민들에게 도로 내놓아서 자신의 죄(탐욕)를 갚게 만들었는데, 사회 통

합의 관점에서 보면 이것은 부의 팽창과 사회문제를 함께 엮어서 해결하는 교묘한 방식이었다. 이 방식이 나름대로 발전을 했다는 것은 빈곤에 대한 개념화가 제법 정교하게 이루어졌다는 사실에서도 읽을 수 있다. 부유한 자들에게 자선은 단순히 재산을 기부하는 것이 아니라 자신의 구원에 도움을 주는 것이어야 했기 때문에 자선에 대한 급부가 주어져야만 했고 따라서 빈민을 나누는 기준이 있어야 했다. 왜냐하면 보시를 해서는 안 될 사람에게 보시를 할 경우에는 오히려 자신의 구원에 역효과가 날 수 있다고 생각되었기 때문이다. 그래서 12세기경부터는 성직자들이 보시에 대한 일종의 우선순위를 논의하기 시작했다. 가장 우선적으로 보시해야 할 사람들은 '수치로 인한 빈민'에 속하는 몰락한 귀족들이었다. 이들은 사회적 신분으로는 여전히 귀족이었기 때문에 다른 일반 걸인들처럼 적선을 구하지 못해 오히려 더욱 힘든 상황에 처하게 된 존재였다. 그래서 이들이 최우선적으로 도움을 받아야 할 대상이 되었다. 또 일반 빈민들에 대해서도 예컨대 '베드로의 가난'(pauvre avec Pierre) — 사도들과 같이 자발적으로 가난하게 된 인간 혹은 스스로 부와 특권을 포기한 인간 — 과 '라자로[43]의 가난'(pauvre avec Lazare) — 원래 가난한 인간 — 의 구분, 혹은 정직한 가난(pauvre honnête)과 부정직한 가난(pauvre malhonnête) — 일할 능력이 있는 인간의 구걸 — 과 같은 구분을 하게 되었다.

이상의 논의를 통해서 중세에 교회의 노력이 빈곤 문제에 대해 상당한 영향력을 행사했고 그렇게 해서 이루어진 집단 심성과 사회적 실천의 체제가

---

43 Lazarus('하느님이 도우셨다'라는 뜻의 히브리어 Eleazar에서 유래). 성서에는 이 이름을 가진 사람이 2명 나온다. 베다니아의 라자로는 마르타와 마리아의 오빠로 죽은 지 4일 만에 예수가 살린 사람이다. 이 책에서 말하는 라자로는 그가 아니라 루가의 복음서 제16장의 부자와 거지 비유 속에 나오는 거지를 말한다. 이는 예수의 비유에 나오는 여러 사람 가운데 유일하게 고유명사를 붙인 경우이다. 『브리태니커』 5, 한국브리태니커회사, 1993, 611쪽.

어느 정도 작용하였음을 확인했다. 그러나 그 체제가 일반적으로 빈민 문제를 모두 해결할 수 없었다는 것도 분명하다. 여기에서 지적할 사실은 무엇보다도 교회의 그러한 태도에 대해 일반인들이 전적으로 따른 것만은 아니었다는 점이다. 중세인의 특이한 심성 구조에서는 빈민을 예수나 성인의 이미지로 파악하는 동시에 그들을 경멸하고 있었기 때문이었다.

2. 빈곤에 대한 경멸과 빈민들의 집단 대응

빈민에 대한 부정적 이미지는 중세인의 사고에 뿌리 깊게 남아 있었다.[44] 이미 800년에 샤를마뉴(Charlemagne)는 구걸을 금하고 신체적으로 노동력이 있는 걸인에게 구호를 베푸는 사람들에게 벌금을 물리게 하였다. 이 포고령은 농노나 농촌 노동자로 하여금 장원 내에 머물게 하며 떠돌아다니는 걸인들이 농부나 여행자들에게 강도질을 못 하도록 하기 위한 것이었다.[45] 중세의 소극(笑劇)이나 문필가들의 글에 나오는 빈민 혹은 걸인들은 흔히 조롱거리, 불쾌감을 주는 존재, 더 나아가서 위험한 존재로 묘사되곤 했다. 예컨대 외스타슈 데샹(Eustache Deschamps, 1346~1406)은 교회 안에서 장님이나 불구자들이 종교 의식이 진행되는 동안에 마구 돌아다니며 불쾌감을 주기 때문에 교회에 가는 것이 두렵다고 했고, 심지어는 그들을 신에게 헌납된 돈을 가로채는 폭도라고 비난했다.

이런 상황은 당국의 억압적인 대응을 불러왔다. 선량왕 장(Jean le Bon)의 1350년 1월 30일 칙령은 '걸인들', '게으름을 유지하며 사는 사람들'에 대한 위협으로 이루어져 있는데, 그는 "노동할 수 있는 거짓 빈민들을 끝까지 추적하여 처벌해야 한다"라고 주장했고, "몸이 성한 빈민에게 절대로 자선을 베풀

---

44 "빈곤은 하나의 결함이며 타락한 아담에 대한 처벌이다." J.-P. Gutton, *op. cit.*, 1970, p. 217. "가난이 사람에게 악을 행하게 하고 굶주림이 늑대를 숲에서 나오게 한다." 이는 당시 프랑스에 퍼져 있던 속담이다. 송면, 『프랑스와 비용』, 동문선, 1995, 214쪽.

지 말라"라고 성직자에게 권고했다. 또한 1456년 6월 8일에 랑그도크 (Languedoc) 정부의 칙령은 유랑민을 없애기 위해 그들을 갤리선으로 보낼 것을 명령했다. 결국 빈민들에 대해 일반 통념이 악화되고 이들을 억압하려는 조치들이 이루어지면서 이것이 다시 빈민들로 하여금 반사회적인 방향으로 나아가게 만드는 악순환이 나타난 것이다. 그러는 가운데 그동안 빈민들을 사회 내로 끌어들이려는 노력을 주도하던 기독교 자체가, 빈민들이 기존 사회에 대해 저항하는 일종의 이데올로기로 작용하게 되었다. 그중에서도 가장 급진적인 것으로서 천년왕국 운동의 흐름들을 들 수 있다.

천년왕국[46] 운동이란 일반적으로 전통적인 지배 형태의 붕괴와 사회적인 연대성의 단절에 직면한 억눌린 자들이 이상 세계인 천년왕국이 조만간 도래하리라 믿고, 그 이상 세계의 실현을 위해 싸우며 자신들의 불만과 박탈감을 떨쳐버리려는 환상적 대중운동을 말한다.[47] 중세 말에 주로 하층민들을 중심으로 이와 같은 급진적인 종교운동이 퍼진 것은 이 이 글의 주제와 관련해서 아주 중요한 의미를 가지고 있다.

이 운동과 관련해서 몇 가지 특징적인 점을 지적할 수 있다. 우선 교회가 빈민 구원과 관련한 기능을 제대로 수행하지 못하고 오히려 부패에 빠져들었다는 점을 들 수 있다. 14세기 중엽의 한 성직자는 "교회가 얼마나 경멸스런 존재가 되었는가!"라고 말하면서 이렇게 탄식하고 있다.

---

45 Walter A, Friedlander, *Introduction to Social welfare*, Prentice-Hall, 1961, p. 9.

46 천년왕국(millennium)이란 말은 신약성서의 계시록(20: 4~6)에 나오며, 그 원래의 의미는 유대-그리스도교 전통에서 찾을 수 있는데, 재림 후에 그리스도가 이 땅 위에 메시아 왕국을 세우고 그를 따르는 무리들과 함께 이 왕국을 천 년 동안 통치하는 지상천국을 의미한다. 『브리태니커』, 한국브리태니커회사, 1993. 408쪽.

47 자세한 연구 동향에 대해서는 김영한, 「중세 말의 천년왕국 사상과 하층민의 난」, 『동국사학』 19/20, 1986, 486~90쪽 참조.

"교회의 사제들은 양 떼를 먹이는 것이 아니라 자기 자신들을 먹이고 있다. 그들은 양들의 털을 깎는다. 아니 그들의 가죽을 벗긴다. 그들은 목자가 아니라 이리 떼들이다! 모든 아름다움이 하느님 교회로부터 떠났다. 머리끝에서 발끝까지 한 군데도 건전한 곳이 없다."[48]

수도원이 악질 수도자 또는 배교자를 낳는 소굴이라는 얘기가 전해질 정도였고, 약탈을 당한 농민들은 "도둑과 성직자들을 구별할 수가 없다"라고 했다.[49] 결국 이러한 상황 속에서 빈민들은 더 이상 성직자들의 자선을 기대할 수 없었고, 다른 환상적 구세주에 대한 믿음에 의지하여 자신들의 사회적 위치를 차지하고자 노력하게 되었다.[50]

그러나 천년왕국 운동은 순수한 종교운동이 아니라 당시의 심각한 사회문제가 반영된 대중운동이라는 점이 중요하다. 그것은 빈곤에 몰리고 좌절당한 사람들이 더 이상 다른 길이 없을 때 폭력에 의존하게 되고 그것을 종교적으로 합리화하려는 행동으로 해석해도 큰 무리가 없을 것이다.[51] "재산을 원하

---

48 Norman Cohn, *The Pursuit of the Millennium*, Oxford University Press, 1970, p. 135.

49 Henry C. Lea, *A History of Inquisition of the Middle Ages*, vol. 1, Hamper & Brother, New York, 1887, pp. 1~56.

50 당시 교회 인사들이 모두 부패한 것은 물론 아니다. 자선사업에 열심인 성직자들도 많았고, 모든 것을 포기하고 빈민을 위해 봉사하는 탁발 수사들도 있었다. 그럼에도 종말 의식으로 무장된 군중은 물욕이나 이해타산과는 거리가 멀고 육신의 욕구나 필요를 전혀 느끼지 않는 전적으로 영적인 존재로 간주할 수 있는 지도자를 찾았다. 따라서 이러한 기준을 일반 성직자에게 적용할 때 인간적 약점으로 가득한 그들이 받을 수 있는 평가는 철저한 단죄뿐이었다. 천년왕국 운동은 교회의 특정한 폐단을 고발하거나 개별 성직자들을 비난하는 데 그치지 않고 모든 성직자들을 싸잡아서 비난했다. 기성 교회가 영적으로나 물질적으로 파멸의 본성으로 가득 차 있고, 종말의 날이 다가올수록 더더욱 날뛰는 적그리스도의 군단이라고 보게 된 것도 이와 같은 그들의 지나친 기대 때문이었다.

51 기존 사회와 기존 교회 교리에 대한 비판이 주로 하층민에 의해 주도된 것은 당시의 다른 이단 운동에서도 비슷하게 나타난다. 카타리즘(Catharism)의 지지자들 중에도 처음(12세기 말~13세기 중반)에는 귀족층이나 부유한 상인들이 많았으나, 이 움직임이 더 격해지고 더 심한 탄압을 받기 시작한 13세기 후반

는 가난한 민중은 어디에 있는가? 그들은 와서 나를 따르라! …… 오늘 나는 하느님의 도우심으로 많은 것을 탈취하여 수많은 노새의 등에 가득 싣고 돌아오리라"[52]라는 당시의 언사를 보면 이 점을 분명히 볼 수 있다. 사회경제적 위기의 상황에서 빈민의 수가 증가하고 빈부 격차가 벌어지자 부자들에 대한 빈민들의 증오가 격화되었다. 빈민들을 도와야 할 의무를 방기한 부자들은 단지 도덕적으로 비난받는 정도가 아니라 종교적으로 악마로 규정되기에 이른 것이다.

사회의 주변부에 있는 사람들은 지금까지는 도움을 받아야 할 존재, 혹은 그러면서 동시에 경멸받는 존재, 다시 말해서 힘없는 존재였다. 그러나 사회 전체가 위기에 봉착한 순간 이들이 폭발적인 양태를 보인 것이다. 사회로부터 떨려 나간 이 사람들은 생존의 불안을 느끼고 있었고 삶의 의미를 박탈당한 상태였다. 이 상황에서 말세 의식이 짙게 밴 천년왕국 운동은 이런 주변부의 인간들이 스스로를 메시아적인 전사로 의식하도록 만들었다.[53] 중세 말에 천년왕국 운동은 수를 헤아릴 수 없이 많이 터져 나왔는데, 우리는 이 운동을 통해서 그 당시의 사회 현실이 얼마나 심각한 위기에 빠졌는가를 엿볼 수 있으며 동시에 그 현실에 대한 당시의 사회적 대응이 얼마나 무력했는지도 알 수 있다.

이러한 점들을 보여주는 전형적인 천년왕국 운동의 한 사례로서 14세기 프랑스의 '목동부대'를 살펴보자. 목동부대의 등장의 직접적인 원인은 우선 1315년의 대흉작에 있었다. 기근이 극심하여 인육을 먹을 정도가 되자, 하느

<hr>

부터는 사회의 주변인들이 이 운동을 주도하게 되었다.

52 이 구절은 1309~20년의 기간에 민중십자군(the People's Crusade)에서 떨어져 나와 약탈을 일삼던 타푸르 왕이 예루살렘에 대한 최후의 돌격을 감행할 때 외친 말이다. 타푸르들은 자신들의 가난이 예루살렘을 차지하게 해줄 근거라고 믿으면서 회교도 도시들을 공격하는 무리였다.

53 B. Geremek, "Mouvements hérétiques et déracinement social au bas Moyen age", *Annales ESC*, vol. 37, no. 1, 1982.

님의 자비를 구하는 참회자들이 연이어 나타났고 말세와 천년왕국을 고대하는 움직임이 피지기 시작했다. 당시에 떠돌던 예언은 "허기에 지친 민중들이 무기를 들고 떨쳐 일어나 돈 많고 권세 있는 자들을 공격할 것이며, 많은 피를 흘린 후에 새로운 시대가 열릴 것인데, 그때는 만인이 하나의 십자가를 찬양하며 모두 하나로 뭉치리라"라는 것이었다. 1320년 프랑스 북부에서 이러한 예언을 설교하기 시작한 것은 배교한 수도사와 성직을 박탈당한 신부들이었다. 곧 그들의 설교는 엄청난 반향을 일으켰다. 마치 회오리바람처럼 갑자기 대규모의 운동이 일어났던 것이다. 이 운동에 제일 먼저 응답한 사람들은 목동들과 돼지치기들이었다. 그래서 이 운동은 목동들의 십자군으로도 알려져 있다. 이후 도시를 통과하면서 십자군 부대에는 많은 걸인, 범법자들, 도적들이 가담했으며, 이들의 참여로 인해 목동십자군은 곧 폭력화했다. 이들은 수도인 파리로 진격하여 파리 감옥에 난입하였으며 주교좌성당 수석 사제를 폭행하기도 했다. 그 후에 그들은 프랑스 남부로 진격했고, 그 도중에 많은 유대인들을 살해하고 재물을 약탈했다. 이에 필립 5세는 유대인들을 보호하라는 명령을 내렸으나, 일반 대중은 오히려 이를 거부하고 유대인들을 죽이려는 목동부대를 도왔다. 툴루즈(Toulouse)에서는 그곳 위정자들이 많은 목동부대를 체포했는데, 군중들이 감옥을 습격하여 이들을 풀어주고 유대인을 대대적으로 학살하는 사건이 일어났다. 알비(Albi)에서는 집정관들이 문을 걸어 잠갔으나, 이들은 강제로 문을 부수고 들어가 자기들은 유대인을 처단하러 왔다고 외쳤다. 많은 군중들이 이 일에 동참했다. 그리하여 서쪽의 보르도(Bordeaux)에서 동쪽의 알비에 이르기까지 프랑스 남부 전체에서 거의 모든 유대인이 살해되고 말았다. 또한 목동부대는 스스로 하느님의 목자로 칭하면서 '양 떼들을 강탈하는 거짓 목자'인 성직자들도 표적으로 삼고 있었다. 그들은 세속적인 성직자와 수도원이 소유한 모든 재산을 몰수할 계획을 세우고 있었다.

이런 상황에서 교황청은 이들 목동부대가 도시에 밀어닥칠 것을 예견하고

아비뇽의 교황 관저에 위급함을 알렸다. 마침내 교황 요한 22세는 목동부대를 파문하고 보케르(Beaucaire)로 하여금 그들을 진압하라고 명령했다. 그들에게 일체의 음식을 주지 말 것이며 이를 어기는 자는 사형에 처한다는 명령이 하달되었고, 이 때문에 많은 목동부대가 굶어죽었다. 툴루즈와 나르본(Narbonne) 사이의 각처에서 벌어진 전투로 목동부대는 많은 전사자를 내었으며, 포로로 잡힌 이들은 20~30명씩 나무에 매달려 처형당했다. 이들을 추적하여 처형하는 작전은 약 3개월간 계속되었다. 그 속에서도 살아남은 자들은 무리를 이루어 피레네 산맥을 넘었는데, 그 와중에도 그들은 부자와 성직자들에 대한 약탈을 계속 자행했다. 아라곤 왕의 아들이 토벌군을 이끌고 이들을 없앨 때까지 목동부대들은 계속해서 이 일을 행했다고 한다. 결국 이러한 목동부대는 당국의 탄압으로 인해 완전히 사라졌지만, 그들의 행동은 이후에도 계속해서 빈민들에 대한 두려움을 사회에 심어놓았다.

이 사례는 천년왕국 운동이 빈민들의 폭력성이나 일반민들의 반(反)유대주의와 같은 여러 요소들과 섞여서 폭발적인 양태를 띨 수 있고, 그것이 때로는 남부 프랑스 전역에 영향을 끼칠 정도의 대규모 운동으로 발전할 수도 있었음을 보여준다. 이제 이 시기에 이르면 기존의 교회의 방식, 즉 빈민들을 성스러운 존재로 보도록 유도하고 부자들의 자선을 부추김으로써 사회문제를 완화하려는 순진한 방법이 더 이상 불가능하게 되었음을 알 수 있다. 극심한 양상으로 전개되는 빈곤의 문제에 대해 사회는 이전과는 다른 새로운 대응 방식을 찾아야만 했던 것이다.

III. 16세기의 사회 변화

1. 부익부 빈익빈

16세기의 사회경제적 변화는 기본적으로 농업 구조와 인구 구조에서부터 찾을 수 있다. 전(前) 산업화 시기 전반에 걸쳐 농업 요소와 인구 요소는 상호 작용을 하면서 변화해가는 경향이 있었다. 대체적으로 15세기 중엽에 최저점을 보이던 인구는 서서히 증가하기 시작했고, 16세기에 들어오면 인구 증가는 더욱 가속화되어 다시 식량 생산이 인구 증가를 따라가지 못하는 상황이 나타났다. 이러한 경향은 16세기 내내 지속되어 1590년대에는 벌써 유럽의 광범위한 지역에서 식량 위기를 가져왔고 17세기에는 심각한 위기 상황이 재연되었다.[54] 인구 증가는 농업 내 노동력 투여를 늘려서 전체적으로는 농업 생산을 증가시키지만, 농업 기술의 발전이 거의 없는 상황에서 인구 증가가 어느 한계 이상이 되면 생산력 증가는 멈출 수밖에 없었다. 경작지의 증가는 한계가 있는데 비해 인구 증가가 계속되면서 결국 토지의 세분화로 인해 무토지 농민이 증가하는 결과가 초래된 것이다. 중세 말의 위기를 거치고 다시 그로부터 회복이 이루어지는 긴 기간 동안 인구 상황과 농업 구조의 변화가 어떻게 이루어졌는지에 대해서 노르망디 동부의 생니콜라달리에르몽(Saint-Nicolas-d'Aliermont) 교구를 예로 들어 살펴보자.[55]

우선 이 마을의 전체 가구 수의 변화만 보아도 인구 변동 상황을 짐작할 수 있다. 14세기 말에 132가구였던 이 마을이 1477년에는 72가구만 남아서 약 46퍼센트의 인구 감소가 있었다. 대체로 이와 같은 중세 말의 인구 감소에 대해서 연구자들이 많은 지적을 했지만, 사실 인구 감소만큼이나 놀라운 것은 급속한 인구 회복이라 할 수 있다. 1477년의 72가구가 1527년에 153가구가 되어 이 기간 동안 인구가 2배 이상 늘어났던 것이다. 50년 남짓한 기간 동안에 인구가 2배 이상이 된 것은 단순한 인구 회복을 넘어 대단히 급격한 구조

---

54 Charles Wilson and Geoffrey Parker ed., *An Introduction to the Sources of European Economic History 1500~1800*, Cornel University Press, 1977, pp. 178~87; Andrew B. Appleby, "Grain Prices and Subsistence Crises in England and France, 1590~1740", *The Journal of Economic History*, vol. XXXIX, December, 1979, pp. 865~87; Geoffrey Parker, *Europe in Crisis 1598~1648*, The Harvester Press, 1980.
55 G. Bois, *The Crisis of Feudalism*, Cambridge University Press, 1984, p. 150.

표 2. 생니콜라달리에르몽의 토지 보유(14~16세기)

헥타르	수치		
	14세기 말	1477년	1527년
1미만	10	5	18
1~2	12	3	12
2~3	11	4	10
3~4	12	6	10
4~5	8	10	14
5~6	13	2	14
6~7	6	4	9
7~8	5	3	6
8~9	6	5	4
9~10	5	5	9
10~11	7	5	2
11~12	4	2	2
12~13	5	2	7
13~14	4	0	4
14~15	2	5	6
15~16	6	2	1
16~17	2	1	3
17~18	1	1	1
18~19	1	1	4
19~20	2	0	0
20~25	4	4	5
25~30	2	1	5
30~40	3	0	5
40 이상	1(44.5ha)	1(43.5ha)	2(51ha와 61ha)
합계	132가구	72가구	153가구

변화를 초래할 수밖에 없다. 특히 토지 소유의 구성 변화는 사회 구조에 심대한 영향을 끼쳤다. 기 부아(Guy Bois)의 기준을 좇아 토지 소유 6헥타르 미만을 소농, 6~20헥타르를 중농, 20헥타르 이상을 대농이라 하고 내용을 정리해 보면 그 구성 비율은 〈표 2〉와 같다.

표 3. 표 2를 소농, 중농, 대농으로 재구성

	14세기 말	15세기 중엽(1477년)	16세기 전반(1527년)
소농(6헥타르 미만)	66(50%)	30(42%)	78(51%)
중농(6~20헥타르)	56(42%)	36(50%)	58(38%)
대농(20헥타르 이상)	10(8%)	6(8%)	17(11%)
전체	132(100%)	72(100%)	153(100%)

이 중에서 특히 15세기 중엽부터 16세기 전반 사이의 변화에 주목하면, 중농이 감소하고(50퍼센트 → 38퍼센트) 그 대신 소농이 증가하는 한편(42퍼센트 → 51퍼센트) 대농이 일부 증가(8퍼센트 → 11퍼센트)했다는 점을 확인하게 된다. 이것은 인구가 증가하면서 기존의 토지를 더 많은 사람들이 나누어 가지게 되었기 때문이라고 짐작할 수 있을 것이다(예를 들어 여러 아들들 간에 상속이 이루어지면 소농이 다수 생겨날 수 있다).[56] 그러나 토지 세분화에도 한계가 있게 마련이다. 결국 한계에 몰린 사람들은 무토지 농민이 될 수밖에 없었다. 〈표 2〉에서 2헥타르 미만의 토지를 소유한 가구만 따로 떼어 계산해보면 1477년에 8가구였던 반면에 1527년에는 30가구로 증가했음을 알 수 있는데, 이들은 흉년이 들 경우 토지를 완전히 상실하고 유랑민으로 떨어질 가능성이 높은 사람들이었다. 사정이 더 나쁜 다른 지역에서는 최하층의 빈농 구성이 이 지역보다 더

---

56 이와 유사한 결과를 다음의 연구에서도 재확인할 수 있다:

표 4. 랑그도크의 토지 보유

	1492		1607	
	가구	경작지	가구	경작지
5헥타르 미만	38	8	67	15
5~10헥타르	57	55	26	37
26헥타르 이상	5	37	7	48

E. Le Roy Ladurie, *Les Paysans de Languedoc*, Paris, 1966, pp. 240~43. 시기와 토지 소유 구분 기준이 다르지만 어쨌든 16세기를 지나면서 빈부 격차가 벌어지고 특히 소농이 증가했음을 다시 확인하게 된다.

높았다. 1500년 경 뇌부르(Neubourg)의 평야에서 경작지의 3분의 2는 4헥타르 미만이었으며,[57] 위르푸아(Hurepoix)의 7개 교구에서는 5헥타르 미만의 토지를 소유한 농가가 전체 농가의 94퍼센트를 차지했다고 한다.[58]

이와 함께 고려해야 할 다른 요소는 생활 조건의 열악화, 곧 실질임금의 저하와 물가의 상승이다.[59] 예를 들면 푸아투(Poitou) 지방에서 1리브르의 구매력은 루이 11세 시대에서 앙리 4세까지 4분의 3이상이나 하락했고, 파리 근교에서 농촌 노동자들의 구매력은 1450년과 1550년 사이에 50퍼센트 이상 떨어진 것으로 평가된다. 또한 랑그도크 지방에서 1478년의 추수 노동자들은 그들의 노동에 대한 대가로 수확물의 10분의 1을 받았으나, 이후 임금 수준은 1600~30년대에는 수확물의 17분의 1, 심지어는 19분의 1 수준까지 하락했다고 한다. 결국 물가 상승으로 인해 실질 임금이 급격하게 떨어진 곳에서 소농들은 식료품을 사기 위해 돈을 빌려야 했으며, 빌린 돈에 대해 이자를 지불하지 못한 사람들은 토지를 팔 수밖에 없었다. 이렇게 해서 농촌 내에서 뿌리가 뽑힌 사람들은 도시로 몰려가든지 이곳저곳을 떠도는 유랑민이 되었다.

그러나 도시는 이러한 빈민들을 수용할 능력을 지니고 있지 못했다. 도시로 많은 사람들이 몰려듦에 따라 노동 시장의 수요를 넘는 과도한 노동력 공급이 발생했고, 그 결과 이들의 임금 수준은 떨어졌다. 전체적으로 16세기에

57 다니엘 리비에르, 최갑수 옮김, 『프랑스의 역사』, 까치, 1998, 129쪽.

58 R. J. Knecht, *Renaissance Warrior and Patron: The Reign of Francis I*, Cambridge University Press, 1994, p. 356.

59 물가 상승의 원인에 대해서는 많은 이론이 있다. 그중 예전에 주로 강조했던 것은 신대륙으로부터의 귀금속 유입이었다. 그러나 신대륙에서 귀금속이 유입되기 전부터 이미 물가가 오르고 있었고, 16세기 전반에는 귀금속 유입량이 그리 많지 않았으며, 또 귀금속이 유입되는 지역과 물가 상승이 이루어지는 지역이 차이가 나는 점 등을 볼 때 적어도 16세기 전반까지는 귀금속 유입이 물가 상승의 직접 원인은 아닌 것으로 생각된다. 더 중요한 원인은 인구 상승에 따른 곡가 앙등과 전반적인 경기 회복에 따른 경제활동의 활성화에서 찾아야 할 것 같다. Ralph Davis, *The Rise of the Atlantic Economics*, Cornel University Press, 1973, p. 100.

표 5. 레이덴, 코벤트리, 뇌르틀링겐에 나타난 인구 배분과 부의 구성

레이덴 1498		코벤트리 1522		뇌르틀링겐 1579	
인구	부	인구	부	인구	부
6%	25%	2%	20%	2%	25%
14%	58%	3%	52%		
20%	10%	16%	22%	48%	70%
60%	7%	79%	6%	50%	5%

는 경기가 회복되고 팽창의 단계에 들어와 있으나 중하층의 서민들이 생계유지가 힘들 정도의 곤경을 겪고 있다는 것은 곧 빈부 격차가 극심했다는 것을 의미한다. 그 당시의 부의 분배를 연구한 연구 결과(표 5)는 이 점을 확인시켜 준다.[60]

1498년에 레이덴(Leyden)에서는 상위 6퍼센트의 인구가 전체 부의 25퍼센트를 차지한 반면, 하위 60퍼센트의 인구는 고작 7퍼센트의 부만을 가지고 있어서 빈부 격차가 극심했음을 확인하게 된다. 16세기에는 이보다도 더 심한 빈부 격차의 예를 볼 수 있다. 1522년의 코벤트리(Coventry)에서는 상위 2퍼센트의 인구가 전체 부의 20퍼센트를 차지한 반면, 하위 79퍼센트의 인구는 고작 6퍼센트의 부만을 가지고 있었던 것이다.

2. 도시 빈민

결국 16세기에 서유럽의 농촌에서 생활 기반을 상실한 많은 잉여 인구가 자기 고장을 떠나 유랑하든지 도시로 몰려들게 되었다. 그러나 도시에서도 안정적인 생활 기반을 확보하지 못함에 따라 도시에는 걸인과 유랑민 무리가 급증했고 빈민촌과 '기적의 거리'[61]가 형성되어 범죄, 매춘, 구걸이 극성을 부

---

60 C. Liss and H. Soly, *Poverty and Capitalism in Pre-industrial Europe*, Hasocks, The Harvester Press, 1979, p. 76.

렸다. "거리에 걸인들의 무리가 너무 많아 지나갈 수 없다"[62]라는 식의 당대의 기록들을 보면 이런 부류의 사람들이 도시에 엄청나게 많았다는 느낌을 받기에 충분하다.

우리가 제일 먼저 제기해야 할 문제는 각 도시에서 빈민, 유랑민, 걸인 등으로 분류되는 이런 사람들이 어느 정도의 수를 차지했는가, 또 전체 인구 중에서 어느 정도의 비중을 차지했는가일 것이다. 그러나 이 문제에 대해 정확한 답을 얻는 것은 거의 불가능해 보인다. 우선 사료가 전체적으로 부족한 데다가, 설령 있다 하더라도 분류 기준이 모두 제각각 다르기 때문이다. 따라서 우선은 각 도시의 전체 인구 중에서 '빈민'이 어느 정도의 비중을 차지하는가를 연구한 개별 사례들을 살펴봄으로써 전반적인 수준을 짐작할 수밖에 없다.

메밍겐(Memmingen)에서는 '가진 것이 없는 자들'(have-nots)의 수가 1521년에만 31퍼센트에서 55퍼센트로 급증했다. 브라반트(Brabant)의 대도시들에서는 빈민 가구가 1480년부터 1526년 사이에 14퍼센트에서 19퍼센트로 되었고, 소도시들에서는 27퍼센트에서 29퍼센트로 되었다. 이러한 증가는 도시 수공업 장인들의 궁핍화 때문이라기보다 시골 빈민들의 유입에 따른 것이었다. 레이덴에서는 1498년에 도시 인구의 3분의 1이 '가난하고 비참한 사

---

61 기적의 거리(Cour des Miracles)는 걸인들이 모여 사는 도시 내의 구역을 말한다. 프랑스의 거의 모든 대도시들에는 이런 구역이 존재했으며, 특히 파리에는 17세기에 열두 곳이 있었다. 그 가운데서도 가장 큰 곳은 빅토르 위고(Victor Hugo)가 『노트르담의 꼽추』(*Notre-Dame de Paris*)에서 묘사한 곳으로, 이곳은 경찰력이 닿지 않는 일종의 보호소와 같은 곳이었다. 이곳에는 걸인과 도둑이 3만 명 정도 모여 있었다고 한다. 그러나 1667년에 파리 경찰총감인 드 라 레니가 이들을 쫓아내고 누옥들에 불을 지른 다음 완전히 폐쇄해버렸다. 그 후 걸인과 범죄자에 대한 강력한 탄압이 시작되었다. 이런 곳을 '기적의 거리'라는 이름으로 부르게 된 것은 장님이나 절름발이인 척하며 구걸하는 걸인들이 저녁에 이곳에 돌아오면 눈을 뜨고 정상적으로 걸어서 마치 매일 저녁 '기적'이 일어나는 것과 같았기 때문이라고 한다. 페르낭 브로델, 주경철 옮김, 『물질문명과 자본주의 II-2』, 까치, 1996, 727쪽.

62 프랑스 연대기 작가인 피에르 드 레스투알(Pierre de L'Estoile, 1545~1611)이 1596년의 파리 상황을 묘사한 말이다. 이 말은 앙리 3세와 앙리 4세의 치세기인 1574~1610년에 그가 남긴 『일기』(*Journal*)에 수록되어 있다. Henry Kamen, *European Society: 1500~1700*, Routledge, 1996, p. 167.

람들'이었다. 50년 뒤에 이러한 사람들은 5,000~6,000명, 즉 전체 인구의 40~50퍼센트가 되었다. 1517년부터 1594년 사이에 런던의 인구는 4배가 되었으나 걸인의 수는 12배가 되었다. 리옹에서는 1531년의 기근 시기에 인구의 10퍼센트에 해당하는 5,000명 이상이 시 당국의 원조를 받아야 했다. 1534년에 루앙에서 실업자에 대한 조사를 했을 때, 그 결론은 약 7,000명의 빈민과 532명의 걸인들이 존재해서 전체 인구의 15퍼센트가 생계유지가 어려운 생활을 한다는 것이었다. 1551년에 실시된 트루아(Troyes)의 인구 조사에 따르면, 이 시의 인구 중 16퍼센트가 걸인과 유랑민이었다. 세고비아(Segovia)에서도 1561년에 16퍼센트의 인구가 당국의 원조를 정기적으로 받는 빈민들이었다.[63]

도시 내의 빈민과 계속 밀려드는 유랑민은 이제 이 시기의 가장 심각한 문제 중 하나가 되었다. 이제 이들을 때로는 도와주고 때로는 채찍질한다든지, 지나치게 수가 늘어나면 간헐적으로 추방하는 식의 대응만으로는 이 문제를 풀 수 없었다. 그렇다고 이전과 같은 보시의 방식을 다시 사용한다는 것은 아예 불가능했다. 이제 근대사회는 이 문제에 대해 새로운 해결책을 찾아야만 했다.

IV. 근대적 부조 정책의 탄생

16세기에 들어와서 유럽은 새로운 팽창의 시대를 맞이하였으나 그것은 심각한 사회문제를 동반한 팽창이었다. 빈민 문제는 16세기 유럽 사회의 가장

---

[63] 이와 비슷한 결과는 다른 연구에서도 찾아볼 수 있다. "서유럽에서는 도시 인구의 적어도 5분의 1이 빈민이었다. 루뱅(Louvain)에서는 1551년에 빈민으로 등록된 사람이 인구의 21.7퍼센트였으며, 레이덴에서는 40퍼센트, 브뤼셀(Brussels)에서는 21퍼센트였다." Henry Kamen, *op. cit.*, 1996, p. 167.

예민한 문제의 하나였다. 헨리 카멘(Henry Kamen)은 "16세기보다 빈민에 대해 더 의식한 세기는 없었다"라고 한다. 많은 사상가들이 빈민 문제에 대해 여러 주장을 개진했고, 또 시 당국과 중앙 정부가 빈민 문제에 대한 사회정책을 수립하고 발전시켜나갔다. 그 과정이 어떠했으며 그 성격이 어떻게 변화하는지를 살펴보는 것이 이 장의 목적이다.

1. 부조 사상

16세기에 들어오면 많은 사상가들이 빈민 문제에 대해 다양한 주장을 펼쳤다. 그 가운데서도 특히 눈에 띄는 것은 종교개혁의 주도적 인물들이 기존의 가톨릭적인 방식, 즉 보시에 의한 빈민 원조를 공격하고 나선 점이다.

대표적인 인물로서 마르틴 루터(Martin Luther)를 들 수 있다. 그의 경우 특이한 것은 기존의 전통적인 사고로부터 새로운 방식으로의 방향 전환이 뚜렷이 보인다는 점이다. 1513~16년에만 해도 루터는 빈민을 '진정한 기독교인'으로 묘사했고, 1516~19년 사이에는 빈민을 사회경제적으로 박탈당한 자로 바라보았다. 그러므로 이 시기만 해도 그의 사고는 전통적인 가톨릭적인 방식에 입각해 있었다고 할 수 있다. 그러다가 1519년 이후부터 방향 전환을 해서 빈민에 대해 억압적인 조치를 취해야 한다고 역설했다.[64] 1520년에 그는 『독일 기독교 귀족에게 고함』(An den christlichen Adel deutscher Nation)이라는 호소문에서 구걸은 추방해야 하며, 대신 일할 수 없는 빈민에 대한 구휼이 효율적으로 조직되어야 한다고 주장했다. 여기에서 특히 그가 강조하는 바는 오직 일할 능력이 없는 사람만이 부조를 받아야 하며, 부랑자나 범죄자는 구호 대상에서 배제해야 한다는 점이었다. 부조의 정도에 관해서도 그는

---

64 Bonnie Lee Brummel, "Luther on poverty and the poor: A study of Luther's exegetical understanding and use of the biblical language of poverty and the poor, 1513~1525", Columbia university, Ph. D., 1979.

"굶주림이나 추위로 죽지 않을 정도면 충분하다"라고 말하고 있다. 이제 중세적인 종교적 가치인 청빈은 긍정적인 것이 아니라 오히려 부정적인 것으로 바뀌었다. 일하지 않고 그 결과 가난한 상태로 있다는 것은 찬양할 것이 아니라 징벌의 대상이 된 것이다.[65] 또 그런 사람들에 대해 보시를 하는 것 역시 마찬가지로 비난의 대상이 되었다. 적어도 이 점과 관련해서 보면 1520년경 이후 루터의 사고는 중세와 근본적으로 단절을 보인다고 할 수 있다. 노동의 윤리와 게으름의 징벌을 내용으로 하는 이 사고는 종교적인 의미를 떠나서 본다면 '부르주아적인 사고방식'이라고 불러도 좋을 것이다.

루터는 이런 생각을 더 발전시켜서 1523년에 『공동 금고의 규정』(Ordnung eines gemeinen Kastens)을 만들었는데, 여기에서는 걸식의 금지, 노동 능력이 있는 빈민의 취업, 노동 능력이 없는 빈민에 대한 구제의 필요성 등을 강조하였다. 그 재원으로서 교회를 중심으로 공동 금고를 설치하되 필요한 돈은 교구 소유지로부터의 수입과 개인의 자발적 기부금으로 충당하며, 만약 필요한 경우에는 시민들에게 세금 — 여기에는 고용주 및 부랑하는 기술자에게 부과하는 소액의 인두세도 포함되어 있다 — 을 부과할 것까지 고려했다.[66] 물론 루터 자신은 이런 사업을 추진하는 주체가 교회여야 한다고 생각했지만, 빈민의 문제에 대해 순전히 종교적인 접근이 아니라 사회정책적인 접근이 시작되고 있다고 볼 수도 있다. 실제로 그의 생각은 독일 신교 지역에서 많이 받아들여져서 광범위한 개혁의 기초가 되었다.[67] 이와 같이 루터의 주도 아래 확산된 부조 조치는 1522년부터 비텐베르크(Wittenberg)에서 현실화했고 이후 부조 개혁의 대명사가 되었다. 가톨릭적인 중세의 사적 자선 방

---

65 루터는 호소문에서 "부유하기를 원한다면 스스로 괭이를 잡고 땅속에서 그것을 구하라"라고 말하고 있다.

66 F. R. Salter ed., *Some early tracts on poor relief*, Methuen & Co. Ltd. London, 1926, pp. 80~96.

67 이에 대해서는 Bernard Vogler, "L'assistance dans le monde lutherien allemand et alsachien: Theorie et Pratique", *Histoire Economie et Société* 10, 1991, pp. 345~51 참조.

식을 고수하는 자들이 이러한 부조 개혁을 비난할 때 항상 루터파의 행동이라고 말하는 것도 이런 맥락에 근거해 있다.[68]

이와 마찬가지의 사례는 스위스의 종교개혁가인 츠빙글리에게서도 찾을 수 있다. 그는 "피선된 시민들에 의해 설립된 구제 기관이 여러 범주의 빈민들에 대한 감독과 구제를 담당해야 한다. 다른 곳에서 온 부랑자가 시내를 통과해도 좋지만 걸식하는 것은 금지하며, 그들에게는 공공 비용으로 식사와 스프를 제공한다. 허약자와 병자에게는 공공시설이 아닌 자택에서 음식물을 제공할 수 있지만, 그 경우에는 당사자의 성격과 환경에 관해 목사 그리고 신뢰할 수 있는 신자가 조사해야 한다"라고 말했다. 취리히 시는 1525년에 보시에 관한 법령을 발표하여 그의 주장을 현실화했다.

그러나 루터와 츠빙글리의 사례를 가지고 이 시대의 빈민에 관한 개혁적인 사고와 정책이 가톨릭에 대한 프로테스탄트의 반발이었다고 이해해서는 안 될 것이다. 기존의 가톨릭적인 보시의 방식이 더 이상 작동하지 않으므로 그에 대한 공격이 프로테스탄트 측 인사로부터 나오기 쉽다는 것은 분명하지만, 그렇다고 해서 가톨릭 교회 대신에 개신교 교회가 빈민 구제의 중심이었다는 주장을 펼칠 수는 없다. 차라리 교회 중심의 방식으로부터 세속 당국 중심의 방식으로 이행해가는 과정으로 설명하는 것이 합당할 것이며, 루터나 츠빙글리의 사고는 그 중간 과정으로 이해하는 것이 옳을 것이다. 이 점은 유사한 부조 정책 개혁을 주장한 사람들 가운데 가톨릭 인문주의자들도 많이 있다는 점에서 분명해 보인다.[69] 에라스무스가 그 가운데 한 명이다. 그는 한

---

68 물론 이러한 비난은 이미 가톨릭이 품고 있던 루터파에 대한 불만에 뿌리를 두고 있었다. 16세기 후반으로 갈수록 프로테스탄트 사상이 유럽의 광범한 농촌 사회로 파고들어 감에 따라 십일조 거부 운동이 확산되고 있었던 것이다. 1560년에 가톨릭 농민이 다수를 이루던 랑그도크에서도 이러한 반대의 움직임이 나타났으며, 1560~61년의 아쟁(Agen)에서의 폭동 때에도 십일조 거부는 농민들의 주요한 주장이었다.

69 앞으로 살펴보게 되듯이 실제 개혁안을 수립한 곳 가운데 가톨릭 인문주의자들과 개신교 인사들이 협력하는 경우도 있었다. 리옹이 대표적인 사례이다.

편으로는 빈민에 대한 부조와 어려운 처지에 있는 사람들과의 기독교적 연대
감을 강조하면서도, 또 한편으로는 탁발 수도사들을 비난하면서 일할 능력이
있는 사람들에게는 자선을 베풀어서는 안 되며 강제 노동을 시켜야 한다고
말했다.

이 시대에 빈민 부조에 관한 사상을 가장 체계적이고 포괄적으로 전개한
사람은 가톨릭 인문주의자인 후안 루이스 비베스[70]였다. 그의 유명한 저서
『빈민 구제에 관해서』(De Subventione Pauperum, 1526)는 부조에 관한 이
시대 지식인들의 생각을 가장 체계적으로 대변하고 있다. 그는 자신의 저서
에서 "도시는 다양한 집단과 신분들이 모여 있는 유기체이며 도시의 지배자
는 인간의 몸에서 영혼이 하는 것처럼 기능을 해야 한다. 영혼은 신체의 한 부
분이지만 전체로서 유기체의 공공선에 봉사하는 것이다. 마찬가지로 도시의
지배자는 단지 부자들에게만 관심을 기울여서는 안 된다. 도시의 빈민에 대
한 관심의 부족은 심장으로부터 멀리 떨어져 있는 환자의 손과 발을 무시하
는 의사와 같기 때문이다. 만일 손과 발의 상처를 그냥 놔둔다면 이 상처는 결
국 전 유기체에 해를 가할 수 있는 것처럼 빈민들 사이에서 나타나는 고통은
시의 무질서를 부채질할 수 있다. 빈민들이 무시당했을 때 그들은 자신의 결

70 후안 루이스 비베스(Juan Luis Vives, 1492~1540)는 스페인의 인문주의자이며 에라스뮈스의 제자이다.
스콜라주의를 강력히 비판했으며 탐구 방법으로 귀납을 강조했다. 종교재판을 피하기 위해 17세에 스페
인을 떠났고 파리에서 공부(1509~12)를 마친 뒤 루뱅에서 인문학 교수가 되었다(1519). 성 아우구스티누
스의 신국에 대한 주석(1522)을 영국의 헨리 8세에게 헌정한 뒤, 1523년 영국으로 건너가 웨일스 공녀
(公女) 메리의 교사로 일하면서 옥스퍼드 대학에서 강의했다. 그러나 1527년에 헨리 8세가 아라곤의 카
탈리나와 이혼하는 것에 반대하다가 왕의 신임을 잃고 네덜란드로 갔다. 그는 빈민 부조뿐만 아니라 교
육학 분야에서도 뛰어난 업적을 남겼다. 『어린이 교육의 올바른 방법』(De ratione studii puerilis, 1523)
과 『교육에 관한 20권의 책』(De disciplinis libri xx, 1531)의 저서에서 학교에서 모국어를 쓰자고 제안했
고, 대학을 세울 것을 역설했으며, 여성에 대한 교육을 지지했다. 에라스뮈스가 성서와 언어 연구에 사
용하고자 주장한 개인적 탐구와 경험을 바탕으로 하는 귀납의 원리를 어린이의 자연 교육에 적용하자고
제안한 것은 그의 가장 위대한 혁신으로 꼽는다. 『브리태니커』, 한국브리태니커회사, 1993, 510~11쪽.

핍을 극복하기 위해 반란을 일으킬 위험이 있다"[71]라고 말했다.

이를 위해 그가 제기한 방법은 다음과 같다. 첫째로 '빈민 전체의 등록'이다. "빈민을 구빈원에 수용된 자, 부랑하는 걸인 및 정직하면서도 수치심을 아는 자택 빈민의 세 종류로 구별하고 일일이 정밀하게 조사하여 등록하고 항상 그 실상을 파악해야 할 것이다. 이렇게 빈민의 수와 그 상태를 상세히 안 다음, 이것에 기초하여 각각 적절한 대책을 강구해야 한다. 현재와 같이 빈민에 대한 아무런 조사도 등록도 없는 임기응변식의 부조는 그 방법이 불합리한 것은 말할 것도 없고, 오히려 빈민 증가의 소지를 만드는 것이다."

둘째로 그는 '노동의 고취'를 위해 노력했다. "부조를 요하는 자들을 적절한 기관의 주도 아래 도와주는 것은 지당한 일이나, 그 피조자들이 자신의 상태에 따라서 될 수 있는 한 노동을 하도록 유도해야 한다. 일하지 않으면 먹지도 말라는 사도 바울의 금언을 그대로 실행해야 한다. 대개 나태한 자가 나쁜 일을 꾸미게 마련이다. 시내의 많은 부랑자 중에서는 외지인도 적지 않은데, 그들 모두를 고향으로 돌려보내야 한다. 그럴 경우 필요한 여비를 지불해야 한다. 이렇게 외지인을 추방한 다음, 도시 빈민에게 직업을 주어야 한다. 어떠한 일이든지 자기 몸에 맞는 대로 직업을 갖도록 해야 한다. 노름꾼 같은 자들도 부조를 해야 하지만 이런 자들에게는 강제 노동을 부과해야 할 것이다. 또 노쇠하여 수용원에 들어온 사람이라 하더라도 건강이 허락하는 한 적당한 직업을 주어야 한다. 그리하여 노약자라 하더라도 무위로 허송세월하게 해서는 안 될 것이며 쉬운 일이라도 반드시 일을 시켜야 한다. 병자에게는 적당한 식사를 주고 치료해야 하며 그들이 회복한 경우에는 그 정도에 따라서 일을 하도록 해야 한다. 맹인들의 경우에도 나태하게 해서는 안 되며 여러 가지 직업을 배우게 할 수 있을 것이다. 이미 맹인의 손으로 만들어진 작품이 적지 않은

---

71 Abel Athouguia Alves, "The Christian Social Organism and Social Welfare: The Case of Vives, Calvin and Loyola", *Sixteenth Century Journal* XX, No. 1, 1989, pp. 7~8.

것으로 보아 맹인들도 얼마든지 직업을 가질 수 있다는 것이 분명하다. 또한 정신병자의 경우는 그 상태에 따라 보호해야 한다. 그리고 그 필요에 따라 그들에게 건물을 지어 그곳에 안주케 하고 회복 후에는 역시 적당한 노동을 부과해야 한다." 이런 식으로 그는 모든 사람이 반드시 직업을 가지고 일을 함으로써 결코 허송세월하지 않도록 해야 한다는 점을 거듭해서 강조하고 있다.

셋째로, 그는 '아동 보호'에 대해 역설했다. "기아(棄兒)라 하여도 모친을 찾았을 경우에는 6세가 될 때까지 그 모친 밑에서 양육하도록 하라. 아이들은 모친 밑에 있는 것이 최선의 양육 방법이다. 그러다가 6세 이상이 되면 학교 교육을 실시해야 한다. 이 경우에는 일정한 장소에 수용하여 보호하는 것이 좋다. 그 경우에 항상 절약과 청결을 가르쳐야 한다. 물건을 귀하게 생각하는 습관을 길러야 할 것이다. 부조를 받는 데 익숙한 사람은 어린이나 성인이나 할 것 없이 물자를 귀하게 여기는 관념이 적으며 도리어 낭비의 악습에 빠진다. 수용 보호로 낭비의 관습을 조장한다면 이것은 장차 큰 화를 자초하는 원인이 될 것이며 이에 대해 미리 충분한 훈계를 해야 한다. 여자에 대해서도 적당한 교육을 해야 한다. 우수한 남아에 대해선 더욱 고등교육을 해 종교가 또는 사업가로 양성해야 한다. 그러나 남녀 간에 가장 중시해야 하는 것은 품성 도야이다."[72]

넷째로, 그는 '감찰제도'를 주장했다. "감찰제도를 제정하여 감찰관을 두고 모든 빈민의 생활 상태 및 도덕 상태를 매년 조사해야 한다. 이를 위해 시를 몇 개의 지구로 구분해서 각 지구에 간사 1명과 감찰관 2명을 배치해서 빈곤 가정의 생활 실태를 조사하게 함으로써, 종래의 단순한 시여의 배분에 의한 구제 대신에 직업 훈련, 취업, 재활 등의 방식으로 원조해야 한다. 그들의 소행을 조사한 후 악벽(惡癖)을 지적하여 훈계하고 그래도 개선되지 않는 자

---

[72] 비베스의 아동 교육에 대한 더 자세한 사항은 Foster Watson, *Vives: On education*, Cambridge University Press, 1913, pp. ci~clvii 참조.

는 처벌해야 한다. 또한 빈민뿐만 아니라 부자의 자제도 감찰해야 한다. 부자의 자제가 어떤 일에 종사하고 있는지 또 어떻게 나날을 보내고 있는지 감찰해야 한다. 누구도 놀고먹는 생활은 용서해서는 안 된다. 특히 아이에 대해서는 그 특수한 재능, 품성 등을 조사하여 이를 적절히 발달하게 해야 한다."

다섯째로, 그는 '일시적 빈민'에 대해서 언급하고 있다. "이상은 주로 항구적 성질을 띤 빈민에 대한 구호책이지만, 이것과 아울러 일시적으로 빈민이 된 자들도 적당히 보호해야 한다. 인생은 극히 복잡하다. 따라서 각종의 재해가 불시에 와서 이 때문에 빈곤에 빠지는 경우가 적지 않다. 즉 천재지변에 따라 자연히 빈곤에 빠졌을 경우 그 필요에 따라 긴급 구조를 해야 한다. 그렇지 않으면 일가가 기아 상태에 빠질 뿐만 아니라 무구한 처녀가 사창가로 가게 되어 정조를 유린당하는 결과도 있으므로 시급히 이것을 구호해야 한다. 그런데 한편에서는 사치와 허영으로 만금을 허비하고 있으면서도 이와 같은 참사를 돌보지 않는다면, 이는 대단한 모순이다. 어쨌든 이런 사람들을 공공기관 또는 부자의 도움을 통해서 보호해야 한다는 것은 두말할 나위도 없다."

이상이 비베스가 브뤼헤(Bruges)에서 개진한 주장의 대요이다. 이상과 같은 내용의 제도를 유지하기 위한 자금 조달 방법으로 그는 자발적인 기부, 빈민이 만든 물품의 판매, 병원의 수익, 그리고 부유한 교구에 대한 과세를 들고 있다. 비베스의 이러한 개혁안은 자선사업을 교회의 수중에서 박탈하는 것으로 인식되어 가톨릭 측으로부터 격렬한 반대를 받기도 했지만, 1536년에 이프르 시에서 걸식의 금지, 노동 능력 있는 빈민에 대한 작업의 제공 등을 주된 내용으로 하는 이프르 법령이 제정되는 데에 큰 영향을 끼쳤고, 프랑스와 영국에서도 그의 정신이 받아들여져서 합리적 자선사업을 경영하는 길이 열리게 되었다.

비베스의 주장의 요체는 결국 사회문제에 대해 도시 당국 혹은 중앙정부가 적절한 사회정책을 제시해야 한다는 점이다. 즉 심각한 빈민 문제에 대해 당국이 빈민들을 보호하고 구조해야 한다는 것이다. 그러나 그 밑에 깔려 있는 사고의 내용을 보면 결코 인도주의적인 방식이 아님을 알 수 있다. 비베스는 단순히 돕는다는 것이 아니라 그들을 철저히 감시하고 통제해야 하며 그러기 위해 우선 빈민들의 상태를 파악하고 '등록'시켜야 한다는 점부터 언급하고 있다. 그리고 그들에게 노역을 부과하고 그것을 감시해야 한다는 내용을 거듭 강조하고 있다. 또한 특기할 만한 사실 중의 하나는 이런 상태가 잘 유지되기 위해서는 이미 성인이 된 빈민보다 어린이들을 교육하는 것이 중요하다고 본 점이다. 그리하여 이미 6세가 되었을 때부터 이들을 수용하여 그들에게 맞는 교육을 할 것을 주장했다. 이들 가운데 뛰어난 자질을 보이는 사람에게는 고등교육의 기회가 주어지는 것으로 되어 있지만, 그런 이상적인 측면보다는 대다수의 일반 빈민 자제들에게 사회가 필요로 하는 노동을 가르치는 것이 주된 목표임은 쉽게 짐작할 수 있다.

비베스는 그의 부조 개혁안의 최종적인 목표가 "단 한 사람의 빈민도 없게 하는 데 있다"라고 했다. 이상적으로 이 말을 받아들인다면 모든 사람이 다 '중산층' 이상의 생활을 할 수 있도록 만든다는 것으로 생각할 수도 있지만, 당시의 현실적인 사정을 감안한다면 차라리 '무위도식하는 빈민', '사회에서 일정한 기능을 부여받지 못한 빈민'이 없도록 한다는 것이 타당한 해석일 것이다. 즉 '사회에 해를 끼치는 빈민'을 '일하는 빈민'으로 만드는 것이다. 그런 목표를 이루기 위한 노력을 빈민층이 기꺼이 받아들일 수는 없었을 것이고, 따라서 이는 빈민들에 대한 강한 억압을 전제할 수밖에 없었다. 결국 당시의 사상가들이 그린 사회는 지식층과 권력층이 하층민을 철저히 통제하는 사회였다. 그것은 엘리트들이 보기에는 조화로운 사회일지 모르지만 '강제된 조화'라고 하지 않을 수 없다. 당대 사상가들의 이런 사고가 현실에 적용될 때, 그것은 이상적인 조화의 측면보다는 억압의 요소를 더 강하게 지니게 되었다.

2. 16세기의 부조 개혁

현실의 문제는 단순히 사상가들의 머릿속 생각과는 다르게 마련이다. 그들의 사고가 영향을 끼쳐서 사회정책으로 나타나게 되는 경우 그것은 해당 지역의 특수한 사정에 따라 여러 다양한 양태로 나타날 수밖에 없다. 16세기의 프랑스의 경우 빈민 정책의 수행 주체는 대개 시 당국이었다. 여기에서는 그중 게레멕의 책에서 자세히 언급하지 않았던 리옹과 오를레앙의 부조 개혁을 살펴보도록 하겠다.

1) 리옹

리옹의 인구는 1490년에 증가하기 시작하여 1530년대에는 4만~4만 5,000명이 되었다. 사실상 인구 증가는 사망률이 떨어지고 있던 15세기 말 유럽에서 일반적인 모습이었지만, 리옹은 특히 이민으로 인해 그 증가 속도가 더욱 빨랐다. 대부분의 이민자들은 가난한 사람들이었다. 따라서 리옹에서 빈민들의 수는 급증했고, 이들의 전체 생활수준은 극히 열악한 상태가 되었다. 우선 이에 대한 다음의 연구를 살펴보도록 하자(표 6).

'가난의 문턱'인 이 하한선은 실질임금과 생계 가격 — 다름 아닌 빵 값 — 사이의 관계에 의해서 정해진다. 노동자들이나 장인들의 경우 대개 일당 중 음식 소비를 위해서 지출되는 소득이 전체 소득 가운데 최소한 절반 이상을 차지하고 있었다. 그런데 이들 간에 임금 수준의 차이가 매우 커서 길드 장인의 임금을 100으로 잡으면 직인의 임금은 약 75, 석공 노동자의 임금은 50, 일용 노동자의 임금은 25 정도였다. 이 가운데 마지막 두 범주의 사람들이 하한선 주변을 맴도는 사람들이며 하한선의 아래로 쉽게 빠져버리곤 했다. 이 표에서 '가난의 문턱'을 넘어섰다는 것은 그들이 받는 임금이 생존에 필요한 식량 확보에 미달되는 것을 말한다. 그런데 일용 노동자 계층의 경우를 보면 15세기 후반에만 해도 그런 생존의 위기에 빠졌던 해가 25년 가운데 5년에 불과

표 6. 리옹의 건설 노동자들이 가난의 문턱을 넘어선 연도의 수(1475~1599)

	직인	석공 노동자	일용 노동자
1475~99년	0	1	5
1500~24년	0	0	12
1525~49년	0	3	12
1550~74년	0	4	20
1575~99년	1	17	25

했으나, 16세기 전반기에는 25년 가운데 12년, 3/4분기에는 25년 가운데 20년, 급기야는 4/4분기에는 25년 전체가 생존의 위기에 시달리는 해였다. 일용 노동자라고 명명된 이 계층의 사람들이야말로 시골에서 떨려 나와 도시로 유입된 사람들일 텐데, 이들이 극도의 생계 곤란에 시달렸음을 어렵지 않게 짐작할 수 있다.

그러나 최하층민만이 아니라 길드 장인들 역시 이 시기에 상당한 곤란을 겪고 있었다는 것은 다른 연구에서도 알 수 있다. 예를 들면 남편이 살아 있는 79개의 가계가 1530년대의 15개월 동안에 빈민국(Aumône générale)의 부조 대장에 덧붙여졌는데, 이 사람들 가운데 비숙련 노동자는 41퍼센트였고 나머지는 숙련 노동자였음에도 불구하고, 그들 역시 스스로 생계를 유지하기 힘든 빈곤 상태에 처해 있었던 것이다.[73] 이러한 빈곤 상태는 예컨대 구걸이 일상화된 당시의 모습에서 즉각적으로 알 수 있다.

이런 사회 분위기에서 도시민들의 반란이 일어나기 쉽다는 것은 자연스러

73 "가난한 가장들은 아이들로 인해 무거운 짐을 지고 있었다"라고 빈민국의 규정은 말한다. 여기서 '무거운 짐'은 대략 3명 정도의 아이들을 가리킨다. 5명의 아이가 있는 직물 장인 피에르 레 콩브(Pierre les Combes)는 그가 2대의 직기와 한 명의 직인, 그리고 아들 가운데 한 명이 일에 착수하고 있는데도 아이들 때문에 부조를 받아야 했고 공증인 앙드레 구즈보(André Gouzebaud)는 7명의 아이들과 임신한 부인을 부양하기 위해 가구의 대부분을 팔아야만 했다고 한다. Natalie Zemon Davis, *Society and Culture in Early Modern France*, Stanford University Press, 1975, pp. 20~24.

운 결과였다. 리옹에서는 프랑수아 1세 시기에 '대반란'(Grande Rebeyne)이 일어났다. 1529년 4월에 높은 빵 가격으로 고통을 받던 빈민들은 '투기자들에 대해 들고일어나자'라는 플래카드를 내걸고 프란체스코 수도원과 귀족들의 집을 공격했다. 이 때문에 시의 곡물 창고와 릴 바르브(l'Ile Barbe) 수도원이 파괴되었다. 시 당국은 질서를 회복하기 위해 약간의 양보를 약속했지만, 몇 주일 후에도 빵 값은 하락하지 않았고 오히려 폭동 지도자들에 대한 처형만이 자행되었다.

그러나 이 반란은 여러 요인들이 복합적으로 작용해서 이루어진 것이었다. '대반란'은 포도주와 곡물 수입에 부과되었던 세금에 대한 저항이었으며, 장인들과 리옹의 행정관 사이의 오래된 갈등이 가시화된 것이었다. 그러므로 폭동의 초기에는 주동자가 대부분 장인들이었으며 이들로 이루어진 지방 민병대가 시 당국에 저항하는 모습을 보였다. 또 종교적 요인들 역시 중요한 의미가 있었다. 리옹의 장인들 가운데는 독일인들이 많이 있었는데, 그들은 분명히 자신들의 조국에서 벌어지던 루터주의자들의 활동과 최근의 농민 전쟁에 대한 소식들을 접하고 있었다. 폭도들에 의해 약탈당했던 생포리앵 샹피에(Symphorien Champier)는 이 때문에 이단자들에게 대부분 책임이 있다고 믿었다. 그는 많은 문제들이 도시의 이민자들로부터 온 것이라고 생각했다. 그러므로 리옹의 '대반란'은 광범한 계층의 사람들이 생활수준의 하락으로 고통을 겪고 있던 가운데 하층민과 외지인들이 지배계급인 부유한 도시 과두귀족으로부터 소외되었다는 감정이 함께 작용하여 일어난 것으로 보인다.

'대반란'은 시의 상층 인사들에게 한편으로 공포감을 주었고, 다른 한편으로는 빈민에 대한 정책의 필요를 절감하게 만들었다. 그 직접적인 결과 가운데 하나가 1531년과 1534년의 빈민국의 창설로 나타났다. 즉 이러한 반란을 겪고 난 후 사람들은 식량 폭동과 같은 문제는 단순한 처벌로서는 해결되지 않음을 깨닫게 되었고 빈민들을 지속적으로 부조하기 위한 방식을 고려했던 것이다. 이는 1531년 이후 리옹에서 본격적으로 계획되어 나타난다.

리옹에서 복지 개혁은 1531년의 심각한 기근을 겪으면서 명사들과 법률가들의 연합에 의해 전개되다가 1534년에 항구적인 빈민국의 창설로 한 매듭을 지었다.[74] 1531년 5월 8일에 소집된 회의에서 참사회는 개별적인 개인들의 자선은 적당하지 않다고 생각했다. 그러나 이때에도 여전히 의견이 다양하게 개진되어서, 어떤 사람들은 빈민을 무조건 추방하자고 했고, 다른 사람들은 적어도 리옹의 시민들에게만이라도 밀을 배급하자고 했다. 많은 논란을 거쳤지만 결국은 시가 개입하여 조직적인 자선을 베풀기로 결정했다. 5월 19일 아침 6시에 생보나방튀르(Saint-Bonaventure) 수도원 앞에는 700~800명의 빈민들이 모여들었다. 50명의 관리들이 빈민의 이름을 적고 각자에게 2리브르어치 빵과 납으로 된 표찰을 주었다. 배급 양식은 무차별적으로 이루어지지 않고 질서 정연한 모습으로 조직적으로 이루어졌다.

이러한 부조 사업은 도시인들의 자발적 갹출에 의해 진행되었다. 모은 돈은 엄격하게 관리되었으며 빈민들이 몰리는 것을 두려워했기 때문에 도시의 여러 곳에서 분산하여 자선이 베풀어지게 되었다. 5월 20일부터는 도시의 일곱 군데에서 자선이 베풀어졌으며, 점차 이 장소에도 차별성이 생겼다. 외지의 빈민들은 에네(Ainay) 지역으로 모이게 했으며, 가장 위험해 보이는 신체가 멀쩡한 걸인들은 생세바스티앵(Saint-Sébastien)에 있는 해자 근처에서 부조를 받게 했다.

이러한 조치는 전통적인 빈민 구제가 성직자로부터 세속 권력으로 이전된다는 것을 의미하는 것이었다. 당시 리옹은 가톨릭 도시였으나 부조 개혁을 위한 모임에는 가톨릭교도뿐만 아니라 신교에 공감하고 있던 사람들과 인문주의자들도 함께 참여하고 있었다. 특히 가톨릭 인문주의자인 장 드 보젤(Jean de Vauzelles)은 자신의 친구인 산토 파니니(Santo Pagnini)와 함께 개

---

74 빈민국의 행정은 8명의 위원과 1명의 재무관이 맡고 있었고 재정은 치안세, 유증, 교회와 수도원의 모금, 그리고 명사들의 모임인 리옹협회에 대한 세금으로 이루어져 있었다.

혁 과정에서 주도적 위치를 담당했으며 개혁을 위한 이데올로기적 기초를 제공했다. 그는 자신의 저서 『무수한 빈민을 부양하기 위한 정책』(*Police subsidaire à celle quasi infinie multitude des povres*)에서 빈민 부조를 위한 중앙 집중화와 합리화를 주장했으며 끈질기게 시의 유력자들을 설득해갔다. 여기에 대부분이 가톨릭교도인 변호사, 상인, 기업가, 그리고 신교에 동조하는 사람들이 합세했다. 여러 이질적인 집단들이 모여 만든 이 연합은 구걸과 굶주림에 대한 전쟁을 선포했으며, 리옹의 사회적 긴장과 추함을 없애서 이 도시를 신의 뜻에 합당한 곳으로 만들고자 했다.[75]

그리하여 1534년에는 리옹에서의 모든 자선 행위와 구호를 수행하는 새로운 정부 조직인 빈민국이 항구적으로 세워지게 되었다. 이것은 겉으로는 여전히 종교적 외피를 일부 두르고 있었으나, 실제 내용을 보면 빈민 구휼의 세속화 과정에서 중요한 계기를 이루었다. 구걸과 유랑은 금지되고, 빈민의 명단이 작성되었으며, 일할 능력이 없는 사람에게는 티켓을 발행해서 관리의 감독 아래 정해진 시간, 정해진 장소에서 구호를 받도록 했다. 또한 교육과 갱생 프로그램이 개발되어 빈민에게 적용되었으며, 버려진 아이들을 수용하고 빈민의 아이들에게 교육 기회를 제공했다. 예를 들면 리옹에서 견직물 공장 창설자의 한 사람인 에티엔 튀르케(Etienne Turquet)는 빈민국의 창설에서 주요한 역할을 한 사람으로 견직물 산업의 초기부터 소녀들을 데려다가 일을 시켰다. 이곳에서 소녀들은 하녀로 일하는 것보다도 더 많은 임금을 받았으며 기술도 배울 수 있었다. 또한 이탈리아의 점토 제조업자인 세바스티안 그리포(Sébastien Griffo)는 1555년에 시 참사회로부터 허가를 받고 리옹의 빈민국에 있는 아이들에게 자신의 기술을 가르쳐주었다. 많은 소년, 소녀들에 대한 기술의 전수는 구걸을 방지하는 차원에서 효과적인 것으로 보였다. 이는

---

75 보젤과 파니니의 개혁에 대한 강력한 반대자는 도미니크 수도원장이었던 니콜라 모랭(Nicolas Morin)이었다. 그는 보젤의 생각을 이단으로 여기면서 그의 책은 오류로 가득하다고 비판했다.

표 7. 1530년과 1540년 사이에 시립병원에 들어간 사람들의 사망률

시기	들어간 사람들의 수	죽은 사람들의 수	들어간 사람에 대한 죽은 사람의 비율
1530년 3월	61	18	0.3
1530년 12월	51	17	0.33
1534년 6월	38	9	0.24
1534년 12월	26	8	0.3
1535년 3월	30	4	0.13
1537년 3월	38	7	0.18
1537년 10월	149	30	0.2
1539년 3월	34	11	0.32
1539년 6월	46	13	0.28
1539년 10월	50	11	0.22
1539년 12월	36	11	0.31
1539년 3월~1540년 4월	544	162	0.3

구걸의 근본이 게으름에 있으며 이를 방지하기 위해서 어려서부터 노동의 진정한 가치를 깨달아야 한다는 당시의 사상을 반영한 것이었다.

이러한 리옹에서의 부조 정책의 발전 과정을 보면 시민들이 파리에서와 비슷하게 빈민에 대해 불안과 두려움을 품고 있지만, 파리보다는 부조 정책이 훨씬 더 인도적인 경향을 띠고 있고 상대적으로 조화로운 모습을 보이고 있었음을 알 수 있다. 파리에서처럼 극히 억압적인 양태를 띠지 않고 비교적 평화적인 결과를 낳게 된 데에는 당대의 '지식인'인 인문주의자들이 적극적으로 나서서 주도한 것이 중요한 원인이었던 것으로 보인다. 특히 가톨릭과 프로테스탄트 인사들이 종교의 벽을 넘어 함께 협력한 것은 대단히 드문 예이다.[76]

---

76 결국 빈민국은 당시 자선의 대표적인 상징체가 되었다. 이는 빈민국의 성합(성찬용 빵 그릇)과 인쇄된 티켓에서 나타난다. 그림을 보면 3명의 아이를 데리고 앉아 있는 여인은 한 손으로 돈을 홀리고 있다. 그녀의 머리 위로는 펠리컨 한 마리가 앉아 있는데 자신의 가슴을 쪼아서 펠리컨 새끼들이 그 피를 마실 수 있게 하고 있다. 중세의 사고방식에서 펠리컨은 자신의 살점을 먹여 새끼를 살찌운다고 알려져 있었

그럼에도 불구하고 이들의 노력이 원래의 목표를 달성했는지는 의문스러운 일이다. 시립병원의 예를 보면 이곳에 수용된 빈민들의 사망률이 매우 높았다. 당시 시립병원에 들어간 사람들에 대한 통계 자료(표 7)를 보면 수용된 사람 중의 약 30퍼센트가 죽었음을 알 수 있다. 그러므로 리옹의 인도적인 개혁도 결국 제한적인 효과만을 얻었다고 결론지을 수 있다.

2) 오를레앙

오를레앙은 파리와의 근접성과 루아르(Loire) 강에서의 전략적 위치로 인해 프랑스의 다른 도시보다도 국왕과 밀접한 관계를 유지하고 있었다. 따라서 오를레앙은 부조 정책을 추진해나가는 데서 파리의 선례를 많이 따랐다. 오를레앙의 부조 정책 역시 파리 혹은 리옹과 마찬가지로 시립병원과 빈민국에 의해 시행되었다.

먼저 시립병원을 살펴보자. 당시 오를레앙의 시립병원은 백년전쟁을 거치는 동안 빈민 부조의 기능을 완전히 상실했으며 기근과 전염병을 피해 몰려온 빈민들에게 아무런 치료도 해주지 못하는 상황이었다. 재정이 완전히 바닥난 상황에서는 병원에서 일할 사람을 고용하기조차 쉽지 않았다. 결국 1524년에 오를레앙의 시민 6명은 고등법원에 시립병원의 재정을 조사해달라고 요구했다. 그들은 당시 시립병원의 환경이 너무 안 좋아 환자들이 병원에서 치료받기보다는 차라리 죽기를 원할 정도라고 말했다. 이것이 계기가 되어 시립병원의 여러 문제점들이 공개되었고 그리하여 병원 개혁이 가능하게 되었다. 1558년 9월 7일에 파리 고등법원은 시립병원 행정에 대한 본격적인 개혁을 추진했다. 여기에서 특기할 점은 병원 운영을 책임지는 사람들 중에 교회 인사들보다 속인들의 수가 많아졌다는 점이다. 특히 병원의 재정은 완

기 때문에, 자신의 피와 살을 인간에게 준 그리스도의 상징이었다. 움베르토 에코, 손효주 옮김, 『중세의 미와 예술』, 열린책들, 1998, 112쪽.

전히 속인에게만 맡겨졌으며 모든 공식적인 활동은 이들에 의해서만 수행되었다. 이들은 병원의 지출을 줄이고 빌려주었던 돈을 회수했으며 돼지를 사육해 이윤을 남겼다. 그들의 노력은 점차 병원의 재정을 살찌웠고 이에 따라 부조 사업도 활발히 진행될 수 있었다. 그 가운데서도 특히 이 기관이 중점적으로 했던 일은 유기된 아이들과 환자들을 돌보는 일이었다. 유기된 아이들에 대해서는 시립병원의 원장이 직접 나서서 그 부모를 찾도록 했으며 병원 내에서는 이 아이들에게 다양한 직업교육을 행했다.[77] 오를레앙의 병원 운영에서 프로테스탄트계 인사들과 가톨릭계 인사들의 갈등이 보이긴 하지만,[78] 중요한 것은 이러한 갈등이 사소한 문제에 불과했고 전체적으로 시립병원의 부조 사업에는 아무런 변화를 가져오지 않았다는 사실이다.

　두 번째로 살펴볼 부조 기구는 빈민국이다. 빈민국은 공식적으로 1555년 2월 16일에 블루아(Blois)에서 앙리 2세의 특허장에 의해 창설되었다. 이 특허장에 따르면 오를레앙도 16세기의 보편적 문제, 즉 빈민들이 일으킨 사회문제로 도시의 안전이 위협당하는 문제를 안고 있었다. 우선 빈민국은 3일 안에 오를레앙의 거주민이 아닌 건장한 걸인들에게 도시 밖으로 나갈 것을 명했다. 그러지 않을 경우는 교수형에 처한다고 했다. 거주민인 걸인들은 두 범주

77　이에 대해서는 Leslie Henry Goldsmith, "Poor Relief and Reform in sixteenth-century Oréleans", Wisconsin-Madison, Ph. D, 1980, pp. 120~43 참조.

78　1558년 11월부터 1561년 11월까지 2명의 프로테스탄트 감독관이었던 타생(Tassin)과 들라랑드(Delalande)가 병원 행정을 주도했다. 1558년에 타생과 들라랑드는 전체 행정위원 14명 가운데 10명을 임명했다. 이 수치는 전체의 71퍼센트를 차지하는 것이며 1559년에는 조금 감소하여 전체의 55퍼센트를, 1560년에는 다시 60퍼센트를 차지한다. 반면에 가톨릭 감독관인 갈메(Galmet)와 파리(Paris)에 의해 임명된 행정위원들은 1558년에 22퍼센트, 1559년에 41퍼센트, 1560년에 32퍼센트로 나타난다. 그러므로 개혁 후 처음 3년 동안에 프로테스탄트계 속인들이 가톨릭계 속인보다 시립병원의 행정에서 우세한 활동을 펴고 있었다. 그러다가 오를레앙이 다시 가톨릭의 손에 넘어간 1563년부터는 이 비율이 역전되어서 1563년에 가톨릭 행정위원은 79퍼센트, 프로테스탄트 행정위원은 12퍼센트, 1564년에는 그 수치가 각각 7.5퍼센트와 62.5퍼센트, 1565년에는 3퍼센트와 74퍼센트가 되었다.

로 나누어 몸이 성한 사람들에게는 공공사업이나 개인 사업에서 일하게 했으며, 만약 이를 거절할 경우에는 마찬가지로 교수형에 처한다고 위협했다. 두 번째 범주인 몸이 성하지 않은 자들은 자신의 노동으로 살 수가 없기 때문에 다른 조치가 취해졌다. 성인 남자와 소년들은 생파테른(St. Paterne) 병원에 머무르게 했고 성인 여자와 소녀들은 생폴(St. Paul) 병원에 수감했다. 한편 유랑민들에게는 도시에 단 하룻밤만 머물도록 허락해주었으며 이를 위해 루아르 강변에 위치한 생앙투안(St. Anthoine) 병원이 사용되었다. 그리고 그들이 떠날 때는 빵과 1수(sous)를 제공하는 정도의 배려를 해주었다. 오를레앙의 빈민국은 1555년 전에 독립적으로 교구민의 필요에 의해 유지되고 있던 3개의 교구 병원 — 앞서 언급한 생파테른, 생폴, 생앙투안 — 을 통합해서 운영함으로써 다른 도시와 마찬가지로 빈민 부조의 중앙 집중화를 이루고 있었다.

빈민국은 식량과 주거지 제공, 매주의 자선, 공공사업에서의 노동, 그리고 젊은이들에 대한 도제 교육의 네 가지 기본적 부조 형태를 규정하고 있었다. 빈민국 창립 헌장에 기록된 식량과 주거지 제공에 대한 규정을 보면 생활비를 벌 수 없는 환자들은 빈민국의 두 병원인 생파테른과 생폴에 수용되어 식량을 공급받았음을 알 수 있고, 또한 몸이 불편한 불구자들을 위해서는 그들 자신의 집에서 부조를 받을 수 있게 했다. 이를 위해서 빈민국은 자선 분배에 책임을 지는 여자들을 임명했는데, 이 여자들은 불구자들의 주소를 기록했으며 그들의 집을 방문해 자선이 정당한지, 그리고 제대로 되고 있는지를 조사했다. 빈민을 수용하는 것은 또한 다른 방식으로도 이루어졌다. 남아 있는 기록에 따르면 빈민국은 몇 명의 시민들과 계약을 맺어 이 일을 행했던 것으로 보인다. 한 예로 빈민국은 오를레앙의 시민인 기욤 벨랑제(Guillaume Bellanger)에게 6년 동안 매년 20리브르를 내는 조건으로 집을 세주고는 매일 밤 4명의 빈민을 수용하여 그들에게 수프를 제공하도록 하게 했다. 다른 예를 보면 빈민국은 1528년 이후부터 과부를 수용한다는 조건으로 집을 세놓기도 했다.

음식과 주거지 제공, 그리고 자선은 몸이 불편한 빈민들을 위해 제공된 사업이었다. 일할 수 있는 몸이 성한 자들과 일자리를 발견하지 못한 자들에게는 공적 사업에 복무할 기회를 제공했다. 이들에 대한 창립 헌장의 한 규정은 다음과 같다.

> 이들은 일자리를 제공받아 생계비를 스스로 벌어야 한다. 이를 위해 장인들에게 이들을 맡겨 직업교육을 받도록 해야 한다. 장인들은 그들에게 기술을 가르쳐야 한다. 그리고 그들이 만든 제품은 빈민국으로 돌려져야 한다.[79]

이미 언급했듯이 빈민을 고용하는 것은 16세기의 부조 방식의 공통적 모습이었다. 이러한 방식의 구체적 모습은 1559년 5월 11일에 작성된 공중 문서를 통해 확인할 수 있다. 이 문서들을 보면 먼저 빈민국은 오를레앙에 살고 있는 한 제련공에게 생파테른에 수감된 5명의 소년들을 5년 동안 가르치도록 했다. 모든 비용 — 식량, 주거지, 옷, 원재료 — 은 빈민국에 의해 지불되었으며, 제련공은 생파테른에서 노(爐)를 건설할 공간과 소년들에게 기술을 가르치는 데 필요한 도구를 얻을 수 있었다. 계약에 따르면 만일 어떤 소년이 도망가거나 죽는다면 다른 아이들로 교체되었다. 빈민국과 계약을 맺은 핀 제조업자인 윌리엄 드루에(William Drouet) 역시 4년 동안 6명의 아이들을 가르치는 책임을 맡았고, 이에 대한 보상으로 작업 장소와 자신의 상품들을 배분하고 팔 수 있는 긴 탁자를 제공받았다. 이러한 계약은 기술은 있지만 자본과 작업 공간이 없는 장인들에게는 매력적인 계약이었다. 여기서 지적할 점은 빈민국이 모든 비용을 스스로 지불하면서까지 직업의 부여를 위해 노력했다는 점이다. 이는 빈민 문제의 진정한 해결은 '노동을 통한 교육'을 통해서만 가능하다는 당시의 관점을 잘 보여준다. 그리고 시립병원에서와 마찬가지로 이

---

79 "Cartulaire de l'Aumosne-generalle", L. H. Goldsmith, *ibid.*, pp. 265~67.

곳에서도 행정을 맡은 사람들은 대개 속인들로 바뀌었다.[80]

　이처럼 프랑스에서의 도시 부조 개혁은 전통적인 자선과 충돌하고 현실적인 어려움에 부딪히면서도 점점 우세한 요소로 자리 잡아 간다. 이 도시들은 위치와 성격은 다르지만 모두 빈민, 특히 유랑민과 걸인들의 증가로 어려움을 겪고 있었다. 리옹은 개혁 작업이 매우 적극적으로 행해진 도시에 속하는데, 특히 여기서는 유력자들의 연합이 이루어져 상당히 조직적이고 효율적인 프로그램이 실행되었다. 특히 신교와 구교 사이의 연합을 통한 빈민 부조가 행해졌다는 점에서 16세기의 부조 개혁이 종교적 차원을 뛰어넘는 사회적 문제였음을 보여준다. 오를레앙은 리옹과 마찬가지로 종교적 차이가 부조 개혁에는 아무런 영향도 미치지 못했으며 빈민 수용에서의 구분과 부조 기구의 세속화 과정이 다른 도시보다도 더욱 엄밀하게 추진되었다. 그러나 이 도시들은 이러한 과정상의 차이점에도 불구하고 개혁의 핵심적인 내용에서는 거의 차이가 없다. 즉 빈민의 인구 조사와 분류, 유랑민 추방과 구걸의 엄금, 부조 기관의 중앙집권화와 세속화, 노동의 강조와 같은 핵심 요소들을 서로 공유하고 있었던 것이다. 이는 각 도시들이 기근이나 전염병으로 개혁의 직접적 필요성이 제기될 때마다 점차적으로 부조 정책의 변화를 가져왔으며 이 과정에서 도시들 간에 실제적인 경험이 교류되어 일종의 도시 간 합작이 이루어졌기 때문이다. 동시에 이는 이러한 움직임이 단기적 파동에 대처하기 위한 것일 뿐만 아니라 그들 모두가 겪고 있던 구조 변화 ― 초기 근대화 과정 ― 에 대응하기 위한 것이었음을 보여준다고 할 수 있다.

---

80 빈민국의 위원은 모두 17명인데, 오를레앙의 사법부로부터 3명, 교회로부터 3명, 대학의 의사 1명, 그리고 2명의 행정관과 8명의 부르주아로 구성되었다.

V. 결론

이상에서 우리는 중세 말부터 근대 초 사이에 빈민들과 그에 대한 사회의 대응을 살펴보았다. 중세 성기에 경제가 발전하여 부가 쌓이고 특히 화폐 경제가 발전하면서 빈부 격차가 벌어지고 빈민 문제가 심각한 양태로 제기되었다. 중세인들의 심성은 한편으로 빈민들을 경멸하면서도 다른 한편으로 빈곤에 대해 종교적으로 성스러운 가치를 부여하는 이중성을 가지고 있었다. 교회는 빈민을 예수나 성인의 이미지로 파악하게 하고 이들에 대한 보시가 종교적 구원에 중요하다는 교훈을 강조함으로써 빈민들이 사회 내에 독특한 기능을 가지고 통합되도록 만들었고 부자들의 자선을 유도함으로써 부의 재분배를 가져왔다. 그러나 중세 말에 사회가 극심한 위기 상황에 처했다가 16세기부터 새로운 질서를 형성해가는 구조적인 대변혁의 기간을 거치면서 이런 순진한 방식은 완전히 붕괴되어버렸다. 무엇보다도 사회경제적인 위기로 인하여 빈민 — 특히 걸인과 유랑민 — 의 수가 통제하지 못할 정도로 늘어났기 때문이다. 16세기 이후 인구 20만 명 내외의 파리에 4만여 명의 걸인이 있었고, 인구 4만 명에 불과한 쾰른(Köln) 시에 1만 2,000명의 걸인이 있을 정도였다. 빈민들은 한편으로 삶을 지탱하지 못해 죽어가든지, 혹은 사회에 적대적인 집단으로 변해갔다. 이들의 대응이 심하게 나타날 때에는 때로는 중세 말의 천년왕국 운동과 같이 종교적인 외피를 두른 채 기존 사회질서를 전복하려는 극단적인 저항운동으로 나타나기도 하고, 때로는 근대 초 도시 내의 빈민촌처럼 그들만의 반(反)사회를 구성하는 결과로 나타나기도 했다. 이런 상황에서 근대사회는 빈민을 '위험한 계급'으로 인식하기에 이르렀고 그 대응으로서 빈민들을 추방하거나 가혹하게 다루었다. 그러나 그런 방식으로는 빈민 문제를 근본적으로 해결할 수는 없었다. 따라서 더 체계적이고 조직적인 빈민 정책이 나타나게 되었다.

그것은 다음의 여러 특징을 띠고 있었다. 우선 빈민 정책을 교회가 아닌 세속 기관이 주도한다는 점이 주목할 사실이다. 중세 기독교 교회가 강조하는 자선의 방식이 더 이상 작동하지 못하게 되었으므로 이제 시 당국 혹은 중앙 정부가 담당해야 한다는 생각이 등장했다. 당대의 지식인들 가운데 교회 인사들이 많았으므로 그들의 발언이 중요한 의미를 가진 것은 사실이지만 그것이 곧 교회의 주도를 의미하는 것은 아니었다. 신교도들과 가톨릭 인사들이 함께 공동 대처를 한 리옹과 오를레앙의 사례가 그것을 잘 말해준다.

또 새로운 해결 방식은 대단히 강압적이라는 특징을 띠었다. 밀려드는 유랑민과 걸인들을 효율적으로 처리하기 위해서는 극히 비인간적인 처리가 불가피해 보였다. 빈민들을 파악하고 분류하고 그들에게 명령을 내리기 위해서는 대개 중앙 집중적인 기관 — 예컨대 빈민국—을 두었다. 그리고 당국의 힘을 빌려 극히 억압적인 조치들을 시행했다. 이에 따르지 않는 사람들에게는 채찍질과 갤리선으로 추방, 낙인, 심지어는 사형을 부과했다. 부조 기관 앞에 사형대를 세우는 것이 이런 점을 잘 나타내는 상징이라 할 수 있다.

또 근대 사회정책의 기본 방향은 노동의 강조였다. 빈민들의 특징은 기본적으로 노동을 하지 않는다는 것이었다. 노동을 통해 생계를 유지하고 그것이 기본적인 매개가 되어 사회에 통합되어야 한다는 것이 근대사회의 기본 원칙이 된 이상 그것을 거부하는 자에게는 노동을 강제해야 한다는 것이 당연한 귀결이었다.

16세기에 주로 시 차원에서 이루어지던 강압적 조치들은 곧이어 국가의 중앙정부 차원에서 종합되어 더욱 체계적이고 조직적으로 시행되었다. 17세기 파리에서 이루어졌던 대감금, 영국의 엘리자베스 시대 이후의 빈민법 등이 대표적인 사례가 될 것이다. 이처럼 권력 당국이 노동을 통해 빈민들을 단속하고 순치시켜 이들을 위험하지 않은 계급으로 만들어가는 과정이야말로 근대사회의 중요한 특징인 것이다.

옮긴이의 말

　브로니슬라프 게레멕의 이 책을 처음 접한 것은 대학교 3학년 때 주경철 선생님의 '중세에서 근대로의 이행'이라는 수업을 들었을 때였다. 빈민에게도 그들의 역사가 있으며 그들의 역사를 복원해야 한다는 게레멕의 주장은 나에게 신선한 충격을 주었다. 이후 역사학자가 되어 그 일에 동참하고 싶다는 생각에서 대학원에 진학했다. 자신들의 문서보관소를 갖지 못하고 역사에서 소외된 이들에 대한 연구는 그들을 역사의 무대로 복권시킨다는 측면에서 큰 의의를 가질 것이라고 나는 생각했다.

　서양에서 이 문제에 대한 연구가 가장 많이 축적된 곳은 영국과 프랑스였다. 두 나라의 빈곤 문제에 대한 역사적 접근은 약간의 차이가 있었다. 영국의 경우는 법과 같은 제도적 문제를 통한 연구가 주를 이루었고, 반면에 프랑스의 경우는 아날학파의 영향을 받아 사람들의 심성을 통한 연구가 진행되고 있었다. 나는 영국의 빈민법에 대한 연구를 통해서도 물론 많은 것을 배울 수 있겠지만 더 중요한 것은 개별적인 사람들의 마음속에 빈민이 어떤 식으로 자리 매겨지고 있는지를 알아야 된다고 생각했다. 이는 지하철이나 거리에서 만나는 빈민들에게 내가 무엇을 해야 하는가라는 고민과 연결되었다. 이후 파리사회과학고등연구원(EHESS)의 로베르 데시몽(Robert Descimon) 교수가 나와 같은 고민을 하고 있음을 알게 되었고 프랑스로 유학을 떠났다. 사람들의 심성을 잘 알기 위해 나는 유언장을 사료로 선택했다.

유언장 분석은 쉽지 않았다. 여러 난관들이 있었지만 우선은 자료 수집이 가장 힘들었다. 16세기의 공증인 문서 속에 숨어 있는 유언장을 찾는 것은 물리적으로 고된 작업이었다. 하루 종일 문서를 뒤져도 한 장도 찾지 못한 날이 부지기수였다. 연구소의 동료들이 항상 서로에게 얼마나 찾았냐고 인사말을 했던 것은 바로 이런 이유 때문이었다. 두 번째 어려움은 16세기 프랑스어의 어려움, 그리고 무엇보다 활자본이 아닌 필사본을 분석해야 한다는 것이었다. 고문서 가운데 가장 악필로 알려진 공증인들이 쓴 문서 속에 유언장은 숨어 있었다. 그 문서들을 해독하기 위해 유학 전 기간에 따로 시간을 내어 고문서 해독법을 공부해야만 했다. 그러나 그렇게 자료를 모아도 이제 또 다른 어려움인 사료 분석이 남아 있었다.

이러한 나의 빈민사 연구에서 게레맥의 책은 훌륭한 길잡이 역할을 해주었다. 이 책의 프랑스어판 제목이 『교수대인가, 연민인가』(La potence ou la pitié)인 것에서도 알 수 있듯이 빈민에 대한 사람들의 태도와 해결 방식은 언제나 이 두 축을 중심으로 성립해왔다는 것이 그의 중요한 주장이다. 게레맥은 근대 시기를 설명하면서 '교수대'에 무게중심을 두었지만 그가 이 둘의 공존 상태를 아주 무시한 것은 아니었다. 이러한 그의 결론은 나의 박사 논문의 근본을 이루는 논지이기도 했다. 물론 나는 '연민'에 더 무게중심을 두었다. 그것은 아마도 내가 본 유언장이라는 사료의 성격 때문일 것이다. 즉 억압적인 빈민 정책이 주로 시행된 시기라고 해도 자비와 연민의 요소도 중요한 다른 축으로서 작동해왔다는 것이 나의 생각이다.

* * *

　게레멕은 프랑스를 포함한 서유럽에서 16~17세기를 거치면서 빈민이 급증하는 현상이 나타나자 도시 당국이 이들에 대한 새로운 대책을 강구해야 했는데 그 대책이란 주로 매우 억압적인 것이었다고 본다. 이것은 중세의 빈민에 대한 태도와는 확연히 다른 것이었다. 중세 시대에는 사람들이 빈민들에게서 '예수'의 이미지를 찾았다면, 16~17세기 빈민 정책의 근간에는 빈민은 더 이상 예수의 이미지를 간직하고 있지 않으며 사회에 위험한 계급이라는 관념이 깔려 있었다. 그리고 이와 더불어 빈민 통제의 주도권은 더 이상 성직자가 아닌 시 당국으로 넘어가게 된다. 이러한 측면에만 주목하게 되면 당시는 빈민에 대해 '교수대'적인 해결책밖에 없었다고 결론 내릴 수 있다.

　그러나 성직자들은 이런 상황에 직면해서 빈곤에 대한 개념들을 다시 분석하고 이를 통해 빈곤의 긍정적 이미지를 확산시키려고 했다. "물이 불을 끄듯이 보시는 죄를 씻는다"라는 말과 자선을 통해서 천국에 갈 수 있다는 '구원의 경제학', 그리고 겸허한 마음가짐이 성스러운 빈곤과 연결되어 있다는 주장이 성직자들의 저서 속에서 확인되는 것은 바로 이러한 사회적 맥락에 근거한다. 이는 빈민을 사회의 한 구성원으로 자리 매김으로써 사회의 안정을 추구하려는 노력의 일환이었다. 나의 박사 논문은 실제로 당시를 살던 사람들이 빈민에 대해 어떤 태도를 지녔을까를 분석하는 것이 목표였고, 이들의 빈민에 대한 태도를 주로 16~17세기의 유언장과 개인 문집 등을 통해 살펴보았다. 이 분석을 통해 확인한 것은 여전히 천국을 가고 싶어 하는 사람들에게 빈민이 신과 유언자를 연결시켜주는 사회적 기능을 훌륭히 해내고 있었다는 것이다.

　게레멕의 연구 이후 '연민'에 무게중심을 두면서 16~17세기를 분석한 학자들이 나타나기 시작했다. 캐스린 노버그(Kathryn Norberg)는 1660~1814년의 그르노블에 대한 연구를 바탕으로 마들렌회(Ordre de la Madeleine)와 고아회(Ordre des Orphelins)와 같은 여성자녀회들의 자선 활동이 중세적 심성의 연속선에서 이루어졌음을 밝혔다.[1] 또한 바버라 디펜도르프(Barbara B. Diefendorf)의 연구는 17세기의 대감금 시대에 마담 아카리(Madame Acarie), 마그리트 드 실리(Marguerite de Silly), 그리고 루이즈 드 마리야크(Louise de Marillac)와 같은 여성들이 뱅상 드 폴(Vincent de Paul)과 함께 지속적인 부조를 전개하고 있었음을 보였으며, 더 나아가 당시 여성들의 자선 활동은 그녀들의 능력을 펼쳐 보일 수 있는 사회적 공간의 확보라는 측면에서 의의가 있다고 지적했다.[2] 자크 드포(Jacques Depauw) 역시 17세기가 대감금의 시대라고는 하지만 다른 한편으로는 대성인의 시대라는 점을 들어 당시의 사적 자선 활동이 성직자들을 중심으로 사회에 널리 퍼져 있었다는 점을 강조했다.[3] 그리고 정부의 억압적 칙령에 대해서도 그 실효성을 의심하는 학자들이 있는데, 예를 들어 다니엘 히키(Daniel Hickey)는 중앙정부의 칙령에 대한 지방 부조 기관들의 반발을 보여주면서 실제로 칙령은 하나의 의지의 표명 차원에서 고려되어야 하며 그것이 현실에서 직접적인 영향력을 행사하지는 않았다고 주장했다.[4] 이들의 책은 이후 번역할 기회가 주어진다면 우리 독자들에게 반드시 소개하고 싶다.

* * *

　빈민의 역사를 공부한 지도 대략 15년이 흘렀다. 국내에서 이 분야의 책을 처음으로 소개한다는 점에서 보람을 느낀다. 하지만 항상 아쉬움이 남는 것은 현재의 빈민 문제에 대한 구체적인 모습을 그리지 못하고 과거에만 너무

1　Kathryn Norberg, *Rich and Poor in Grenoble, 1608~1814*, University of California Press, 1985.

2　Barbara B. Diefendorf, *From Penitence to Charity: Pious Women and the Catholic Reformation in Paris*, Oxford University Press, 2004.

3　Jacques Depauw, *Spiritualité et pauvreté à Paris au XVIIe siècle*, La Boutique de l'Histoire, 1999.

4　Daniel Hickey, *Local Hospitals in Ancient Regime France: Rationalization, Resistance, Renewal 1530~1789*, McGill-Queen's University Press, 1997.

매몰되어 있다는 점이다. 이러한 문제의식 아래 19세기와 20세기의 서구의 빈민 정책에 대한 자료를 수집하고 있지만, 아직은 역부족이다. 향후 실업, 비정규 노동, 범죄, 신자유주의, 제3세계의 빈곤 등의 주제를 심성사의 시각으로 다시 한 번 바라보고 싶다. 또한 우리나라보다 앞서 복지 정책을 실시한 유럽 나라들의 상황을 구체적으로 연구하고 싶다. 물론 이에 대해서는 많은 연구가 있어왔다. 하지만 이 국가들에서 사회부조와 사회보험이 가난한 사람의 상태를 개인의 책임으로 돌리지 않겠다는 국가의 인식 전환을 반영하고 있다는 것에 주목하고 싶다. 이 연구는 복지 정책의 확대가 자본주의 체제의 부정이 아니라 사회를 유지하기 위한 역사적 경험의 산물이라는 것을 깨닫게 해줄 것이다. 끝으로 번역을 제안해주신 은사 주경철 선생님과 인문학의 중요성을 다시 깨우쳐주신 도서출판 길의 이승우 선생님, 그리고 부족한 번역을 꼼꼼하게 보아주신 편집진에게 감사의 마음을 전한다.

2010년 10월
옮긴이 이성재

참고문헌

서론

Abel, W., *Massernarmut und Hungerkrisen im vorindustrieellen Europa. Versuch einer Synopsis*, Hambourg, 1974.

Bendix, R., *Work and Authority in Industry*, Berkeley, 1974.

Clark, K. B., Hopkins, J., *A Relevant War against Poverty*, New York, 1970.

The Concept of Poverty, P. Townsend, éd., London, 1970.

Contemporary Social Problems, R. K. Merton, R. A. Nisbet, éd., New York, 1966.

Geremek, Br., "La réforme de l'assistance publique au XVIe siècle et ses controverses idéologiques", in *Domanda e consumi. Atti della sesta settimana di studi*, Florence, 1978, pp. 187~204.

Geremek, Br., "Povertà", in *Enciclopedia Einaudi*, t. X, Turin, 1980, pp. 1054~1082.

Harrington, M., *The Other America: Poverty in the United States*, New York, 1962.

Kincaird, J. C., *Poverty and Equality in Britain*, London, 1973.

Lewis, O., *La cultura della povertà et altri saggi di antropologia*, Bologne, 1973.

Lis, C., Soly, H., *Poverty and Capitalism in Pre-Industrial Europe*, Hassocks, 1979.

Mencher, S., "The Problem of Measuring Poverty", *British Journal of Sociology*, XVIII, 1967, pp. 1~12.

On Understanding Poverty, D. P. Moynihan, éd., New York, 1968.

Polanyi, K., *The Great Transformation*, Boston, 1971. Trad. franç.: *La Grande Transformation*, Paris,

1983.

Rowntree, B. S., *Poverty. A Study of Town Life*, London, 1901.

Rowntree, B. S., *Poverty and Progress. A Second Social Survey of York*, London, 1942.

Rowntree, B. S., Lavers, G. R., *Poverty and the Welfare State. A Third Social Survey of York*, London, 1951.

Titmuss, R. M., *Income Distribution and Social Change*, London, 1962.

Valentine, Ch. A., *Culture and Poverty*, Chicago, 1968.

Waxman, Ch. L., *The Stigma of Poverty. A Critique of Poverty. Theories and Policies*, New York, 1976.

Weaver, T., Magid, A., *Poverty. New Interdisciplinary Perspectives*, San Francisco, 1969.

Weber, M., "Die protestantische Ethik und der Geist des Kapitalismus", in *Gesammelte Aufsätze zur Religionssoziologie*, t. I, Tübingen, 1922.

제1장

Batany, J., "Les pauvres et la pauvreté dans les revues des 'estats du monde'", in *Études sur l'histoire de la pauvreté*, sous la direction de M. Mollat, Paris, 1974, pp. 469~486.

Bienvenu, J.-M., "Pauvreté, misères et charité en Anjou aux XIe et XIIe siècles", *Moyen Âge*, LXXII, 1966, pp. 389~424, LXXIII, 1967, pp. 5~34, 189~216.

Bosl, K., "*Potens* und *Pauper*. Begriffsgeschichtliche Studien zur gesellschaftlichen Differenzierung im frühen Mittelalter und zum 'Pauperismus' des Hochmittelalters", in *Alteuropa und die moderne Gesellschaft. Festschrift für Otto Brunner*, Göttingen, 1963, pp. 60~87.

Brandt, A. von, "Die gesellschaftliche Struktur der mitellalterliche Lübeck", in *Untersuchungen zur gesellschaftlichen Struktur der mitellalterlichen Städte in Europa*, Constance-Stuttgart, 1966.

Carabellese, F., "Le condizioni dei poveri a Firenze nel secolo XIV", *Rivista Storica Italiana*, XII, 1895, pp. 401~418.

Charewiczowa, L., *Kleski zaraz w dawnyn Lwowie*, Lwów, 1930.

Cipolla, C. M., *Clocks and Culture*, London, 1967.

Cohen, G., "Le thème de l'aveugle et du paralytique dans la littérature française", in *Mélanges Émile Picot*, Paris, 1913, t. II, pp. 393~404.

Congar, Y., "Les Laïcs et l'ecclésiologie des ordres", in *I laici nella societas christiana dei secoli XI e XII*, Milan, 1968.

Courtenay, W. J., "The King and the Leaden Coin", *Traditio*, XXVII, 1972, pp. 188~203.

Courtenay, W. J., "Token Coinage and the Administration of Poor Relief during the Late Middle Ages", *Journal of Interdisciplinary History*, III, 1972~1973, pp. 275~295.

Couvreur, G., *Les pauvres ont-ils des droits? Recherches sur le vol en cas d'extrême nécessité depuis la Concordia de Gratien (1140) jusqu' à Guillaume d' Auxerre (†1231)*, Rome, 1961.

Curschmann, F., *Hungersnöte im Mittelalter*, Leipzig, 1900.

De la Roncière, Ch., "Pauvres et pauvreté à Florence au XIVe siècle", in Études sur l'histoire de la pauvreté, sous la direction de M. Mollat, Paris, 1974, pp. 661~745.

Devisse, J., "'Pauperes' et 'paupertas' dans le monde carolingien: ce qu'en dit Hincmar de Reims", *Revue du Nord*, XLVIII, 1966, pp. 273~289.

Duby, G., "Les campagnes françaises à la fin du XIIIe siècle", *Bolletino dell' Instituto Storico Italiano per il Medio Evo*, n° 74, pp. 161~173.

Duby, G., "Les pauvres des campagnes dans l'Occident médiéval jusqu'au XIIIe siècle", *Revue d' Histoire de l'Église de France*, LII, 1966, pp. 25~32.

Fossier, R., *La Terre et les hommes en Picardie jusqu' à la fin du XIIIe siècle*, Paris, 1968.

Gaier-Ihoest, J., *L' Évolution topographique de la ville de Dinant au Moyen Âge*, Bruxelles, 1964.

Génicot, L., "Sur le nombre des pauvres dans les campagnes médiévales. L'exemple de Namur", *Revue historique*, CCLVII, 1977, pp. 273~288.

Geremek, Br., "I salari e il salariato nelle città del Basso Medio Evo", *Rivista Storica Italiana*, LXXVIII, 1966, pp. 368~386.

Geremek, Br., *Le Salariat dans l'artisanat parisien aux XIIIe et XVe siècles*, Paris, 1968.

Geremek, Br., *Les Marginaux parisiens aux XIVe et XVe siècles*, Paris, 1976.

Gieysztor, A., "La légende de saint Alexis en Occident: un idéal de pauvreté", in *Études sur l'histoire de la pauvreté*, sous la direction de M. Mollat, Paris, 1974, pp. 125~139.

Gonagle, S. H., *The Poor in Gregory of Tours. A Study of the Attitude of Merovingian Society towards the Poor*, New York, 1936.

Graus, F., "Au bas Moyen Âge, pauvres des villes et pauvres des campagnes", *Annales E. S. C.*, 16e année, 1961, pp. 1053~1065.

Hartung, F., "Die Augsburger Zuschlagsteuer von 1475", *Jahrbuch für Gesetzgebung, Verwaltung und Volkswirtschaft im Deutschen Reich*, 19, Jg., 1985, pp. 95~136.

Hobsbaum, E., "Poverty", in *International Encyclopedia of Social Sciences*, t. XII, New York, 1968.

Holzapfel, H., *Die sittliche Wertung der körperlichen Arbeit im christlichen Altertum*, Würzburg, 1941.

Kuske, B., *Die städtische Handels- und Verkehrsarbeiter*, Cologne, 1914.

Lallemand, L., *Histoire de la charité*, t. III, *Le Moyen Âge*, Paris, 1906.

Lambert, M. D., *Franciscan Poverty (1210~1223). The Doctrine of the Absolute Poverty of Christ and the Apostles in the Franciscan Poverty*, London, 1961.

Laslett, P., "Mean Household Size in England since the Sixteenth Century", in *Household and Family in Past Time*, P. Laslett, éd., Cambridge, 1972, pp. 125~158.

Lazzarino, del Grosso, A. M., *Società e potere nella Germania del XIII secolo. Gerhoch di Reichersberg*, Florence, 1974.

Leclercq, J., "Pour l'histoire du vocabulaire de la pauvreté", in *Mélange Dieb*, Beyrouth, 1967, pp.

378

293~308.

Leclercq, J., "Aux origines bibliques du vocabulaire de la pauvreté", in *Études sur l'histoire de la pauvreté*, sous la direction de M. Mollat, Paris, 1974, pp. 35~43.

Le Goff, J., "Les paysans et le monde rural dans la littérature du haut Moyen Âge (V^e~VIe siècle)", in *Settimane di Studio del Centro Italiano di Studi sull' Alto Medioevo*, XIII, Spolète, 1966, pp. 723~741.

Little, L. K., *Religious Poverty and the Profit Economy in Medieval Europe*, Ithaca, 1978.

Manselli, R., "Evangelismo e povertà", in Povertà e ricchezza nella spiritualità dei secoli XI et XII (Convegni del Centro di Studi sulla Spiritualità Medievale, XIII), Todi, 1969, pp. 11~41.

Martin, H., "Les religieux mendiants de Bretagne et l'assistance aux pauvres au Moyen Âge", *Actes du 97e Congrès national des sociétés savantes*, Nantes, 1972, Philologie et Histoire, pp. 347~357.

Maschke, E., "Die Unterschichten der mittelalterlichen Städte Deutschlands", in *Gesellschaftliche Unterschichten in den süd-westdeutschen Städten*, Stuttgart, 1967.

May, A. N., "An Index of 13th Century Peasant Impoverishment", *Economic History Review*, sec. ser., XXVI, 1973, pp. 389~402.

Miccoli, G., "Ecclesiae primitivae forma", *Studi Medievali*, 3e série, I, 1960, pp. 470~498.

Mollat, M., *Les Pauvres au Moyen Âge. Étude sociale*, Paris, 1977.

Page, F. M., "The Customary Poor Law of Three Cambridgeshire Manors", *Cambridge Historical Journal*, III, 1929~1931, pp. 125~133.

Patlagean, E., "La pauvreté à Byzance au temps de Justinien: les origines d'un modèle politique", in *Études sur l'histoire de la pauvreté*, sous la direction de M. Mollat, Paris, 1974, pp. 59~81.

Phelps Brown, E. H., Hopkins, S. V., "Seven Centuries of the Prices of Consumables Compared with Builders Wage-rates", *Economica*, XXIII, 1956, pp. 296~314.

Pirenne, H., "Un prétendu drapier milanais en 926", *Studi Medievali*, nouvelle série, I, 1928, pp. 131~133.

Poverty in the Middle Ages, D. Flood, éd., Werl, 1975.

Rapp, F., "L' Église et les pauvres à la fin du Moyen Âge: l'exemple de Geiler de Kaysersberg", *Revue d' histoire de l'Église en France*, LII, 1966, pp. 39~46.

Rouche, M., "La faim à l'époque carolingienne", Revue historique, CCLIII, 1973, pp. 295~320.

Ruger, W., *Mittelalterliche Almosenwesen. Die Almosenordnungen der Reichsstadt Nürnberg*, Nuremberg, 1932.

Sapori, A., "La beneficenza delle compagnie mercantili del Trecento", in *Studi di storia economica*, Florence, 1955, 3e éd., pp. 839~858.

Schmitt, J.-Cl., *Mort d'une hérésie. L'Église et les clercs face aux béguines et aux béghards du Rhin supérieur du XIVe au XVe siècle*, Paris, 1978.

Schönberg, G., *Finanzverhältnisse der Stadt Basel im XIV und XV Jh.*, Tübingen, 1879.

Sudeck, E., *Bettlerdarstellungen vom Ende des XV Jahrhunderts bis zu Rembrandt*, Strasbourg, 1931.

Tierney, B., *Medieval Poor Law. A Sketch of Canonical Theory and its Application in England*, Berkeley, 1959.

Tierney, B., "The Decretists and the 'Deserving Poor'", *Comparative Studies in Society and History*, I, n° 4, 1959, pp. 360~373.

Toubert, P., *Les Structures du Latium médiéval*, Rome-Paris, 1973.

Trexler, R. C., "Charity and Defence of Urban Elites in the Italian Communes", in *The Rich, the Well-born and Powerful*, F. C. Jaher, éd., Urbana, 1974, pp. 64~109.

Uhlhorn, G., *Die christliche Liebestätigkeit*, t. I ~III, Stuttgart, 1882~1890.

제2장

Abel, W., *Crises agraires en Europe (XIIIe~XXe siècle)*, Paris, 1973.

The Agrarian History of England and Wales, J. Thirsk, éd., London, 1967.

Anderson, P., *Lineages of the Absolutiste State*, London, 1974.

Bairoch, P., "Écarts internationaux des niveaux de vie avant la révolution industrielle", *Annales E. S. C.*, 34e année, 1979, pp. 145~171.

Beier, A. L., "Vagrants and the Social Order in Elizabethan England", *Past and Present*, 64, 1974, pp. 3~29.

Blockmans, W. P., Prevenier, W., "Armoede in de Nederlanden van de 14e tot het midden van de 16e eenw", *Tijdschrift voor Geschiedenis*, LXXXVIII, 1975, pp. 501~538.

Bois, G., *Crise du féodalisme*, Paris, 1976.

Braudel, F., *Civilisation matérielle, économie et capitalisme, XVe/XVIIIe siècle*, Paris, 1979.

Brenner, R., "Agrarian Class Structure and Economic Development in Preindustriel Europe", *Past and Present*, 70, 1976, pp. 30~75.

Chambers, J. D., "Enclosures and Labour Supply in the Industrial Revolution", *Economic History Review*, V, 3, 1953, pp. 119 sq.

Cipolla, C., *Money, Prices and Civilization in the Mediterranean World*, Princeton, 1956.

Coornaert, É., *La Draperie-sayetterie d'Handschoote (XIVe~XVIIIe siècle)*, Paris, 1931.

De Maddalena, A., "Rural Europe 1500~1750", in *Fontana Economic History of Europe*, t. II, Glasgow, 1974.

Fourastié, J., "Osservazioni sui prezzi salariali dei cereali e la produttività del lavoro agricolo in Europa dal XV al XX secolo", *Rivista Storica Italiana*, LXXVIII, 1966, pp. 422~430.

Fourquin, G., *Les Campagnes de la région parisienne à la fin du Moyen Âge*, Paris, 1964.

Gascon, R., "Économie et pauvreté aux XVI et XVII siècle. Lyon, ville exemplaire et prophétique", in *Études sur l'histoire de la pauvreté*, sous la direction de M. Mollat, Paris, 1974, pp. 747~760.

Geremek, Br., "La popolazione marginale tra il Medioevo e l'èra moderna", *Studi storici*, IX, 1968, pp. 623~640.

Geremek, Br., "La lutte contre le vagabondage à Paris aux XIVe et XVe siècles", in *Ricerche storiche ed economiche in memoria di Corrado Barbagallo*, Naples, 1970, t. II, pp. 211~236.

Hamilton, E. J., *American Treasure and the Price Revolution in Spain*, Cambridge, Mass., 1934.

Helleiner, K. F., "The Population of Europe from the Black Death to the Eve of the Vital Revolution", in *Cambridge Economic History of Europe*, t. IV, E. E. Rich, C. H. Wilson, éd., Cambridge, 1967, pp. 1~95.

Kula, W., *Théorie économique du système féodal*, Paris, 1970.

Laslett, P., *Un monde que nous avons perdu*, Paris, 1969.

Leadam, I. S., *The Domesday of Inclosures, 1517~1518*, London, 1897.

Le Roy Ladurie, E., *Les Paysans de Languedoc*, Paris, 1966.

Malowist, M., *Studia z dziejów rzemiosla w okresie feudalizmu w zachodniej Europie w XIV i XV wieku*, Varsovie, 1954.

Neveux, H., *Les Grains de Cambrésis (fin du XIVe~début du XVIIe siècle)*, Lille, 1974.

Postan, M. M., *The Medieval Economy and Society*, London, 1972.

Pounds, N. J. G., "Overpopulation in France and the Low Countries in the later Middle Ages", *Journal of Social History*, 3, 1970, pp. 225~247.

Procacci, G., *Classi sociali e monarchia assoluta nella Francia della prima meta del secolo XVI*, Turin, 1955.

Putnam, B. H., *The Enforcement of the Statutes of Laborers*, New York, 1908.

Rau, V., *Sesmarias portuguesas*, Lisbonne, 1946.

Raveau, P., *L'agriculture et les classes paysannes dans le Haut-Poitou au XVIe siècle*, Paris, 1926.

Raveau, P., *Essai sur la situation économique en Poitou au XVIe siècle*, Paris, 1931.

Ribton-Turner, C. J., *A History of Vagrancy and Beggars and Begging*, London, 1887.

Rogers, T., *A History of Agriculture and Prices in England*, Oxford, 1866~1902.

Romano, R., *Tra due crisi: l'Italia del Rinascimento*, Turin, 1971.

Sauvy, A., *Théorie générale de la population*, t. I, *Économie et population*, Paris, 1956.

Schmoller, G., "Die Einkommensverteilung in alter und neuer Zeit", *Jahrbuch für Gesetzgebung, Verwaltung und Volkswirtschaft im Deutschen Reich*, 19. Jg., 1895, pp. 1067~1094.

Simiand, Fr., *Le Salaire, l'évolution sociale et la monnaie*, Paris, 1932.

Slicher van Bath, B. H., *De agrarische geschiedenis van West-Europa (500~1850)*, Utrecht, 1962.

Sosson, J.-P., *Les Travaux publics de la ville de Bruges. XIVe~XVe siècle*, Bruxelles, 1977.

Tawney, R. H., *The Agrarian Problem in the Sixteenth Century*, London, 1912.

Thirsk, J., *Tudor Enclosures*, London, 1959.

Topolski, J., *Narodziny kapitalizmu w Europie XIV~XVII wieku*, Varsovie, 1965.

Van der Wee, H., *The Growth of the Antverp Market and the European Economy*, La Haye, 1963.

제3장

Bataillon, M., "J. L. Vivés réformateur de la bienfaisance", *Bibliothèque d'Humanisme et de Renaissance*, XIX, 1952, pp. 140~159.

Bennassar, B., *Valladolid au siècle d'or*, Paris, 1967.

Bonenfant, P., *Le Problème du paupérisme en Belgique à la fin de l'Ancien Régime*, Bruxelles, 1934.

Cavillac, M., "Introducción", in C. Pérez de Herrera, *Amparo de pobres*, Madrid, 1975, pp. VII~CCIV.

Coyecque, É., "L'assistance publique à Paris au milieu du XVIe siècle", *Bulletin de la Société de l'histoire de Paris et de l'Île-de-France*, XV, 1888.

Darivas, B., "Étude sur la crise économique de 1593~1597 en Angleterre et la loi des pauvres", *Revue d'histoire économique et sociale*, XXX, 1952, pp. 382~398.

Davis, N., Les *Cultures du peuple. Rituels, savoirs et résistances au XVIe siècle*, Paris, 1979.

Delumeau, J., *Vie économique et sociale de Rome dans la seconde moitié du XVIe siècle*, Paris, 1957~1959.

Ehrle, F., *Beiträge zur Geschichte und Reform der Armenpflege*, Fribourg-en-Brisgau, 1881.

Fosseyeux, M., "Les premiers budgets municipaux d'assistance. La taxe des pauvres au XVIe siècle", *Revue d'histoire de l'Église de France*, XX, 1934, pp. 407~432.

Grimm, H. J., "Luther's Contribution to Sixteenth-Century Organisation of Poor-Relief", *Archiv für Reformationsgeschichte*, LXI, 1970, pp. 222~234.

Gutton, J.-P., *La Société et les pauvres en Europe. XVIe~XVIIIe siècle*, Paris, 1974.

Gutton, J.-P., *La Société et les pauvres. L'exemple de la généralité de Lyon, 1534~1789*, Paris, 1971.

Hamilton, E. J., "The History of Prices before 1750", in *XIe Congrès international des sciences historiques, Rapports*, I, Stockholm, 1960.

Hill, J. E. C., *Society and Puritanism in Pre-Revolutionary England*, London, 1964.

Jiménez Salas, M., *Historia de la asistencia social en España en la edad moderna*, Madrid, 1958.

Jordan, W. K., *Philanthropy in England*, London, 1959.

Jordan, W. K., *The Rural charities of England*, London, 1961.

Kamen, H., *The Iron Century: Social Change in Europe, 1550~1650*, London, 1971.

Leonard, E. M., *The Early History of English Poor Relief*, London, 1900(reprint, 1965).

Meuvret, J., "Les crises de subsistance et la démographie de l'Ancien Régime", *Population*, I, 1946, pp. 643~650.

Muller, A., *La Querelle des fondations charitables en Belgique*, Bruxelles, 1909.

Nolf, J., *La Réforme de la bienfaisance à Ypres au XVIe siècle*, Gand, 1915.

Pike, R., *Aristocrats and Traders. Sevillan Society in the Sixteenth Century*, Ithaca, 1972.

Pirenne, H., *Histoire économique de l'Occident médiéval*, Bruxelles, 1951.

Pound, H. F., "An Elizabethian Census of the Poor", *Historical Journal*, VIII, 1962, pp. 135~161.

Pound, J., *Poverty and Vagrancy in Tudor England*, London, 1971.

Pullan, B., "The Famine in Venice and the Poor Law, 1527~1529", *Bolletino dell' Istituto di Storia della Società e dello Stato. Veneziano*, V~VI, 1963~1964, pp. 141~202.

Pullan, B., *Rich and Poor in Renaissance Venice. The Social Institutions of a Catholic State to 1620*, Oxford, 1971.

Pullan, B., "Catholics and the Poor in Early Modern Europe", *Transactions of the Royal Historical Society*, serie V, vol. XXVI, 1976, pp. 15~34.

Rumeau de Armas, A., *Historia de la previsión social en España*, Madrid, 1944.

Salter, F. R., *Some Early Tracts on Poor Relief*, London, 1926.

Scholiers, E., *De Levensstandaard in de XVe en XVIe eeuw te Antwerpen*, Anvers, 1960.

Slack, P., "Poverty and Politics in Salisbury, 1597~1666", in *Crisis and Order in English Towns, 1500~1700*, P. Clark et P. Slack, éd., London, 1972, pp. 164~203.

Soly, H., "Economische ontwikkeling en Sociale politiek in Europa tijdens de overgang van middeleewen naar nieuwe tijden", *Tijdschrift voor Geschiedenis*, LXXXVIII, 1975, pp. 584~597.

Steinbicker, C. R., *Poor Relief in the Sixteenth Century*, Washington, 1937.

Tawney, R. H., *Religion and the Rise of Capitalism*, London, 1936.

Venard, M., "Les œuvres de charité en Avignon à l'aube du XVIIe siècle", *XVIIe siècle*, n°s 90~91, 1971, pp. 127~146.

Vilar, P., "Les primitifs espagnols de la pensée économique", in *Mélanges Marcel Bataillon*, Paris, 1962, pp. 261~294.

Webb, S., Webb, B., *English Poor Law History*, Ire partie, *The Old Poor Law*, London, 1927.

Winckelmann, O., "Über die ältesten Armenordnungen der Reformationszeit", *Historische Vierteljahrschrift*, 1914, pp. 187~228, 361~400.

제4장

Aydelotte, F., *Elizabethan Rogues and Vagabonds*, Oxford, 1913.

Bloch, C., *L'Assistance et l'État en France à la veille de la Révolution*, Paris, 1908.

Chill, E., "Religion and Mendicity in Seventeenth-Century France", *International Review of Social History*, VII, 1962, pp. 400~425.

Coats, A. W., "The Relief of Poverty, Attitudes to Labour and Economic Change in England, 1660~1782", *International Review of Social History*, XXI, 1976, pp. 98~115.

Deyon, P., *Amiens, capitale provinciale. Étude sur la société urbaine au XVIIe siècle*, Paris, 1967.

Deyon, P., *Le Temps des prisons*, Lille, 1975.

Fairchilds, C. C., *Poverty and Charity in Aix-en-Provence. 1640~1789*, Baltimore, 1976.

Farge, A., "Le mendiant, un marginal? Les résistances aux archers de l'Hôpital dans le Paris du XVIIIe siècle", in *Les Marginaux et les exclus dans l'histoire*, Paris, 1979, pp. 312~329.

Foucault, M., *Folie et déraison: Histoire de la folie à l'âge classique*, Paris, 1961.

Foucault, M., *Surveiller et punir. Naissance de la prison*, Paris, 1973.

Grendi, E., "Pauperismo e Albergo dei Poveri nella Genova del Seicento", *Rivista Storica Italiana*, LXXXVI, 1975, pp. 621~665.

Gutton, J.-P., "À l'aube du XVIIe siècle: idées nouvelles sur les pauvres", *Cahiers d'histoire*, X, 1965, pp. 87~97.

Hufton, O. H., *The Poor of Eighteenth-Century France, 1750~1789*, Oxford, 1974.

Kaplow, J., *The Names of Kings. The Parisian Laboring Poor in the Eighteenth Century*, New York, 1972.

O' Donoghue, E. G., *The Story of Bethlehem Hospital from its Foundation in 1247*, London, 1914.

Paschini, P., *La beneficenza in Italia e la 'Compagnia del Divino Amore' nei primi decenni del Cinquecento*, Rome, 1925.

Paultre, Chr., *De la répression de la mendicité et du vagabondage en France sous l'Ancien Régime*, Paris, 1906.

Romani, M., *Pellegrini e viaggiatori nell' economia di Roma del XIV al XVII secolo*, Milan, 1948.

Sellin, Th., *Pioneering in Penology. The Amsterdam Houses of Correction in the 16th and 17th Centuries*, Philadelphie, 1944.

Sothmann, M., *Das Armen-Zucht-und Werkhaus in Nürnberg*, Nuremberg, 1970.

Tacchi-Venturi, P., *Storia della Compagnia di Gesù in Italia*, Rome, 1910~1951.

Taylor, G., *The Problem of Poverty 1600~1834*, London, 1969.

Zysberg, A., "La société des galériens au XVIIIe siècle", *Annales E. S. C.*, XXX, 1975, pp. 43~65.

Zysberg, A., "Galères et galériens en France de l'âge classique aux Lumières", in *Les Marginaux et les exclus dans l'histoire*, Paris, 1979, pp. 354~386.

제5장

Conherd, G., *Political Economists and the English Poor Laws*, Athens, 1977.

The Economics of Poverty. An American Paradox, B. A. Weisbrod, éd., New York, 1965.

Hunter, R., *Poverty. Social Conscience in the Progressive Era*, New York, 1904.

Inglis, B., *Poverty and the Industrial Revolution*, London, 1971.

Koch, L., *Wandlungen der Wohlfahrtspflege im Zeitalter der Aufklärung*, Erlangen, 1933.

Kula, W., "O pewnym aspekcie postępu gospodarczego", *Roczniki Dziejów Społecznych i Gospodarczych*, X, 1948, pp. 173~183.

Marshall, J. D., *The Old Poor Law*, London, 1968.

Mohl, R. A., *Poverty in New York, 1783~1825*, New York, 1971.

Muratori, L., *Della carità cristiana in quanto essa è amore del prossimo*, Modène, 1723.

Orshansky, M., "How Poverty is Measured", *Monthly Labor Review*, vol. 92, 1969, pp. 37~41.

Owen, D., *English Philanthropy: 1660~1960*, London, 1965.

Pattern of Poverty the Third World, Ch. Elliott, éd., New York, 1975.

Plum, W., *Diskussionen über Massenarmut in die Frühindustraliesierung*, Bonn, 1977.

Poni, C., "All'origine del sistema di fabbrica: tecnologia e organizzazione produttiva dei mulini da seta nell'Italia settentrionale (sec. XVII~XVIII)", *Rivista Storica Italiana*, LXXXVIII, 1976, pp. 444~497.

Poverty. Selected Reading, J. L. Roach, J. K. Roach, éd., London, 1972.

Steams, P., *European Society in Upheaval*, New York, 1975.

Thompson, E. P., *The Making of the English Working Class*, London, 1970.

Wilkinson, R., *Poverty and Progress. An Ecological Model of Economic Development*, London, 1973.

Woolf, S. J., "The Treatment of the Poor in Napoleonic Tuscany, 1808~1814", *Annuario dell'Istituto Storico Italiano per l'Età Moderna e Contemporanea*, XXIII~XXIV, 1971~1972.

Woolf, S. J., "La formazione del proletariato (secoli XVIII~XIX)", in *Storia d'Italia*, Annali, I, Turin, 1978, pp. 1049~1078.

인명 찾아보기

사항 찾아보기